KB262890

블 랙 라 벨

커넥티드 VOCA

저자
황진호 용문고 교사 　 최진호 제이케이영어학원 　 박원효 PK리더스어학원
이진국 제이케이영어학원 　 박경열 잉글리쉬팩토리

기획위원
김근범 딱쌤영어 　 김지연 송도 탑영어학원 　 양희진 지니어스영어 　 이승현 대구 학문당입시학원
김문경 도아스터디 　 문장엽 엠제이영어수학전문학원 　 유영목 유영목영어전문학원 　 이지은 제주 낭만고등어학원 법원점
김미연 이오영어학원 　 민승규 민승규영어연구 　 이동현 쌤마스터입시학원 　 이헌승 스탠다드영어
김민정 제주 낭만고등어학원 연동점 　 박미애 명문지혜학원 　 이상용 교담 영수학원 　 임창민 위탄단과학원
김선우 무한꿈터 김해 　 박철홍 에픽영어 　 이상윤 한서학원 　 전수지 강릉 이보영의 토킹클럽
김일환 김일환어학원/고등영어 　 안미영 스카이플러스학원 　 이석준 이석준입시연구소

검토위원
강윤구 최강영어 백년대계 　 노영서 제이케이영어학원 　 양형준 대들보 수학원 　 장민지 탑클래스영어학원
구수진 월성외대어학원 　 류성준 타임영어학원 　 윤경득 곰샘영어 　 전미정 두드림학원
권성환 영N탑외국어입시학원 　 박규정 베네치아 영어교습소 　 윤지은 위드윤영어교습소 　 정다솜 오송 서일어학원
권익재 제이슨영어교습소 　 박미영 박선생영어연구소 　 윤희영 세실영어 　 정소라 용산 우리학원
김미정 팬더쌤 옥정 2관 　 박보미 광교 깊은생각 뿌리학원 　 이교성 디모데교육원 　 채성우 삼성영어삼천어학원
김상배 에이토즈 영어학원 　 박영주 BOM학원 　 이기연 원주 THE Y(더와이) 학원 　 채승준 스터디짐 영어학원
김성호 J&K튜터 　 박지영 더클래스 　 이선미 정현영어학원 　 채지영 리드앤톡영어도서관학원
김수영 제이케이영어학원 　 박지은 능률주니어랩꿈터학원 　 이윤주 Triple One 　 최수미 이천 영수공감학원
김영덕 김영덕영어 　 백미선 최종호학원 　 이정은 위드벨라영어학원 　 하현진 브릿츠영어
김은진 진영어학원 　 석미경 Tom&Toe스터디 　 이지훈 이지훈 영어 　 한형식 서대전여자고등학교
김진규 대동학원 　 송정식 화성 능통학원 　 이학종 향남영재사관학원 　 Simon뱅 에이플교육 고등영어관
김진규 서울바움학원(역삼럭키) 　 신나리 SGL외국어 　 이혜인 위즈영어학원
김창훈 김창훈(영품영어) 　 안재현 공부방법습관학원 　 임백규 동화고등학교

초판6쇄 2025년 9월 15일 　 **펴낸이** 신원근 　 **펴낸곳** ㈜진학사 블랙라벨사업부 　 **기획편집** 윤문영 　 **디자인** 이지영 　 **마케팅** 박세라
주소 서울시 종로구 경희궁길 34 　 **학습 문의** booksupport@jinhak.com 　 **영업 문의** 02 734 7999 　 **팩스** 02 722 2537 　 **출판 등록** 제300-2001-202호
● 잘못 만들어진 책은 구입처에서 교환해 드립니다. 　 ● 이 책에 실린 모든 내용에 대한 권리는 ㈜진학사에 있으므로 무단으로 전재하거나, 복제, 배포할 수 없습니다.

www.jinhak.com

커넥티드 VOCA

BLACKLABEL

JINHAK

1. 어휘 확장을 통한 내신 강화 단어장

유의어, 반의어 등 특성별로 단어를 연결한 단어장

내신에서 자주 보이는 어휘 변형에 대비하기 위해서는 유의어를 필수적으로 알아 두어야 합니다. 하지만 유의어는 어느 단어장에서든 한글 뜻풀이 끝에 작게 들어가 있어서 학생들은 보고도 그냥 넘어가는 경우가 많았습니다. 내신 중심의 시대에서 유의어는 그 어느 때보다 중요합니다. 이런 점을 보완하기 위해 유의어 파트를 가장 풍성하게 구성하였습니다. 다양한 단어가 활용되는 수능까지 대비할 수 있도록 반의어, 혼동어, 다의어, 파생어를 더해 폭넓은 단어 확장을 가능하게 하였습니다.

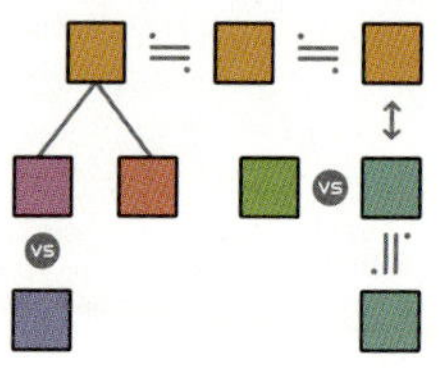

2. 모든 단어가 주인공이 되는 단어장

모든 단어를 표제어화 한 전혀 새로운 단어장

단어들끼리 어떤 관계를 이루고 있는지 구조를 한눈에 보여주고 각각의 모든 단어 자체에 집중할 수 있도록 모든 단어를 표제어화 하였습니다. 이를 통해 기존에 유의어, 반의어, 파생어 등 책에 있어도 학생들이 무심히 지나쳤던 단어들을 모두 주인공으로 만들어 단어 암기의 집중도를 높였습니다.

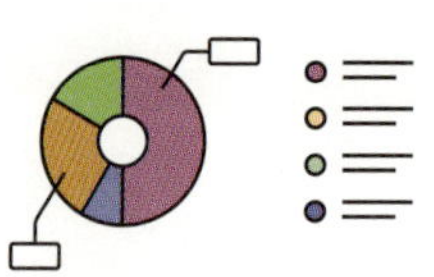

3. 빈출도 순으로 어휘가 선별된 실용적인 단어장

최신 기출 및 교과서에서 나온 빈출 단어만 선별하여 모은 단어장

최신 기출과 개정 교과서 지문에서 뽑아낸 단어들 중 빈출도 순으로 정렬하여 가장 필수적이고 중요한 단어 위주로 선별하였습니다. 한 번도 나오지 않은 단어는 최대한 제외하고 자주 나왔던 단어 위주로 뽑아 실용적인 단어장이 되도록 구성하였습니다.

유의어, 반의어, 혼동어, 다의어, 파생어를 체계적으로 묶어
단어 초보자에겐 특성별 단어의 조직적인 구성을 한눈에 보여주고,
단어 중상급자에겐 머릿속에 여기저기 흩어진 단어들을 정리해주는 책
<블랙라벨 커넥티드 VOCA>가 처음으로 시작합니다.

스마트폰으로 QR코드를 인식하여
간편하게 듣기 파일 재생

40일 동안 약 1,900개의
단어 학습

교과서 및 기출 지문 속
단어의 빈출도

다른 파트에서는 단어가
어떻게 묶여지고 있는지
확인할 수 있는 링크

약어 알아두기
동 동사
명 명사
형 형용사
부 부사
전 전치사
pl. 복수형
cf. 참조
add. 추가 단어

Word Test 01 주어진 단어와 유사한 뜻을 가진 것을 모두 찾아 번호를 쓰세요.

① switch ② toss ③ illness ④ conceal ⑤ sickness
⑥ cast ⑦ obscure ⑧ convert ⑨ vanish ⑩ fade away

1) hide ≒ ____________   2) disappear ≒ ____________   3) shift ≒ ____________

4) throw ≒ ____________   5) disease ≒ ____________

Word Test

각 파트의 특징에 맞게
다양한 스타일의
워드테스트를 제공하여
간단하지만 효율적인
학습 가능

DAY 04 — Daily Test

Ⓐ 우리말에 해당하는 단어를 찾아 번호를 쓰세요.

① entire	② mechanic	③ adequate	④ deal with
⑤ foresee	⑥ indicate	⑦ bewilder	⑧ camouflage

1 내비치다, 나타내다 ____   **2** 위장하다, 감추다 ____   **3** 전체의, 온 ____   **4** 당황하게 하다 ____

5 예견하다 ____   **6** 정비공, 기계공 ____   **7** ~을 다루다 ____   **8** 적절한, 충분한 ____

Ⓑ 주어진 단어와 유사한 뜻을 가진 것을 모두 찾아 번호를 쓰세요.

① shift	② vanish	③ conceal	④ fade away
⑤ switch	⑥ validate	⑦ illustrate	⑧ demonstrate

1 hide ≒ ____________   **2** convert ≒ ____________

3 prove ≒ ____________   **4** disappear ≒ ____________

⑨ extra	⑩ breed	⑪ bring up	⑫ supplementary

PART V 파생어 — Part Test

정답 p.040

Ⓐ 다음 우리말 해석을 참고하여 빈칸에 알맞은 단어를 쓰세요.

1 explain the vision and its j__________
비전과 그것의 정당성을 설명하다

2 a c__________ word or two
사려 깊은 말 한두 마디

3 a permanent i__________ crisis
영구적인 정체성의 위기

4 the i__________ care unit
집중치료실

Ⓑ 다음 영영사전 풀이에 해당하는 단어를 찾아 쓰세요.

memorable	compete	successive	receipt	literature

1 a piece of paper that you get in a shop when you buy something : ____________

2 to try to be more successful than other companies or people : ____________

3 worth remembering or easy to remember : ____________

4 happening or existing one after another without interruption : ____________

5 written artistic works such as plays, poetry, novels, etc. : ____________

Ⓒ 다음 문장을 읽고, 문맥상 또는 어법상 가장 적절한 단어를 고르세요.

1 ① Objection / ② Objectivity can be achieved by photography and many true artists use

아래의 표에 40일간의 단어 학습 날짜를 연필로 적어보세요.

PART I 유의어

Day 01	Day 02	Day 03	Day 04	Day 05	Day 06	Day 07	Day 08	Day 09	Day 10

PART II 반의어

Day 11	Day 12	Day 13	Day 14	Day 15	Day 16	Day 17	Day 18	Day 19	Day 20

PART III 혼동어

Day 21	Day 22	Day 23	Day 24	Day 25	Day 26	Day 27	Day 28	Day 29	Day 30

PART IV 다의어   PART V 파생어

Day 31	Day 32	Day 33	Day 34	Day 35	Day 36	Day 37	Day 38	Day 39	Day 40

단어는 반복 암기가 중요

1회독을 끝낸 후, 위에 적은 학습 날짜를 지우고 단어 학습 계획을 더 짧게 잡아 복습해 보세요.

1회독	2회독	3회독	4회독	5회독
40 일	____일	____일	____일	____일

Only in water can you learn to swim.

_George Moore

오직 물에 들어가야만 수영을 배울 수 있다.

_조지 무어

영국의 유명한 영화배우인 조지 무어는 007시리즈에 출연하며 제임스 본드 역할로 더 잘 알려졌습니다. 영화 속 제임스 본드는 호탕하고 세련되며 능수능란합니다.

문제에 과감하게 돌진하는 본드의 스토리는 관객에게 '두려움'이라는 단어를 잊게 하죠. 본드가 매력적인 건 두려워하지 않는 특유의 자세 때문이 아닐까요.

문제로 과감하게 뛰어드는 것. 그래야만 성공도 보일 테니까요.

유의어

mp3

---

experience [ikspíəriəns] ≒ **undergo** [ʌ̀ndərgóu]　　혼 p.183　　**suffer** [sʌ́fər]

통 겪다, 경험하다　　　통 겪다, 경험하다, 견디다　　　통 겪다, 당하다, 고통받다

go through

~을 겪다, ~을 거치다

---

start [stɑːrt] ≒ **launch** [lɔːntʃ]　　**initiate** [iníʃièit]　　반 p.94　파 p.264

통 시작[개시/착수]하다　　통 개시하다, 출시하다　　통 시작[개시/착수]하다, 발의하다

embark on

~에 착수하다, ~을 시작하다

---

include [inklúːd]　반 p.82　혼 p.174　≒ **involve** [inválv]　혼 p.175　**contain** [kəntéin]

통 포함하다　　　통 포함하다, 관련시키다　　　통 포함하다, (감정을) 억누르다

incorporate [inkɔ́ːrpərèit]

통 포함하다, 통합시키다

---

cause [kɔːz]　유 p.62　반 p.100　다 p.209　≒ **trigger** [trígər]　　**induce** [indʒúːs]　혼 p.175

통 야기하다, 발생시키다　　통 촉발시키다　　통 유발[초래]하다, 유도하다

provoke [prəvóuk]　반 p.96

통 유발하다, 선동하다

Word **T**est **01**　주어진 단어와 유사한 뜻을 가진 것을 <u>모두</u> 찾아 번호를 쓰세요.

| ① initiate | ② undergo | ③ launch | ④ trigger | ⑤ involve |
| ⑥ induce | ⑦ provoke | ⑧ embark on | ⑨ incorporate | ⑩ go through |

1) include ≒ _____________　　　　2) start ≒ _____________

3) cause ≒ _____________　　　　4) experience ≒ _____________

develop [divéləp] ★★★	≒	advance [ədvǽns] ★★★	progress [prəgrés] ★★★ 혼 p.149
통 발달[성장]하다, 개발하다, 발달[성장]시키다		통 나아가다, 전진하다, 전진시키다	통 나아가다, 전진하다

bad [bæd] ★★★	≒	evil [íːvəl] ★★	immoral [imɔ́(ː)rəl] ★★
형 나쁜, 안 좋은		형 사악한, 유해한	형 (행동 등이) 부도덕한
		vicious [víʃəs] ★	
		형 사악한, 악랄한	

allow [əláu] ★★★ 반 p.82	≒	permit [pərmít] ★★	grant [grænt] ★★
통 승인하다, 허락하다		통 허락하다	통 승인[허락]하다, 수여하다
		concede [kənsíːd] ★	authorize [ɔ́ːθəràiz] ★
		통 허용하다, 시인[인정]하다	통 인가[허가]하다, 권한을 주다

provide [prəváid] ★★★	≒	supply [səplái] ★★★ 반 p.102	equip [ikwíp] ★★
통 제공하다		통 공급[제공]하다	통 갖추어 주다, 갖추게 하다
		furnish [fɜ́ːrniʃ] ★	
		통 제공[공급]하다, (가구를) 비치하다	

event [ivént] ★★★	≒	occasion [əkéiʒən] ★★★	incident [ínsədənt] ★★
명 사건, 일, 행사		명 (특수한) 경우, 일, 행사	명 사건, 일
		happening [hǽpəniŋ] ★★	affair [əfɛ́ər] ★★
		명 (우연한) 일, 사건	명 (중대한) 사건, 일

Word **T**est 02   주어진 단어와 유사한 뜻을 가진 것을 <u>모두</u> 찾아 번호를 쓰세요.

① permit	② occasion	③ advance	④ progress	⑤ supply
⑥ evil	⑦ authorize	⑧ immoral	⑨ happening	⑩ furnish

1) bad ≒ ___________

2) allow ≒ ___________

3) event ≒ ___________

4) provide ≒ ___________

5) develop ≒ ___________

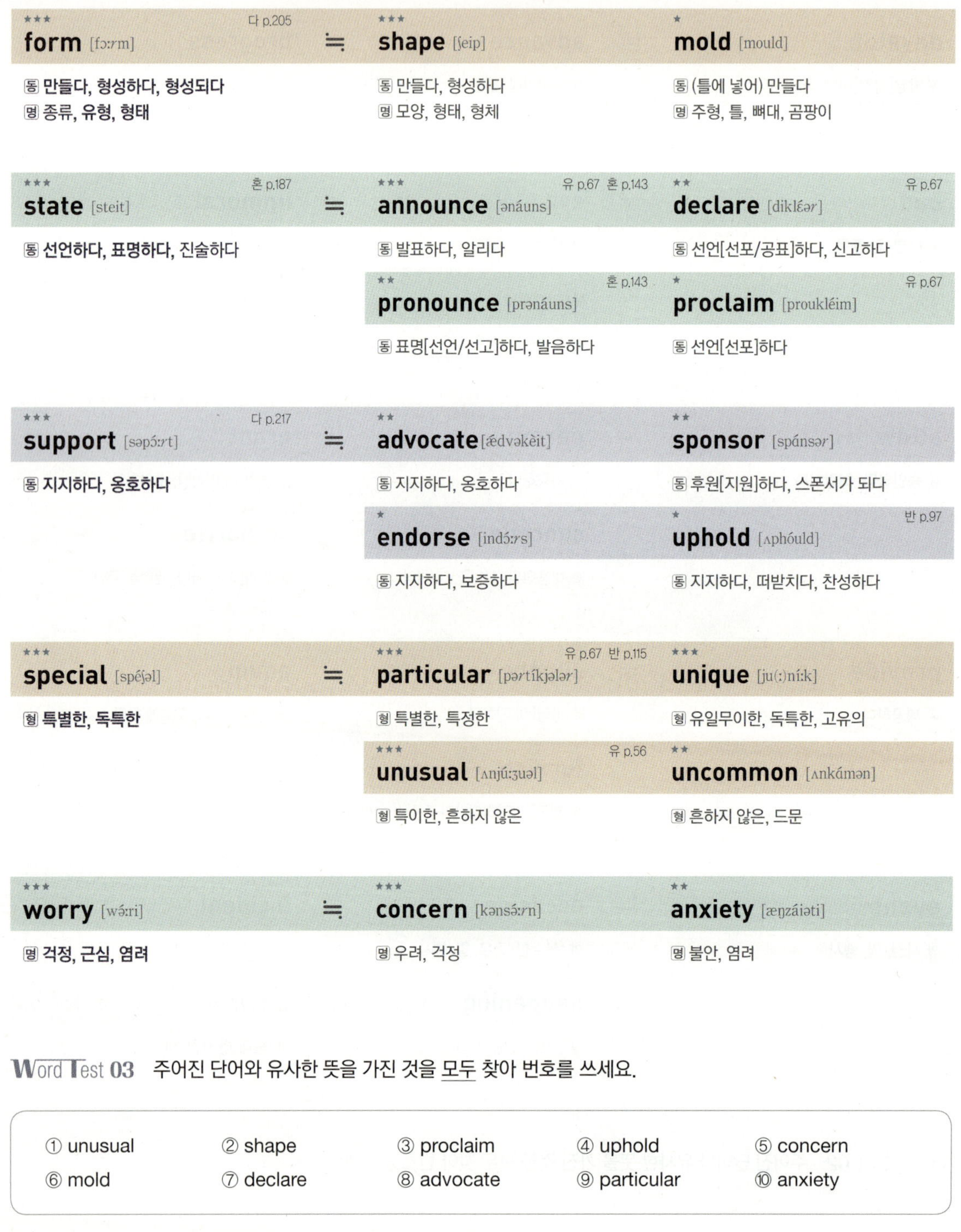

★★★ 다 p.205		★★★	★
form [fɔːrm]	≒	**shape** [ʃeip]	**mold** [mould]
동 만들다, 형성하다, 형성되다 명 종류, 유형, 형태		동 만들다, 형성하다 명 모양, 형태, 형체	동 (틀에 넣어) 만들다 명 주형, 틀, 뼈대, 곰팡이

★★★ 혼 p.187		★★★ 유 p.67 혼 p.143	★★ 유 p.67
state [steit]	≒	**announce** [ənáuns]	**declare** [diklέər]
동 선언하다, 표명하다, 진술하다		동 발표하다, 알리다	동 선언[선포/공표]하다, 신고하다

		★★ 혼 p.143	★ 유 p.67
		pronounce [prənáuns]	**proclaim** [proukléim]
		동 표명[선언/선고]하다, 발음하다	동 선언[선포]하다

★★★ 다 p.217		★★	★★
support [səpɔ́ːrt]	≒	**advocate** [ǽdvəkèit]	**sponsor** [spánsər]
동 지지하다, 옹호하다		동 지지하다, 옹호하다	동 후원[지원]하다, 스폰서가 되다

		★	★ 반 p.97
		endorse [indɔ́ːrs]	**uphold** [ʌphóuld]
		동 지지하다, 보증하다	동 지지하다, 떠받치다, 찬성하다

★★★		★★★ 유 p.67 반 p.115	★★★
special [spéʃəl]	≒	**particular** [pərtíkjələr]	**unique** [ju(ː)níːk]
형 특별한, 독특한		형 특별한, 특정한	형 유일무이한, 독특한, 고유의

		★★★ 유 p.56	★★
		unusual [ʌnjúːʒuəl]	**uncommon** [ʌnkámən]
		형 특이한, 흔하지 않은	형 흔하지 않은, 드문

★★★		★★★	★★
worry [wə́ːri]	≒	**concern** [kənsə́ːrn]	**anxiety** [æŋzáiəti]
명 걱정, 근심, 염려		명 우려, 걱정	명 불안, 염려

W̶ord T̶est 03   주어진 단어와 유사한 뜻을 가진 것을 <u>모두</u> 찾아 번호를 쓰세요.

① unusual	② shape	③ proclaim	④ uphold	⑤ concern
⑥ mold	⑦ declare	⑧ advocate	⑨ particular	⑩ anxiety

1) form ≒ ____________   2) state ≒ ____________   3) worry ≒ ____________

4) special ≒ ____________   5) support ≒ ____________

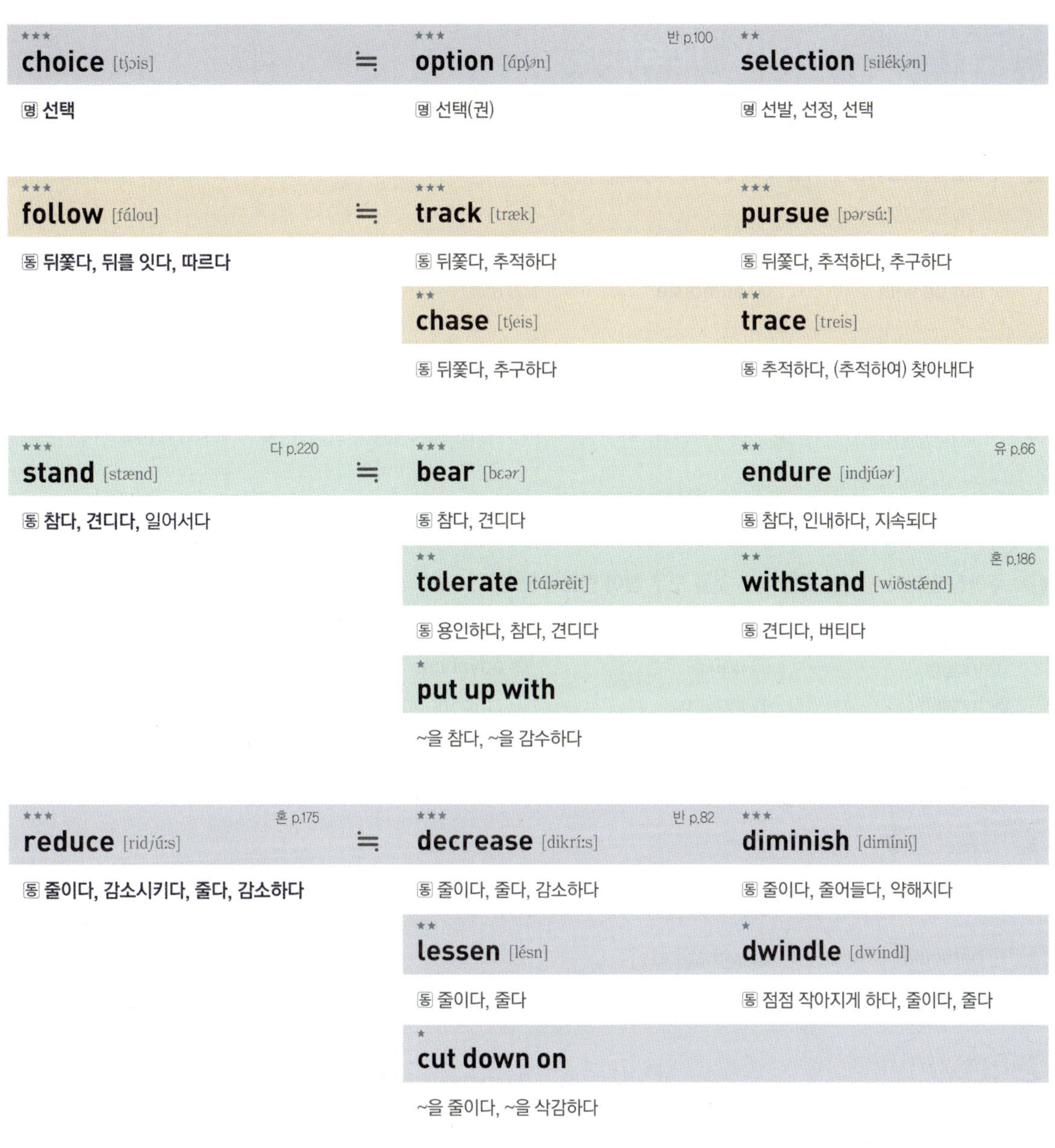

*** **choice** [tʃɔis]	≒	*** **option** [ápʃən]	반 p.100	** **selection** [silékʃən]
몡 선택		몡 선택(권)		몡 선발, 선정, 선택

*** **follow** [fálou]	≒	*** **track** [træk]		*** **pursue** [pərsú:]
통 뒤쫓다, 뒤를 잇다, 따르다		통 뒤쫓다, 추적하다		통 뒤쫓다, 추적하다, 추구하다
		** **chase** [tʃeis]		** **trace** [treis]
		통 뒤쫓다, 추구하다		통 추적하다, (추적하여) 찾아내다

*** **stand** [stænd]	다 p.220 ≒	*** **bear** [bɛər]		** **endure** [indjúər]	유 p.66
통 참다, 견디다, 일어서다		통 참다, 견디다		통 참다, 인내하다, 지속되다	
		** **tolerate** [tálərèit]		** **withstand** [wiðstænd]	혼 p.186
		통 용인하다, 참다, 견디다		통 견디다, 버티다	
		* **put up with**			
		~을 참다, ~을 감수하다			

*** **reduce** [ridʒú:s]	혼 p.175 ≒	*** **decrease** [dikrí:s]	반 p.82	*** **diminish** [dimíniʃ]
통 줄이다, 감소시키다, 줄다, 감소하다		통 줄이다, 줄다, 감소하다		통 줄이다, 줄어들다, 약해지다
		** **lessen** [lésn]		* **dwindle** [dwíndl]
		통 줄이다, 줄다		통 점점 작아지게 하다, 줄이다, 줄다
		* **cut down on**		
		~을 줄이다, ~을 삭감하다		

Word **T**est **04** 주어진 단어와 유사한 뜻을 가진 것을 <u>모두</u> 찾아 번호를 쓰세요.

① chase	② option	③ dwindle	④ selection	⑤ withstand
⑥ lessen	⑦ track	⑧ tolerate	⑨ put up with	⑩ cut down on

1) stand ≒ ____________

2) follow ≒ ____________

3) choice ≒ ____________

4) reduce ≒ ____________

A 우리말에 해당하는 단어를 찾아 번호를 쓰세요.

① include	② undergo	③ provoke	④ proclaim
⑤ put up with	⑥ authorize	⑦ evil	⑧ endorse

1 겪다, 경험하다 ____ **2** ~을 참다 ____ **3** 포함하다 ____ **4** 유발하다, 선동하다 ____

5 사악한, 유해한 ____ **6** 인가[허가]하다 ____ **7** 선언[선포]하다 ____ **8** 지지하다, 보증하다 ____

B 주어진 단어와 유사한 뜻을 가진 것을 <u>모두</u> 찾아 번호를 쓰세요.

① trigger	② equip	③ advance	④ initiate
⑤ furnish	⑥ induce	⑦ embark on	⑧ progress

1 launch ≒ ____________ **2** develop ≒ ____________

3 cause ≒ ____________ **4** provide ≒ ____________

⑨ particular	⑩ withstand	⑪ concern	⑫ cut down on
⑬ endure	⑭ diminish	⑮ uncommon	⑯ anxiety

5 special ≒ ____________ **6** worry ≒ ____________

7 tolerate ≒ ____________ **8** lessen ≒ ____________

C 주어진 단어에 해당하는 우리말 뜻을 빈칸에 쓰세요.

1 dwindle : ____________ **2** state : ____________

3 pursue : ____________ **4** shape : ____________

5 selection : ____________ **6** occasion : ____________

7 immoral : ____________ **8** concede : ____________

9 uphold : ____________ **10** go through : ____________

D 우리말 해석을 참고하여 빈칸에 가장 적절한 단어를 골라 쓰세요.

trace	suffer	involve	announce
grant	stand	incident	advocate

1 a rare and unusual ______________
드물고 흔하지 않은 사건

2 efforts to ______________ their own culture
그들 자신의 문화를 옹호하려는 노력

3 ______________ the good news
좋은 소식을 알리다

4 Our choices ______________ value judgments.
우리의 선택은 가치 판단을 포함한다.

5 ______________ their history back
그들의 역사를 거슬러 추적하다

6 ______________ physical or mental damage
육체적 혹은 정신적 손상을 겪다

7 He could hardly ______________ the pain.
그는 그 고통을 좀처럼 참을 수 없었다.

8 ______________ their grown children equal footing
그들의 성장한 자녀에게 동등한 자격을 주다

E 각 문장의 빈칸에 가장 적절한 단어를 찾아 번호를 쓰세요.

① option	② declare	③ decrease	④ unique	⑤ track

1 Everyone thinks donating is not a(n) ______________, but rather a requirement. (교과서 변형)

2 Navigation systems can ______________ your cell phone and the cell phones of thousands of other users of the applications to see how quickly those cell phones move through traffic. (교육청 변형)

3 They may believe they sacrifice what is ______________ and special about their place. (평가원)

4 Gas lighting in homes soon disappeared, and the death rate from house fires ______________(e)d accordingly. (교육청)

5 The World Health Organization(WHO) has now ______________(e)d a sleep loss epidemic throughout industrialized nations. (교육청)

mp3

DAY 02

***
chance [tʃæns] ≒ ***possibility** [pàsəbíləti] **probability** [prὰbəbíləti]

몡 기회, **가능성**, 운 몡 가능성, 기회 몡 개연성, 확률

**
odds [ɑdz] 다 p.254

몡 가능성, 확률

***
task [tæsk] ≒ ***assignment** [əsáinmənt] ***duty** [djúːti]

몡 일, 과제, 임무 몡 과제, 임무 몡 임무, 의무, 세금

**
mission [míʃən]

몡 임무, 사명

***
fast [fæst] ≒ ***quick** [kwik] ***rapid** [rǽpid] 유 p.72

혱 빠른, 신속한 혱 빠른, 신속한 혱 빠른, 신속한, 급한

**
prompt [prɑmpt] 유 p.72 * **swift** [swift] 유 p.72

혱 지체 없는, 신속한 혱 재빠른, 날랜

***
deal [diːl] ≒ ***contract** [kɑ́ntrækt] 반 p.89 혼 p.188 **transaction** [trænzǽkʃən]

몡 매매, 거래, 계약 몡 계약, 약정 몡 거래, 매매

**
bargain [bɑ́ːrgən]

몡 매매 계약, 거래, 싼 물건

Word **T**est **01** 주어진 단어와 유사한 뜻을 가진 것을 <u>모두</u> 찾아 번호를 쓰세요.

① prompt	② odds	③ contract	④ assignment	⑤ rapid
⑥ transaction	⑦ swift	⑧ mission	⑨ possibility	⑩ probability

1) task ≒ ___________ 2) fast ≒ ___________

3) deal ≒ ___________ 4) chance ≒ ___________

top [tɑp]	≒	peak [piːk]	summit [sʌ́mit] 혼 p.143
명 정상, 꼭대기		명 최고조, 정점	명 정점, (산)꼭대기, 정상회담

risk [risk] 유 p.37	≒	danger [déindʒər]	hazard [hǽzərd] 반 p.109
명 위험 (요소)		명 위험	명 위험 (요소)
		peril [pérəl]	jeopardy [dʒépərdi]
		명 위험, 유해함	명 위험(성)

explain [ikspléin]	≒	describe [diskráib] 혼 p.175	clarify [klǽrəfài]
통 설명하다		통 묘사하다, 기술하다, 설명하다	통 분명히 (말)하다, 명백하게 하다

surprise [sərpráiz]	≒	amaze [əméiz]	shock [ʃɑk]
통 놀라게 하다		통 놀라게 하다	통 충격을 주다, 깜짝 놀라게 하다
		startle [stáːrtl]	
		통 깜짝 놀라게 하다	

property [prápərti] 유 p.55 혼 p.151 다 p.237	≒	possessions [pəzéʃənz]	belongings [bilɔ́ːŋiŋz]
명 소유물, 재산, 부동산		명 (possession의 pl.) 소유(물), 재산	명 (belonging의 pl.) 소유물, 소지품, (부동산을 제외한) 재산

avoid [əvɔ́id]	≒	escape [iskéip]	keep[stay/run] away from
통 피하다		통 벗어나다, 피하다, 탈출하다	~을 멀리하다, ~을 피하다

Word **T**est 02 주어진 단어와 유사한 뜻을 가진 것을 <u>모두</u> 찾아 번호를 쓰세요.

① peak	② hazard	③ clarify	④ amaze	⑤ possessions
⑥ peril	⑦ summit	⑧ startle	⑨ belongings	⑩ escape

1) surprise ≒ ____________ 2) explain ≒ ____________ 3) risk ≒ ____________

4) top ≒ ____________ 5) avoid ≒ ____________ 6) property ≒ ____________

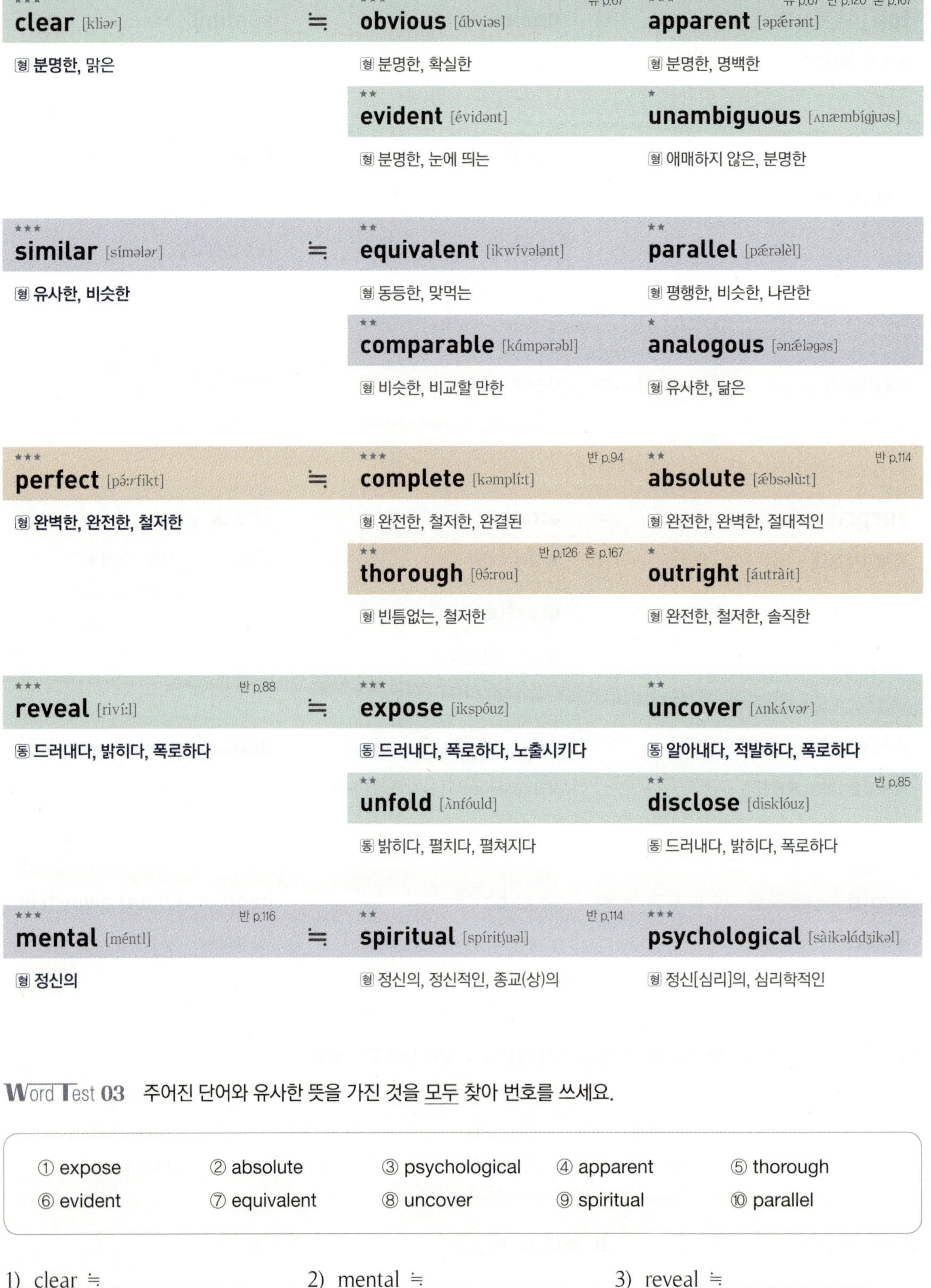

★★★		★★★ 유 p.67	★★★ 유 p.67 반 p.120 혼 p.167
clear [kliər]	≒	**obvious** [ábviəs]	**apparent** [əpǽrənt]
형 분명한, 맑은		형 분명한, 확실한	형 분명한, 명백한
		★★ **evident** [évidənt]	★ **unambiguous** [ʌnæmbígjuəs]
		형 분명한, 눈에 띄는	형 애매하지 않은, 분명한

★★★		★★	★★
similar [símələr]	≒	**equivalent** [ikwívələnt]	**parallel** [pǽrəlèl]
형 유사한, 비슷한		형 동등한, 맞먹는	형 평행한, 비슷한, 나란한
		★★ **comparable** [kámpərəbl]	★ **analogous** [ənǽləgəs]
		형 비슷한, 비교할 만한	형 유사한, 닮은

★★★		★★★ 반 p.94	★★ 반 p.114
perfect [pə́:rfikt]	≒	**complete** [kəmplí:t]	**absolute** [ǽbsəlù:t]
형 완벽한, 완전한, 철저한		형 완전한, 철저한, 완결된	형 완전한, 완벽한, 절대적인
		★★ **thorough** [θə́:rou] 반 p.126 혼 p.167	★ **outright** [áutràit]
		형 빈틈없는, 철저한	형 완전한, 철저한, 솔직한

★★★ 반 p.88		★★★	★★
reveal [rivíːl]	≒	**expose** [ikspóuz]	**uncover** [ʌnkʌ́vər]
동 드러내다, 밝히다, 폭로하다		동 드러내다, 폭로하다, 노출시키다	동 알아내다, 적발하다, 폭로하다
		★★ **unfold** [ʌnfóuld]	★★ **disclose** [disklóuz] 반 p.85
		동 밝히다, 펼치다, 펼쳐지다	동 드러내다, 밝히다, 폭로하다

★★★ 반 p.116		★★ 반 p.114	★★★
mental [méntl]	≒	**spiritual** [spírit∫uəl]	**psychological** [sàikəládʒikəl]
형 정신의		형 정신의, 정신적인, 종교(상)의	형 정신[심리]의, 심리학적인

Word **T**est **03**   주어진 단어와 유사한 뜻을 가진 것을 <u>모두</u> 찾아 번호를 쓰세요.

① expose	② absolute	③ psychological	④ apparent	⑤ thorough
⑥ evident	⑦ equivalent	⑧ uncover	⑨ spiritual	⑩ parallel

1) clear ≒ ____________   2) mental ≒ ____________   3) reveal ≒ ____________

4) perfect ≒ ____________   5) similar ≒ ____________

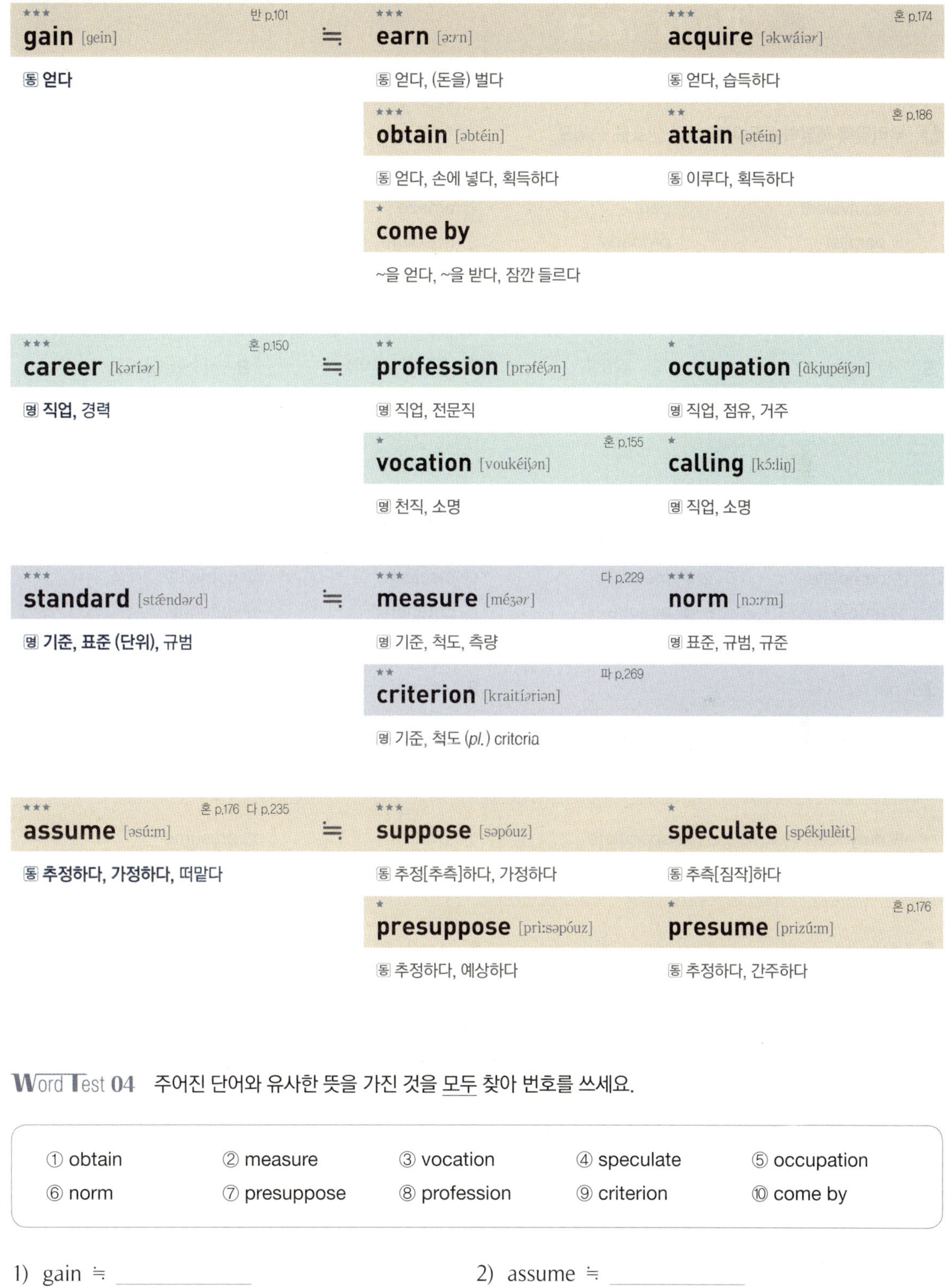

★★★ 반 p.101 **gain** [gein] 통 얻다	★★★ **earn** [əːrn] 통 얻다, (돈을) 벌다	★★★ 혼 p.174 **acquire** [əkwáiər] 통 얻다, 습득하다
	★★★ **obtain** [əbtéin] 통 얻다, 손에 넣다, 획득하다	★★ 혼 p.186 **attain** [ətéin] 통 이루다, 획득하다
	★ **come by** ~을 얻다, ~을 받다, 잠깐 들르다	

★★★ 혼 p.150 **career** [kəríər] 명 직업, 경력	★★ **profession** [prəféʃən] 명 직업, 전문직	★ **occupation** [àkjupéiʃən] 명 직업, 점유, 거주
	★ 혼 p.155 **vocation** [voukéiʃən] 명 천직, 소명	★ **calling** [kɔ́ːliŋ] 명 직업, 소명

★★★ **standard** [stǽndərd] 명 기준, 표준 (단위), 규범	★★★ 다 p.229 **measure** [méʒər] 명 기준, 척도, 측량	★★★ **norm** [nɔːrm] 명 표준, 규범, 규준
	★★ 파 p.269 **criterion** [kraitíəriən] 명 기준, 척도 (*pl.*) criteria	

★★★ 혼 p.176 다 p.235 **assume** [əsúːm] 통 추정하다, 가정하다, 떠맡다	★★★ **suppose** [səpóuz] 통 추정[추측]하다, 가정하다	★ **speculate** [spékjulèit] 통 추측[짐작]하다
	★ **presuppose** [priːsəpóuz] 통 추정하다, 예상하다	★ 혼 p.176 **presume** [prizúːm] 통 추정하다, 간주하다

Word **T**est **04**   주어진 단어와 유사한 뜻을 가진 것을 <u>모두</u> 찾아 번호를 쓰세요.

① obtain	② measure	③ vocation	④ speculate	⑤ occupation
⑥ norm	⑦ presuppose	⑧ profession	⑨ criterion	⑩ come by

1) gain ≒ ______________

2) assume ≒ ______________

3) career ≒ ______________

4) standard ≒ ______________

A 우리말에 해당하는 단어를 찾아 번호를 쓰세요.

① equivalent	② peril	③ amaze	④ keep away from
⑤ parallel	⑥ property	⑦ absolute	⑧ possibility

1 가능성, 기회 ＿＿＿　　**2** 완전한, 완벽한 ＿＿＿　　**3** 놀라게 하다 ＿＿＿　　**4** 소유물, 재산 ＿＿＿

5 ~을 멀리하다 ＿＿＿　　**6** 위험, 유해함 ＿＿＿　　**7** 동등한, 맞먹는 ＿＿＿　　**8** 비슷한, 나란한 ＿＿＿

B 주어진 단어와 유사한 뜻을 가진 것을 <u>모두</u> 찾아 번호를 쓰세요.

① complete	② measure	③ disclose	④ come by
⑤ unfold	⑥ acquire	⑦ criterion	⑧ outright

1 perfect ≒ ＿＿＿＿＿＿＿＿　　**2** reveal ≒ ＿＿＿＿＿＿＿＿

3 obtain ≒ ＿＿＿＿＿＿＿＿　　**4** standard ≒ ＿＿＿＿＿＿＿＿

⑨ duty	⑩ speculate	⑪ swift	⑫ presume
⑬ quick	⑭ mission	⑮ clarify	⑯ presuppose

5 assume ≒ ＿＿＿＿＿＿＿＿　　**6** task ≒ ＿＿＿＿＿＿＿＿

7 prompt ≒ ＿＿＿＿＿＿＿＿　　**8** explain ≒ ＿＿＿＿＿＿＿＿

C 주어진 단어에 해당하는 우리말 뜻을 빈칸에 쓰세요.

1 summit : ＿＿＿＿＿＿＿＿　　**2** apparent : ＿＿＿＿＿＿＿＿

3 jeopardy : ＿＿＿＿＿＿＿＿　　**4** comparable : ＿＿＿＿＿＿＿＿

5 startle : ＿＿＿＿＿＿＿＿　　**6** psychological : ＿＿＿＿＿＿＿＿

7 possessions : ＿＿＿＿＿＿＿＿　　**8** profession : ＿＿＿＿＿＿＿＿

9 transaction : ＿＿＿＿＿＿＿＿　　**10** probability : ＿＿＿＿＿＿＿＿

D 우리말 해석을 참고하여 빈칸에 가장 적절한 단어를 골라 쓰세요.

attain	obvious	occupation	thorough
escape	hazard	possibility	belongings

1 _______________ an infectious disease
전염병을 피하다

2 _______________ higher levels of happiness
더 높은 수준의 행복을 얻다

3 a life full of _______________
위험이 가득 찬 삶

4 raise the _______________ of depression
우울증의 가능성을 제기하다

5 share their _______________ with others
그들의 재산을 다른 사람들과 나누다

6 the near absence of _______________ dark markings
분명하게 보이는 짙은 점이 거의 없음

7 _______________ planning and appropriate density control
철저한 계획과 적절한 밀도 제어

8 the _______________'s educational requirements
그 직업에 필요한 학력

E 각 문장의 빈칸에 가장 적절한 단어를 찾아 번호를 쓰세요.

① rapid	② danger	③ describe	④ expose	⑤ assignment

1 Do you think we can finish the writing _______________ before lunch time? 평가원

2 People who lie get into trouble when someone threatens to _______________ their lie. 교육청 변형

3 At a time of profound and _______________ change, we have to strengthen our resolve and take action. 교과서 변형

4 *Emotional eating* is a popular term used to _______________ eating that is influenced by emotions. 평가원

5 When his grandmother got up and started to wander, Ken followed her to protect her from _______________ . 교과서 변형

mp3

DAY 03

★★★　　혼 p.150
perspective [pəːrspéktiv]　≒

몡 **관점, 균형감, 원근법**
add.) view

★★
viewpoint [vjúːpɔ̀int]

몡 관점, 방향

★★
point of view

관점, 견지, 견해

★
outlook [áutlùk]

몡 관점, 세계관, 전망

★
standpoint [stǽndpɔ̀int]

몡 관점, 견지

★★★　　반 p.89
collect [kəlékt]　≒

통 **모으다, 수집하다**

★★★　　반 p.90
gather [gǽðər]

통 모으다, 수집하다, 모이다

★
get together

~을 모으다, ~을 합치다, ~이[가] 모이다,
~이[가] 합쳐지다

★★　　혼 p.148
assemble [əsémbl]

통 모으다, 집합시키다, 모이다, 조립하다

★★
put together

~을 모으다, ~을 조립하다

★★★
notion [nóuʃən]　≒

몡 **생각, 관념, 개념**

★★★
concept [kánsept]

몡 개념, 생각

★★★
view [vjuː]

몡 생각, 견해, 의견, 관점

★★★
idea [aidíːə]

몡 개념, 생각, 발상, 아이디어

★★★
belief [bilíːf]

몡 생각, 믿음, 신념

★★★　　유 p.69 파 p.269
critical [krítikəl]　≒

혱 **중요한, 중대한, 결정적인**
add.) essential

★★★
key [kiː]

혱 중요한, 핵심적인

★★　　유 p.69
crucial [krúːʃəl]

혱 중대한, 결정적인

★★★　　유 p.69
vital [váitl]

혱 중대한, 필수적인

★★
decisive [disáisiv]

혱 결정적인, 결단력 있는

Word Test 01　주어진 단어와 유사한 뜻을 가진 것을 모두 찾아 번호를 쓰세요.

| ① belief | ② outlook | ③ gather | ④ viewpoint | ⑤ assemble |
| ⑥ crucial | ⑦ concept | ⑧ vital | ⑨ get together | ⑩ point of view |

1) notion ≒ ____________

2) collect ≒ ____________

3) critical ≒ ____________

4) perspective ≒ ____________

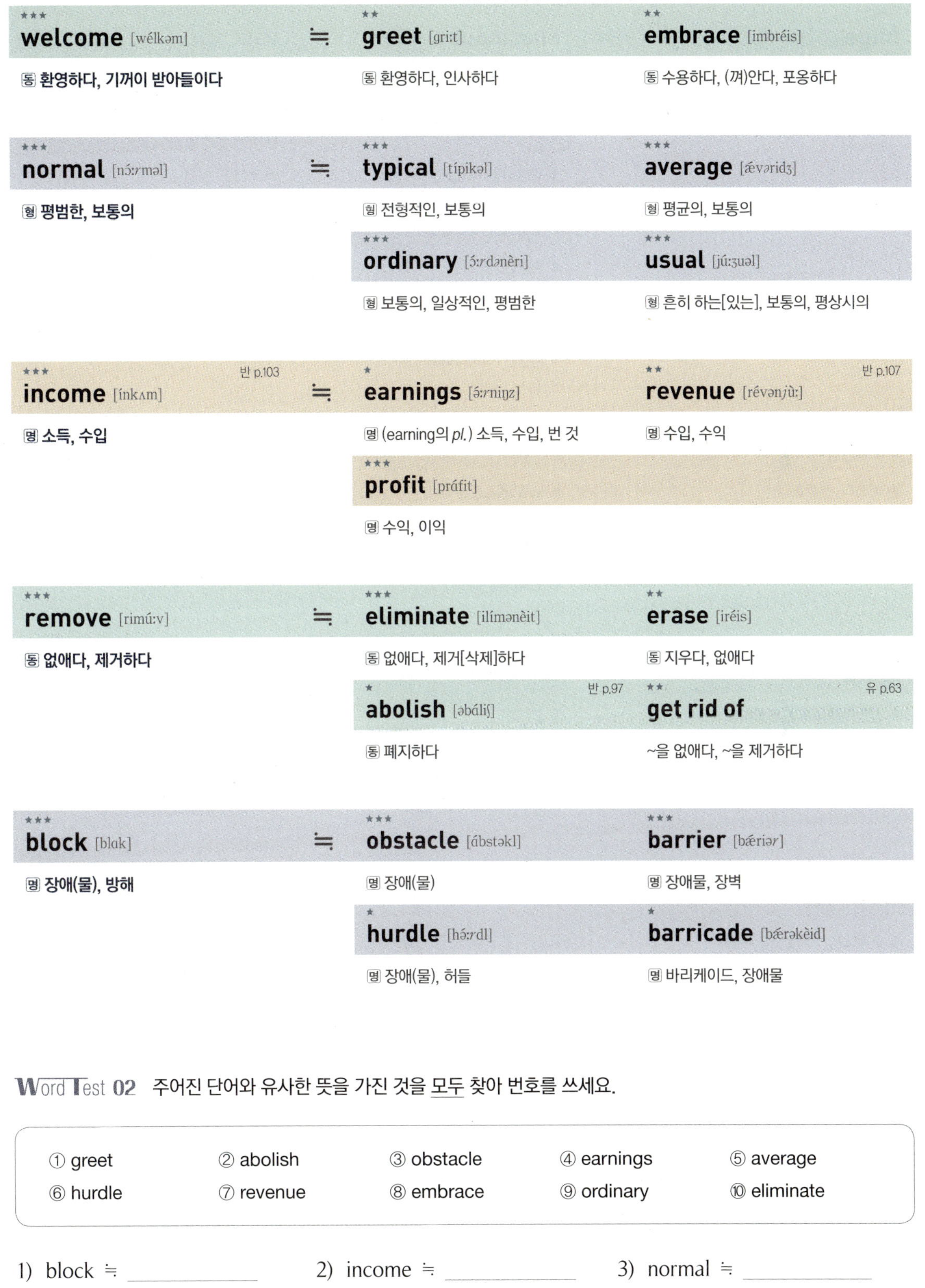

★★★		★★		★★	
welcome [wélkəm]	≒	**greet** [gri:t]		**embrace** [imbréis]	
통 환영하다, 기꺼이 받아들이다		통 환영하다, 인사하다		통 수용하다, (껴)안다, 포옹하다	

★★★		★★★		★★★	
normal [nɔ́:rməl]	≒	**typical** [típikəl]		**average** [ǽvəridʒ]	
형 평범한, 보통의		형 전형적인, 보통의		형 평균의, 보통의	

★★★	★★★
ordinary [ɔ́:rdənèri]	**usual** [júːʒuəl]
형 보통의, 일상적인, 평범한	형 흔히 하는[있는], 보통의, 평상시의

★★★ 반 p.103		★		★★ 반 p.107
income [ínkʌm]	≒	**earnings** [ə́:rniŋz]		**revenue** [révənjùː]
명 소득, 수입		명 (earning의 *pl.*) 소득, 수입, 번 것		명 수입, 수익

★★★
profit [práfit]
명 수익, 이익

★★★		★★★		★★
remove [rimúːv]	≒	**eliminate** [ilímənèit]		**erase** [iréis]
통 없애다, 제거하다		통 없애다, 제거[삭제]하다		통 지우다, 없애다

★ 반 p.97	★★ 유 p.63
abolish [əbáliʃ]	**get rid of**
통 폐지하다	~을 없애다, ~을 제거하다

★★★		★★★		★★★
block [blɑk]	≒	**obstacle** [ábstəkl]		**barrier** [bǽriər]
명 장애(물), 방해		명 장애(물)		명 장애물, 장벽

★	★
hurdle [hə́:rdl]	**barricade** [bǽrəkèid]
명 장애(물), 허들	명 바리케이드, 장애물

Word **T**est 02 주어진 단어와 유사한 뜻을 가진 것을 <u>모두</u> 찾아 번호를 쓰세요.

① greet	② abolish	③ obstacle	④ earnings	⑤ average
⑥ hurdle	⑦ revenue	⑧ embrace	⑨ ordinary	⑩ eliminate

1) block ≒ ___________ 2) income ≒ ___________ 3) normal ≒ ___________

4) remove ≒ ___________ 5) welcome ≒ ___________

★★★ huge [*h*ju:dʒ]	≒	★★★ enormous [inɔ́ːrməs]	★★★ vast [væst]
형 거대한, 막대한		형 거대한, 엄청난	형 광대한, 거액의
		★★ extensive [iksténsiv]	★★ massive [mǽsiv]
		형 광범위한, 폭넓은, 대규모의	형 거대한, 엄청나게 큰
		★★ tremendous [triméndəs]	★ gigantic [dʒaigǽntik]
		형 엄청난, 거대한	형 거대한, 대규모의
		★ immense [iméns]	
		형 엄청난, 어마어마한	

★★★ struggle [strʌ́gl]	≒	★★ strive [straiv]	★ wrestle [résl]
동 애쓰다, 분투하다		동 노력하다, 분투하다	동 맞붙어 싸우다, 전력을 다하다, 다투다
		★★ endeavor [indévər]	★ make an effort
		동 노력하다, 애쓰다	~을 노력하다, ~을 애쓰다

★★★ unite [ju:náit] 반 p.84	≒	★★★ combine [kəmbáin]	★★ unify [júːnəfài]
동 결합[통합]하다, 연합하다		동 결합하다, 결합시키다	동 통합[통일]하다
		★★★ integrate [íntəgrèit]	★ merge [məːrdʒ] 반 p.94 혼 p.181
		동 통합하다, 통합시키다	동 합병[병합]하다, 합치다

★★★ crop [krɑp]	≒	★★★ yield [ji:ld] 다 p.253	★★★ harvest [hɑ́ːrvist]
명 수확(물), 수확량, (농)작물 *add.*) produce		명 (농작물 등의) 수확[산출](량)	명 수확(물), 추수

Word Test 03 주어진 단어와 유사한 뜻을 가진 것을 <u>모두</u> 찾아 번호를 쓰세요.

① yield	② strive	③ gigantic	④ endeavor	⑤ combine
⑥ integrate	⑦ harvest	⑧ extensive	⑨ tremendous	⑩ make an effort

1) huge ≒ ＿＿＿＿＿＿＿＿

2) crop ≒ ＿＿＿＿＿＿＿＿

3) unite ≒ ＿＿＿＿＿＿＿＿

4) struggle ≒ ＿＿＿＿＿＿＿＿

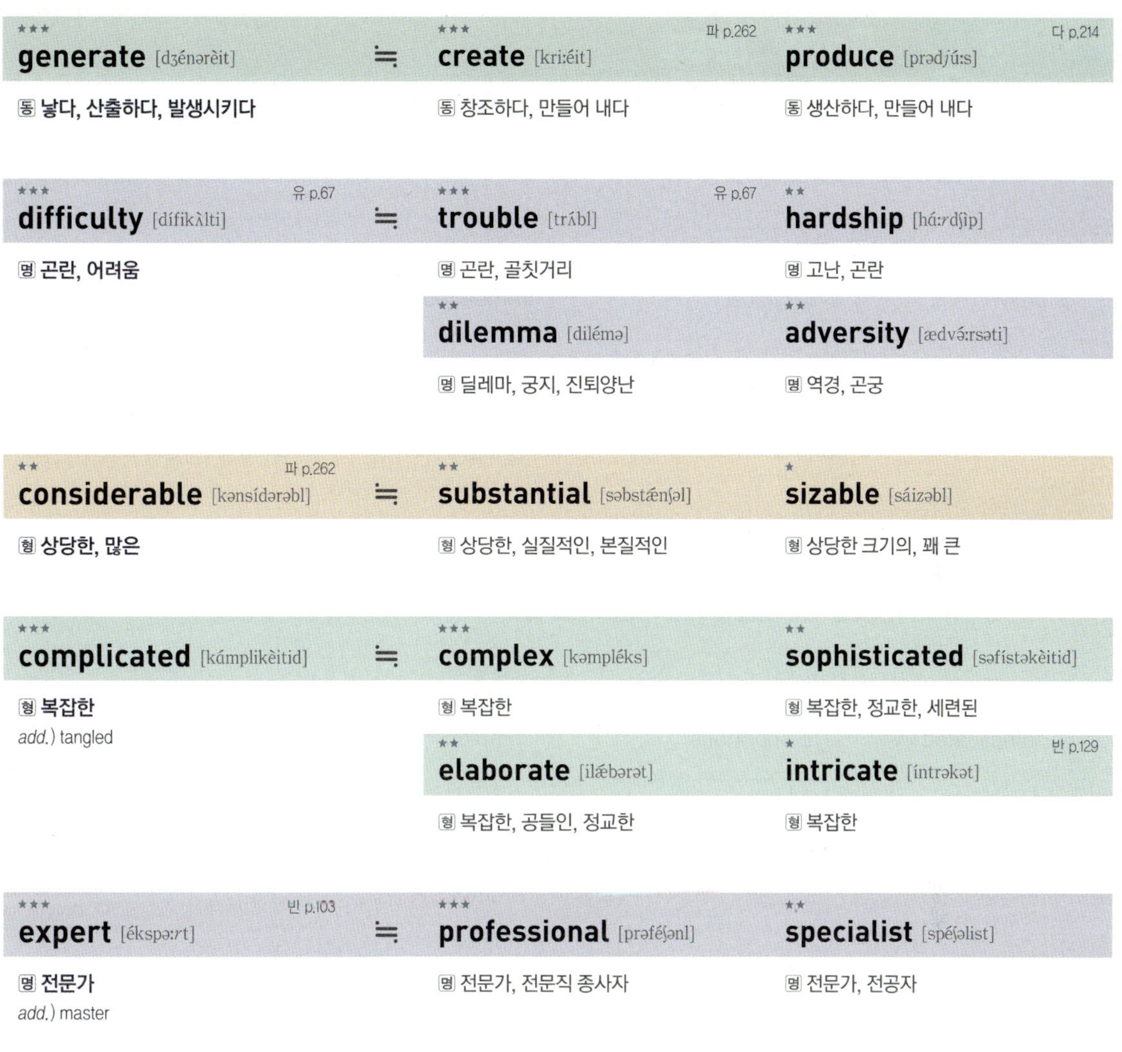

Word Test 04 주어진 단어와 유사한 뜻을 가진 것을 모두 찾아 번호를 쓰세요.

① specialist	② create	③ hardship	④ sophisticated	⑤ sizable
⑥ intricate	⑦ dilemma	⑧ professional	⑨ substantial	⑩ produce

1) expert ≒ ____________   2) generate ≒ ____________   3) difficulty ≒ ____________

4) complicated ≒ ____________   5) considerable ≒ ____________

A 우리말에 해당하는 단어를 찾아 번호를 쓰세요.

① embrace	② crucial	③ obstacle	④ gather
⑤ unify	⑥ typical	⑦ tremendous	⑧ perspective

1 관점, 균형감 ____   **2** 장애(물) ____   **3** 전형적인, 보통의 ____   **4** 통합[통일]하다 ____

5 수용하다, (껴)안다 ____   **6** 모으다, 모이다 ____   **7** 엄청난, 거대한 ____   **8** 중대한, 결정적인 ____

B 주어진 단어와 유사한 뜻을 가진 것을 <u>모두</u> 찾아 번호를 쓰세요.

① professional	② yield	③ immense	④ sophisticated
⑤ complicated	⑥ enormous	⑦ complex	⑧ specialist

1 crop ≒ ____________   **2** huge ≒ ____________

3 elaborate ≒ ____________   **4** expert ≒ ____________

⑨ erase	⑩ produce	⑪ endeavor	⑫ remove
⑬ view	⑭ concept	⑮ create	⑯ make an effort

5 struggle ≒ ____________   **6** generate ≒ ____________

7 eliminate ≒ ____________   **8** notion ≒ ____________

C 주어진 단어에 해당하는 우리말 뜻을 빈칸에 쓰세요.

1 critical : ____________   **2** normal : ____________

3 assemble : ____________   **4** barrier : ____________

5 greet : ____________   **6** gigantic : ____________

7 wrestle : ____________   **8** integrate : ____________

9 considerable : ____________   **10** point of view : ____________

D 우리말 해석을 참고하여 빈칸에 가장 적절한 단어를 골라 쓰세요.

unite	strive	hardship	average
usual	intricate	hurdle	abolish

1 _______________ two countries
두 나라를 결속시키다

2 the _______________ parking problem
흔히 있는 주차 문제

3 build a(n) _______________ nest
복잡한 둥지를 짓다

4 when faced with a financial _______________
재정적인 어려움에 직면할 때

5 get over the _______________
장애를 뛰어넘다

6 the standard we should all _______________ for
우리 모두가 노력해야만 하는 기준

7 the movement to _______________ slavery
노예제도 폐지 운동

8 the _______________ annual entertainment expenditures
연평균 오락비 지출

E 각 문장의 빈칸에 가장 적절한 것을 찾아 번호를 쓰세요.

① vast	② generate	③ harvest	④ revenue	⑤ get together

1 All my family will _______________ and have a party. 〔교육청〕

2 Selling focuses mainly on the firm's desire to sell products for _______________. 〔교육청〕

3 Every year rice farmers wish for enough rainfall and abundant _______________s. 〔교과서 변형〕

4 Tourism and tourists can _______________ job and business opportunities in both the formal and informal sector. 〔교육청〕

5 A one-degree global change is important because it takes a _______________ amount of heat to warm earth's oceans. 〔교과서 변형〕

mp3

★★ **throw** [θrou]	≒	★ **cast** [kæst]	★ **toss** [tɔːs]
통 던지다 *add.*) pitch		통 던지다, 내던지다, (눈 · 시선을) 돌리다	통 던지다, 던져올리다

★★★ **hide** [haid] 반 p.85	≒	★★ **mask** [mæsk]	★★ **conceal** [kənsíːl] 반 p.88
통 숨기다, 가리다, 숨다		통 가리다, 감추다	통 감추다, 숨기다

	★★ **obscure** [əbskjúər] 유 p.51 반 p.120, 133	★ **camouflage** [kǽməflɑ̀ːʒ]
	통 숨기다, 가리다	통 위장하다, 감추다

★ **disguise** [disɡáiz]   혼 p.160
통 숨기다, 감추다, 변장[위장]하다

★★★ **disease** [dizíːz] 혼 p.150	≒	★★★ **illness** [ílnis]	★★ **sickness** [síknis]
명 병, 질병		명 병, 아픔	명 아픔, 건강하지 못함

★★★ **shift** [ʃift]	≒	★★★ **switch** [switʃ]	★★ **convert** [kənvə́ːrt]
통 바꾸다, 변경하다, 바뀌다		통 바꾸다, 전환하다, 바뀌다	통 변환[전환]시키다, 변화하다

★★★ **disappear** [dìsəpíər]	≒	★★ **vanish** [vǽniʃ] 반 p.84 혼 p.148	★ **fade away**
통 사라지다		통 없어지다, 사라지다	~이[가] 사라지다

W ord T est 01 주어진 단어와 유사한 뜻을 가진 것을 <u>모두</u> 찾아 번호를 쓰세요.

① switch	② toss	③ illness	④ conceal	⑤ sickness
⑥ cast	⑦ obscure	⑧ convert	⑨ vanish	⑩ fade away

1) hide ≒ ____________

2) disappear ≒ ____________

3) shift ≒ ____________

4) throw ≒ ____________

5) disease ≒ ____________

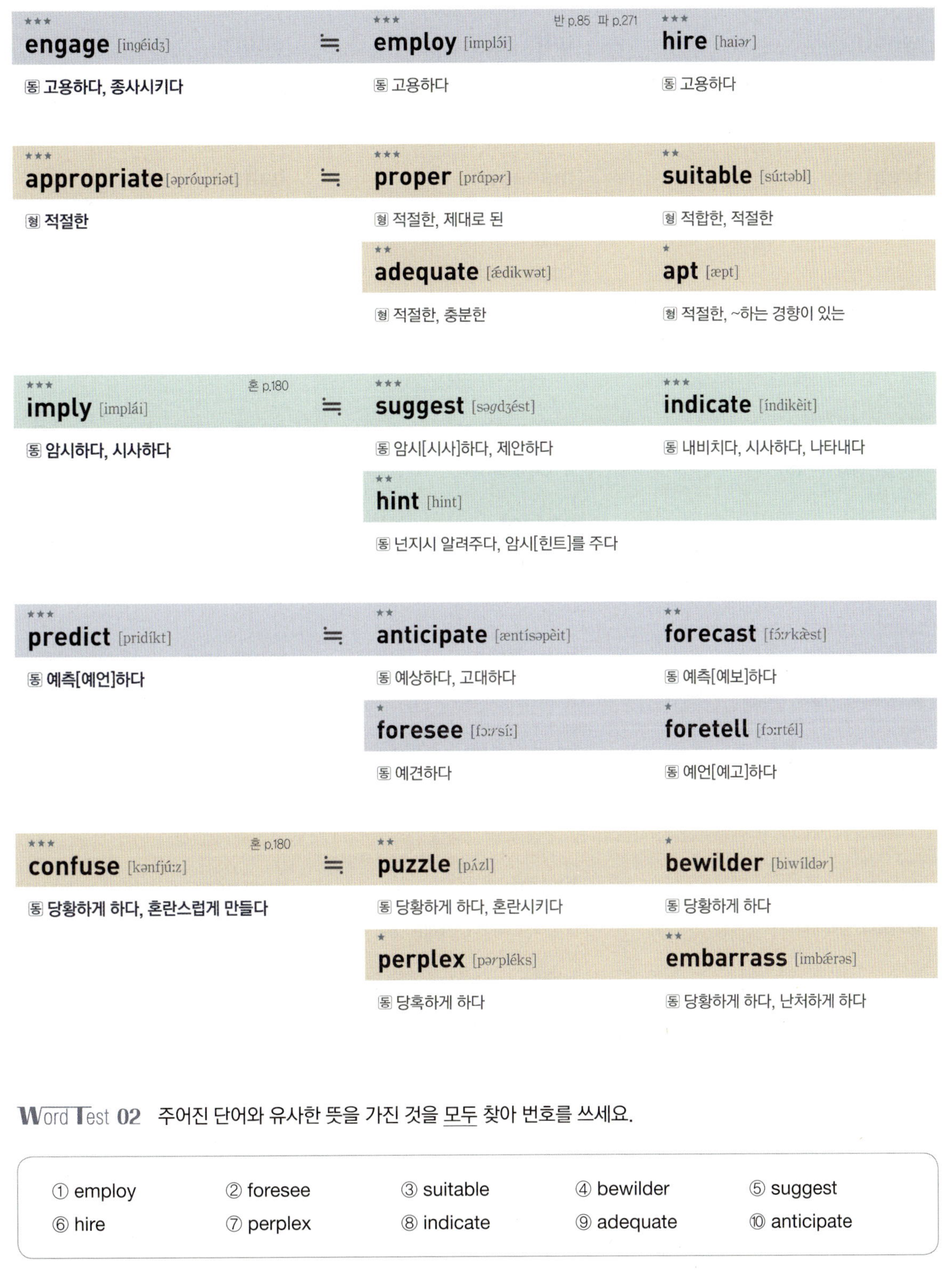

★★★
engage [inɡéidʒ] ≒ **employ** [implɔ́i] 반 p.85 파 p.271 ★★★ **hire** [haiər] ★★★
동 고용하다, 종사시키다 | 동 고용하다 | 동 고용하다

★★★
appropriate [əpróupriət] ≒ **proper** [prápər] ★★★ **suitable** [súːtəbl] ★★
형 적절한 | 형 적절한, 제대로 된 | 형 적합한, 적절한

adequate [ǽdikwət] ★★ **apt** [æpt] ★
형 적절한, 충분한 | 형 적절한, ~하는 경향이 있는

★★★ 혼 p.180
imply [implái] ≒ **suggest** [səɡdʒést] ★★★ **indicate** [índikèit] ★★★
동 암시하다, 시사하다 | 동 암시[시사]하다, 제안하다 | 동 내비치다, 시사하다, 나타내다

hint [hint] ★★
동 넌지시 알려주다, 암시[힌트]를 주다

★★★
predict [pridíkt] ≒ **anticipate** [æntísəpèit] ★★ **forecast** [fɔ́ːrkæst] ★★
동 예측[예언]하다 | 동 예상하다, 고대하다 | 동 예측[예보]하다

foresee [fɔːrsíː] ★ **foretell** [fɔːrtél] ★
동 예견하다 | 동 예언[예고]하다

★★★ 혼 p.180
confuse [kənfjúːz] ≒ **puzzle** [pʌ́zl] ★★ **bewilder** [biwíldər] ★
동 당황하게 하다, 혼란스럽게 만들다 | 동 당황하게 하다, 혼란시키다 | 동 당황하게 하다

perplex [pərpléks] ★ **embarrass** [imbǽrəs] ★★
동 당혹하게 하다 | 동 당황하게 하다, 난처하게 하다

Ｗord Ｔest 02 주어진 단어와 유사한 뜻을 가진 것을 <u>모두</u> 찾아 번호를 쓰세요.

| ① employ | ② foresee | ③ suitable | ④ bewilder | ⑤ suggest |
| ⑥ hire | ⑦ perplex | ⑧ indicate | ⑨ adequate | ⑩ anticipate |

1) imply ≒ ____________

2) predict ≒ ____________

3) engage ≒ ____________

4) confuse ≒ ____________

5) appropriate ≒ ____________

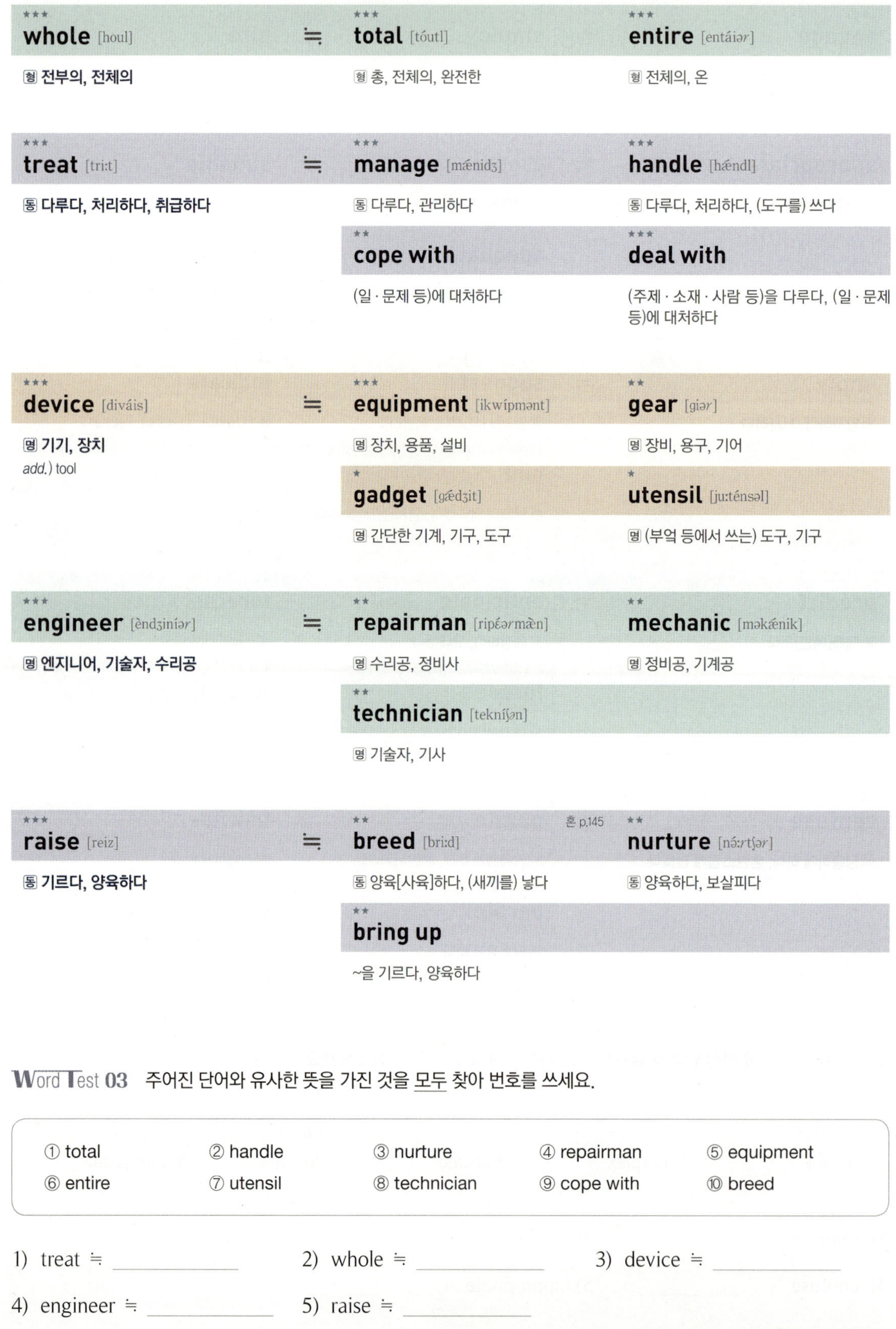

★★★ **whole** [houl]	≒	★★★ **total** [tóutl]	★★★ **entire** [entáiər]
형 전부의, 전체의		형 총, 전체의, 완전한	형 전체의, 온

★★★ **treat** [triːt]	≒	★★★ **manage** [mǽnidʒ]	★★★ **handle** [hǽndl]
동 다루다, 처리하다, 취급하다		동 다루다, 관리하다	동 다루다, 처리하다, (도구를) 쓰다
		★★ **cope with**	★★★ **deal with**
		(일·문제 등)에 대처하다	(주제·소재·사람 등)을 다루다, (일·문제 등)에 대처하다

★★★ **device** [diváis]	≒	★★★ **equipment** [ikwípmənt]	★★ **gear** [giər]
명 기기, 장치 *add.*) tool		명 장치, 용품, 설비	명 장비, 용구, 기어
		★ **gadget** [gǽdʒit]	★ **utensil** [juːténsəl]
		명 간단한 기계, 기구, 도구	명 (부엌 등에서 쓰는) 도구, 기구

★★★ **engineer** [èndʒiníər]	≒	★★ **repairman** [ripέərmæ̀n]	★★ **mechanic** [məkǽnik]
명 엔지니어, 기술자, 수리공		명 수리공, 정비사	명 정비공, 기계공
		★★ **technician** [tekníʃən]	
		명 기술자, 기사	

★★★ **raise** [reiz]	≒	★★ **breed** [briːd] ^{혼 p.145}	★★ **nurture** [nə́ːrtʃər]
동 기르다, 양육하다		동 양육[사육]하다, (새끼를) 낳다	동 양육하다, 보살피다
		★★ **bring up**	
		~을 기르다, 양육하다	

WordTest 03 주어진 단어와 유사한 뜻을 가진 것을 <u>모두</u> 찾아 번호를 쓰세요.

① total	② handle	③ nurture	④ repairman	⑤ equipment
⑥ entire	⑦ utensil	⑧ technician	⑨ cope with	⑩ breed

1) treat ≒ ___________

2) whole ≒ ___________

3) device ≒ ___________

4) engineer ≒ ___________

5) raise ≒ ___________

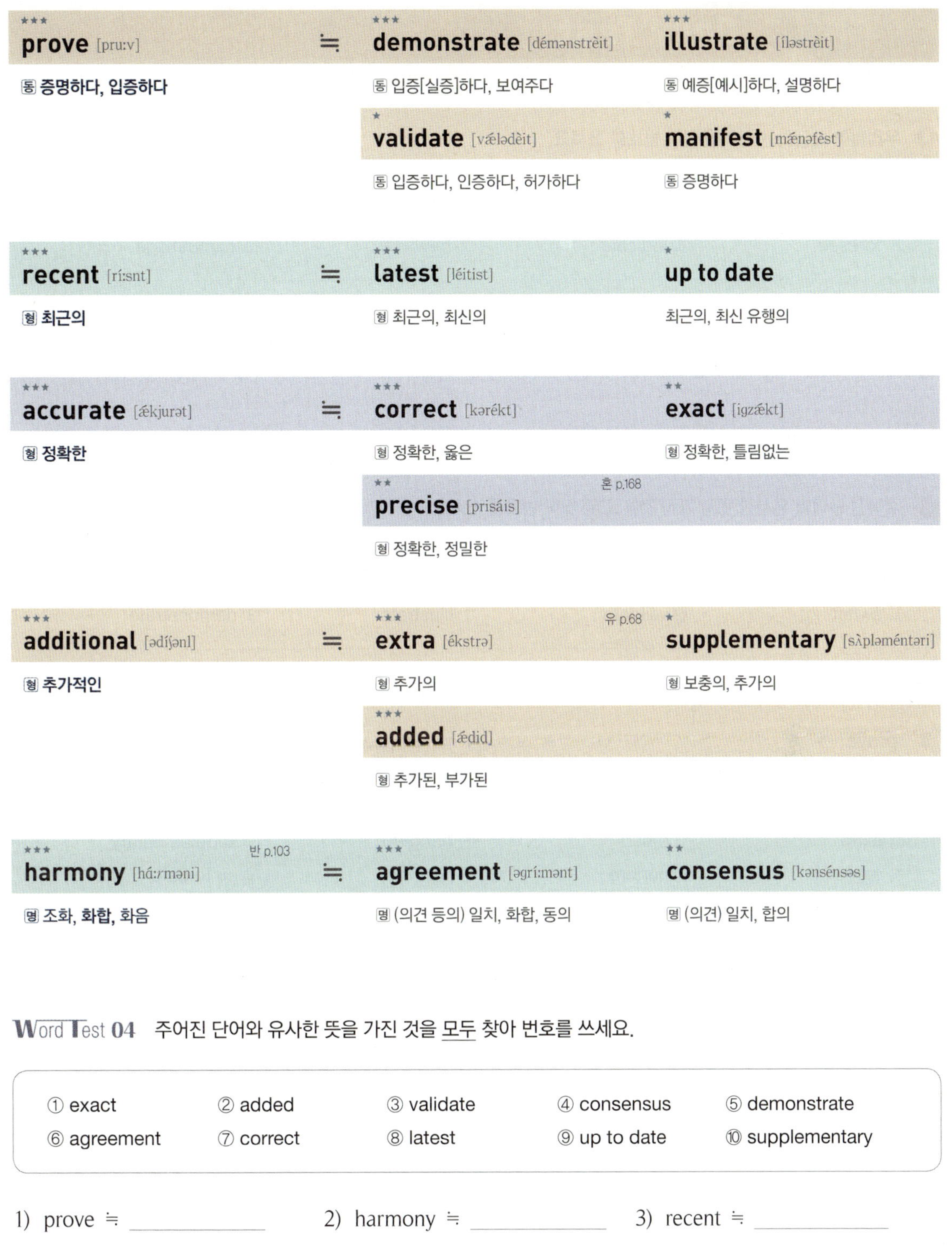

★★★ **prove** [pruːv]	≒	★★★ **demonstrate** [démənstrèit]	★★★ **illustrate** [íləstrèit]
통 증명하다, 입증하다		통 입증[실증]하다, 보여주다	통 예증[예시]하다, 설명하다
		★ **validate** [vǽlədèit]	★ **manifest** [mǽnəfèst]
		통 입증하다, 인증하다, 허가하다	통 증명하다

★★★ **recent** [ríːsnt]	≒	★★★ **latest** [léitist]	★ **up to date**
형 최근의		형 최근의, 최신의	최근의, 최신 유행의

★★★ **accurate** [ǽkjurət]	≒	★★★ **correct** [kərékt]	★★ **exact** [igzǽkt]
형 정확한		형 정확한, 옳은	형 정확한, 틀림없는
		★★ **precise** [prisáis]　혼 p.168	
		형 정확한, 정밀한	

★★★ **additional** [ədíʃənl]	≒	★★★ **extra** [ékstrə]　유 p.68	★ **supplementary** [sÀpləméntəri]
형 추가적인		형 추가의	형 보충의, 추가의
		★★★ **added** [ǽdid]	
		형 추가된, 부가된	

★★★ **harmony** [háːrməni]　반 p.103	≒	★★★ **agreement** [əgríːmənt]	★★ **consensus** [kənsénsəs]
명 조화, 화합, 화음		명 (의견 등의) 일치, 화합, 동의	명 (의견) 일치, 합의

WordTest 04　주어진 단어와 유사한 뜻을 가진 것을 <u>모두</u> 찾아 번호를 쓰세요.

> ① exact　　② added　　③ validate　　④ consensus　　⑤ demonstrate
> ⑥ agreement　　⑦ correct　　⑧ latest　　⑨ up to date　　⑩ supplementary

1) prove ≒ ____________　　2) harmony ≒ ____________　　3) recent ≒ ____________

4) accurate ≒ ____________　　5) additional ≒ ____________

A 우리말에 해당하는 단어를 찾아 번호를 쓰세요.

① entire	② mechanic	③ adequate	④ deal with
⑤ foresee	⑥ indicate	⑦ bewilder	⑧ camouflage

1 내비치다, 나타내다 ____ **2** 위장하다, 감추다 ____ **3** 전체의, 온 ____ **4** 당황하게 하다 ____

5 예견하다 ____ **6** 정비공, 기계공 ____ **7** ~을 다루다 ____ **8** 적절한, 충분한 ____

B 주어진 단어와 유사한 뜻을 가진 것을 <u>모두</u> 찾아 번호를 쓰세요.

① shift	② vanish	③ conceal	④ fade away
⑤ switch	⑥ validate	⑦ illustrate	⑧ demonstrate

1 hide ≒ ____________ **2** convert ≒ ____________

3 prove ≒ ____________ **4** disappear ≒ ____________

⑨ extra	⑩ breed	⑪ bring up	⑫ supplementary
⑬ agreement	⑭ nurture	⑮ harmony	⑯ up to date

5 consensus ≒ ____________ **6** raise ≒ ____________

7 additional ≒ ____________ **8** recent ≒ ____________

C 주어진 단어에 해당하는 우리말 뜻을 빈칸에 쓰세요.

1 device : ____________ **2** precise : ____________

3 employ : ____________ **4** appropriate : ____________

5 anticipate : ____________ **6** perplex : ____________

7 cast : ____________ **8** repairman : ____________

9 equipment : ____________ **10** manage : ____________

D 우리말 해석을 참고하여 빈칸에 가장 적절한 단어를 골라 쓰세요.

whole	validate	disease	suitable
confuse	predict	imply	utensil

1 This app is not _______________ for me.
이 앱은 제게 적합하지 않아요.

2 cooking _______________
조리 기구

3 _______________ a specific benefit
특정 혜택을 암시하다

4 I read the _______________ book in a day.
나는 책 전체를 하루 만에 읽었다.

5 _______________ their predators
그들의 포식자들을 혼란스럽게 하다

6 _______________ people's preferences
사람들의 선호를 예상하다

7 a welcome solution to an age-old _______________
아주 오래된 질병에 대해 반가운 해결책

8 _______________ the accuracy of the information
그 정보의 정확성을 입증하다

E 각 문장의 빈칸에 가장 적절한 것을 찾아 번호를 쓰세요.

① gear	② proper	③ conceal	④ cope with	⑤ latest

1 If I put on all the safety _______________, I might feel uncomfortable. 교육청

2 *Sagwans* even wrote down the kings' attempts to _______________ their mistakes. 교과서 변형

3 Large items like furniture or electronics must be thrown away in the _______________ area. 평가원

4 Sometimes we find it hard to resist buying the _______________ products at a lower price. 교과서 변형

5 Early human beings probably would not have been able to _______________ or adapt to their physical environments. 교육청

★★★		★★★		★★★	
damage [dǽmidʒ]	유 p.75	≒	**harm** [hɑ:rm]		**injury** [índʒəri]
몡 손해, 손상			몡 해, 피해, 손해		몡 부상, 상처, 피해

★★★	★★★	★★
severe [sivíər] ≒	**serious** [síəriəs]	**tough** [tʌf]
몡 극심한, 가혹한, 엄한	몡 심각한, 진지한	몡 힘든, 심한, 가혹한

★★	유 p.45	★
harsh [hɑ:rʃ]		**awful** [ɔ́:fəl]
몡 가혹한, 거친, 엄한		몡 끔찍한, 지독한

★★★	혼 p.166	★★	★★
constant [kánstənt] ≒		**endless** [éndlis]	**persistent** [pərsístənt]
몡 끊임없는, 불변의		몡 무한한, 끝없는	몡 끊임없는, 끈기 있는

★	★
invariable [invέəriəbl]	**eternal** [itə́:rnl]
몡 변함없는, 변치 않는	몡 영원한, 끊임없는

★	★	혼 p.195
everlasting [èvərlǽstiŋ]	**perpetual** [pərpétʃuəl]	
몡 영원한, 변치 않는	몡 영속하는, 끊임없는	

★★★	반 p.106	★★★	★★★	파 p.270
enemy [énəmi] ≒		**opponent** [əpóunənt]	**competitor** [kəmpétətər]	
몡 적, 적대자		몡 상대, 적수	몡 경쟁자, 경쟁 상대	

★★	★
rival [ráivəl]	**adversary** [ǽdvərsèri]
몡 경쟁자, 경쟁 상대	몡 적, 적수, 상대

Word **T**est **01**   주어진 단어와 유사한 뜻을 가진 것을 <u>모두</u> 찾아 번호를 쓰세요.

① harm	② serious	③ endless	④ opponent	⑤ everlasting
⑥ rival	⑦ injury	⑧ tough	⑨ perpetual	⑩ competitor

1) enemy ≒ ______________

2) damage ≒ ______________

3) severe ≒ ______________

4) constant ≒ ______________

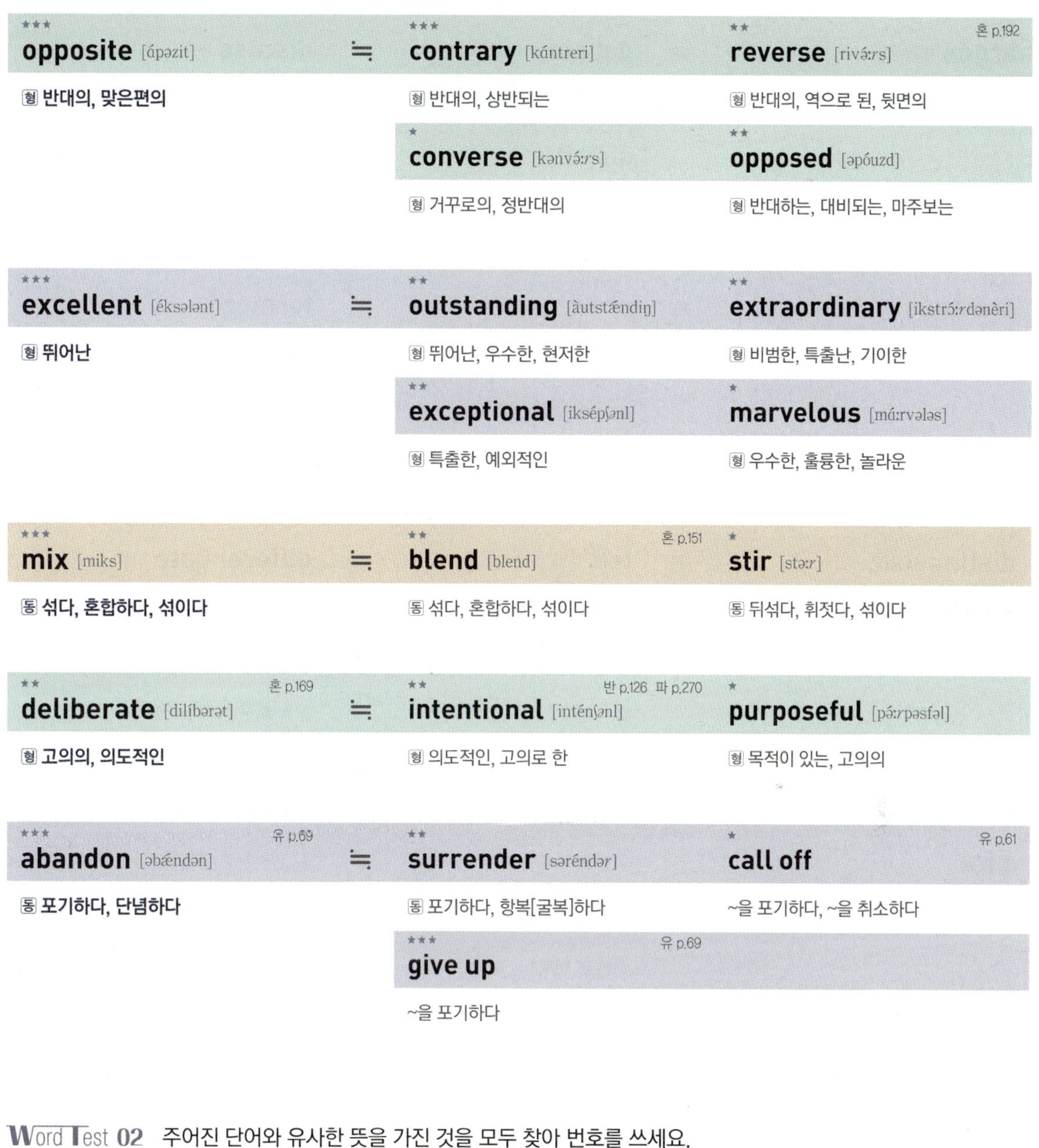

WordTest 02 주어진 단어와 유사한 뜻을 가진 것을 <u>모두</u> 찾아 번호를 쓰세요.

| ① stir | ② reverse | ③ contrary | ④ extraordinary | ⑤ give up |
| ⑥ blend | ⑦ outstanding | ⑧ opposed | ⑨ intentional | ⑩ call off |

1) mix ≒ _______________ 2) deliberate ≒ _______________ 3) abandon ≒ _______________

4) opposite ≒ _______________ 5) excellent ≒ _______________

★★★ **argue** [ɑ́ːrgjuː]	≒	★★★ **debate** [dibéit]	★★★ **discuss** [diskʌ́s]
통 논쟁하다, 논의하다, 토론하다		통 논쟁하다, 토론하다	통 논의[상의]하다, 토론하다
		★★ **dispute** [dispjúːt]	★ **quarrel** [kwɔ́ːrəl]
		통 논쟁하다, 토론하다	통 언쟁하다, 말싸움하다

★★★ **previous** [príːviəs] 유 p.66	≒	★★★ **prior** [práiər] 유 p.66	★★★ **former** [fɔ́ːrmər]
형 이전의, 바로 앞의		형 이전의, 앞의	형 이전의, (둘 중에서) 전자의
		★ **antecedent** [æntəsíːdnt]	★ **preceding** [prisíːdiŋ]
		형 선행된, 이전의	형 이전의, 선행하는

★★★ **distinguish** [distíŋgwiʃ]	≒	★★★ **tell** [tel]	★★ **differentiate** [dìfərénʃièit]
통 구별하다, 구별 짓다		통 식별[구별]하다	통 구별하다, 구분 짓다
		★ **discern** [disə́ːrn] 유 p.68	★ **discriminate** [diskrímənèit]
		통 식별[판별]하다, 알아차리다	통 식별[구별]하다, 차별하다

★★★ **colleague** [káliːg]	≒	★★ **fellow** [félou]	★★ **companion** [kəmpǽnjən]
명 동료		명 친구, 동료	명 친구, 동료, 동반자
		★★ **co-worker** [kóuwə̀ːrkər]	★★ **associate** [əsóuʃiət]
		명 동료, 협력자	명 동료, 동업자

★★★ **reinforce** [rìːinfɔ́ːrs]	≒	★★★ **strengthen** [stréŋkθən] 반 p.88	★★★ **boost** [buːst]
통 강화하다, 보강하다, 증진하다 *add.*) intensify		통 강화하다, 강화되다	통 신장시키다, 북돋우다

Word **T**est 03   주어진 단어와 유사한 뜻을 가진 것을 <u>모두</u> 찾아 번호를 쓰세요.

---

① boost ② former ③ co-worker ④ strengthen ⑤ antecedent
⑥ dispute ⑦ discuss ⑧ discriminate ⑨ companion ⑩ differentiate

---

1) reinforce ≒ _____________ 2) previous ≒ _____________ 3) argue ≒ _____________

4) colleague ≒ _____________ 5) distinguish ≒ _____________

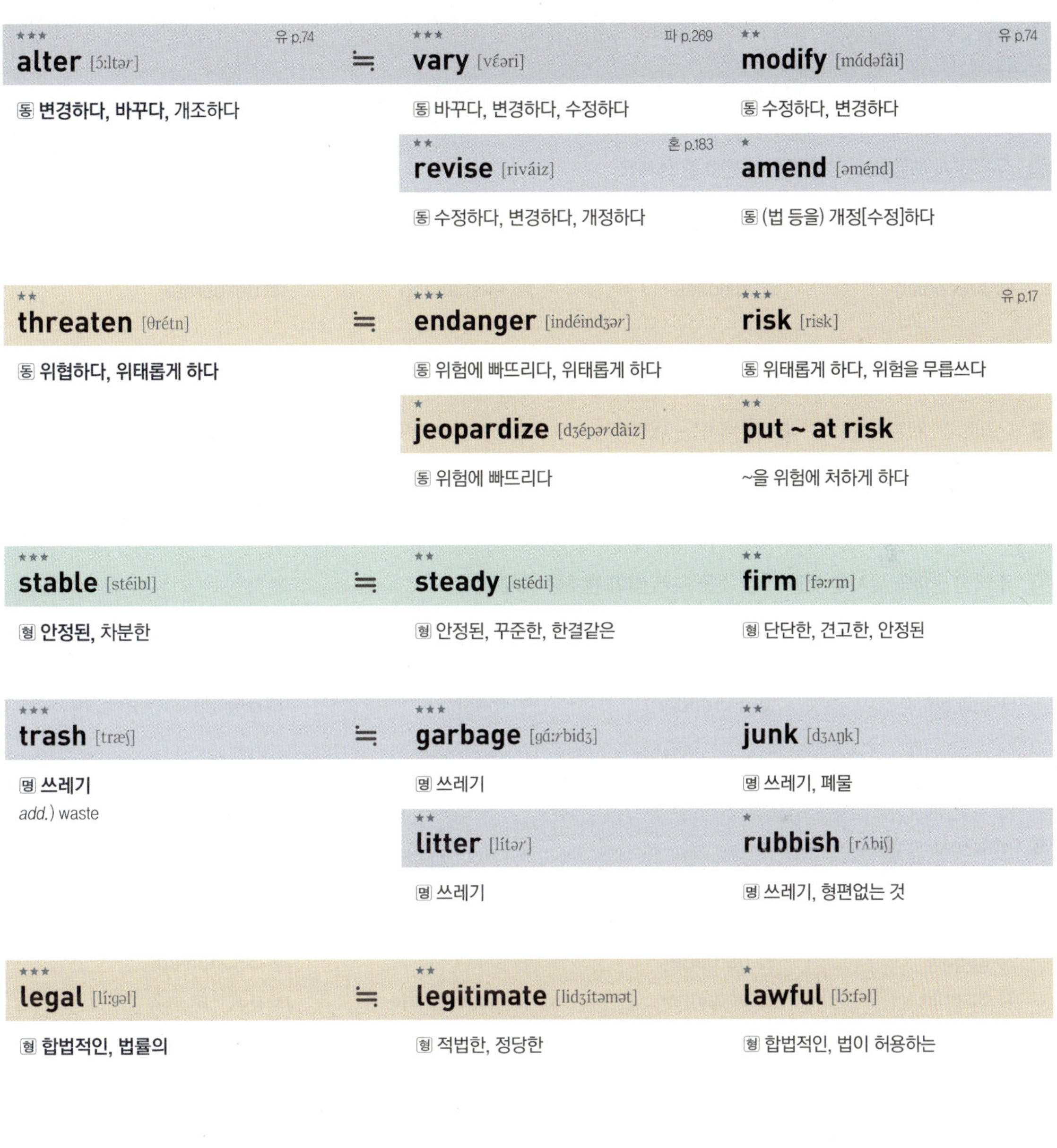

alter [ɔ́:ltər] 유 p.74	≒	vary [vɛ́əri] 파 p.269	modify [mɑ́dəfài] 유 p.74
통 변경하다, 바꾸다, 개조하다		통 바꾸다, 변경하다, 수정하다	통 수정하다, 변경하다
		revise [riváiz] 혼 p.183	amend [əménd]
		통 수정하다, 변경하다, 개정하다	통 (법 등을) 개정[수정]하다

threaten [θrétn]	≒	endanger [indéindʒər]	risk [risk] 유 p.17
통 위협하다, 위태롭게 하다		통 위험에 빠뜨리다, 위태롭게 하다	통 위태롭게 하다, 위험을 무릅쓰다
		jeopardize [dʒépərdàiz]	put ~ at risk
		통 위험에 빠뜨리다	~을 위험에 처하게 하다

stable [stéibl]	≒	steady [stédi]	firm [fəːrm]
형 안정된, 차분한		형 안정된, 꾸준한, 한결같은	형 단단한, 견고한, 안정된

trash [træʃ]	≒	garbage [gɑ́ːrbidʒ]	junk [dʒʌŋk]
명 쓰레기		명 쓰레기	명 쓰레기, 폐물
add.) waste		litter [lítər]	rubbish [rʌ́biʃ]
		명 쓰레기	명 쓰레기, 형편없는 것

legal [líːgəl]	≒	legitimate [lidʒítəmət]	lawful [lɔ́ːfəl]
형 합법적인, 법률의		형 적법한, 정당한	형 합법적인, 법이 허용하는

Word Test 04 주어진 단어와 유사한 뜻을 가진 것을 <u>모두</u> 찾아 번호를 쓰세요.

① firm	② vary	③ rubbish	④ endanger	⑤ steady
⑥ modify	⑦ lawful	⑧ garbage	⑨ legitimate	⑩ put ~ at risk

1) alter ≒ _______________

2) legal ≒ _______________

3) trash ≒ _______________

4) threaten ≒ _______________

5) stable ≒ _______________

A 우리말에 해당하는 단어를 찾아 번호를 쓰세요.

① lawful	② damage	③ opposed	④ exceptional
⑤ preceding	⑥ discuss	⑦ everlasting	⑧ deliberate

1 손해, 손상 ____ **2** 특출한, 예외적인 ____ **3** 영원한, 변치 않는 ____ **4** 이전의, 선행하는 ____

5 논의하다, 토론하다 ____ **6** 반대하는, 대비되는 ____ **7** 고의의, 의도적인 ____ **8** 합법적인 ____

B 주어진 단어와 유사한 뜻을 가진 것을 <u>모두</u> 찾아 번호를 쓰세요.

① stir	② endless	③ serious	④ constant
⑤ call off	⑥ surrender	⑦ tough	⑧ give up

1 severe ≒ ____________ **2** persistent ≒ ____________

3 mix ≒ ____________ **4** abandon ≒ ____________

⑨ debate	⑩ garbage	⑪ junk	⑫ differentiate
⑬ dispute	⑭ endanger	⑮ discriminate	⑯ put ~ at risk

5 argue ≒ ____________ **6** tell ≒ ____________

7 threaten ≒ ____________ **8** trash ≒ ____________

C 주어진 단어에 해당하는 우리말 뜻을 빈칸에 쓰세요.

1 modify : ________________ **2** prior : ________________

3 contrary : ________________ **4** legal : ________________

5 reinforce : ________________ **6** opponent : ________________

7 colleague : ________________ **8** intentional : ________________

9 outstanding : ________________ **10** steady : ________________

D 우리말 해석을 참고하여 빈칸에 가장 적절한 단어를 골라 쓰세요.

harm	boost	former	quarrel
revise	stable	competitor	extraordinary

1 I _____________(e)d with Julie.
나는 Julie와 언쟁을 했다.

2 _____________ their leadership skills
그들의 리더십 기술을 신장시키다

3 have a more _____________ job
더 안정적인 직업을 가지다

4 _____________ and resubmit the file
파일을 수정하여 다시 제출하다

5 a(n) _____________ member of Little Helpers
Little Helpers의 이전 구성원

6 reduce the population of a dominant _____________
지배적인 경쟁자의 개체 수를 감소시키다

7 _____________ of sugar-sweetened beverages
설탕으로 단맛을 낸 음료의 피해

8 recognize her _____________ gift and passion
그녀의 비범한 재능과 열정을 알아보다

E 각 문장의 빈칸에 가장 적절한 단어를 찾아 번호를 쓰세요.

① blend	② legitimate	③ eternal	④ injury	⑤ distinguish

1 Some languages only _____________ between two basic colors, black and white. 교육청

2 We will move away from team sports requiring collision and toward sports that offer less risk of physical _____________ or stress on the body. 교육청 변형

3 In his work, he added natural objects from the *sipjangsaeng*, which means the 10 symbols of _____________ life. 교과서 변형

4 Short-horned lizards prefer soft soils, near rocks where they can _____________ in with the background. 교육청

5 Human Resources will determine whether any such inquiry is for _____________ reasons. 교육청

Part Test (1)

A 다음 우리말 해석을 참고하여 빈칸에 알맞은 단어를 쓰세요.

1 He inherited a m__________ fortune.
그는 막대한 재산을 물려 받았다.

2 a qualified bike m__________
자격을 갖춘 자전거 정비공

3 s__________ new bikes and helmets
새로운 자전거와 헬멧을 제공하다

4 u__________ embarrassing experiences
난처한 경험들을 겪다

B 다음 영영사전 풀이에 해당하는 단어를 <u>모두</u> 찾아 번호를 쓰세요.

① obtain	② collect	③ tolerate	④ eliminate	⑤ gather
⑥ unify	⑦ acquire	⑧ unite	⑨ assemble	⑩ abolish

1 to gain or get something : __________

2 to become part of a group or society : __________

3 to remove something that is not wanted or needed : __________

4 to accept or endure something although you do not like it : __________

5 to get things from different places and bring them together : __________

C 다음 중 의미가 <u>다른</u> 것을 하나 골라 나머지와 유사한 뜻이 되도록 고치세요.

1 contain / incorporate / involve / assemble

__________ ⇒ i__________

2 suitable / adequate / stable / proper

__________ ⇒ a__________

3 endeavor / embrace / strive / wrestle / make an effort

__________ ⇒ s__________

4 intricate / intentional / purposeful

__________ ⇒ d__________

D 다음 문장을 읽고, 문맥상 가장 적절한 단어를 고르세요.

1 Rosa Parks could either stand up to ① bring up / ② give up her seat to white passengers or stand up to injustice. 교과서 변형

2 Let's ① hide / ② reveal in the dark and jump out to surprise her when she gets home from work. 교육청

3 Experts believe that the last of the world's wild cheetah will also ① disappear / ② switch within the next 10 years. 교과서 변형

4 The documents, known as *Mukseojipyeon,* ① include / ② revise valuable information about Silla *Bulguksa Seokgatap.* 교과서 변형

5 The consequences of interaction can be difficult to ① embarrass / ② foresee because they depend as much on the behavior of others as on oneself. 교육청

Advanced

E 다음 문장을 읽고, 빈칸에 어울리는 단어를 <u>모두</u> 찾아 번호를 쓰세요.

① device	② complicated	③ surprise	④ equipment	⑤ excellent
⑥ accurate	⑦ startle	⑧ exceptional	⑨ sophisticated	⑩ precise

1 Computers can now beat players at the world's most ＿＿＿＿＿＿＿ board game. 교육청

2 She loses the objectivity essential to the most ＿＿＿＿＿＿＿ assessment of what is wrong. 평가원

3 Turn off the camera flash while taking pictures of the animals because it can ＿＿＿＿＿＿＿ them. 교육청

4 Some members of their assigned crews had ＿＿＿＿＿＿＿ abilities while others were only average. 평가원

5 Donors are issued membership cards which allow them to borrow ＿＿＿＿＿＿＿ free of charge. 수능

mp3

DAY 06

★★★ **honest** [ánist]	≒	★★ **frank** [fræŋk] 반 p.120	★★ **sincere** [sinsíər]
형 솔직한, 정직한, 거짓 없는		형 솔직한, 숨김없는	형 솔직한, 진심의
		★★ **straightforward** [strèitfɔ́:rwərd] 반 p.107	★ **candid** [kǽndid]
		형 솔직한, 정직한, 똑바른	형 솔직한

★★★ **passion** [pǽʃən]	≒	★★ **enthusiasm** [inθú:ziæzm] 반 p.107	★ **eagerness** [í:gərnis]
명 열정		명 열정, 열광	명 열정, 열심

★★★ **costume** [kástʃu:m]	≒	★★ **garment** [gá:rmənt]	★★ **outfit** [áutfit]
명 의상, 복장		명 옷, 의복	명 의복, 장비, 용품
		★ **apparel** [əpǽrəl]	★ **attire** [ətáiər]
		명 옷, 의류, 기성복	명 옷, 의상

★★★ **remarkable** [rimá:rkəbl]	≒	★★ **prominent** [prámənənt] 혼 p.194	★★ **noticeable** [nóutisəbl]
형 두드러진, 현저한, 탁월한		형 눈에 잘 띄는, 저명한	형 이목을 끄는, 두드러진, 현저한
		★★ **notable** [nóutəbl]	★★ **distinguished** [distíŋgwiʃt]
		형 주목할 만한, 눈에 띄는	형 두드러진, 뛰어난, 유명한
		★ **conspicuous** [kənspíkjuəs]	★ **eminent** [émənənt] 혼 p.194
		형 눈에 잘 띄는, 돋보이는	형 저명한, 탁월한

Word **T**est **01**   주어진 단어와 유사한 뜻을 가진 것을 <u>모두</u> 찾아 번호를 쓰세요.

① notable	② outfit	③ frank	④ garment	⑤ distinguished
⑥ apparel	⑦ eagerness	⑧ straightforward	⑨ enthusiasm	⑩ conspicuous

1) remarkable ≒ ______________

2) passion ≒ ______________

3) costume ≒ ______________

4) honest ≒ ______________

bother [báðər] ★★★	≒	annoy [ənɔ́i] ★★★	irritate [írətèit] ★★
통 귀찮게 하다, 괴롭히다		통 귀찮게 하다, 짜증나게 하다	통 짜증나게 하다, (피부 등을) 자극하다
		bug [bʌg] ★	plague [pleig] ★
		통 괴롭히다	통 괴롭히다, 성가시게 하다

supervise [súːpərvàiz] ★★	≒	monitor [mánətər] ★★	oversee [òuvərsíː] ★
통 관리하다, 감독하다		통 감시하다, 추적 관찰하다	통 감독하다
		keep an eye on ★	
		~을 감시하다, ~을 주시하다	

disturb [distə́ːrb] ★★★	≒	interrupt [intərʌ́pt] ★★ 혼 p.186	disrupt [disrʌ́pt] ★★
통 방해하다, 어지럽히다		통 방해하다, 중단시키다	통 방해하다, 지장을 주다
		interfere with ★★	
		~을 방해하다	

fair [fɛər] ★★★ 다 p.248	≒	unbiased [ʌnbáiəst] ★	impartial [impáːrʃəl] ★ 반 p.126
형 공정한, 공평한 add.) just, unprejudiced		형 공정한, 선입견[편견]이 없는	형 공정한, 편견이 없는

impressive [imprésiv] ★★★	≒	magnificent [mægnífəsnt] ★★	splendid [spléndid] ★
형 인상 깊은, 훌륭한, 감동적인		형 감명 깊은, 훌륭한	형 멋진, 근사한, 훌륭한
		stunning [stʌ́niŋ] ★	
		형 굉장히 멋진, 깜짝 놀랄	

WordTest 02 주어진 단어와 유사한 뜻을 가진 것을 <u>모두</u> 찾아 번호를 쓰세요.

① annoy	② impartial	③ magnificent	④ oversee	⑤ interfere with
⑥ unbiased	⑦ irritate	⑧ splendid	⑨ interrupt	⑩ keep an eye on

1) bother ≒ ___________ 2) fair ≒ ___________ 3) disturb ≒ ___________

4) supervise ≒ ___________ 5) impressive ≒ ___________

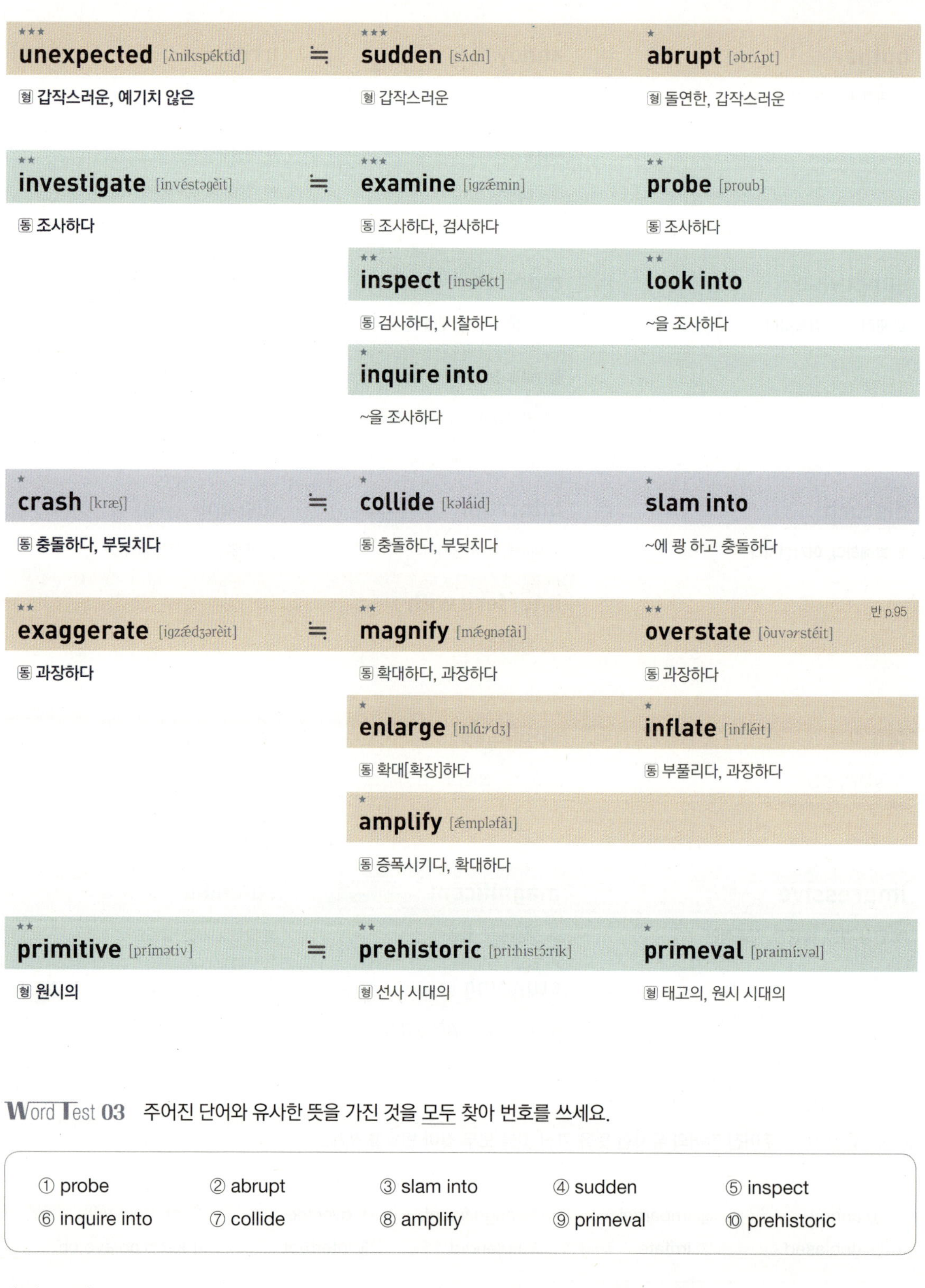

unexpected [ʌnikspéktid] ≒	sudden [sʌ́dn]	abrupt [əbrʌ́pt]
형 갑작스러운, 예기치 않은	형 갑작스러운	형 돌연한, 갑작스러운

investigate [invéstəgèit] ≒	examine [igzǽmin]	probe [proub]
동 조사하다	동 조사하다, 검사하다	동 조사하다
	inspect [inspékt]	look into
	동 검사하다, 시찰하다	~을 조사하다
	inquire into	
	~을 조사하다	

crash [kræʃ] ≒	collide [kəláid]	slam into
동 충돌하다, 부딪치다	동 충돌하다, 부딪치다	~에 쾅 하고 충돌하다

exaggerate [igzǽdʒərèit] ≒	magnify [mǽgnəfài]	overstate [òuvərstéit] 반 p.95
동 과장하다	동 확대하다, 과장하다	동 과장하다
	enlarge [inlá:rdʒ]	inflate [infléit]
	동 확대[확장]하다	동 부풀리다, 과장하다
	amplify [ǽmpləfài]	
	동 증폭시키다, 확대하다	

primitive [prímətiv] ≒	prehistoric [prì:histɔ́:rik]	primeval [praimí:vəl]
형 원시의	형 선사 시대의	형 태고의, 원시 시대의

Word **T**est **03** 주어진 단어와 유사한 뜻을 가진 것을 <u>모두</u> 찾아 번호를 쓰세요.

① probe	② abrupt	③ slam into	④ sudden	⑤ inspect
⑥ inquire into	⑦ collide	⑧ amplify	⑨ primeval	⑩ prehistoric

1) investigate ≒ ______________ 2) exaggerate ≒ ______________ 3) crash ≒ ______________

4) primitive ≒ ______________ 5) unexpected ≒ ______________

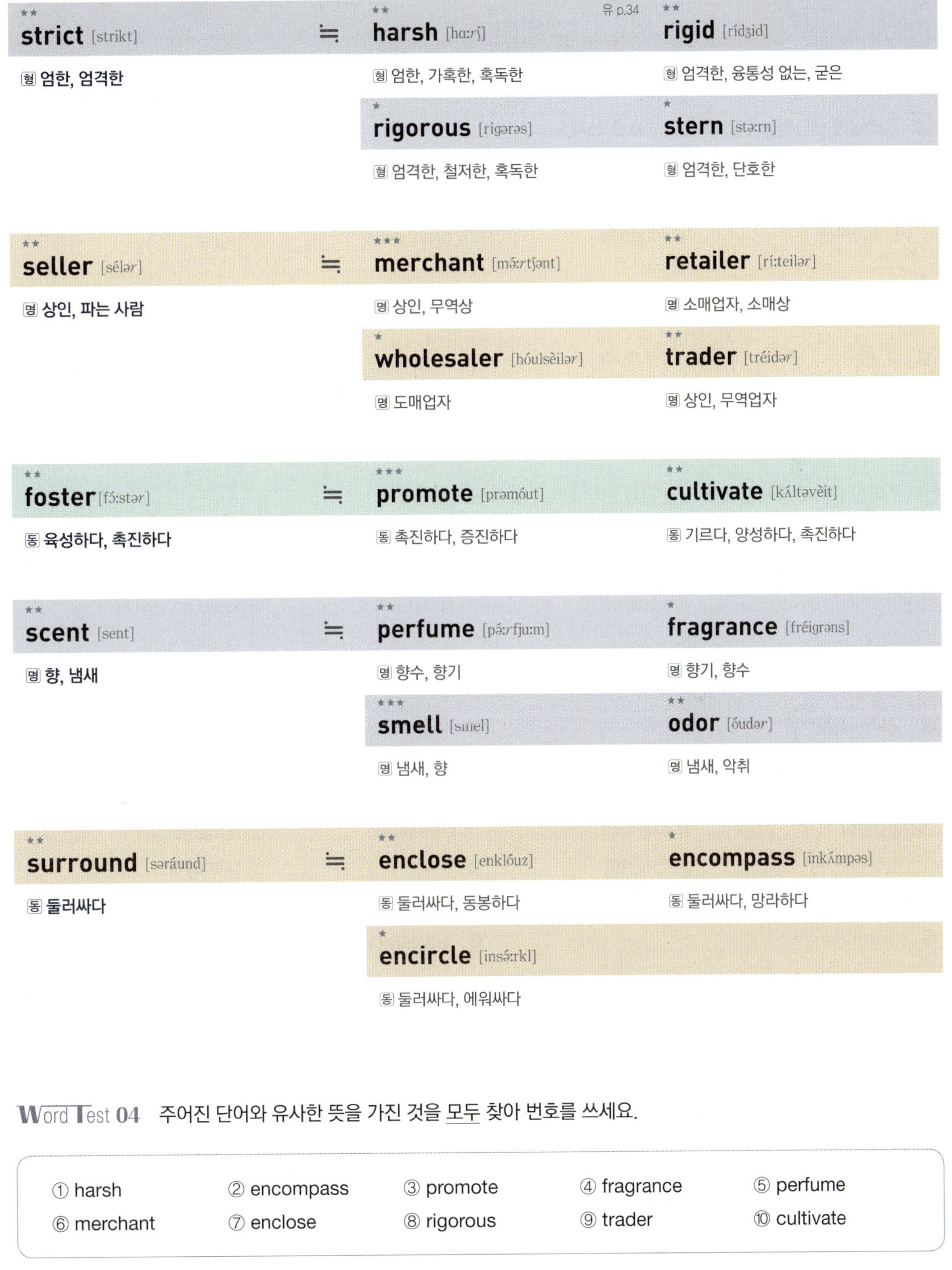

strict [strikt]	≒	harsh [hɑ:rʃ]	유 p.34	rigid [rídʒid]
혱 엄한, 엄격한		혱 엄한, 가혹한, 혹독한		혱 엄격한, 융통성 없는, 굳은
		rigorous [rígərəs]		stern [stə:rn]
		혱 엄격한, 철저한, 혹독한		혱 엄격한, 단호한

seller [sélər]	≒	merchant [mə́:rtʃənt]	retailer [rí:teilər]
명 상인, 파는 사람		명 상인, 무역상	명 소매업자, 소매상
		wholesaler [hóulsèilər]	trader [tréidər]
		명 도매업자	명 상인, 무역업자

foster [fɔ́:stər]	≒	promote [prəmóut]	cultivate [kʌ́ltəvèit]
통 육성하다, 촉진하다		통 촉진하다, 증진하다	통 기르다, 양성하다, 촉진하다

scent [sent]	≒	perfume [pə́:rfju:m]	fragrance [fréigrəns]
명 향, 냄새		명 향수, 향기	명 향기, 향수
		smell [smel]	odor [óudər]
		명 냄새, 향	명 냄새, 악취

surround [səráund]	≒	enclose [enklóuz]	encompass [inkʌ́mpəs]
통 둘러싸다		통 둘러싸다, 동봉하다	통 둘러싸다, 망라하다
		encircle [insə́:rkl]	
		통 둘러싸다, 에워싸다	

Word Test 04　주어진 단어와 유사한 뜻을 가진 것을 <u>모두</u> 찾아 번호를 쓰세요.

① harsh	② encompass	③ promote	④ fragrance	⑤ perfume
⑥ merchant	⑦ enclose	⑧ rigorous	⑨ trader	⑩ cultivate

1) surround ≒ ____________　　2) strict ≒ ____________　　3) seller ≒ ____________

4) scent ≒ ____________　　5) foster ≒ ____________

Ⓐ 우리말에 해당하는 단어를 찾아 번호를 쓰세요.

① straightforward	② bother	③ impartial	④ interrupt
⑤ scent	⑥ magnify	⑦ prominent	⑧ rigid

1 공정한, 편견이 없는 ____ **2** 방해하다 ____ **3** 솔직한, 정직한 ____ **4** 엄격한, 융통성 없는 ____

5 향, 냄새 ____ **6** 귀찮게 하다 ____ **7** 확대하다, 과장하다 ____ **8** 눈에 잘 띄는, 저명한 ____

Ⓑ 주어진 단어와 유사한 뜻을 가진 것을 <u>모두</u> 찾아 번호를 쓰세요.

① retailer	② garment	③ monitor	④ impressive
⑤ seller	⑥ apparel	⑦ splendid	⑧ keep an eye on

1 costume ≒ _____________ **2** supervise ≒ _____________

3 merchant ≒ _____________ **4** magnificent ≒ _____________

⑨ probe	⑩ examine	⑪ prehistoric	⑫ remarkable
⑬ slam into	⑭ eminent	⑮ crash	⑯ primeval

5 primitive ≒ _____________ **6** investigate ≒ _____________

7 collide ≒ _____________ **8** notable ≒ _____________

Ⓒ 주어진 단어에 해당하는 우리말 뜻을 빈칸에 쓰세요.

1 inflate : _________________ **2** foster : _________________

3 abrupt : _________________ **4** disrupt : _________________

5 rigorous : _________________ **6** unbiased : _________________

7 encompass : _________________ **8** fragrance : _________________

9 enthusiasm : _________________ **10** distinguished : _________________

D 우리말 해석을 참고하여 빈칸에 가장 적절한 단어를 골라 쓰세요.

enclose	irritate	wholesaler	disturb
inspect	passion	sincere	conspicuous

1 ______________ others' sleep
다른 사람들의 잠을 방해하다

2 low hedges that ________ the flower beds
화단을 둘러싸고 있는 낮은 울타리

3 ______________ a used car for defects
결함에 대해 중고차를 조사하다

4 the ______________ or easily detected prey
눈에 잘 띄거나 쉽게 발견되는 먹잇감

5 His rude behaviors really ______________ me.
그의 무례한 행동은 정말 나를 짜증나게 한다.

6 Please accept my ______________ apology.
저의 진실한 사과를 받아 주세요.

7 the importance of ______________ and persistence
열정과 끈기의 중요성

8 the price that the farmer gets from the ______________s
농부가 도매업자로부터 받는 가격

E 각 문장의 빈칸에 가장 적절한 단어를 찾아 번호를 쓰세요.

① oversee	② harsh	③ cultivate	④ noticeable	⑤ exaggerate

1 You have to ______________ happiness; you cannot buy it at a store. 교육청

2 Project managers ______________ many functional areas, each with its own specialists. 평가원 변형

3 Isn't it amazing that animals overcome ______________ winters through sleeping? 교육청

4 The leafless brown stems are scarcely ______________ in their rocky hillside habitat. 교육청

5 People usually ______________ about the time they waited, and what they find most bothersome is time spent unoccupied. 교육청

.mp3

★★ **cheat** [tʃiːt]	≒	★★ **mislead** [mislíːd]	★★ **fool** [fuːl]
통 속이다, 부정행위를 하다		통 속이다, 잘못 이끌다	통 속이다, 기만하다

★★ **deceive** [disíːv]
통 속이다, 기만하다

★★★ **restrict** [ristríkt]	≒	★★ **hinder** [híndər] 반 p.95	★★ **constrain** [kənstréin]
통 제한하다, 금지하다		통 방해하다, 못하게 하다	통 제한[제약]하다

★★ **restrain** [ristréin] 반 p.96	★ **inhibit** [inhíbit] 혼 p.182
통 저지[제지]하다, 억누르다	통 억제[저해]하다, 못하게 하다

★ **impede** [impíːd] 유 p.56	★ **obstruct** [əbstrʌ́kt]
통 방해하다, 지연시키다	통 막다, 방해하다

★★ **border** [bɔ́ːrdər]	≒	★★★ **boundary** [báundəri]	★ **frontier** [frʌntíər]
명 경계, 국경		명 경계, 한계, 분계선	명 국경, 경계

★★★ **pay** [pei]	≒	★★ **wage** [weidʒ]	★★ **salary** [sǽləri]
명 급료, 봉급		명 임금, 급료	명 봉급, 월급

★★ **renew** [rinjúː]	≒	★★ **resume** [rizúːm] 혼 p.176	★ **restart** [riːstáːrt]
통 재개하다, 새롭게 하다		통 재개하다, 다시 시작하다	통 다시 시작하다

Word **T**est **01**   주어진 단어와 유사한 뜻을 가진 것을 <u>모두</u> 찾아 번호를 쓰세요.

① resume	② hinder	③ mislead	④ frontier	⑤ boundary
⑥ wage	⑦ inhibit	⑧ deceive	⑨ salary	⑩ constrain

1) cheat ≒ ___________   2) border ≒ ___________   3) restrict ≒ ___________

4) pay ≒ ___________   5) renew ≒ ___________

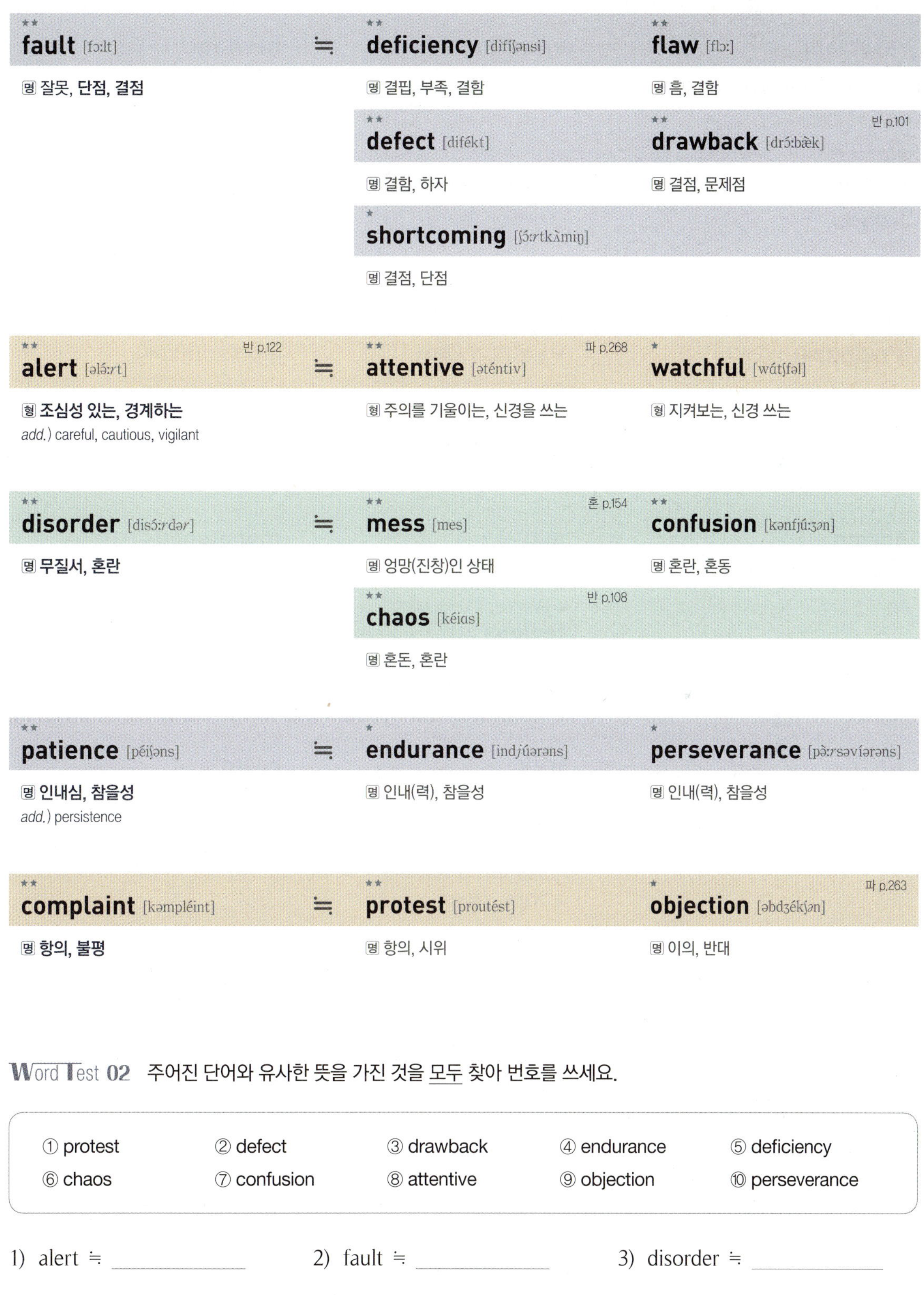

fault [fɔːlt] ≒	**deficiency** [difíʃənsi]	**flaw** [flɔː]
명 잘못, 단점, 결점	명 결핍, 부족, 결함	명 흠, 결함
	defect [difékt]	**drawback** [drɔ́ːbæk] 반 p.101
	명 결함, 하자	명 결점, 문제점
	shortcoming [ʃɔ́ːrtkλ̀miŋ]	
	명 결점, 단점	

alert [ələ́ːrt] 반 p.122 ≒	**attentive** [əténtiv] 파 p.268	**watchful** [wɑ́tʃfəl]
형 조심성 있는, 경계하는 add.) careful, cautious, vigilant	형 주의를 기울이는, 신경을 쓰는	형 지켜보는, 신경 쓰는

disorder [disɔ́ːrdər] ≒	**mess** [mes] 혼 p.154	**confusion** [kənfjúːʒən]
명 무질서, 혼란	명 엉망(진창)인 상태	명 혼란, 혼동
	chaos [kéiɑs] 반 p.108	
	명 혼돈, 혼란	

patience [péiʃəns] ≒	**endurance** [indjúərəns]	**perseverance** [pə̀ːrsəvíərəns]
명 인내심, 참을성 add.) persistence	명 인내(력), 참을성	명 인내(력), 참을성

complaint [kəmpléint] ≒	**protest** [proutést]	**objection** [əbdʒékʃən] 파 p.263
명 항의, 불평	명 항의, 시위	명 이의, 반대

Word Test 02 주어진 단어와 유사한 뜻을 가진 것을 <u>모두</u> 찾아 번호를 쓰세요.

① protest ② defect ③ drawback ④ endurance ⑤ deficiency
⑥ chaos ⑦ confusion ⑧ attentive ⑨ objection ⑩ perseverance

1) alert ≒ ___________ 2) fault ≒ ___________ 3) disorder ≒ ___________

4) patience ≒ ___________ 5) complaint ≒ ___________

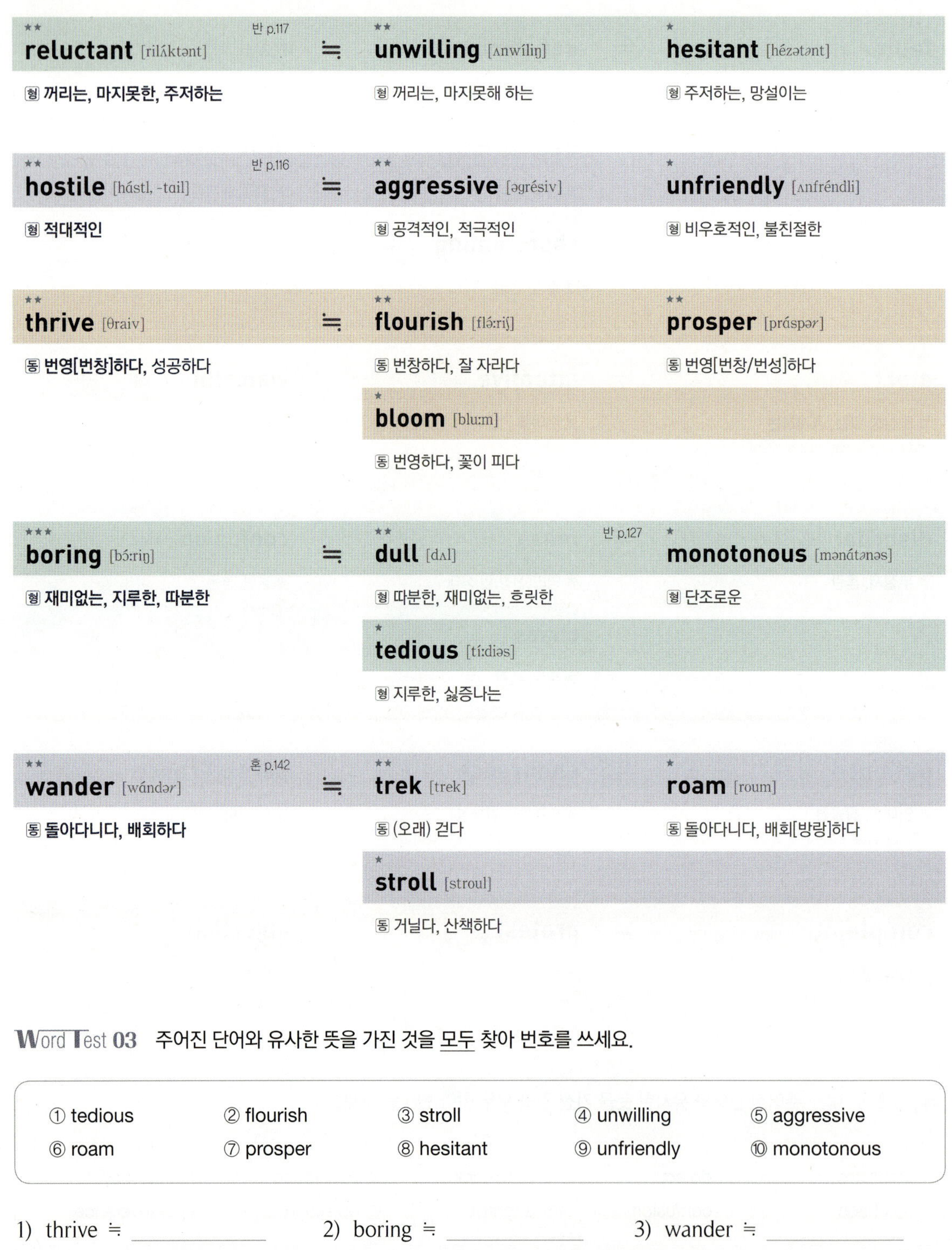

reluctant [rilʌ́ktənt] 반 p.117 ≒ **unwilling** [ʌnwíliŋ] **hesitant** [hézətənt]

형 꺼리는, 마지못한, 주저하는

형 꺼리는, 마지못해 하는

형 주저하는, 망설이는

hostile [hástl, -tail] 반 p.116 ≒ **aggressive** [əgrésiv] **unfriendly** [ʌnfréndli]

형 적대적인

형 공격적인, 적극적인

형 비우호적인, 불친절한

thrive [θraiv] ≒ **flourish** [flə́riʃ] **prosper** [práspər]

동 번영[번창]하다, 성공하다

동 번창하다, 잘 자라다

동 번영[번창/번성]하다

bloom [bluːm]

동 번영하다, 꽃이 피다

boring [bɔ́ːriŋ] ≒ **dull** [dʌl] 반 p.127 **monotonous** [mənátənəs]

형 재미없는, 지루한, 따분한

형 따분한, 재미없는, 흐릿한

형 단조로운

tedious [tíːdiəs]

형 지루한, 싫증나는

wander [wándər] 혼 p.142 ≒ **trek** [trek] **roam** [roum]

동 돌아다니다, 배회하다

동 (오래) 걷다

동 돌아다니다, 배회[방랑]하다

stroll [stroul]

동 거닐다, 산책하다

Word **T**est 03　주어진 단어와 유사한 뜻을 가진 것을 <u>모두</u> 찾아 번호를 쓰세요.

① tedious	② flourish	③ stroll	④ unwilling	⑤ aggressive
⑥ roam	⑦ prosper	⑧ hesitant	⑨ unfriendly	⑩ monotonous

1) thrive ≒ ___________ 2) boring ≒ ___________ 3) wander ≒ ___________

4) hostile ≒ ___________ 5) reluctant ≒ ___________

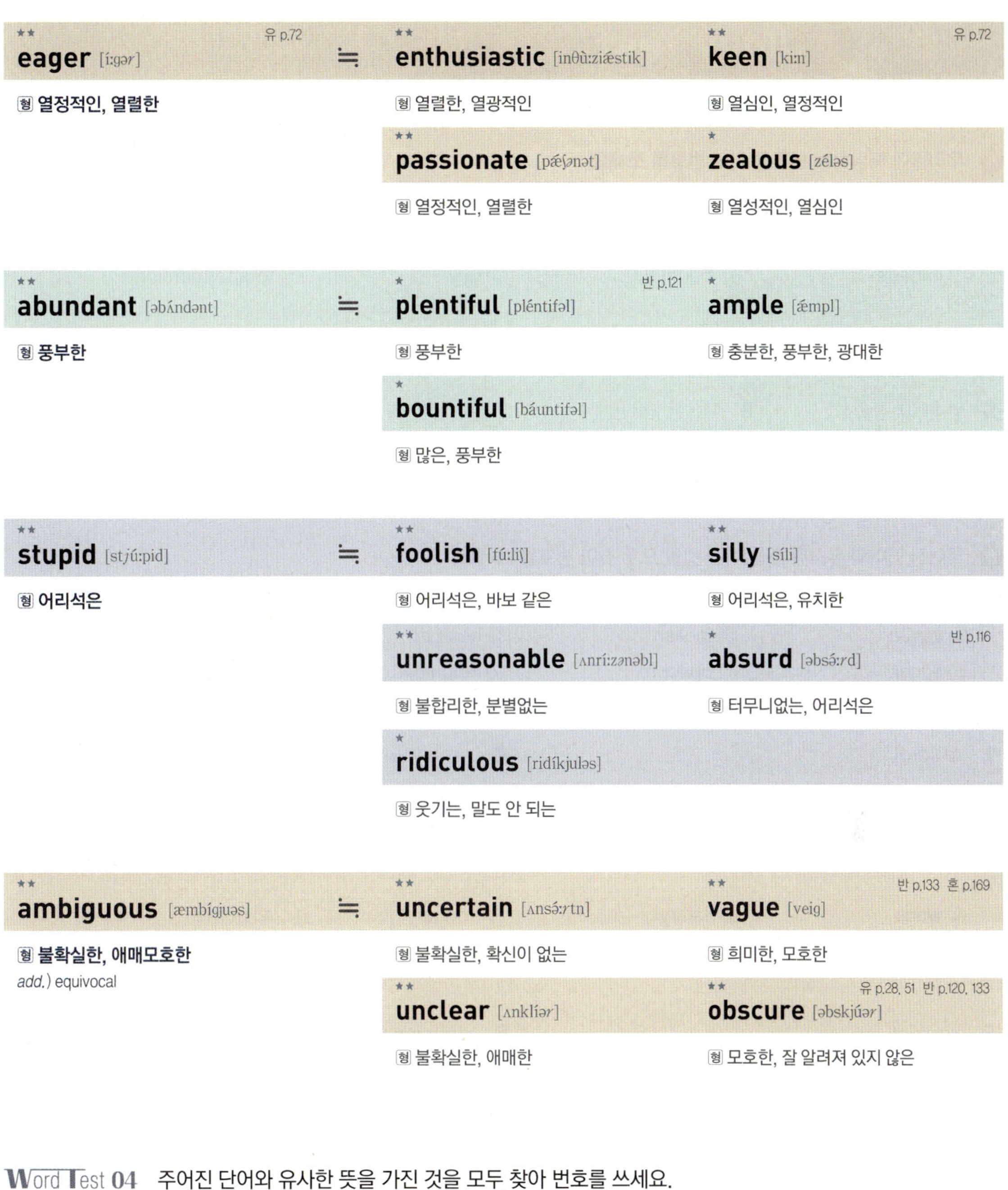

Word Test 04　주어진 단어와 유사한 뜻을 가진 것을 <u>모두</u> 찾아 번호를 쓰세요.

① vague	② foolish	③ passionate	④ bountiful	⑤ enthusiastic
⑥ obscure	⑦ plentiful	⑧ uncertain	⑨ ridiculous	⑩ unreasonable

1) eager ≒ _______________　　2) stupid ≒ _______________

3) abundant ≒ _______________　　4) ambiguous ≒ _______________

Ⓐ 우리말에 해당하는 단어를 찾아 번호를 쓰세요.

① prosper	② mislead	③ aggressive	④ perseverance
⑤ impede	⑥ bountiful	⑦ dull	⑧ shortcoming

1 많은, 풍부한 ____ **2** 결점, 단점 ____ **3** 번영[번창/번성]하다 ____ **4** 속이다, 잘못 이끌다 ____

5 인내(력), 참을성 ____ **6** 따분한, 재미없는 ____ **7** 지연시키다, 방해하다 ____ **8** 공격적인, 적극적인 ____

Ⓑ 주어진 단어와 유사한 뜻을 가진 것을 <u>모두</u> 찾아 번호를 쓰세요.

① vague	② foolish	③ hesitant	④ enthusiastic
⑤ eager	⑥ obscure	⑦ ridiculous	⑧ reluctant

1 stupid ≒ ____________ **2** ambiguous ≒ ____________

3 passionate ≒ ____________ **4** unwilling ≒ ____________

⑨ wage	⑩ salary	⑪ frontier	⑫ border
⑬ inhibit	⑭ defect	⑮ fault	⑯ restrain

5 restrict ≒ ____________ **6** deficiency ≒ ____________

7 boundary ≒ ____________ **8** pay ≒ ____________

Ⓒ 주어진 단어에 해당하는 우리말 뜻을 빈칸에 쓰세요.

1 unreasonable : ________________ **2** renew : ________________

3 obstruct : ________________ **4** flourish : ________________

5 attentive : ________________ **6** wander : ________________

7 confusion : ________________ **8** plentiful : ________________

9 complaint : ________________ **10** zealous : ________________

D 우리말 해석을 참고하여 빈칸에 가장 적절한 단어를 골라 쓰세요.

flaw	patience	chaos	resume
hinder	uncertain	hostile	absurd

1 ______________ the game
경기를 재개하다

2 a(n) ______________ statement
터무니없는 진술

3 This is the fundamental ______________ .
이것은 근본적인 단점이다.

4 develop ______________ and responsibility
인내심과 책임감을 발달시키다

5 She's ______________ about her future.
그녀는 자신의 미래에 대해 확신할 수 없다.

6 Constraints ______________ our creativity.
제약은 우리의 창의력을 저해한다.

7 poetic purity out of political ______________
정치적 혼돈으로부터의 시적 순수성

8 receive a(n) ______________ reaction in Russia
러시아에서 적대적인 반응을 받다

E 각 문장의 빈칸에 가장 적절한 단어를 찾아 번호를 쓰세요.

① border	② protest	③ deceive	④ drawback	⑤ monotonous

1 Another ______________ of daily plans is that they lack flexibility. 교육청

2 Iguazu Falls are located on the ______________ between Brazil and Argentina. 교과서 변형

3 *Arab Spring* was a revolutionary wave started in ______________ to the rule of the government. 교육청 변형

4 As the human capacity to speak developed, so did our ability to trick prey and ______________ predators. 교육청 변형

5 When the workers are trained to do ______________ jobs, they end up being unable to deal with new situations. 교육청 변형

mp3

★★★ 반 p.84
separate [sépərèit]
동 나누다, 분리하다, 갈라지다

≒

★★★ 유 p.74 다 p.202
part [pɑːrt]
동 나누다, 갈라지다, 헤어지다

★★★
divide [diváid]
동 나누다, 나뉘다

★★ 반 p.94
split [split]
동 나누다, 분할하다, 나뉘다

★★★
benefit [bénəfit]
명 이득, 혜택

≒

★★★ 반 p.101
advantage [ædvǽntidʒ]
명 이점, 강점, 유리한 점

★★
merit [mérit]
명 장점, 가치

★★★ 파 p.270
organization [ɔ̀ːrɡənizéiʃən]
명 조직, 단체

≒

★★★
association [əsòusiéiʃən]
명 협회, 단체

★★★
foundation [faundéiʃən]
명 협회, 재단

★★
institute [ínstətjùːt]
명 기관, 협회, 연구소

★★
ban [bæn]
동 금지하다

≒

★★★
prevent [privént]
동 막다, 못하게 하다

★★★ 반 p.82
forbid [fərbíd]
동 금하다, 못하게 하다

★★ 다 p.252
bar [bɑːr]
동 금지하다, 차단하다

★★
prohibit [prouhíbit]
동 금하다, 못하게 하다

Word **T**est **01**   주어진 단어와 유사한 뜻을 가진 것을 <u>모두</u> 찾아 번호를 쓰세요.

① part	② merit	③ forbid	④ prevent	⑤ foundation
⑥ split	⑦ divide	⑧ prohibit	⑨ advantage	⑩ association

1) ban ≒ ____________

2) benefit ≒ ____________

3) separate ≒ ____________

4) organization ≒ ____________

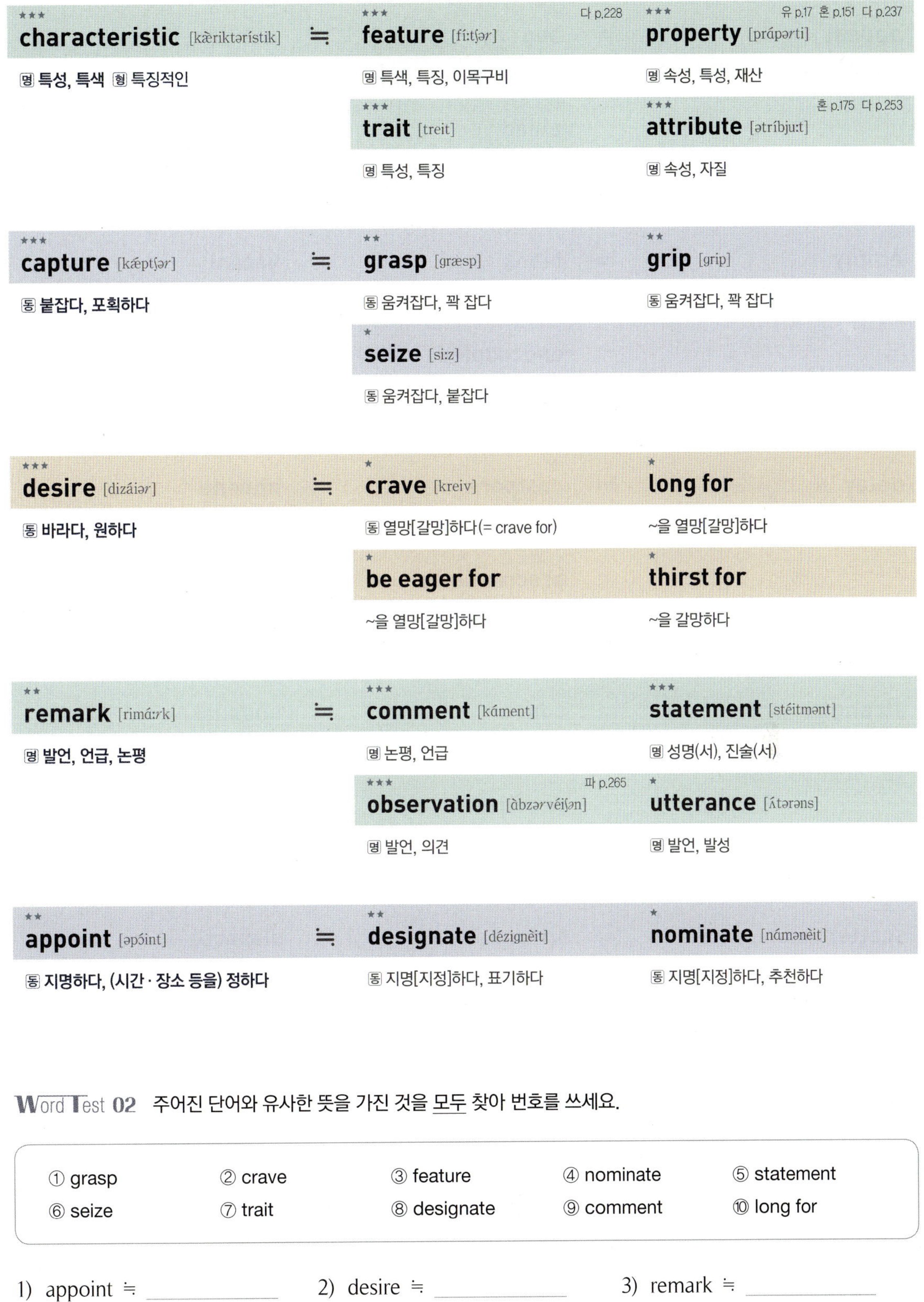

★★★		★★★ 다 p.228	★★★ 유 p.17 혼 p.151 다 p.237
characteristic [kæ̀riktərístik]	≒	**feature** [fíːtʃər]	**property** [prápərti]
몡 특성, 특색 혱 특징적인		몡 특색, 특징, 이목구비	몡 속성, 특성, 재산

		★★★	★★★ 혼 p.175 다 p.253
		trait [treit]	**attribute** [ətríbjuːt]
		몡 특성, 특징	몡 속성, 자질

★★★		★★	★★
capture [kǽptʃər]	≒	**grasp** [græsp]	**grip** [grip]
통 붙잡다, 포획하다		통 움켜잡다, 꽉 잡다	통 움켜잡다, 꽉 잡다

		★	
		seize [siːz]	
		통 움켜잡다, 붙잡다	

★★★		★	★
desire [dizáiər]	≒	**crave** [kreiv]	**long for**
통 바라다, 원하다		통 열망[갈망]하다(= crave for)	~을 열망[갈망]하다

		★	★
		be eager for	**thirst for**
		~을 열망[갈망]하다	~을 갈망하다

★★		★★★	★★★
remark [rimάːrk]	≒	**comment** [kάment]	**statement** [stéitmənt]
몡 발언, 언급, 논평		몡 논평, 언급	몡 성명(서), 진술(서)

		★★★ 파 p.265	★
		observation [àbzərvéiʃən]	**utterance** [ʌ́tərəns]
		몡 발언, 의견	몡 발언, 발성

★★		★★	★
appoint [əpɔ́int]	≒	**designate** [dézignèit]	**nominate** [nάmənèit]
통 지명하다, (시간·장소 등을) 정하다		통 지명[지정]하다, 표기하다	통 지명[지정]하다, 추천하다

Word **T**est **02**   주어진 단어와 유사한 뜻을 가진 것을 <u>모두</u> 찾아 번호를 쓰세요.

① grasp	② crave	③ feature	④ nominate	⑤ statement
⑥ seize	⑦ trait	⑧ designate	⑨ comment	⑩ long for

1) appoint ≒ ___________   2) desire ≒ ___________   3) remark ≒ ___________

4) capture ≒ ___________   5) characteristic ≒ ___________

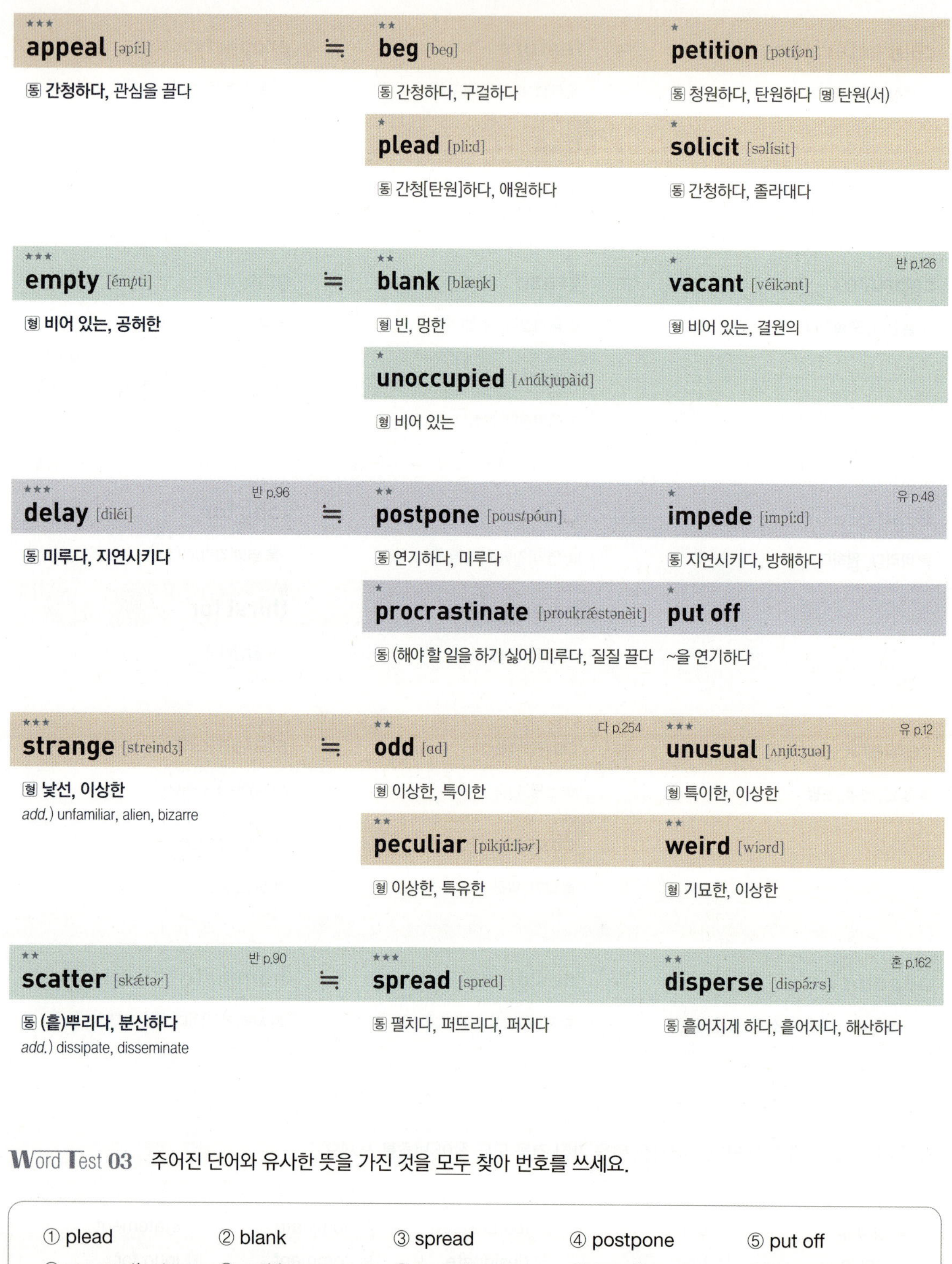

WᴏʀᴅTᴇsᴛ 03 주어진 단어와 유사한 뜻을 가진 것을 <u>모두</u> 찾아 번호를 쓰세요.

| ① plead | ② blank | ③ spread | ④ postpone | ⑤ put off |
| ⑥ procrastinate | ⑦ petition | ⑧ vacant | ⑨ peculiar | ⑩ disperse |

1) delay ≒ ____________   2) empty ≒ ____________   3) appeal ≒ ____________

4) strange ≒ ____________   5) scatter ≒ ____________

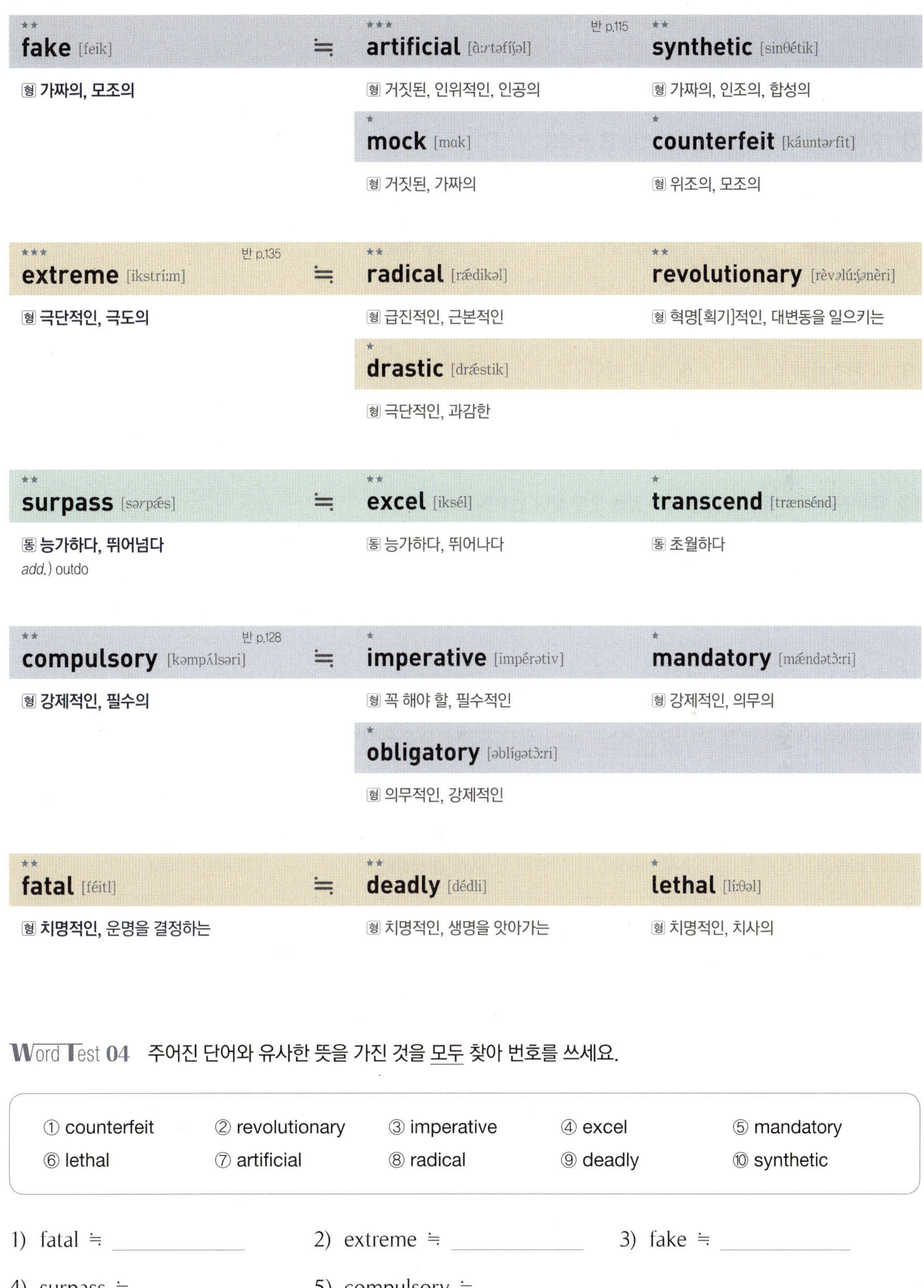

fake [feik] ≒	artificial [ɑ̀ːrtəfíʃəl] 반 p.115	synthetic [sinθétik]
형 가짜의, 모조의	형 거짓된, 인위적인, 인공의	형 가짜의, 인조의, 합성의
	mock [mɑk]	counterfeit [káuntərfit]
	형 거짓된, 가짜의	형 위조의, 모조의

extreme [ikstríːm] 반 p.135 ≒	radical [rǽdikəl]	revolutionary [rèvəlúːʃənèri]
형 극단적인, 극도의	형 급진적인, 근본적인	형 혁명[획기]적인, 대변동을 일으키는
	drastic [drǽstik]	
	형 극단적인, 과감한	

surpass [sərpǽs] ≒	excel [iksél]	transcend [trænsénd]
동 능가하다, 뛰어넘다 add.) outdo	동 능가하다, 뛰어나다	동 초월하다

compulsory [kəmpʌ́lsəri] 반 p.128 ≒	imperative [impérətiv]	mandatory [mǽndətɔ̀ːri]
형 강제적인, 필수의	형 꼭 해야 할, 필수적인	형 강제적인, 의무의
	obligatory [əblígətɔ̀ːri]	
	형 의무적인, 강제적인	

fatal [féitl] ≒	deadly [dédli]	lethal [líːθəl]
형 치명적인, 운명을 결정하는	형 치명적인, 생명을 앗아가는	형 치명적인, 치사의

Word Test 04 주어진 단어와 유사한 뜻을 가진 것을 <u>모두</u> 찾아 번호를 쓰세요.

① counterfeit	② revolutionary	③ imperative	④ excel	⑤ mandatory
⑥ lethal	⑦ artificial	⑧ radical	⑨ deadly	⑩ synthetic

1) fatal ≒ _____________   2) extreme ≒ _____________   3) fake ≒ _____________

4) surpass ≒ _____________   5) compulsory ≒ _____________

A 우리말에 해당하는 단어를 찾아 번호를 쓰세요.

| ① lethal | ② divide | ③ property | ④ foundation |
| ⑤ surpass | ⑥ vacant | ⑦ synthetic | ⑧ crave |

1 치명적인, 치사의 ____ **2** 속성, 특성 ____ **3** 비어 있는, 결원의 ____ **4** 열망[갈망]하다 ____

5 나누다, 나뉘다 ____ **6** 협회, 재단 ____ **7** 가짜의, 인조의 ____ **8** 능가하다, 뛰어넘다 ____

B 주어진 단어와 유사한 뜻을 가진 것을 <u>모두</u> 찾아 번호를 쓰세요.

| ① unoccupied | ② revolutionary | ③ empty | ④ imperative |
| ⑤ postpone | ⑥ drastic | ⑦ put off | ⑧ compulsory |

1 mandatory ≒ ____________ **2** extreme ≒ ____________

3 blank ≒ ____________ **4** procrastinate ≒ ____________

| ⑨ remark | ⑩ petition | ⑪ advantage | ⑫ bar |
| ⑬ plead | ⑭ merit | ⑮ prohibit | ⑯ statement |

5 appeal ≒ ____________ **6** comment ≒ ____________

7 benefit ≒ ____________ **8** ban ≒ ____________

C 주어진 단어에 해당하는 우리말 뜻을 빈칸에 쓰세요.

1 forbid : ____________ **2** seize : ____________

3 desire : ____________ **4** mock : ____________

5 association : ____________ **6** weird : ____________

7 observation : ____________ **8** artificial : ____________

9 appoint : ____________ **10** radical : ____________

D 우리말 해석을 참고하여 빈칸에 가장 적절한 단어를 골라 쓰세요.

fake	delay	feature	scatter
odd	capture	separate	organization

1 the spread of _____________ news
가짜 뉴스의 확산

2 a nonprofit _____________
비영리 단체

3 attempt to _____________ our attention
우리의 관심을 붙잡기 위한 시도

4 throw away the _____________-looking food
이상해 보이는 음식을 버리다

5 We have to _____________ the meeting.
우리는 회의를 연기해야 합니다.

6 a unique _____________ in the health care industry
건강 관리 산업의 독특한 특성

7 _____________ the grass seed over the lawn
잔디밭에 잔디 씨를 뿌리다

8 _____________ paper from other waste for recycling
재활용을 위해 종이를 다른 쓰레기와 분리하다

E 각 문장의 빈칸에 가장 적절한 것을 찾아 번호를 쓰세요.

① designate	② prevent	③ characteristic	④ strange	⑤ eager for

1 He saw the _____________ plants from exotic lands. 교과서 변형

2 Her house in Jackson has been _____________(e)d as a National Historic Landmark and is open to the public as a museum. 교육청

3 We are still _____________ simple things like love, happiness, and marriage. 교과서 변형

4 Making a reservation can help _____________ any inconvenience to other residents. 평가원

5 Infrasound has the special _____________ of traveling well in the ground or water. 교육청

mp3

happen [hǽpən] ≒	occur [əkə́:r]	take place
통 일어나다, 발생하다	통 일어나다, 발생하다	~이[가] 일어나다, ~이[가] 개최되다
	arise [əráiz]	come about
	통 발생하다, 생기다	~이[가] 일어나다, ~이[가] 생기다

reach [ri:tʃ] ≒	arrive at	get to
통 도달하다, 도착하다	~에 도착하다, ~에 이르다	~에 도착하다, ~에 이르다

perform [pərfɔ́:rm] 유 p.74 ≒	carry out	implement [ímpləment] 혼 p.157
통 실행하다, 수행하다	~을 수행하다	통 시행하다
	execute [éksikjù:t]	
	통 실행하다, 수행하다	

immediately [imí:diətli] ≒	right away	at once
부 즉시	즉시	즉시, 한꺼번에, 동시에
add.) promptly	on the spot	instantly [ínstəntli]
	즉석에서, 현장에서	부 즉시, 즉각적으로

Word **T**est **01**   주어진 단어와 유사한 뜻을 가진 것을 <u>모두</u> 찾아 번호를 쓰세요.

① carry out	② occur	③ instantly	④ arrive at
⑤ take place	⑥ on the spot	⑦ implement	⑧ get to

1) immediately ≒ ____________

2) happen ≒ ____________

3) reach ≒ ____________

4) perform ≒ ____________

**		**		*	
compensate for	≒	**make up for**		**offset** [ɔ́:fset]	
~을 보충하다, ~을 보상하다		~에 대해 보상하다, ~을 벌충하다		통 벌충하다, 상쇄하다	

***		*		**	
encounter [inkáuntər]	≒	**run across**		**run into**	
통 마주치다, 맞닥뜨리다		~와 우연히 만나다		~와 우연히 마주치다, ~와 충돌하다	
add.) come across					

***		*	유 p.35	*	
cancel [kǽnsəl]	≒	**call off**		**invalidate** [invǽlədèit]	
통 취소하다		~을 취소하다		통 무효화하다	

***	반 p.88	**		*	
absorb [əbsɔ́:rb]	≒	**take in**		**soak up**	
통 흡수하다, 빨아들이다		~을 흡수[섭취]하다		~을 흡수하다, ~을 빨아들이다	

***		*			
gradually [grǽdʒuəli]	≒	**step by step**		**little by little**	
부 점차적으로, 서서히		점차로, 한 걸음 한 걸음		조금씩, 서서히	
		by degrees			
		서서히, 점차			

**		***		**	
continually [kəntínjuəli]	≒	**constantly** [kánstəntli]		**in a row**	
부 지속적으로, 끊임없이		부 끊임없이, 변함없이		계속해서, 잇달아	
		successively [səksésivli]		**in succession**	
		부 연속하여, 잇따라서		계속하여, 연이어	

Word Test 02   주어진 단어와 유사한 뜻을 가진 것을 <u>모두</u> 찾아 번호를 쓰세요.

① invalidate	② run into	③ call off	④ make up for
⑤ in a row	⑥ step by step	⑦ successively	⑧ take in

1) cancel ≒ ____________

2) compensate for ≒ ____________

3) encounter ≒ ____________

4) continually ≒ ____________

5) absorb ≒ ____________

6) gradually ≒ ____________

***
participate in ≒

~에 참여[참가]하다

***
engage in

~에 참여하다, ~에 관여하다

**
take part in

~에 참여[참가]하다

**
attribute A to B ≒

A를 B의 탓[덕]으로 돌리다

**
ascribe A to B

A를 B의 탓[덕]으로 돌리다

**
owe A to B

A는 B의 덕분이다, A를 B에게 빚지다

***
be associated with ≒

~와 연관이 있다, ~와 관계가 있다

**
be linked to

~와 연관되다

***
be related to

~와 관계가 있다

***
have (sth) to do with

~와 관계가 있다

*
be relevant to

~와 관련이 있다

***
result in ≒

~을 초래하다, ~을 야기하다

***
cause [kɔ:z] 유 p.10 반 p.100 다 p.209

⑧ 야기하다, 발생시키다

***
lead to

~을 초래하다, ~로 이어지다

**
bring about

~을 초래하다, ~을 야기하다

*
give rise to

~을 야기하다, ~을 낳다

***
recall [rikɔ́:l] ≒

⑧ 기억해 내다, 상기하다

*
recollect [rèkəlékt]

⑧ 기억해 내다, 회상하다

*
bring[call] ~ to mind

~을 기억[상기]하다

*
look back on

(과거 등을) 되돌아보다

*
think back to[on]

~을 회상하다

Ｗord Ｔest 03 주어진 단어와 유사한 뜻을 가진 것을 <u>모두</u> 찾아 번호를 쓰세요.

① ascribe A to B	② take part in	③ think back to	④ be relevant to
⑤ be related to	⑥ give rise to	⑦ owe A to B	⑧ bring about

1) be associated with ≒ _______________

2) attribute A to B ≒ _______________

3) result in ≒ _______________

4) recall ≒ _______________

5) participate in ≒ _______________

★★★ be responsible for	≒	★★ take responsibility for	★ be liable[accountable] for
~에 책임이 있다		~을 책임지다	~에 책임이 있다, ~할 의무가 있다

★★★ be aware of 유 p.68	≒	★ be conscious of 유 p.68	★ be acquainted with
~을 알다, ~을 인식하다		~을 알고 있다, ~을 자각하다	~을 알다, ~와 친분이 있다
		★ be informed of	
		~을 알다, ~에 대해 정통하다	

★★ get rid of 유 p.23	≒	★ dispose of	★ do away with
~을 제거하다, ~을 없애다		~을 없애다, ~을 처리하다	~을 처분하다, ~을 폐지하다

★★ consist of	≒	★★ comprise [kəmpráiz]	★★ be made up of
~로 구성되다		동 구성되다, 이뤄지다	~로 구성되다
		★★ be composed of	★ be comprised of
		~로 구성되다	~로 구성되다

★★ stick to	≒	★ cling to	★ adhere to
~을 고수하다, ~을 지키다		~을 고수하다, ~에 매달리다	~을 고수하다, ~을 지키다
		★ abide by	
		~을 지키다, ~을 준수하다	

Word **T**est 04　주어진 단어와 유사한 뜻을 가진 것을 <u>모두</u> 찾아 번호를 쓰세요.

① dispose of	② be made up of	③ adhere to	④ do away with
⑤ be acquainted with	⑥ be composed of	⑦ cling to	⑧ be liable for

1) be aware of ≒ ____________

2) be responsible for ≒ ____________

3) consist of ≒ ____________

4) get rid of ≒ ____________

5) stick to ≒ ____________

A 우리말에 해당하는 어구를 찾아 번호를 쓰세요.

> ① call off   ② soak up   ③ in succession   ④ take part in
> ⑤ be made up of   ⑥ be associated with   ⑦ carry out   ⑧ bring about

1 ~을 초래하다 ＿＿   **2** ~을 흡수하다 ＿＿   **3** ~로 구성되다 ＿＿   **4** ~와 연관이 있다 ＿＿

5 ~에 참여[참가]하다 ＿＿   **6** ~을 취소하다 ＿＿   **7** 계속하여, 연이어 ＿＿   **8** ~을 수행하다 ＿＿

B 주어진 단어와 유사한 뜻을 가진 것을 <u>모두</u> 찾아 번호를 쓰세요.

> ① dispose of   ② be conscious of   ③ abide by   ④ do away with
> ⑤ result in   ⑥ be informed of   ⑦ cause   ⑧ stick to

1 adhere to ≒ ＿＿＿＿＿＿＿＿＿   **2** get rid of ≒ ＿＿＿＿＿＿＿＿＿

3 be aware of ≒ ＿＿＿＿＿＿＿＿＿   **4** lead to ≒ ＿＿＿＿＿＿＿＿＿

> ⑨ little by little   ⑩ immediately   ⑪ by degrees   ⑫ run into
> ⑬ encounter   ⑭ recall   ⑮ right away   ⑯ bring ~ to mind

5 at once ≒ ＿＿＿＿＿＿＿＿＿   **6** gradually ≒ ＿＿＿＿＿＿＿＿＿

7 run across ≒ ＿＿＿＿＿＿＿＿＿   **8** look back on ≒ ＿＿＿＿＿＿＿＿＿

C 주어진 어구에 해당하는 우리말 뜻을 빈칸에 쓰세요.

1 take place : ＿＿＿＿＿＿＿＿＿   **2** engage in : ＿＿＿＿＿＿＿＿＿

3 get to : ＿＿＿＿＿＿＿＿＿   **4** attribute A to B : ＿＿＿＿＿＿＿＿＿

5 come about : ＿＿＿＿＿＿＿＿＿   **6** be relevant to : ＿＿＿＿＿＿＿＿＿

7 invalidate : ＿＿＿＿＿＿＿＿＿   **8** be accountable for : ＿＿＿＿＿＿＿＿＿

9 take in : ＿＿＿＿＿＿＿＿＿   **10** be composed of : ＿＿＿＿＿＿＿＿＿

D 우리말 해석을 참고하여 빈칸에 가장 적절한 것을 골라 쓰세요.

call off	related to	consist of	give rise to
absorb	in a row	cling to	on the spot

1 This is his third win ________________.
이번이 그의 3연승이다.

2 I have to ______________ the trip.
나는 여행을 취소해야 한다.

3 answer the question ______________
즉석에서 질문에 대답하다

4 ______________ positive changes
긍정적인 변화들을 초래하다

5 the body's ability to ______________ calcium
칼슘을 흡수하는 신체의 능력

6 This custom might ______________ other fields.
이 관습은 다른 분야들과 관계가 있을지도 모른다.

7 The sense of taste is ______________ the sense of smell.
미각은 후각과 관련이 있다.

8 The committee ______________ individuals with great creativity.
그 협의회는 뛰어난 창의력을 가진 사람들로 구성되어 있다.

E 각 문장의 빈칸에 가장 적절한 것을 찾아 번호를 쓰세요.

① be aware of	② compensate for	③ carry out	④ step by step	⑤ take responsible for

1 John has to go from easy questions to difficult ones ________________. 교육청

2 A larger retina allows you to receive more light to ________________ poor light levels. 교육청

3 The expression "to carry the ball" means to ________________ getting something done. 교육청

4 Undergraduate participants were asked to ________________ a simultaneous task to make them distracted. 교육청

5 I'd like to remind you of a couple of things that every electric scooter rider should ________________. 교육청

DAY **10**

mp3

★★★ **last** [læst]	≒	★★★ **final** [fáinl]	★★ **ultimate** [ʌ́ltəmət]
형 최후의		형 마지막, 최종적인	형 최후의, 궁극적인

★★★ **last**	≒	★★★ **previous** [príːviəs] 유 p.36	★★★ **prior** [práiər] 유 p.36
형 이전의		형 이전의, 바로 앞의	형 이전의, 앞의

★★★ **last**	≒	★★★ **continue** [kəntínjuː] 반 p.82 파 p.264	★★ **persist** [pərsíst] 혼 p.145
동 계속되다, 지속되다		동 계속되다, 계속하다	동 계속되다, 지속되다, 고집하다

		★★ **endure** [indjúər] 유 p.13	
		동 지속되다, 참다, 인내하다	

★★★ **effect** [ifékt] 반 p.100 혼 p.149	≒	★★★ **result** [rizʌ́lt]	★★★ **consequence** [kánsəkwèns]
명 결과		명 결과, 결실	명 결과, 중요함

		★★★ **outcome** [áutkʌ̀m]	
		명 결과	

★★★ **effect** 반 p.100 혼 p.149	≒	★★★ **influence** [ínfluəns]	★★★ **impact** [ímpækt] 혼 p.145
명 영향		명 영향(력)	명 영향, 충격

WORD **T**EST **01**   주어진 단어의 유의어를 <u>모두</u> 찾아 번호와 그 뜻을 쓰세요. (번호 중복 사용 가능)

> ① impact　　② last　　③ effect　　④ continue　　⑤ consequence

1) persist ≒ ___________

　뜻: ___________

2) influence ≒ ___________

　뜻: ___________

3) outcome ≒ ___________

　뜻: ___________

★★★ 반 p.133	★★★ 유 p.18	★★★ 유 p.18 반 p.120 혼 p.167
specific [spisífik] ≒	**obvious** [ábviəs]	**apparent** [əpǽrənt]
형 명확한, 분명한	형 분명한, 명백한	형 분명한
	★★ 반 p.127	★★ 혼 p.195
	explicit [iksplísit]	**definite** [défənit]
	형 명확한, 분명한	형 분명한, 확실한

반 p.133	★★★ 유 p.12 반 p.115	★★★
specific ≒	**particular** [pərtíkjulər]	**certain** [sə́ːrtn]
형 특정한	형 특정한, 특별한	형 특정한

★★★ 다 p.226	★★★	★★★ 유 p.73 다 p.223
issue [íʃuː] ≒	**topic** [tápik]	**subject** [sʌ́bdʒikt]
명 주제, 쟁점	명 주제, 화제	명 주제, 과목

다 p.226	★★★ 다 p.222	★★★
issue ≒	**matter** [mǽtər]	**problem** [prábləm]
명 문제	명 문제	명 문제
	★★★ 유 p.25	★★★ 유 p.25
	difficulty [dífikʌ̀lti]	**trouble** [trʌ́bl]
	명 난제, 어려움, 어려운 일	명 문제, 골칫거리

다 p.226	★★★	★
issue ≒	**publish** [pʌ́bliʃ]	**bring out**
동 발행하다, 발급하다	동 발행[출판]하다	~을 출간하다, ~을 세상에 내놓다

다 p.226	★★★ 뉴 p.12 혼 p.143	★★ 유 p.12
issue ≒	**announce** [ənáuns]	**declare** [diklέər]
동 발표하다, 공표하다	동 발표하다, 선언하다	동 공표하다, 선언하다
	★ 유 p.12	
	proclaim [proukléim]	
	동 선언하다, 발표하다	

Word **T**est 02   주어진 단어의 유의어를 <u>모두</u> 찾아 번호와 그 뜻을 쓰세요. (번호 중복 사용 가능)

> ① certain   ② bring out   ③ specific   ④ issue   ⑤ explicit

1) definite ≒ ＿＿＿＿＿＿

　 뜻: ＿＿＿＿＿＿

2) publish ≒ ＿＿＿＿＿＿

　 뜻: ＿＿＿＿＿＿

3) particular ≒ ＿＿＿＿＿＿

　 뜻: ＿＿＿＿＿＿

recognize [rékəgnàiz]	≒	accept [æksépt] 반 p.83	acknowledge [æknálidʒ] 반 p.89
동 인정하다		동 인정하다, 받아들이다	동 인정하다, 자인하다
		admit [ədmít]	
		동 인정하다, 시인하다	

recognize	≒	realize [ríːəlàiz]	perceive [pərsíːv] 혼 p.174
동 인식하다		동 인식하다, 깨닫다	동 인식하다, 감지하다
		discern [disə́ːrn] 유 p.36	be aware of 유 p.63
		동 인식하다, 알아차리다	~을 인식하다, ~을 알아차리다
		be conscious of 반 p.63	
		~을 자각하다, ~을 알고 있다	

excess [iksés] 파 p.265	≒	surplus [sə́ːrplʌs]	overabundance [òuvərəbándəns]
명 초과, 과잉		명 과잉, 흑자	명 과잉, 과다
excess [ékses] 파 p.265	≒	extra [ékstrə] 유 p.31	spare [spɛər]
형 여분의, 초과한		형 여분의, 추가의	형 여분의, 예비용의
		surplus [sə́ːrplʌs]	redundant [ridándənt]
		형 과잉의, 잉여의	형 여분의, 과다한, 남아도는

Word **T**est 03   주어진 단어의 유의어를 <u>모두</u> 찾아 번호와 그 뜻을 쓰세요. (번호 중복 사용 가능)

> ① acknowledge　　② realize　　③ excess　　④ extra　　⑤ recognize

1) spare ≒ ＿＿＿＿＿＿　　2) perceive ≒ ＿＿＿＿＿＿　　3) accept ≒ ＿＿＿＿＿＿

　뜻: ＿＿＿＿＿＿　　　　　뜻: ＿＿＿＿＿＿　　　　　뜻: ＿＿＿＿＿＿

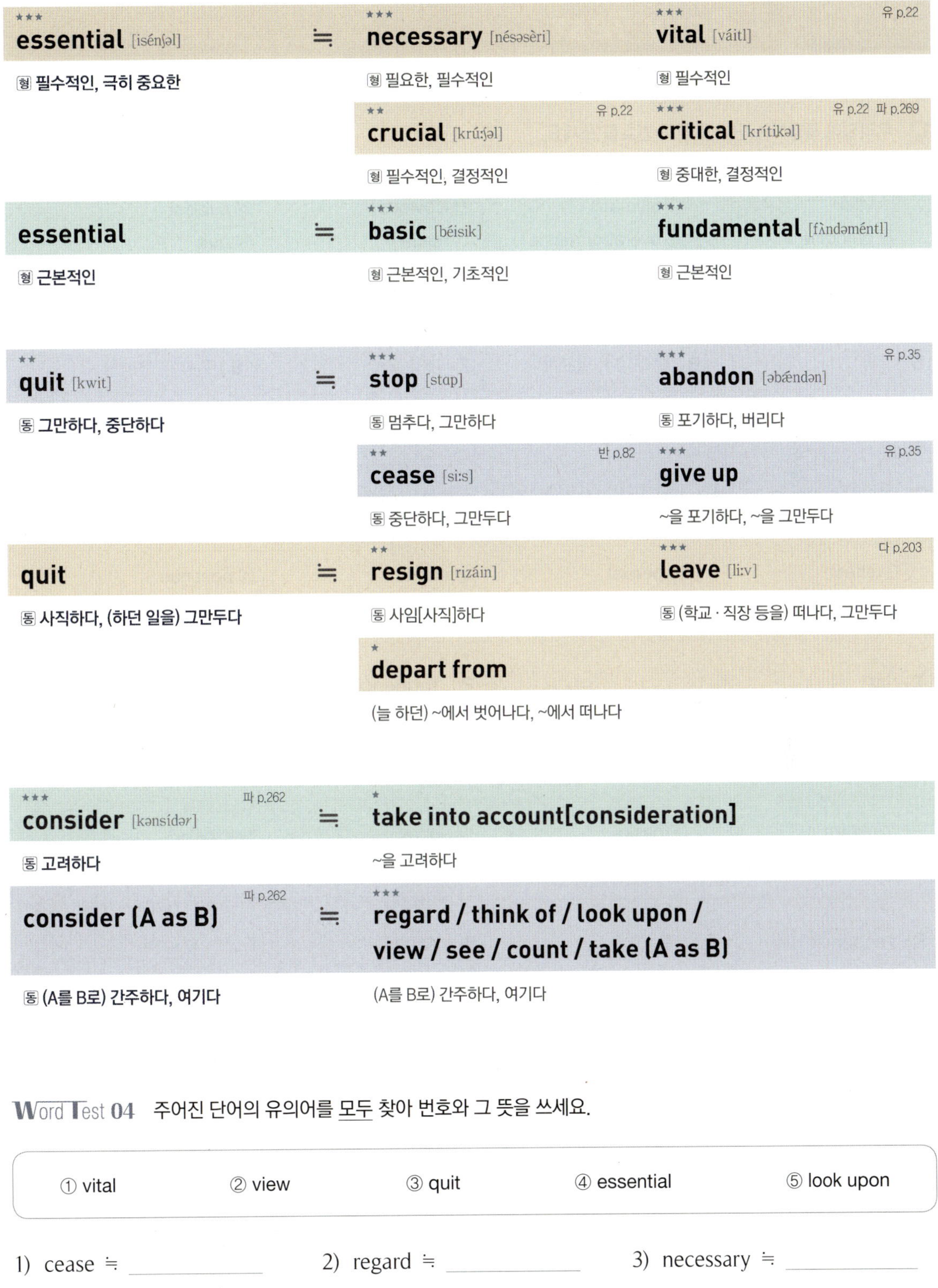

★★★ **essential** [isénʃəl] ≒	★★★ **necessary** [nésəsèri]	★★★ 유 p.22 **vital** [váitl]
형 필수적인, 극히 중요한	형 필요한, 필수적인	형 필수적인
	★★ 유 p.22 **crucial** [krú:ʃəl]	★★★ 유 p.22 파 p.269 **critical** [krítikəl]
	형 필수적인, 결정적인	형 중대한, 결정적인

essential ≒	★★★ **basic** [béisik]	★★★ **fundamental** [fʌ̀ndəméntl]
형 근본적인	형 근본적인, 기초적인	형 근본적인

★★ **quit** [kwit] ≒	★★★ **stop** [stɑp]	★★★ 유 p.35 **abandon** [əbǽndən]
동 그만하다, 중단하다	동 멈추다, 그만하다	동 포기하다, 버리다
	★★ 반 p.82 **cease** [si:s]	★★★ 유 p.35 **give up**
	동 중단하다, 그만두다	~을 포기하다, ~을 그만두다

quit ≒	★★ **resign** [rizáin]	★★★ 다 p.203 **leave** [li:v]
동 사직하다, (하던 일을) 그만두다	동 사임[사직]하다	동 (학교·직장 등을) 떠나다, 그만두다
	★ **depart from**	
	(늘 하던) ~에서 벗어나다, ~에서 떠나다	

★★★ 파 p.262 **consider** [kənsídər] ≒	★ **take into account[consideration]**
동 고려하다	~을 고려하다
★★★ 파 p.262 **consider (A as B)** ≒	★★★ **regard / think of / look upon / view / see / count / take (A as B)**
동 (A를 B로) 간주하다, 여기다	(A를 B로) 간주하다, 여기다

Word **T**est 04 주어진 단어의 유의어를 <u>모두</u> 찾아 번호와 그 뜻을 쓰세요.

> ① vital　　② view　　③ quit　　④ essential　　⑤ look upon

1) cease ≒ ____________　　2) regard ≒ ____________　　3) necessary ≒ ____________

　 뜻: ____________　　　　　 뜻: ____________　　　　　 뜻: ____________

A 우리말에 해당하는 단어를 찾아 번호를 쓰세요.

① vital	② ultimate	③ obvious	④ subject
⑤ outcome	⑥ overabundance	⑦ issue	⑧ quit

1 최후의, 궁극적인 ____ **2** 주제, 과목 ____ **3** 필수적인 ____ **4** 중단하다, 그만두다 ____

5 결과 ____ **6** 발행하다, 발표하다 ____ **7** 과잉, 과다 ____ **8** 분명한, 명백한 ____

B 주어진 단어와 유사한 뜻을 가진 것을 <u>모두</u> 찾아 번호와 그 뜻을 쓰세요.

① effect	② persist	③ impact	④ continue
⑤ problem	⑥ apparent	⑦ definite	⑧ trouble

1 last ≒ ______ 뜻 : ______   **2** influence ≒ ______ 뜻 : ______

3 specific ≒ ______ 뜻 : ______   **4** issue ≒ ______ 뜻 : ______

⑨ realize	⑩ basic	⑪ spare	⑫ excess
⑬ abandon	⑭ stop	⑮ fundamental	⑯ be aware of

5 recognize ≒ ______ 뜻 : ______   **6** extra ≒ ______ 뜻 : ______

7 essential ≒ ______ 뜻 : ______   **8** cease ≒ ______ 뜻 : ______

C 주어진 단어에 해당하는 우리말 뜻을 빈칸에 쓰세요.

1 discern : ______   **2** acknowledge : ______

3 consequence : ______   **4** resign : ______

5 crucial : ______   **6** certain : ______

7 surplus : ______   **8** count (A as B) : ______

9 take into account : ______   **10** give up : ______

ⓓ 우리말 해석을 참고하여 빈칸에 가장 적절한 단어를 골라 쓰세요.

prior	persist	necessary	perceive
admit	consider	impact	issue

1 _______________ my interest
내 흥미를 고려하다

2 relevant _______________ knowledge
관련 있는 사전 지식

3 have a positive _______________
긍정적인 영향을 미치다

4 master the _______________ skills
필수적인 기술들을 완벽히 익히다

5 an urgent environmental _______________
시급한 환경 문제

6 _______________ their mistakes
그들의 실수를 인정하다

7 What if the symptoms _______________?
증상이 계속되면 어쩌지?

8 various noises we can _______________ easily
우리가 쉽게 감지할 수 있는 다양한 소음들

ⓔ 각 문장의 빈칸에 가장 적절한 단어를 찾아 번호를 쓰세요.

① explicit	② matter	③ previous	④ particular	⑤ recognize

1 Older students have know-how from _______________ contests. 〔평가원〕

2 Memory has two types — implicit and _______________ memory. 〔교육청〕

3 Her invention was _______________(e)d at a science fair. 〔교과서 변형〕

4 Modern psychological theory states that the process of understanding is a(n) _______________ of construction, not reproduction. 〔평가원〕

5 In that competition, 13 out of 20 world records were set by players in a(n) _______________ track suit. 〔교과서 변형〕

mp3

DAY 11

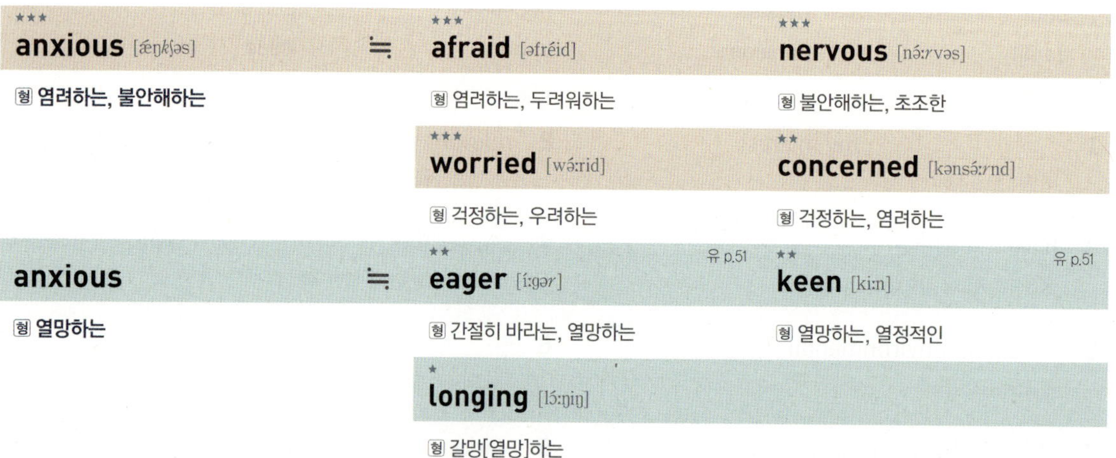

★★★ **anxious** [ǽŋkʃəs]	≒	★★★ **afraid** [əfréid]	★★★ **nervous** [nə́ːrvəs]
형 염려하는, 불안해하는		형 염려하는, 두려워하는	형 불안해하는, 초조한
		★★★ **worried** [wə́ːrid]	★★ **concerned** [kənsə́ːrnd]
		형 걱정하는, 우려하는	형 걱정하는, 염려하는

anxious	≒	★★ **eager** [íːgər]　유 p.51	★★ **keen** [kiːn]　유 p.51
형 열망하는		형 간절히 바라는, 열망하는	형 열망하는, 열정적인
		★ **longing** [lɔ́ːŋiŋ]	
		형 갈망[열망]하는	

★★★ **instant** [ínstənt]	≒	★★★ **second** [sékənd]	★★★ **moment** [móumənt]
명 순간, 찰나		명 순간, 잠깐, 초	명 순간, 잠깐, 잠시
		★★ **flash** [flæʃ]	
		명 순간, 섬광	

instant	≒	★★★ **immediate** [imíːdiət]	★★★ **rapid** [rǽpid]　유 p.16
형 즉각적인		형 즉각적인, 당면한	형 빠른, 신속한, 급한
		★★ **prompt** [prɑmpt]　유 p.16	★ **swift** [swift]　유 p.16
		형 즉각적인, 지체 없는	형 재빠른, 신속한

Word **T**est **01**　주어진 단어의 유의어를 <u>모두</u> 찾아 번호와 그 뜻을 쓰세요. (번호 중복 사용 가능)

① instant	② keen	③ concerned	④ moment	⑤ anxious

1) second ≒ ___________

　뜻: ___________

2) eager ≒ ___________

　뜻: ___________

3) worried ≒ ___________

　뜻: ___________

★★★		★★★ 반 p.108 다 p.209	★★★
discipline [dísəplin] 다 p.237	≒	**order** [ɔ́ːrdər]	**control** [kəntróul]
몡 규율, 통제		몡 질서, 순서, 명령, 주문	몡 통제, 제어
		★★★	★★★
		rule [ruːl]	**regulation** [règjuléiʃən]
		몡 규칙, 통치	몡 규제, 단속
discipline 다 p.237	≒	★★★ **subject** [sʌ́bdʒikt] 유 p.67 다 p.223	**field** [fiːld]
몡 학과목, 지식 분야		몡 학과목	몡 분야
discipline 다 p.237	≒	★★★ **train** [trein]	★★ **drill** [dril]
통 훈련[단련]하다 몡 훈련		통 훈련하다	통 (반복) 훈련하다 몡 (반복) 훈련

★★★		★★★	★★★
chief [tʃiːf]	≒	**head** [hed]	**leader** [líːdər]
몡 장, 우두머리		몡 책임자, 머리	몡 지도자, 대표
		★★★ 혼 p.154	★★
		principal [prínsəpəl]	**executive** [igzékjutiv]
		몡 교장, 우두머리	몡 임원, 중역
chief	≒	★ **foremost** [fɔ́ːrmòust]	★ **supreme** [səpríːm]
혱 최고의, 최고 권위의		혱 가장 중요한, 맨 앞에 있는	혱 최고의, 최대의

★★		★	★ 반 p.96
violate [váiəlèit]	≒	**disobey** [dìsəbéi]	**breach** [briːtʃ]
통 (법 등을) 어기다, 위반하다		통 따르지 않다, 어기다	통 어기다, 위반하다
violate	≒	★★ **invade** [invéid]	★ **break into**
통 침입[침해]하다		통 침입[침략]하다	~에 침입하다

Word **T**est **02** 주어진 단어의 유의어를 <u>모두</u> 찾아 번호와 그 뜻을 쓰세요.

① violate	② chief	③ discipline	④ drill	⑤ principal

1) train ≒ ____________

 뜻: ____________

2) invade ≒ ____________

 뜻: ____________

3) leader ≒ ____________

 뜻: ____________

★★★		★★ 유 p.37	★★★ 유 p.37
adjust [ədʒʌ́st]	≒	**modify** [mɑ́dəfài]	**alter** [ɔ́:ltər]
图 조정하다, 조절하다		图 조정[수정]하다, 변경하다	图 바꾸다, 고치다
		★★	
		tune [tʃuːn]	
		图 조정하다, 조율하다	

★★★		★★★ 혼 p.142 파 p.269	★★ 혼 p.180
adjust	≒	**adapt** [ədǽpt]	**accommodate** [əkɑ́mədèit]
图 적응하다, 순응하다(to)		图 적응하다, 맞추다(to)	图 (환경 등에) 맞추다(to)
		★★★	
		be[get] accustomed[used] to	
		~에 익숙하다, ~에 적응하다	

★★★		★★★ 파 p.269	★ 반 p.91
blame [bleim]	≒	**criticize** [krítəsàiz]	**condemn** [kəndém]
图 비난하다, 탓하다 명 비난		图 비난하다, 비판하다	图 비난하다, 책망하다

★★★		★★★	★
blame	≒	**responsibility** [rispànsəbíləti]	**accountability** [əkàuntəbíləti]
명 책임		명 책임, 책무	명 책임, 의무

★★★		★★★	★★★ 유 p.54 다 p.202
function [fʌ́ŋkʃən]	≒	**role** [roul]	**part** [pɑːrt]
명 역할, 구실, 기능		명 역할	명 역할
		★★★ 유 p.60	★★★
function	≒	**perform** [pərfɔ́ːrm]	**work** [wəːrk]
图 역할[구실/기능]을 하다		图 (역할을) 행하다, 성취하다	图 작용하다, 작동하다
		★	
		play a role (in)	
		(~에서) 역할을 하다	

WordTest 03 주어진 단어의 유의어를 <u>모두</u> 찾아 번호와 그 뜻을 쓰세요.

> ① adjust　　　② function　　　③ blame　　　④ play a role　　　⑤ accommodate

1) perform ≒ __________　　2) condemn ≒ __________　　3) adapt ≒ __________

　뜻: __________　　　　　뜻: __________　　　　　뜻: __________

**		**		**	
ruin [rú:in]	≒	**destruction** [distrʌ́kʃən]		**devastation** [dèvəstéiʃən]	
몡 파멸, 붕괴, 몰락		몡 파괴, 파멸, 말살		몡 파괴, 황폐 (상태)	

		*		*	
ruins [rú:ins]		**remains** [riméinz]		**relics** [réliks]	
몡 (ruin의 *pl.*) 폐허, 유적		몡 (remain의 *pl.*) 유물, 유적, 잔해		몡 (relic의 *pl.*) 유물, 유적	

		*** 유 p.34		*** 반 p.88	
ruin	≒	**damage** [dǽmidʒ]		**destroy** [distrɔ́i]	
통 파괴하다, 망치다		통 손상을 주다, 훼손하다		통 파괴하다, 말살하다	
		**		**	
		devastate [dévəstèit]		**spoil** [spɔil]	
		통 완전히 파괴하다, 황폐하게 하다		통 망치다, 못쓰게 만들다	
		*			
		wreck [rek]			
		통 망가뜨리다, 파괴하다			

***		***		**	
capacity [kəpǽsəti]	≒	**ability** [əbíləti]		**capability** [kèipəbíləti]	
몡 능력, 역량		몡 능력		몡 능력, 가능성	
		** 혼 p.154 파 p.270		**	
		competence [kámpətəns]		**faculty** [fǽkəlti]	
		몡 능력, 능숙도		몡 능력, 재능	

		***		***	
capacity	≒	**size** [saiz]		**volume** [váljuːm]	
몡 용량, 수용력, 용적		몡 크기, 규모, 치수		몡 용량, 용적	
		*** 다 p.208			
		room [ru(:)m]			
		몡 수용(능)력, 여지			

Word **T**est **04** 주어진 단어의 유의어를 <u>모두</u> 찾아 번호와 그 뜻을 쓰세요. (번호 중복 사용 가능)

> ① devastate ② capacity ③ capability ④ ruin ⑤ destruction

1) destroy ≒ _____________ 2) ability ≒ _____________ 3) devastation ≒ _____________

뜻: _____________ 뜻: _____________ 뜻: _____________

A 우리말에 해당하는 단어를 찾아 번호를 쓰세요.

| ① executive | ② control | ③ supreme | ④ accountability |
| ⑤ destruction | ⑥ adjust | ⑦ concerned | ⑧ blame |

1 조정하다, 조절하다 ____ **2** 책임, 의무 ____ **3** 비난하다 ____ **4** 최고의, 최대의 ____

5 임원, 중역 ____ **6** 걱정하는, 염려하는 ____ **7** 통제, 제어 ____ **8** 파괴, 파멸, 말살 ____

B 주어진 단어와 유사한 뜻을 가진 것을 <u>모두</u> 찾아 번호와 그 뜻을 쓰세요.

| ① capability | ② ruin | ③ competence | ④ longing |
| ⑤ devastate | ⑥ immediate | ⑦ keen | ⑧ prompt |

1 capacity ≒ ______ 뜻 : ______ **2** destroy ≒ ______ 뜻 : ______

3 instant ≒ ______ 뜻 : ______ **4** anxious ≒ ______ 뜻 : ______

| ⑨ break into | ⑩ train | ⑪ adapt | ⑫ be accustomed to |
| ⑬ drill | ⑭ foremost | ⑮ supreme | ⑯ violate |

5 invade ≒ ______ 뜻 : ______ **6** adjust ≒ ______ 뜻 : ______

7 chief ≒ ______ 뜻 : ______ **8** discipline ≒ ______ 뜻 : ______

C 주어진 단어에 해당하는 우리말 뜻을 빈칸에 쓰세요.

1 function : ______ **2** principal : ______

3 alter : ______ **4** remains : ______

5 condemn : ______ **6** rapid : ______

7 responsibility : ______ **8** damage : ______

9 play a role (in) : ______ **10** ability : ______

D 우리말 해석을 참고하여 빈칸에 가장 적절한 단어를 골라 쓰세요.

violate	chief	modify	devastation
rule	ruin	concerned	nervous

1 _____________ the local climate
지역의 기후를 조정하다

2 conform to the _____________
규칙에 순응하다

3 _____________ the regulations
규정을 어기다

4 _____________ executive officer
최고 경영자

5 I felt _____________ and worried.
나는 초조했고 걱정스러웠다.

6 I'm _____________ about your health.
나는 너의 건강이 걱정돼.

7 Don't _____________ your friendship.
너희들의 우정을 망치지 말아라.

8 The bomb caused widespread _____________.
그 폭탄은 광범위한 파괴를 초래했다.

E 각 문장의 빈칸에 가장 적절한 단어를 찾아 번호를 쓰세요.

① field	② anxious	③ criticize	④ capacity	⑤ destruction

1 Rainforest _____________ is caused by logging and other human activities. 교과서 변형

2 Don't _____________ others until you have walked a mile in his or her shoes. 교과서 변형

3 Feeling unhappy and _____________, she had to find a way to resolve her feelings. 교과서 변형

4 The production _____________ of both biodiesel and bioethanol increased from 2008 to 2009. 교육청

5 You can apply for internships in various _____________(e)s like investment banking and insurance. 교육청

Part Test (2)

Ⓐ 다음 우리말 해석을 참고하여 빈칸에 알맞은 단어를 쓰세요.

1 p_____________ drinking and smoking
음주와 흡연을 금지하다

2 things you typically e_____________
여러분이 일반적으로 마주치는 것들

3 i_____________ reading comprehension
독해를 저해하다

4 S_____________ yourself with positive people.
긍정적인 사람들로 네 주변을 둘러싸세요.

Ⓑ 다음 영영사전 풀이에 해당하는 것을 <u>모두</u> 찾아 번호를 쓰세요.

① harsh	② empty	③ perceive	④ abundant	⑤ recognize
⑥ blank	⑦ vacant	⑧ rigorous	⑨ bountiful	⑩ make up for

1 very strict and demanding : _____________

2 to notice or become aware of : _____________

3 not filled or not occupied : _____________

4 existing or occurring in large amounts : _____________

5 to pay someone money in return for something that has been damaged : _____________

Ⓒ 다음 단어 중 의미가 <u>다른</u> 것을 하나 골라 나머지와 유사한 뜻이 되도록 고치세요.

1 examine / look into / inquire into / recollect / investigate / probe

_____________ ⇨ i_____________

2 rigid / vague / unclear / obscure / uncertain

_____________ ⇨ a_____________

3 be acquainted with / be conscious of / be informed of / be liable for

_____________ ⇨ b_____________

4 bloom / prosper / inflate / flourish

_____________ ⇨ t_____________

D 다음 문장을 읽고, 문맥상 가장 적절한 단어를 고르세요.

1 Controlling listeners ① irritate / ② violate our right to tell our own stories. 교육청

2 He ① disrupted / ② supervised the bridge building by watching it through a telescope. 교과서 변형

3 With that kind of involvement, the republic might survive and ① prosper / ② proclaim. 평가원

4 While staying in France, he discovered his ① garment / ② passion for and talent in fashion design. 교과서 변형

5 Daily plans have the ① advantage / ② confusion of letting the person know what he or she should be doing at each moment. 교육청 변형

Advanced

E 다음 문장을 읽고, 빈칸에 어울리는 단어를 <u>모두</u> 찾아 번호를 쓰세요.

① result	② flaw	③ notable	④ bring about	⑤ drawback
⑥ distinguished	⑦ cause	⑧ outcome	⑨ adjust	⑩ be accustomed

1 Excessive greed can ＿＿＿＿＿＿＿＿ unexpected disasters. 교육청

2 Choice and ＿＿＿＿＿＿＿＿ go together like mashed potatoes and gravy. 교육청

3 Many expert chess players possess a(n) ＿＿＿＿＿＿＿＿ capacity to recall the position of chess pieces. 교육청

4 To compensate for this rather obvious ＿＿＿＿＿＿＿＿, a specially selected species of fish was introduced. 수능 변형

5 Consequently, he failed to ＿＿＿＿＿＿＿＿ to the environment of the grasslands because he lacked survival skills. 교육청

If we want more we have to be able to be more, in order to be more you have to face rejection.

_Farrah Gray

더 많은 것을 원한다면 더 나은 사람이 되어야 하며,

더 나아지기 위해서는 거절을 당해봐야 한다.

_파라 그레이

아무것도 하지 않는다면 아무것도 하지 않는 상태로 생을 마감하게 됩니다.

오늘 아무것도 하지 않은 사람의 내일은 오늘과 결코 다르지 않습니다.

오늘의 용기가 쌓여 내일의 성취를 만듭니다.

반의어

★★★   유 p.10 혼 p.174
include [inklú:d]
⟷
★★   혼 p.174
exclude [iksklú:d]

⑧ 포함하다

⑧ 배제하다, 제외하다, 제명하다

include all the feelings and five senses
모든 감정과 오감을 포함하다

exclude the less well off   덜 부유한 사람들을 배제하다

★★★   유 p.66 파 p.264
continue [kəntínju:]
⟷
★★   유 p.69
cease [si:s]

⑧ 계속하다, 계속되다

⑧ 멈추다, 그만두다, 중지하다(= discontinue)

continue exploring   탐험을 계속하다

never **cease** to challenge   도전하는 것을 결코 멈추지 않다

★★★   혼 p.174
improve [imprú:v]
⟷
★★
worsen [wə́:rsn]

⑧ 개선하다, 개선되다

⑧ 악화시키다, 악화되다

improve air quality in the office   사무실의 공기 질을 개선하다

continue to **worsen**   계속 악화되다

★★★
increase ⑧[inkrí:s] ⑲[ínkri:s]
⟷
★★★   유 p.13
decrease ⑧[dikrí:s] ⑲[dí:kri:s]

⑧ 늘리다, 증가하다, 늘다 ⑲ 증가

⑧ 줄이다, 감소하다, 줄다 ⑲ 감소

increase food intake   음식 섭취를 늘리다
an average 3% **increase**   평균 3퍼센트의 증가

decrease overall production   전체 생산을 줄이다
a **decrease** in appetite   식욕 감소

★★★   유 p.11
allow [əláu]
⟷
★★★   유 p.54
forbid [fərbíd]

⑧ 허락하다, 가능하게 하다

⑧ 금하다, 못하게 하다

allow her to cross the border   그녀가 국경을 넘도록 허락하다

forbid her to perform her share of the duties
그녀가 자기 몫의 임무를 수행하는 것을 못하게 하다

Word Test 01   각 빈칸을 채우세요.

	영단어	뜻		영단어	뜻
1)	increase		⟷		감소하다
2)		멈추다	⟷	continue	
3)	forbid		⟷		허락하다
4)		포함하다	⟷	exclude	
5)	worsen		⟷		개선하다

★★★
exist [igzíst]

⟷

perish [périʃ] 혼 p.149

⑧ 존재하다, 실재하다
values that **exist** in one culture 한 문화 안에 존재하는 가치관

⑧ 소멸하다, 죽다, 죽게 하다
perish from the earth 지상에서 소멸하다

★★★
approach [əpróutʃ]

⟷

★★
retreat [ritríːt]

⑧ 다가가다, 접근하다 ⑱ 접근(법)
approach the subject 그 주제에 접근하다
a science-based **approach** 과학에 기초한 접근법

⑧ 물러나다, 후퇴[철수/퇴각]하다 ⑲ 물러섬, 후퇴[철수/퇴각]
give the enemy a chance to **retreat** 적에게 후퇴할 기회를 주다
cut off the enemy's **retreat** 적의 후퇴를 차단하다

★★★
lack [læk]

⟷

★
abound [əbáund]

⑧ 부족하다, ~이 없다
lack a clear understanding 분명한 이해가 부족하다

⑧ 풍부하다, 아주 많다
Examples of these rules **abound**. 이런 규칙의 사례들은 아주 많다.

★★
neglect [niglékt]

⟷

★★
treasure [tréʒər]

⑧ 소홀히 하다, 무시하다
neglect the health 건강을 소홀히 하다

⑧ 소중히 여기다(= cherish)
treasure these memories 이 기억들을 소중히 여기다

★★★
accept [æksépt, ək-] 유 p.68

⟷

★★★
refuse [rifjúːz]

⑧ 받아들이다, 수락하다, 인정하다
accept a situation 상황을 받아들이다

⑧ 거절하다, 거부하다
refuse such a present 그런 선물을 거절하다

WordTest 02   각 빈칸을 채우세요.

	영단어	뜻		영단어	뜻
1)	abound	______	⟷	______	부족하다
2)	______	거절하다	⟷	accept	______
3)	approach	______	⟷	______	후퇴
4)	______	소멸하다	⟷	exist	______
5)	neglect	______	⟷	______	소중히 여기다

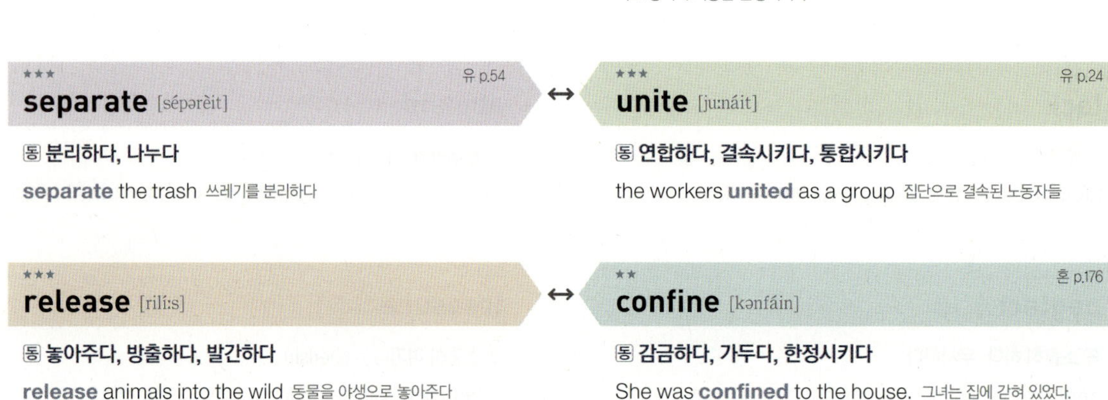

★★★ **add** [æd] ⑧ 더하다, 덧붙이다, 첨가하다 **add** a nice detail 멋진 세부 사항을 덧붙이다	★ **subtract** [səbtrǽkt] ⑧ 빼다, 공제하다 **subtract** eighty dollars 80달러를 빼다

↔

★★★ **enhance** [inhǽns] ⑧ 향상시키다, (가치·지위·능력 등을) 높이다 **enhance** creativity of children 아이들의 창의력을 향상시키다	★★ **impair** [impɛ́ər] ⑧ 손상시키다, 악화시키다 **impair** the functioning of a medical device 의료 장비의 기능을 손상시키다

↔

★★★ 유 p.54 **separate** [sépərèit] ⑧ 분리하다, 나누다 **separate** the trash 쓰레기를 분리하다	★★★ 유 p.24 **unite** [juːnáit] ⑧ 연합하다, 결속시키다, 통합시키다 the workers **united** as a group 집단으로 결속된 노동자들

↔

★★★ **release** [rilíːs] ⑧ 놓아주다, 방출하다, 발간하다 **release** animals into the wild 동물을 야생으로 놓아주다	★★ 혼 p.176 **confine** [kənfáin] ⑧ 감금하다, 가두다, 한정시키다 She was **confined** to the house. 그녀는 집에 갇혀 있었다.

↔

★★★ **appear** [əpíər] ⑧ 나타나다, 출현하다 Lights begin to **appear** in the night sky! 밤하늘에 불빛이 나타나기 시작한다!	★★ 유 p.28 혼 p.148 **vanish** [vǽniʃ] ⑧ 사라지다, 없어지다(= disappear) All her possessions had **vanished** into the earth. 그녀의 모든 소유물들이 땅속으로 사라져 버렸다.

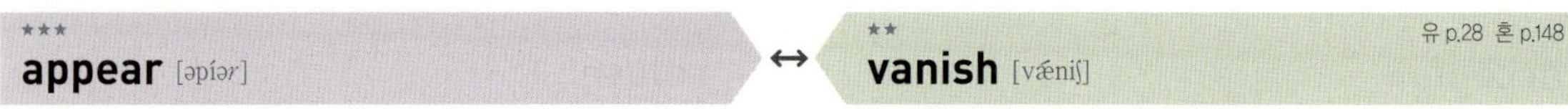

WordTest 03 각 빈칸을 채우세요.

	영단어	뜻		영단어	뜻
1)	add	___	↔	___	빼다
2)	___	가두다	↔	release	___
3)	vanish	___	↔	___	나타나다
4)	___	향상시키다	↔	impair	___
5)	separate	___	↔	___	연합하다

encourage [inkə́:ridʒ] ★★★

동 격려하다, 용기를 북돋우다, 장려하다

encourage the students to drink milk
학생들이 우유를 마시도록 장려하다

↔

discourage [diskə́:ridʒ] ★★★

동 의욕을 꺾다, 낙담시키다, 막다

discourage viewers from skipping their ads
시청자들이 그들의 광고를 건너뛰는 것을 막다

believe [bilí:v] ★★★

동 믿다, 신뢰하다, 생각하다

Don't **believe** everything he says.
그가 말하는 모든 것을 믿지 마.

↔

doubt [dɑut] ★★★

동 의심하다

doubt her ability 그녀의 능력을 의심하다

employ [implɔ́i] ★★★   유 p.29 파 p.271

동 고용하다, 쓰다, 이용하다

employ a lawyer 변호사를 고용하다

↔

dismiss [dismís] ★★

동 해고하다(= fire), 해산시키다

The companies **dismissed** thousands of workers overnight. 그 회사들은 하룻밤 사이에 수천 명의 노동자를 해고했다.

hide [haid] ★★★   유 p.28

동 숨기다, 숨다, 가리다, 은닉하다

attempt to **hide** from larger animals
더 큰 동물들로부터 숨으려고 시도하다

↔

disclose [disklóuz] ★★   유 p.18

동 드러내다, 밝히다, 폭로하다

disclose a couple's true faces 한 부부의 참 모습을 드러내다

borrow [bɑ́rou] ★★★

동 빌리다

borrow a drone from Mr. Parker Parker 씨에게서 드론을 빌리다

↔

lend [lend] ★★

동 빌려주다

I'll **lend** you my gloves. 네게 내 장갑을 빌려줄게.

WordTest 04 각 빈칸을 채우세요.

	영단어	뜻		영단어	뜻
1)	lend	______	↔	______	빌리다
2)	______	격려하다	↔	discourage	______
3)	disclose	______	↔	______	숨기다
4)	______	고용하다	↔	dismiss	______
5)	believe	______	↔	______	의심하다

A　우리말에 해당하는 단어를 찾아 번호를 쓰세요.

① doubt	② worsen	③ unite	④ separate
⑤ allow	⑥ improve	⑦ forbid	⑧ lend

1　금하다 ____　**2**　개선하다 ____　**3**　의심하다 ____　**4**　빌려주다 ____

5　악화시키다 ____　**6**　분리하다, 나누다 ____　**7**　연합하다 ____　**8**　허락하다 ____

B　주어진 단어와 <u>반대되는</u> 뜻을 가진 단어를 찾아 번호를 쓰세요.

① include	② continue	③ increase	④ perish
⑤ accept	⑥ retreat	⑦ lack	⑧ neglect

1　cease ↔ ____　**2**　exclude ↔ ____　**3**　decrease ↔ ____　**4**　approach ↔ ____

5　abound ↔ ____　**6**　refuse ↔ ____　**7**　treasure ↔ ____　**8**　exist ↔ ____

⑨ borrow	⑩ release	⑪ disclose	⑫ appear
⑬ encourage	⑭ employ	⑮ subtract	⑯ enhance

9　add ↔ ____　**10**　dismiss ↔ ____　**11**　impair ↔ ____　**12**　discourage ↔ ____

13　vanish ↔ ____　**14**　confine ↔ ____　**15**　lend ↔ ____　**16**　hide ↔ ____

C　주어진 단어에 해당하는 우리말 뜻을 빈칸에 쓰세요.

1　exclude : ________________　**2**　treasure : ________________

3　cease : ________________　**4**　impair : ________________

5　forbid : ________________　**6**　confine : ________________

7　perish : ________________　**8**　unite : ________________

9　abound : ________________　**10**　dismiss : ________________

D 우리말 해석을 참고하여 빈칸에 가장 적절한 단어를 골라 쓰세요.

| appear | release | improve | treasure |
| discourage | disclose | subtract | increase |

1 _______________ a couple's true faces
한 부부의 참 모습을 드러내다

2 _______________ viewers from skipping their ads
시청자들이 그들의 광고를 건너뛰는 것을 막다

3 _______________ animals into the wild
동물을 야생으로 놓아주다

4 _______________ eighty dollars
80달러를 빼다

5 _______________ these memories
이 기억들을 소중히 여기다

6 _______________ air quality in the office
사무실의 공기 질을 개선하다

7 an average 3% _______________
평균 3퍼센트의 증가

8 Lights begin to _______________ in the night sky!
밤하늘에 불빛이 나타나기 시작한다!

E 각 문장의 빈칸에 가장 적절한 단어를 찾아 번호를 쓰세요.

| ① enhance | ② separate | ③ release | ④ lack | ⑤ accept |

1 Companies would like to _______________ employee contentment on the job for several reasons. (교육청)

2 We will live in unhealthy environments because we _______________ the water we need for cleaning. (교과서 변형)

3 Audience feedback often indicates whether listeners understand, have interest in, and are ready to _______________ the speaker's ideas. (교육청)

4 We have a strong policy on recycling, so don't forget to _______________ your trash from recycling items. (교육청)

5 The rolling of leaves is done by machine to break the cell walls of the leaves and _______________ essential oils. (평가원 변형)

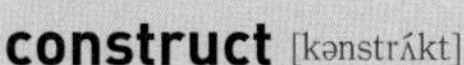

---

construct [kənstrʌ́kt] ★★★

동 건설하다, 구성하다

construct a waterway connecting two oceans
두 대양을 잇는 수로를 건설하다

↔

destroy [distrɔ́i] ★★★ 유 p.75

동 부수다, 파괴하다, 말살하다

destroy the plant's buildings 공장 건물들을 부수다

---

strengthen [stréŋkθən] ★★★ 유 p.36

동 강화하다, 강력해지다

strengthen the family bonds 가족 유대를 강화하다

↔

weaken [wíːkən] ★★

동 약화시키다, 약해지다

weaken their commitment to the organization
조직에 대한 그들의 헌신을 약화시키다

---

absorb [æbzɔ́ːrb, -sɔ́ːrb] ★★★ 유 p.61

동 흡수하다, 빨아들이다

absorb shocks 충격을 흡수하다

↔

emit [imít] ★★

동 배출하다, 내(뿜)다, 발하다

emit carbon dioxide 이산화탄소를 배출하다

---

tie [tɑi] ★★★

동 (끈 등을) 묶다, 매다

He bent to **tie** his shoelaces. 그는 신발끈을 묶으려고 몸을 숙였다.

↔

loosen [luːsn] ★

동 (매듭 등을) 풀다(= untie), 느슨하게 하다

the simple method to **loosen** a knot 매듭을 푸는 간단한 방법

---

reveal [rivíːl] ★★★ 유 p.18

동 드러내다, 밝히다, 폭로하다

reveal a person's character 한 사람의 성격을 드러내다

↔

conceal [kənsíːl] ★★ 유 p.28

동 감추다, 숨기다

conceal their mistakes 그들의 실수를 감추다

Word Test 01 각 빈칸을 채우세요.

영단어	뜻		영단어	뜻
1) conceal	:	↔		: 드러내다
2)	: 풀다	↔	tie	:
3) absorb	:	↔		: 배출하다
4)	: 강화하다	↔	weaken	:
5) construct	:	↔		: 파괴하다

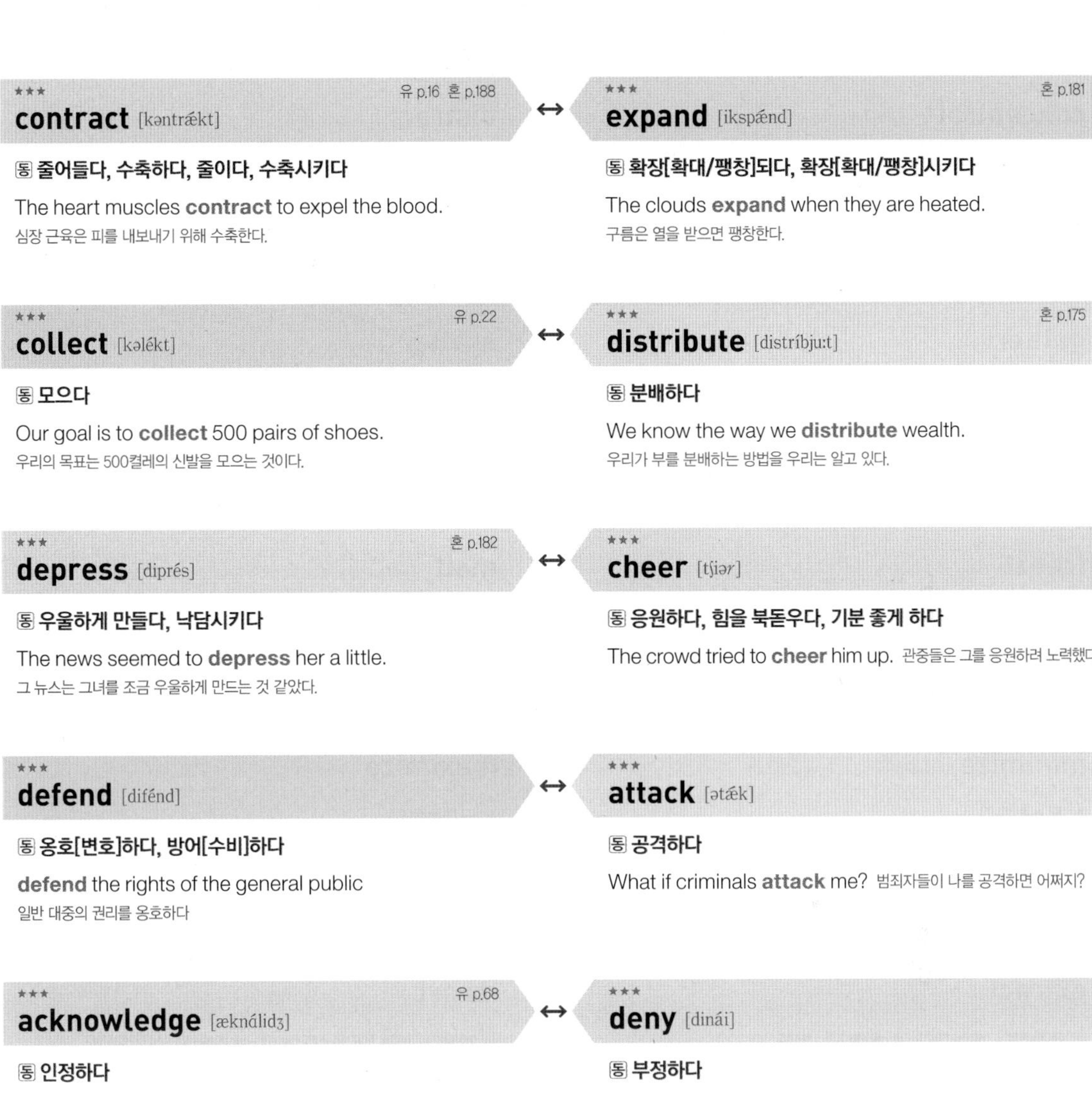

contract [kɑntrǽkt]

图 줄어들다, 수축하다, 줄이다, 수축시키다

The heart muscles **contract** to expel the blood.
심장 근육은 피를 내보내기 위해 수축한다.

↔

expand [ikspǽnd]

图 확장[확대/팽창]되다, 확장[확대/팽창]시키다

The clouds **expand** when they are heated.
구름은 열을 받으면 팽창한다.

collect [kəlékt]

图 모으다

Our goal is to **collect** 500 pairs of shoes.
우리의 목표는 500켤레의 신발을 모으는 것이다.

↔

distribute [distríbjuːt]

图 분배하다

We know the way we **distribute** wealth.
우리가 부를 분배하는 방법을 우리는 알고 있다.

depress [diprés]

图 우울하게 만들다, 낙담시키다

The news seemed to **depress** her a little.
그 뉴스는 그녀를 조금 우울하게 만드는 것 같았다.

↔

cheer [tʃiər]

图 응원하다, 힘을 북돋우다, 기분 좋게 하다

The crowd tried to **cheer** him up. 관중들은 그를 응원하려 노력했다.

defend [difénd]

图 옹호[변호]하다, 방어[수비]하다

defend the rights of the general public
일반 대중의 권리를 옹호하다

↔

attack [ətǽk]

图 공격하다

What if criminals **attack** me? 범죄자들이 나를 공격하면 어쩌지?

acknowledge [æknɑ́lidʒ]

图 인정하다

acknowledge their mistakes 그들의 실수를 인정하다

↔

deny [dinái]

图 부정하다

deny what happened 일어난 일을 부정하다

Word Test 02 각 빈칸을 채우세요.

영단어	뜻		영단어	뜻
1) expand	____	↔	____	수축하다
2) ____	분배하다	↔	collect	____
3) depress	____	↔	____	힘을 북돋우다
4) ____	인정하다	↔	deny	____
5) defend	____	↔	____	공격하다

concentrate [kánsəntrèit]

동 집중하다, 집중시키다

concentrate all their physical effort on survival
그들의 모든 신체적 노력을 생존에 집중시키다

↔

distract [distrǽkt]

동 주의를 흩뜨리다, 산만하게 하다

distract people from the main content
주요 내용으로부터 사람들의 주의를 흩뜨리다

---

gather [gǽðər] 유 p.22

동 모으다, 모이다

gather information 정보를 모으다

↔

scatter [skǽtər] 유 p.56

동 (흩)뿌리다, 흩어지게 만들다, 흩어지다

The light was **scattered** all over the sky.
빛이 하늘 전체에 흩뿌려져 있었다.

---

freeze [friːz]

동 얼다, 얼리다, 냉동하다

They may **freeze** during winter. 그것들은 겨울 동안 얼지도 모른다.

↔

melt [melt]

동 녹이다, 녹다

melt cheese in a very hot oven 매우 뜨거운 오븐에 치즈를 녹이다

---

minimize [mínəmàiz]

동 최소화하다

minimize the risk 위험을 최소화하다

↔

maximize [mǽksəmàiz]

동 극대화하다

help your body **maximize** its ability to repair
당신의 몸이 회복하는 능력을 극대화하는 것을 돕다.

---

extract 동 [ikstrǽkt] 명 [ékstrækt]

동 추출하다, 뽑아내다 명 추출(물), 발췌

extract information automatically 정보를 자동으로 추출하다
homemade vanilla **extract** 집에서 만든 바닐라 추출액

↔

insert 동 [insə́ːrt] 명 [ínsəːrt] 혼 p.186

동 끼우다, 끼워 넣다, 삽입하다 명 삽입물, 삽입 광고

insert a chip 칩을 끼우다
attach **inserts** to magazine pages
잡지 페이지에 삽입 광고를 붙이다

Word Test 03 각 빈칸을 채우세요.

	영단어	뜻		영단어	뜻
1)	gather	______	↔	______	(흩)뿌리다
2)	______	최소화하다	↔	maximize	______
3)	distract	______	↔	______	집중하다
4)	______	얼다	↔	melt	______
5)	insert	______	↔	______	뽑아내다

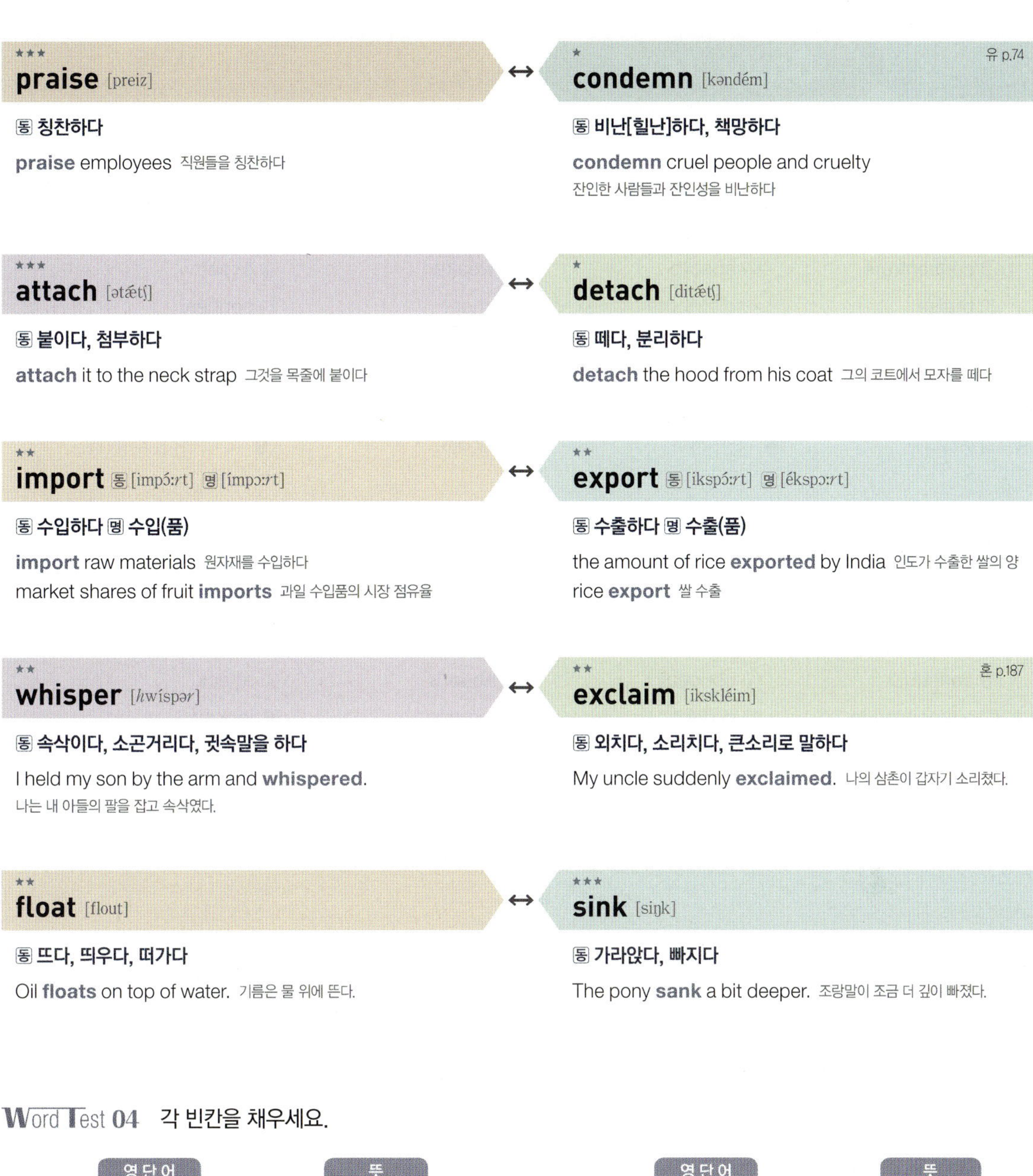

Word Test 04 각 빈칸을 채우세요.

	영단어	뜻		영단어	뜻
1)	float		↔		가라앉다
2)		소곤거리다	↔	exclaim	
3)	export		↔		수입하다
4)		떼다	↔	attach	
5)	praise		↔		비난하다

A 우리말에 해당하는 단어를 찾아 번호를 쓰세요.

① concentrate	② absorb	③ weaken	④ export
⑤ praise	⑥ distribute	⑦ cheer	⑧ conceal

1 칭찬하다 ____ **2** 약화시키다 ____ **3** 힘을 북돋우다 ____ **4** 감추다, 숨기다 ____

5 집중하다 ____ **6** 흡수하다 ____ **7** 분배하다 ____ **8** 수출하다; 수출(품) ____

B 주어진 단어와 <u>반대되는</u> 뜻을 가진 단어를 찾아 번호를 쓰세요.

① construct	② conceal	③ absorb	④ attack
⑤ acknowledge	⑥ collect	⑦ expand	⑧ loosen

1 deny ↔ ____ **2** reveal ↔ ____ **3** distribute ↔ ____ **4** tie ↔ ____

5 contract ↔ ____ **6** defend ↔ ____ **7** destroy ↔ ____ **8** emit ↔ ____

⑨ concentrate	⑩ detach	⑪ insert	⑫ exclaim
⑬ sink	⑭ scatter	⑮ freeze	⑯ minimize

9 gather ↔ ____ **10** attach ↔ ____ **11** distract ↔ ____ **12** whisper ↔ ____

13 extract ↔ ____ **14** float ↔ ____ **15** maximize ↔ ____ **16** melt ↔ ____

C 주어진 단어에 해당하는 우리말 뜻을 빈칸에 쓰세요.

1 condemn : ________________ **2** depress : ________________

3 reveal : ________________ **4** detach : ________________

5 strengthen : ________________ **6** whisper : ________________

7 float : ________________ **8** import : ________________

9 destroy : ________________ **10** scatter : ________________

D 우리말 해석을 참고하여 빈칸에 가장 적절한 단어를 골라 쓰세요.

defend	destroy	distract	detach
deny	gather	extract	condemn

1 ________________ the plant's buildings
공장 건물들을 부수다

2 ________________ what happened
일어난 일을 부정하다

3 ________________ information
정보를 모으다

4 ________________ information automatically
정보를 자동으로 추출하다

5 ________________ the hood from his coat
그의 코트에서 모자를 떼다

6 ________________ cruel people and cruelty
잔인한 사람들과 잔인성을 비난하다

7 ________________ the rights of the general public
일반 대중의 권리를 옹호하다

8 ________________ people from the main content
주요 내용으로부터 사람들의 주의를 흩뜨리다

E 각 문장의 빈칸에 가장 적절한 단어를 찾아 번호를 쓰세요.

① expand	② absorb	③ float	④ minimize	⑤ weaken

1 The dates were chosen to ________________ the inconvenience to visitors. 교육청

2 Your team has made every effort to ________________ our market to Kenya. 교육청

3 Plastic tends to ________________, which allows it to travel in ocean currents for thousands of miles. 교육청 변형

4 They worried that a reliance on the machines would ________________ their children's grasp of mathematical concepts. 교육청

5 Acid can interfere with the body's ability to ________________ calcium, and bone softening occurs as a result. 교과서 변형

mp3

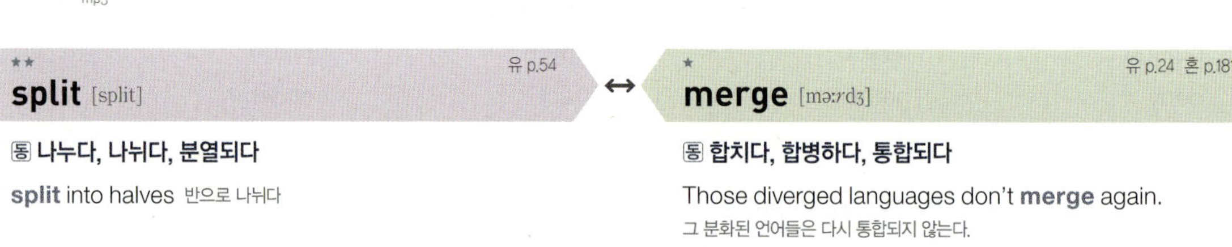

split [split]　유 p.54　↔　**merge** [mə:rdʒ]　유 p.24 혼 p.181

동 나누다, 나뉘다, 분열되다

동 합치다, 합병하다, 통합되다

split into halves 반으로 나뉘다

Those diverged languages don't **merge** again.
그 분화된 언어들은 다시 통합되지 않는다.

overlook [òuvərlúk]　↔　**notice** [nóutis]

동 간과하다, 눈감아주다

동 알아차리다, 알다

overlook this situation 이 상황을 간과하다

notice network ties 관계망 연결을 알아차리다

initiate [iníʃièit]　유 p.10 파 p.264　↔　**complete** [kəmplí:t]　유 p.18

동 시작하다, 개시하다

동 끝내다, 완료하다

their ability to **initiate** and follow through
시작하고 끝까지 완수해 낼 그들의 능력

complete the mission without failure
실패 없이 그 임무를 끝내다

fade [feid]　↔　**brighten** [bráitn]

동 (빛 등이)희미해지다(= dim), (색이) 바래다, 쇠퇴하다

동 밝아지다, 밝히다

The violin sound **faded**. 바이올린 소리가 희미해졌다.

brighten others' lives 다른 사람들의 삶을 밝히다

shrink [ʃriŋk]　↔　**swell** [swel]

동 수축하다, 줄다, 오그라들다

동 부풀다, 붓다, 팽창하다

cause the skin to **shrink** 피부가 수축하게 만들다

My heart **swelled**. 내 심장이 부풀어 올랐다.

Word Test 01　각 빈칸을 채우세요.

	영단어	뜻		영단어	뜻
1)	fade	__________	↔	__________	밝아지다
2)	__________	끝내다	↔	initiate	__________
3)	shrink	__________	↔	__________	부풀다
4)	__________	합치다	↔	split	__________
5)	overlook	__________	↔	__________	알아차리다

overestimate [òuvəréstəmèit] ↔ **underestimate** [ʌ̀ndəréstəmèit]

동 과대평가하다

overestimate the positive 긍정적인 것을 과대평가하다

동 과소평가하다

underestimate the value of time management
시간 관리의 가치를 과소평가하다

facilitate [fəsílətèit] ↔ **hinder** [híndər] 유 p.48

동 용이하게 하다, 촉진하다

facilitate economic and social activity
경제 및 사회 활동을 용이하게 하다

동 막다, 방해하다

hinder the development of trust 신뢰의 성장을 막다

admire [ædmáiər, əd-] ↔ **despise** [dispáiz]

동 존경하다, 칭찬하다, 감탄하다

admire his commitment 그의 헌신을 존경하다

동 경멸하다

views that you despise 여러분이 경멸하는 견해들

deposit [dipázit] ↔ **withdraw** [wiðdrɔ́ː] 혼 p.186

동 예금하다

deposit some money 얼마간의 돈을 예금하다

동 (예금 등을) 인출하다

withdraw money from my account 내 계좌에서 돈을 인출하다

overstate [òuvərstéit] 유 p.44 ↔ **understate** [ʌ̀ndərstéit]

동 과장해서 말하다

overstate its profitability 그것의 수익성을 과장해서 말하다

동 축소해서 말하다

understate the seriousness of the problem
그 문제의 심각성을 축소해서 말하다

Word Test 02 각 빈칸을 채우세요.

영단어	뜻		영단어	뜻
1) overestimate	: ____	↔	____ :	과소평가하다
2) ____	: 과장해서 말하다	↔	understate :	____
3) facilitate	: ____	↔	____ :	방해하다
4) ____	: 예금하다	↔	withdraw :	____
5) despise	: ____	↔	____ :	존경하다

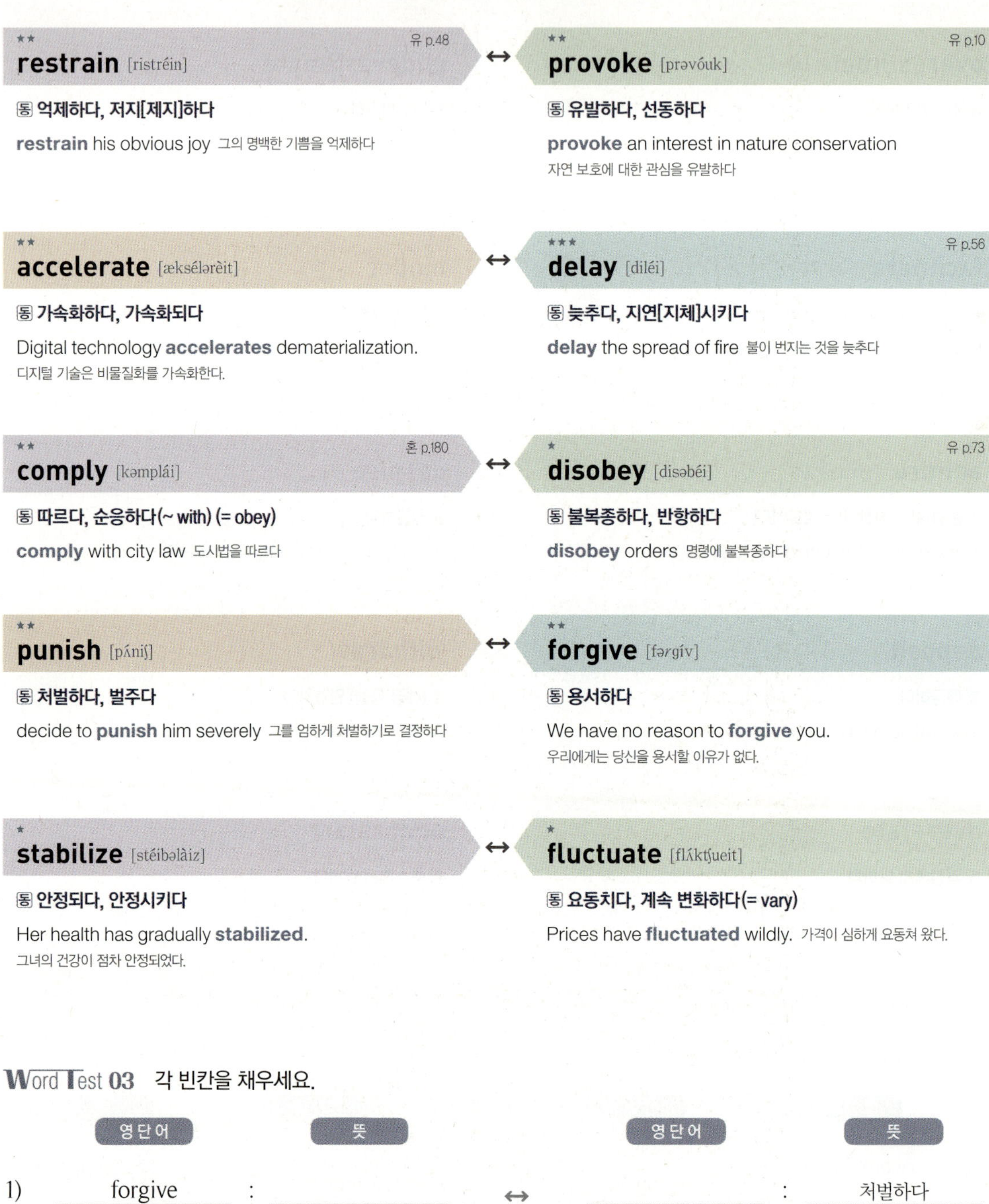

Word Test 03 각 빈칸을 채우세요.

영단어	뜻		영단어	뜻
1) forgive	:	↔	:	처벌하다
2)	: 요동치다	↔	stabilize :	
3) comply	:	↔	:	불복종하다
4)	: 늦추다	↔	accelerate :	
5) restrain	:	↔	:	유발하다

curse [kə:rs]	↔	**bless** [bles]

curse [kə:rs]

⑧ 욕하다, 악담하다, 저주하다

The thief **cursed** the police. 도둑은 경찰에게 욕을 퍼부었다.

↔

bless [bles]

⑧ 축복하다

The priest **blessed** their marriage.
그 성직자는 그들의 결혼을 축복했다.

---

diverge [daivə́:rdʒ, di-] 혼 p.177

⑧ 나뉘다, 갈리다

Opinions **diverged**. 의견이 나뉘었다.

↔

converge [kənvə́:rdʒ] 혼 p.177

⑧ 모여들다, 집중되다

People tend to **converge** too rapidly.
사람들이 너무 빨리 모여드는 경향이 있다.

---

uphold [ʌphóuld] 유 p.12

⑧ 유지시키다, 떠받치다

a duty to **uphold** the Constitution 헌법을 유지시킬 의무

↔

overturn [òuvərtə́:rn]

⑧ 뒤집다, 뒤집히다

Many of the rules were completely **overturned** by
radical concepts. 그 규칙들 중 다수가 급진적 개념에 의해 완전히 뒤집혔다.

---

shorten [ʃɔ́:rtn]

⑧ 줄이다, 짧아지다

shorten a skirt 치마를 줄이다

↔

lengthen [léŋkθən]

⑧ 늘이다, 길어지다

lengthen human life span 인간의 수명을 늘이다

---

abolish [əbáliʃ] 유 p.23

⑧ (법 · 제도 등을) 폐지하다, 없애다

abolish slavery 노예제도를 폐지하다

↔

enact [inǽkt]

⑧ (법률을) 제정하다

enact a law 법률을 제정하다

Word Test 04   각 빈칸을 채우세요.

	영단어	뜻		영단어	뜻
1)	curse	:	↔		: 축복하다
2)		: 뒤집히다	↔	uphold	:
3)	shorten	:	↔		: 늘이다
4)		: 모여들다	↔	diverge	:
5)	enact	:	↔		: 폐지하다

Ⓐ 우리말에 해당하는 단어를 찾아 번호를 쓰세요.

① comply	② overstate	③ initiate	④ underestimate
⑤ shorten	⑥ facilitate	⑦ fade	⑧ despise

1 희미해지다 ____ **2** 과장해서 말하다 ____ **3** 따르다, 순응하다 ____ **4** 과소평가하다 ____

5 줄이다, 짧아지다 ____ **6** 촉진하다 ____ **7** 경멸하다 ____ **8** 시작하다, 개시하다 ____

Ⓑ 주어진 단어와 <u>반대되는</u> 뜻을 가진 단어를 찾아 번호를 쓰세요.

① split	② deposit	③ facilitate	④ complete
⑤ swell	⑥ disobey	⑦ overlook	⑧ admire

1 withdraw ↔ ____ **2** despise ↔ ____ **3** notice ↔ ____ **4** hinder ↔ ____

5 shrink ↔ ____ **6** merge ↔ ____ **7** comply ↔ ____ **8** initiate ↔ ____

⑨ curse	⑩ enact	⑪ punish	⑫ stabilize
⑬ overturn	⑭ restrain	⑮ converge	⑯ accelerate

9 delay ↔ ____ **10** bless ↔ ____ **11** diverge ↔ ____ **12** uphold ↔ ____

13 forgive ↔ ____ **14** provoke ↔ ____ **15** fluctuate ↔ ____ **16** abolish ↔ ____

Ⓒ 주어진 단어에 해당하는 우리말 뜻을 빈칸에 쓰세요.

1 lengthen : ________________   **2** disobey : ________________

3 brighten : ________________   **4** understate : ________________

5 overestimate : ________________   **6** withdraw : ________________

7 restrain : ________________   **8** delay : ________________

9 stabilize : ________________   **10** uphold : ________________

D 우리말 해석을 참고하여 빈칸에 가장 적절한 단어를 골라 쓰세요.

diverge	forgive	hinder	brighten
abolish	deposit	lengthen	overestimate

1 Opinions _______________(e)d.
의견이 나뉘었다.

2 _______________ others' lives
다른 사람들의 삶을 밝히다

3 _______________ some money
얼마간의 돈을 예금하다

4 _______________ the development of trust
신뢰의 성장을 막다

5 _______________ slavery
노예제도를 폐지하다

6 _______________ human life span
인간의 수명을 늘이다

7 We have no reason to _______________ you.
우리에게는 당신을 용서할 이유가 없다.

8 _______________ the positive
긍정적인 것을 과대평가하다

E 각 문장의 빈칸에 가장 적절한 단어를 찾아 번호를 쓰세요.

① admire	② notice	③ shrink	④ punish	⑤ complete

1 Because of the reduced gravity on Mars, our muscles would quickly _______________. 〔교과서 변형〕

2 If you visit Amsterdam, you will _______________ that almost all the old houses are narrow and tall. 〔교육청〕

3 These people got over all obstacles to _______________ a project that seemed impossible to others. 〔교과서 변형〕

4 They will say something like, 'The reason for the tsunami was to _______________ us for our faults.' 〔교육청〕

5 A neighbor walked by and stopped to _______________ the beautiful irises growing artfully.

〔교육청 변형〕

mp3

★★★   유 p.10, 62 다 p.209
cause [kɔːz]

명 원인, 이유

Events have **causes**. 사건에는 원인이 있다.

↔

★★★   유 p.66 혼 p.149
effect [ifékt]

명 결과, 영향, 효과

the dangers of assuming cause and **effect**
원인과 결과를 추정하는 것의 위험들

★★★
center [séntər]

명 중앙, 중심, 중심지

a strange pattern at the **center** 중앙에 있는 이상한 무늬

↔

★★★
edge [edʒ]

명 가장자리, 끝, 모서리

It was located along the **edge** of a lake.
그것은 호수의 가장자리를 따라 위치하고 있었다.

★★★
difference [dífərəns]

명 차이, 다름

the **difference** between ignorance and irrationality
무지와 부조리 사이의 차이

↔

★★
similarity [síməlǽrəti]

명 유사(성), 닮음

genetic **similarity** 유전적 유사성

★★★   유 p.13
option [ápʃən]

명 선택(권), 선택의 자유, 선택 사양

I think donation is not an **option**.
나는 기부는 선택이 아니라고 생각한다.

↔

★★
obligation [àbləgéiʃən]

명 의무 (사항)

discuss their rights or **obligations** with a lawyer
그들의 권리와 의무에 관해 변호사와 논의하다

★★
poverty [pávərti]

명 빈곤, 가난

crime, **poverty**, and war 범죄, 빈곤, 그리고 전쟁

↔

★★★
wealth [welθ]

명 부유함, 부

material **wealth** 물질적 부유함

Word Test 01 각 빈칸을 채우세요.

	영단어	뜻		영단어	뜻
1)	obligation	______	↔	______	선택(권)
2)	______	결과, 영향	↔	cause	______
3)	center	______	↔	______	가장자리
4)	______	차이	↔	similarity	______
5)	poverty	______	↔	______	부유함

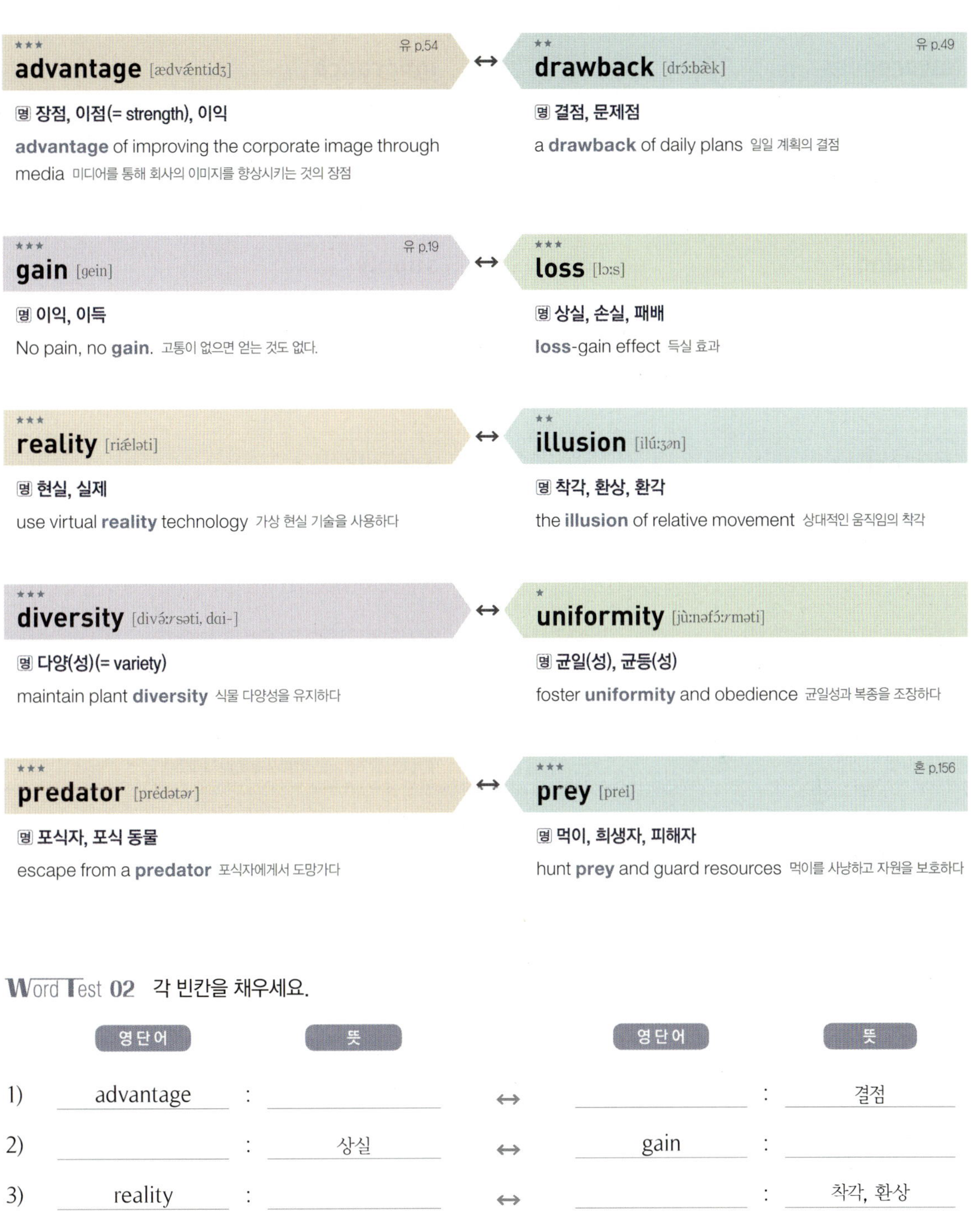

Word Test 02 각 빈칸을 채우세요.

	영단어	뜻		영단어	뜻
1)	advantage		↔		결점
2)		상실	↔	gain	
3)	reality		↔		착각, 환상
4)		균일(성)	↔	diversity	
5)	prey		↔		포식자

awareness [əwɛ́ərnis] ★★★	↔	ignorance [ígnərəns] ★★

명 알고 있음, 인식

ways to raise public **awareness** of sanitation
위생에 대한 대중의 인식을 높이는 방법들

명 알지 못함, 무지

distortions due to the **ignorance** of evaluation models
평가 모델에 대해 알지 못함으로 인한 왜곡들

demand [dimǽnd] ★★★	↔	supply [səplái] ★★★　유 p.11

명 수요, 요구 **통** 요구하다

the increasing **demand** for meat 고기의 수요 증가
demand $2,000 for the concert 그 공연에 2,000 달러를 요구하다

명 공급 **통** 공급하다

abundant food **supply** 풍족한 음식 공급
supply tons of food 많은 음식을 공급하다

protection [prətékʃən] ★★★	↔	assault [əsɔ́ːlt] ★

명 보호

a global view of **protection** for biodiversity
생물 다양성 보호에 대한 국제적 관점

명 공격, 폭행(죄)

deal with more major **assaults** later on
향후 더 중대한 공격에 대처하다

luck [lʌk] ★★★	↔	misfortune [misfɔ́ːrtʃən] ★★

명 행운

Please wish me good **luck**. 제게 행운을 빌어 주세요.

명 불운, 불행

Dogs with four eyes protect people from **misfortune**.
네 개의 눈을 가진 개는 사람들을 불운에서 보호한다.

entrance [éntrəns] ★★★	↔	exit [égzit, éksit] ★

명 입구, 입장

park next to the main **entrance** 정문 옆에 주차하다

명 출구, 퇴장

head to the airport **exit** 공항 출구로 향하다

WORD TEST 03　각 빈칸을 채우세요.

	영단어	뜻		영단어	뜻
1)	assault	______	↔	______	보호
2)	______	입구	↔	exit	______
3)	luck	______	↔	______	불운
4)	______	수요	↔	supply	______
5)	ignorance	______	↔	______	알고 있음

★★★
variation [vὲəriéiʃən] 파 p.269 ↔
★★
consistency [kənsístənsi]

명 변화, 변이, 차이

a **variation** of the cat pose 고양이 변형 자세

명 일관(성)

consistency as a key feature of marketing strategies
마케팅 전략의 중요한 특징으로서의 일관성

★★★
harmony [háːrməni] 유 p.31 ↔
★
discord [dískɔːrd]

명 조화, 화합

the importance of **harmony** among community
members 공동체 구성원 사이의 화합의 중요성

명 불화, 부조화

the root cause of so much interpersonal **discord**
너무나 많은 상호 간의 불화의 근본 원인

★★★
income [ínkʌm] 유 p.23 ↔
★★★
expense [ikspéns]

명 수입, 소득

the distribution of **income** 수입의 분배

명 비용, 지출

Shipping is at your **expense**. 수송료는 귀하가 부담하는 비용입니다.

★★★
expert [ékspəːrt] 유 p.25 ↔
★★
amateur [ǽmətʃùər]

명 전문가

an **expert** on the environment 환경에 대한 전문가

명 초보자

It's dangerous for an **amateur** to teach how to use it.
초보자가 그것을 사용하는 방법을 가르치는 것은 위험하다.

★★★
ancestor [ǽnsestər] ↔
★★
descendant [diséndənt]

명 조상, 선조

share a common **ancestor** with the chimpanzee
침팬지와 공통의 조상을 공유하다

명 후손, 자손

maximize the number of **descendants** that an animal
leaves behind 동물이 남기는 후손들의 수를 최대화하다

WordTest 04 각 빈칸을 채우세요.

영단어	뜻		영단어	뜻
1) expert	:	↔		: 초보자
2)	: 조상	↔	descendant	:
3) variation	:	↔		: 일관(성)
4)	: 조화	↔	discord	:
5) expense	:	↔		: 수입

Daily Test

A 우리말에 해당하는 단어를 찾아 번호를 쓰세요.

> ① poverty　　② obligation　　③ misfortune　　④ reality
> ⑤ income　　⑥ center　　⑦ drawback　　⑧ ignorance

1 결점, 문제점 ____　　**2** 의무 (사항) ____　　**3** 빈곤, 가난 ____　　**4** 현실, 실제 ____

5 알지 못함, 무지 ____　　**6** 수입, 소득 ____　　**7** 중앙, 중심 ____　　**8** 불운, 불행 ____

B 주어진 단어와 <u>반대되는</u> 뜻을 가진 단어를 찾아 번호를 쓰세요.

> ① obligation　　② effect　　③ wealth　　④ similarity
> ⑤ prey　　⑥ expense　　⑦ uniformity　　⑧ loss

1 cause ↔ ____　　**2** predator ↔ ____　　**3** difference ↔ ____　　**4** gain ↔ ____

5 diversity ↔ ____　　**6** option ↔ ____　　**7** income ↔ ____　　**8** poverty ↔ ____

> ⑨ descendant　　⑩ protection　　⑪ discord　　⑫ consistency
> ⑬ awareness　　⑭ amateur　　⑮ entrance　　⑯ supply

9 expert ↔ ____　　**10** ignorance ↔ ____　　**11** demand ↔ ____　　**12** assault ↔ ____

13 ancestor ↔ ____　　**14** exit ↔ ____　　**15** harmony ↔ ____　　**16** variation ↔ ____

C 주어진 단어에 해당하는 우리말 뜻을 빈칸에 쓰세요.

1 expense : ____________　　**2** luck : ____________

3 illusion : ____________　　**4** protection : ____________

5 edge : ____________　　**6** misfortune : ____________

7 variation : ____________　　**8** discord : ____________

9 descendant : ____________　　**10** expert : ____________

D 우리말 해석을 참고하여 빈칸에 가장 적절한 단어를 골라 쓰세요.

prey	gain	similarity	drawback
luck	exit	illusion	uniformity

1 genetic ________________
유전적 유사성

2 a(n) ________________ of daily plans
일일 계획의 결점

3 No pain, no ________________.
고통이 없으면 얻는 것도 없다.

4 the ________________ of relative movement
상대적인 움직임의 착각

5 head to the airport ________________
공항 출구로 향하다

6 Please wish me good ________________.
제게 행운을 빌어 주세요.

7 foster ________________ and obedience
균일성과 복종을 조장하다

8 hunt ________________ and guard resources
먹이를 사냥하고 자원을 보호하다

E 각 문장의 빈칸에 가장 적절한 단어를 찾아 번호를 쓰세요.

① predator	② option	③ demand	④ harmony	⑤ diversity

1 Participants realize the importance of cooperation and ________________ among members.

2 An injured fish can benefit from helping others of its species to escape from a(n) ________________. 교육청 변형

3 An understanding of the cultural heritage of different societies will promote cultural ________________. 교과서 변형

4 He wanted his daughters to have more ________________s and to take an active part in society. 교과서 변형

5 Other forms of promotion are used to create ________________ for a firm's current products.
교육청 변형

mp3

★★★

enemy [énəmi]　　　　　　유 p.34　　↔　**★★ ally** [ǽlai]

명 적, 적대자, 경쟁 상대

attack the **enemy** 적을 공격하다

명 협력자, 동맹(국)

lack of ties to possible **allies** 가능한 협력자와의 유대 부족

★★★

majority [mədʒɔ́:rəti]　　↔　**★★ minority** [mainɔ́:rəti, mi-]

명 다수 (집단)

follow the **majority** 다수를 따르다

명 소수 (집단)

The **minority** cooperates with the majority.
소수 집단이 다수 집단과 협력한다.

★★

input [ínpùt]　　↔　**★★ output** [áutpùt]

명 투입(량), 입력

a useful **input** for other systems 다른 체계를 위한 유용한 투입

명 산출(량), 생산량, 출력

the energy **output** from solar panels
태양열 판에서 나오는 에너지 생산량

★★★

hope [houp]　　↔　**★★ despair** [dispέər]

명 희망

This technology has become a source of **hope**.
이 기술은 희망의 원천이 되고 있다.

명 절망

He got over his **despair**. 그는 자신의 절망을 극복해 냈다.

★★

resistance [rizístəns]　　혼 p.156　　↔　**★ compliance** [kəmpláiəns]

명 저항(력), 반대

run into a wall of **resistance** 저항의 벽에 부딪히다

명 따름, 준수

one's **compliance** with the moral law 사람이 도덕률을 따르는 것

Word Test 01　각 빈칸을 채우세요.

	영단어	뜻		영단어	뜻
1)	enemy	____	↔	____	협력자
2)	____	소수	↔	majority	____
3)	resistance	____	↔	____	준수
4)	____	절망	↔	hope	____
5)	input	____	↔	____	산출(량)

★★
involvement [inválvmənt] ↔ **★**
detachment [ditǽtʃmənt]

몡 연루, 관여, 개입

our **involvement** in the event 그 사건에 대한 우리의 연루

몡 분리, 거리를 둠

cultivate both distance and a degree of **detachment**
거리감과 어느 정도의 분리를 둘 다 기르다

★★★
maximum [mǽksəməm] ↔ **★★★**
minimum [mínəməm]

몡 최대 혱 최대의

a **maximum** of 10 pages 최대 10쪽
my **maximum** budget 나의 최대 예산

몡 최소 혱 최소의

a **minimum** of four participants 최소 4명의 참가자
exceed some **minimum** value 어떤 최소값을 초과하다

★★   유 p.42
enthusiasm [inθúːziæzm] ↔ **★★**
indifference [indífərəns]

몡 열정, 열의

enthusiasm for the task 그 과업에 대한 열정

몡 무관심

take Amy's considerateness as **indifference**
Amy의 사려깊음을 무관심으로 받아들이다

★★   유 p.23
revenue [révənjùː] ↔ **★★**
expenditure [ikspénditʃər]

몡 수입, 수익, 세입

the newspaper ad **revenue** 신문 광고 수익

몡 지출, 경비

direct **expenditures** on education 교육에 대한 직접 지출

★★
immigrant [ímigrənt] ↔ **★**
emigrant [émigrənt]

몡 (외국에서 온) 이주민

an **immigrant** from Mexico 멕시코에서 온 이주민

몡 (외국으로 가는) 이주민

an **emigrant** to America 미국으로 가는 이주민

Word Test 02 각 빈칸을 채우세요.

	영단어	뜻		영단어	뜻
1)	enthusiasm	________	↔	________	무관심
2)	________	(외국에서 온) 이주민	↔	emigrant	________
3)	detachment	________	↔	________	관여, 개입
4)	________	수입	↔	expenditure	________
5)	minimum	________	↔	________	최대(의)

★★
latitude [lǽtətjùːd] 혼 p.188

명 위도

It is relatively easy to calculate **latitude**.
위도를 계산하는 것은 비교적 쉽다.

↔

★★
longitude [lándʒətjùːd]

명 경도

Longitude lines go from north to south.
경도선은 북쪽에서 남쪽으로 이어진다.

★★
retail [ríːteil]

명 소매(업) 형 소매의

My prior experience has been in **retail**.
나는 소매업에서 이전 경험을 쌓았다.

a **retail** outlet 소매점

↔

★
wholesale [hóulsèil]

명 도매(업) 형 도매의, 대량의

I bought my coat direct from the factory at **wholesale**.
나는 나의 코트를 공장에서 직접 도매로 구입했다.

wholesale prices 도매 가격

★★
vice [vais]

명 악, 부도덕

Gambling was a **vice**. 도박은 악이었다.

↔

★★
virtue [vɔ́ːrtʃuː]

명 미덕, 선

the **virtue** of gratitude 감사의 미덕

★★★
order [ɔ́ːrdər] 유 p.73 다 p.209

명 질서, 정돈, 순서

a remarkable connection with the invisible **order** of things 사물의 보이지 않는 질서와의 놀라운 연결

↔

★★
chaos [kéias] 유 p.49

명 혼돈, 혼란, 무질서

fear's negative role in case of **chaos**
혼돈이 발생한 경우에 두려움의 부정적인 역할

★★
deception [disépʃən]

명 속임(수), 기만

a new tool for detecting **deception**
속임수를 탐지하는 새로운 도구

↔

★★
honesty [ánisti]

명 정직

honesty and open communication 정직과 열린 의사소통

Word Test 03 각 빈칸을 채우세요.

영단어	뜻		영단어	뜻
1) honesty	__________	↔	__________	속임(수)
2) __________	질서	↔	chaos	__________
3) vice	__________	↔	__________	선
4) __________	도매(업)	↔	retail	__________
5) latitude	__________	↔	__________	경도

★★
comedy [kámədi] ↔ ★★
tragedy [trǽdʒədi]

명 희극, 코미디

select **comedy** as their favorite
그들이 제일 좋아하는 것으로 희극을 선택하다

명 비극

Romeo and Juliet in the Shakespearean **tragedy**
셰익스피어의 비극 중에 '로미오와 줄리엣'

★★★
security [sikjúərəti] ↔ ★★
hazard [hǽzərd]

유 p.17

명 안전, 보안, 안보

achieve food **security** 식량 안보를 획득하다

명 위험 (요소)

The **hazards** include landslides and tumbling rocks.
위험 요소에는 산사태와 굴러 떨어지는 바위가 포함된다.

★★★
sympathy [símpəθi] ↔ ★
antipathy [æntípəθi]

명 동정, 연민

show **sympathy** by expressing your concern in words
말로 여러분의 염려를 표현함으로써 동정을 보여 주다

명 혐오, 반감

an **antipathy** to snakes 뱀에 대한 혐오

★
descent [disént] ↔ ★
ascent [əsént]

명 하강, 내려가기

a record **descent** to 3,028 feet off the coast of Bermuda
버뮤다 해안에서 3,028피트까지의 하강 기록

명 상승, 올라가기

the **ascent** of an airplane 비행기의 상승

★
dependence [dipéndəns] ↔ ★
autonomy [ɔːtánəmi]

명 의존(도), 의지

our growing **dependence** on online databases
온라인 데이터베이스에 대한 우리의 증가하는 의존도

명 자치(권), 자율(성)(= independence)

develop the provinces' sense of isolation and **autonomy**
그 지방들의 고립감과 자치권을 발달시키다

WordTest 04 각 빈칸을 채우세요.

영단어	뜻		영단어	뜻
1) comedy	:	↔		: 비극
2)	: 자율(성)	↔	dependence	:
3) sympathy	:	↔		: 혐오
4)	: 위험 (요소)	↔	security	:
5) descent	:	↔		: 상승

A 우리말에 해당하는 단어를 찾아 번호를 쓰세요.

① ally	② chaos	③ output	④ involvement
⑤ revenue	⑥ deception	⑦ order	⑧ autonomy

1 수입, 세입 ＿＿ **2** 혼돈, 혼란, 무질서 ＿＿ **3** 속임(수), 기만 ＿＿ **4** 연루, 관여 ＿＿

5 협력자, 동맹(국) ＿＿ **6** 산출(량), 출력 ＿＿ **7** 자치권, 자율(성) ＿＿ **8** 순서, 질서, 정돈 ＿＿

B 주어진 단어와 <u>반대되는</u> 뜻을 가진 단어를 찾아 번호를 쓰세요.

① emigrant	② despair	③ expenditure	④ indifference
⑤ enemy	⑥ majority	⑦ compliance	⑧ maximum

1 hope ↔ ＿＿ **2** minimum ↔ ＿＿ **3** resistance ↔ ＿＿ **4** ally ↔ ＿＿

5 revenue ↔ ＿＿ **6** enthusiasm ↔ ＿＿ **7** minority ↔ ＿＿ **8** immigrant ↔ ＿＿

⑨ wholesale	⑩ sympathy	⑪ longitude	⑫ hazard
⑬ ascent	⑭ deception	⑮ virtue	⑯ comedy

9 antipathy ↔ ＿＿ **10** descent ↔ ＿＿ **11** latitude ↔ ＿＿ **12** retail ↔ ＿＿

13 security ↔ ＿＿ **14** honesty ↔ ＿＿ **15** tragedy ↔ ＿＿ **16** vice ↔ ＿＿

C 주어진 단어에 해당하는 우리말 뜻을 빈칸에 쓰세요.

1 dependence : ＿＿＿＿＿＿＿＿ **2** detachment : ＿＿＿＿＿＿＿＿

3 input : ＿＿＿＿＿＿＿＿ **4** despair : ＿＿＿＿＿＿＿＿

5 compliance : ＿＿＿＿＿＿＿＿ **6** enthusiasm : ＿＿＿＿＿＿＿＿

7 expenditure : ＿＿＿＿＿＿＿＿ **8** longitude : ＿＿＿＿＿＿＿＿

9 tragedy : ＿＿＿＿＿＿＿＿ **10** sympathy : ＿＿＿＿＿＿＿＿

D 우리말 해석을 참고하여 빈칸에 가장 적절한 단어를 골라 쓰세요.

antipathy	ascent	expenditure	enthusiasm
revenue	chaos	detachment	comedy

1 select ________________ as their favorite
그들이 제일 좋아하는 것으로 희극을 선택하다

2 fear's negative role in case of ________________
혼돈이 발생한 경우에 두려움의 부정적인 역할

3 the newspaper ad ________________
신문 광고 수익

4 ________________ for the task
그 과업에 대한 열정

5 a(n) ________________ to snakes
뱀에 대한 혐오

6 the ________________ of an airplane
비행기의 상승

7 direct ________________s on education
교육에 대한 직접 지출

8 cultivate both distance and a degree of ________________
거리감과 어느 정도의 분리를 둘 다 기르다

E 각 문장의 빈칸에 가장 적절한 단어를 찾아 번호를 쓰세요.

① virtue	② majority	③ security	④ resistance	⑤ indifference

1 For ________________ reasons, we do not allow pets inside our facilities. 교육청

2 The ________________ toward other cultures was an increasing problem at school. 교과서 변형

3 Though efficiency is a great ________________, it is not the only economic goal of interest to the society. 교육청

4 The privilege attached to being in the ________________ position is commonly viewed by others deserved. 교육청 변형

5 The infection causes damage to the immune system, which further weakens ________________.

교육청

Part Test (1)

Ⓐ 다음 우리말 해석을 참고하여 빈칸에 알맞은 단어를 쓰세요.

1 never c_____________ to challenge
도전하는 것을 결코 멈추지 않다

2 give the enemy a chance to r_____________
적에게 후퇴할 기회를 주다

3 cause the skin to s_____________
피부가 수축하게 만들다

4 r_____________ his obvious joy
그의 명백한 기쁨을 억제하다

Ⓑ 다음 영영사전 풀이에 해당하는 단어를 찾아 쓰세요.

sink	enthusiasm	obligation	perish	prey

1 to disappear or be destroyed : _________________

2 a strong feeling of active interest in something that you like : _________________

3 an animal that is hunted or killed by another animal for food : _________________

4 to go down below the surface of something like a liquid : _________________

5 something that you must do because of a law, rule, promise, etc. : _________________

Ⓒ 다음 문장을 읽고, 밑줄 친 단어와 뜻이 반대되는 단어를 고르세요.

1 Gandhi wrote a letter asking his father to <u>punish</u> him. 〔교육청 변형〕

① uphold   ② disobey   ③ forgive   ④ provoke

2 Single-copy sales are important: they bring in more <u>revenue</u> per magazine. 〔수능〕

① companionship   ② involvement   ③ indifference   ④ expenditure

3 Victoria was determined to <u>concentrate</u> and practice her part every day. 〔교육청〕

① gather   ② distract   ③ freeze   ④ detach

4 Such feelings have influence on judgment and behavior in later contexts without the person's <u>awareness</u>. 〔교육청 변형〕

① discord   ② ignorance   ③ protection   ④ misfortune

D 다음 문장을 읽고, 문맥상 가장 적절한 단어를 고르세요.

1 A popular notion with regard to creativity is that constraints ① facilitate / ② hinder our creativity. 교육청

2 Even a small amount of this money would ① accelerate / ② delay the already rapid rate of technical progress. 수능

3 During the Stone Age, our ① ancestor's / ② descendant's tools were made of flint, wood, and bone. 교육청

4 The first scientific opinion polls ① concealed / ② revealed that most Americans are at best poorly informed about politics. 평가원

5 As soon as the white ray hit the prism, it ① united / ② separated into the familiar colors of the rainbow. 교육청

Advanced

E 다음 문장에서 문맥상 <u>어색한</u> 단어를 찾아 바르게 고치세요.

1 They always enjoy his treats and condemn him for his baking skills. 교육청

⇒ p_______________

2 Landscapes with a strong and attractive place identity have drawbacks in marketing to tourists. 평가원 변형

⇒ a_______________

3 If you withdraw $1,000 into a savings account at your local bank, you would expect this to be a low-risk investment. 교육청

⇒ d_______________

4 If a group of influential designers decide that brown will be the hot color next year, the public may well begin to disobey with the trend. 교육청 변형

⇒ c_______________

5 His goal was to worsen black boxes, the devices that keep detailed records of each flight on airplanes. 교과서 변형

⇒ i_______________

mp3

★★★
material [mətíəriəl]

⟷

★★
spiritual [spíritʃuəl]　　　유 p.18

형 물질의, 물질적인(= physical)

형 정신의, 정신적인, 영적인

control **material** resources　물질적 자원을 통제하다

spiritual and philosophical issues　정신적이고 철학적인 문제들

★★★
common [kámən]

⟷

★★★
rare [rɛər]

형 흔한, 공통의

형 드문, 희귀한(= uncommon)

the **common** assumption about effective memory
효과적인 기억에 대한 흔한 가정

become an unusual and **rare** incident
이례적이고 드문 사례가 되다

★★★
damaged [dǽmidʒd]

⟷

★
intact [intǽkt]

형 손상된, 파손된

형 손상되지 않은, 온전한

return to her **damaged** house　그녀의 파손된 집으로 돌아가다

intact ecosystems　손상되지 않은 생태계

★★★
modern [mádərn]

⟷

★★★
traditional [trədíʃənl]

형 현대의, 현대적인

형 전통의, 전통적인

the history of **modern** art　현대 미술의 역사

It's interesting to experience **traditional** Spanish culture.
스페인 전통 문화를 체험하는 것은 재미있다.

★★
absolute [ǽbsəlùːt]　　　유 p.18

⟷

★★★
relative [rélətiv]　　　파 p.264

형 절대적인, 완전한

형 상대적인, 비교상의

the value of **absolute** truth　절대 진리의 가치

the **relative** merits of each school　각 학교의 상대적인 이점

Word Test 01　각 빈칸을 채우세요.

	영단어	뜻		영단어	뜻
1)	material	____	⟷	____	정신의
2)	____	드문	⟷	common	____
3)	intact	____	⟷	____	손상된
4)	____	상대적인	⟷	absolute	____
5)	traditional	____	⟷	____	현대의

social [sóuʃəl]
★★★

휑 사회의, 사회적인, 사교적인

join **social** activities 사회 활동에 참여하다

↔

individual [indəvídʒuəl]
★★★

휑 개인의, 개개의, 개인적인

competition for **individual** achievement
개인의 성취를 위한 경쟁

particular [pərtíkjulər]
★★★ 유 p.12, 67

휑 특정한, 특별한

recognize your pet's **particular** needs
당신의 애완동물의 특정한 요구를 인식하다

↔

general [dʒénərəl]
★★★ 반 p.133 파 p.265

휑 일반적인, 보통의

general definitions of what it is to be human
인간이라는 것이 무엇인가에 대한 일반적인 정의

present [préznt]
★★★

휑 참석[출석]한, 있는, 존재하는

The IoT(Internet of Things) technology is **present**
everywhere. 사물인터넷 기술은 어디에든 있다.

↔

absent [ǽbsənt]
★★

휑 결석한, 없는

She is **absent** from school today. 그녀는 오늘 학교에 결석했다.

wasteful [wéistfəl]
★★

휑 낭비하는, 낭비적인

Be aware of our own **wasteful** ways.
우리 자신의 낭비하는 방식을 인식하라.

↔

economical [èkənámikəl, i:kə-]
★ 파 p.265

휑 경제적인, 알뜰한, 검소한

the most **economical** use of our energy
우리 에너지의 가장 알뜰한 사용

natural [nǽtʃərəl]
★★★

휑 자연[천연]의, 타고난

explain **natural** phenomena 자연 현상들을 설명하다

↔

artificial [à:rtəfíʃəl]
★★★ 유 p.57

휑 인공의, 인공적인(= man-made)

artificial chemicals 인공 화학물질

Word Test 02 각 빈칸을 채우세요.

영단어	뜻		영단어	뜻
1) wasteful	:	↔	: 경제적인
2) : 참석한		↔	absent :
3) particular	:	↔	: 일반적인
4) : 인공의		↔	natural :
5) individual	:	↔	: 사회의

★★★ **wild** [waild]	↔	★★ **tame** [teim]

형 야생의, 자연 그대로의
ways to conserve **wild** animals 야생 동물을 보호하는 방법들

형 길들인
a **tame** monkey 길들인 원숭이

★★★ **friendly** [fréndli]	↔	★★ **hostile** [hástl, -tail] 유 p.50

형 친한, 우호적인
Have **friendly** people close to you.
여러분 가까이에 친한 사람들을 두세요.

형 적대적인(= unfriendly)
Hostile behavior may end friendship.
적대적인 행동은 우정을 끝낼지도 모른다.

★★★ **mental** [méntl] 유 p.18	↔	★★★ **physical** [fízikəl]

형 정신의, 마음의, 지능의
the importance of controlling **mental** factors in sports
스포츠에서 정신적 요인을 제어하는 것의 중요성
cf.) spiritual: 정신이나 영혼과 관련
　　 mental: 머리 또는 지적 과정과 관련

형 신체의
reduce risk of **physical** injury
신체 부상의 위험을 줄이다

★★★ **limited** [límitid]	↔	★★ **infinite** [ínfənət]

형 제한된, 한정된(= finite)
a **limited** amount of time 제한된 시간의 양

형 무한한(= unlimited)
have **infinite** power 무한한 권력을 가지다

★★★ **reasonable** [ríːzənəbl]	↔	★ **absurd** [æbsə́ːrd, -zə́ː-] 유 p.51

형 합리적인
make more **reasonable** choices 더 합리적인 선택을 하다

형 불합리한, 터무니없는(= unreasonable)
an **absurd** situation 터무니없는 상황

Word Test 03　각 빈칸을 채우세요.

	영단어	뜻		영단어	뜻
1)	absurd	____	↔	____	합리적인
2)	____	신체의	↔	mental	____
3)	tame	____	↔	____	야생의
4)	____	제한된	↔	infinite	____
5)	friendly	____	↔	____	적대적인

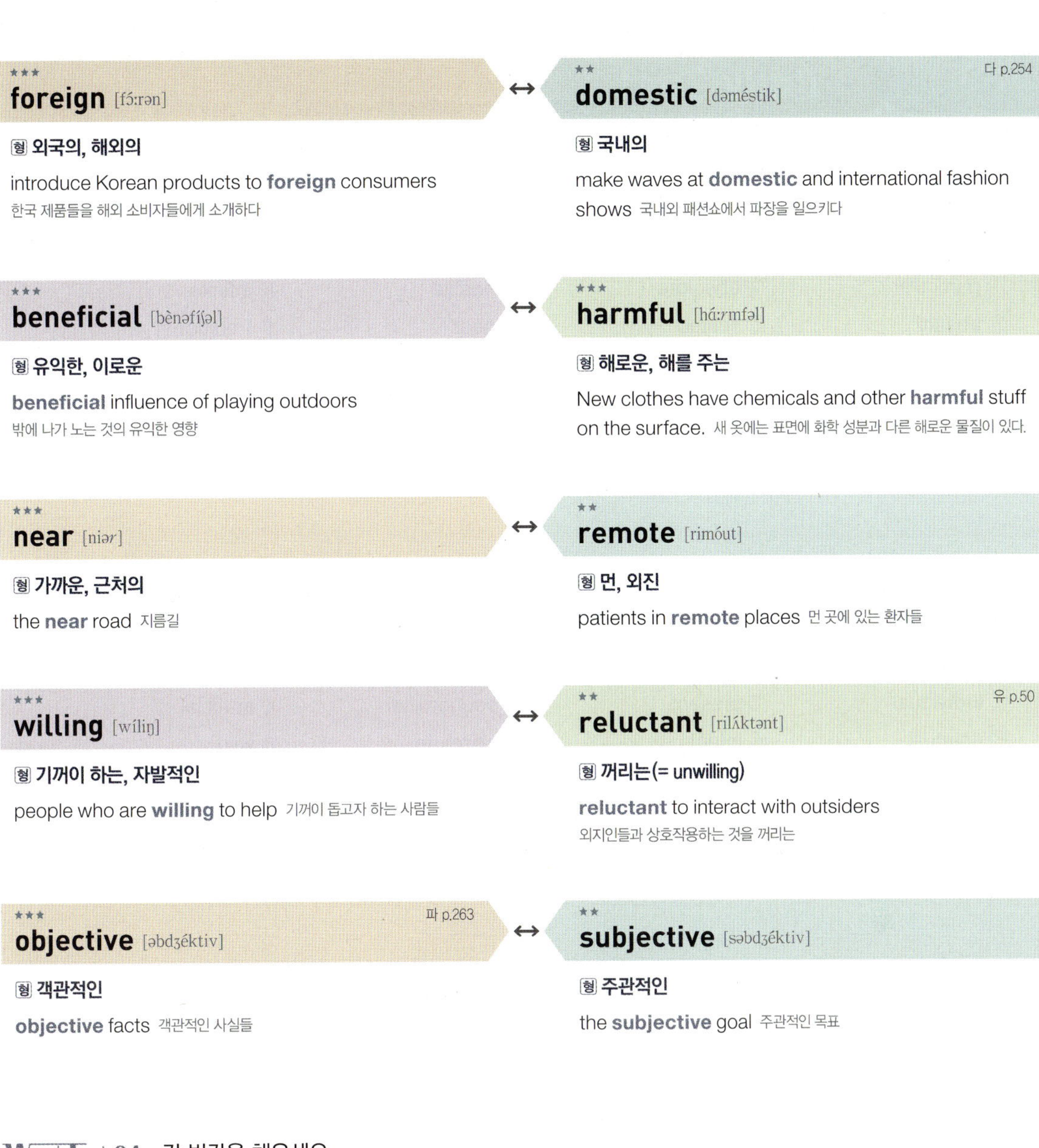

Word Test 04 각 빈칸을 채우세요.

영단어	뜻		영단어	뜻
1) willing		↔		꺼리는
2)	주관적인	↔	objective	
3) near		↔		먼
4)	해로운	↔	beneficial	
5) domestic		↔		외국의

A 우리말에 해당하는 단어를 찾아 번호를 쓰세요.

① particular	② absolute	③ hostile	④ infinite
⑤ absurd	⑥ limited	⑦ near	⑧ traditional

1 특정한, 특별한 ____ **2** 제한된, 한정된 ____ **3** 터무니없는 ____ **4** 전통의, 전통적인 ____

5 무한한 ____ **6** 적대적인 ____ **7** 가까운, 근처의 ____ **8** 절대적인, 완전한 ____

B 주어진 단어와 <u>반대되는</u> 뜻을 가진 단어를 찾아 번호를 쓰세요.

① individual	② present	③ economical	④ artificial
⑤ spiritual	⑥ intact	⑦ absolute	⑧ wild

1 material ↔ ____ **2** natural ↔ ____ **3** relative ↔ ____ **4** social ↔ ____

5 damaged ↔ ____ **6** wasteful ↔ ____ **7** absent ↔ ____ **8** tame ↔ ____

⑨ willing	⑩ mental	⑪ objective	⑫ common
⑬ friendly	⑭ beneficial	⑮ reasonable	⑯ domestic

9 hostile ↔ ____ **10** harmful ↔ ____ **11** foreign ↔ ____ **12** rare ↔ ____

13 reluctant ↔ ____ **14** subjective ↔ ____ **15** absurd ↔ ____ **16** physical ↔ ____

C 주어진 단어에 해당하는 우리말 뜻을 빈칸에 쓰세요.

1 general : ________________ **2** modern : ________________

3 remote : ________________ **4** economical : ________________

5 artificial : ________________ **6** domestic : ________________

7 intact : ________________ **8** beneficial : ________________

9 subjective : ________________ **10** reluctant : ________________

D 우리말 해석을 참고하여 빈칸에 가장 적절한 단어를 골라 쓰세요.

remote	infinite	present	subjective
friendly	spiritual	individual	beneficial

1 ________________ and philosophical issues
정신적이고 철학적인 문제들

2 have ________________ power
무한한 권력을 가지다

3 the ________________ goal
주관적인 목표

4 Have ________________ people close to you.
여러분 가까이에 친한 사람들을 두세요.

5 patients in ________________ places
먼 곳에 있는 환자들

6 ________________ influence of playing outdoors
밖에 나가 노는 것의 유익한 영향

7 competition for ________________ achievement
개인의 성취를 위한 경쟁

8 The IoT technology is ________________ everywhere.
사물인터넷 기술은 어디에든 있다.

E 각 문장의 빈칸에 가장 적절한 단어를 찾아 번호를 쓰세요.

① rare	② hostile	③ damaged	④ willing	⑤ artificial

1 Spinach is a vitamin-packed superstar, but few children are ________________ to eat it. (교육청)

2 You can see that the ________________ chemicals in sodas are really bad for you. (교과서 변형)

3 All the parts were stuck together and any ________________ parts were also repaired. (교과서 변형)

4 The book received a(n) ________________ reaction in Russia, but gained prominence in the Western world. (교육청)

5 By the end of the 18th century, famine had become a(n) ________________ and unusual incident.

(교과서 변형)

---

formal [fɔ́ːrməl] ↔ **casual** [kǽʒuəl]

형 공식[형식]적인, 격식을 차린

without direct access to **formal** learning scenarios
공식적인 학습 계획을 직접 접하지 않고

형 격식을 차리지 않는(= informal), 평상시의

He usually wears jeans to work because he works in a **casual** office. 그는 격식을 차리지 않는 사무실에서 일하기 때문에 보통 청바지를 입고 출근한다.

---

organized [ɔ́ːrgənàizd] ↔ **messy** [mési]

형 조직화된, 조직적인, 잘 정리된(= neat, tidy)

arrange the information in an **organized** manner
정보를 조직화된 방식으로 정리하다

형 엉망인, 지저분한

The floor is **messy** with spilled food.
바닥은 엎질러진 음식들로 지저분하다.

---

frank [fræŋk] 유 p.42 ↔ **dishonest** [disánist]

형 솔직한, 숨김없는(= honest)

I'm sorry I wasn't **frank** with you. 네게 솔직하지 못했던 것 미안해.

형 정직하지 못한

a **dishonest** farmer 정직하지 못한 농부

---

attractive [ətrǽktiv] ↔ **unattractive** [ʌnətrǽktiv]

형 매력적인

benefits of **attractive** consumer goods 매력적인 소비재의 혜택

형 매력 없는, 보기 안 좋은

It's an **unattractive** proposition to me.
나에게는 매력 없는 제안이다.

---

apparent [əpǽrənt] 유 p.18, 67 혼 p.167 ↔ **obscure** [əbskjúər] 유 p.28, 51 반 p.133

형 분명한, 명백한

an **apparent** scarcity of time 명백한 시간 부족

형 애매한, 분명하지 않은

an **obscure** explanation 애매한 설명

Ｗord Ｔest 01 각 빈칸을 채우세요.

	영단어	뜻		영단어	뜻
1)	frank	____	↔	____	정직하지 못한
2)	____	분명한	↔	obscure	____
3)	organized	____	↔	____	엉망인
4)	____	형식적인	↔	casual	____
5)	unattractive	____	↔	____	매력적인

planned [plǽnd]

⟨형⟩ 계획된, 정연한

master the **planned** objective 계획된 목표를 숙달하다

↔

random [rǽndəm]

⟨형⟩ 무작위적인, 닥치는 대로의

random acts of violence 무작위적인 폭력 행위

scarce [skɛərs]

⟨형⟩ 부족한, 드문

Food is still **scarce**. 식량이 여전히 부족하다.

↔

유 p.51

plentiful [pléntifəl]

⟨형⟩ 풍부한

Plentiful information leads to scarcity of attention.
풍부한 정보는 주의력 부족을 초래한다.

permanent [pə́ːrmənənt]

⟨형⟩ 영구[영속]적인

look for **permanent** help 영구적인 도움을 구하다

↔

temporary [témpərèri]

⟨형⟩ 일시적인, 잠시의

a **temporary** increase in sales 일시적인 판매 증가

혼 p.193

sufficient [səfíʃənt]

⟨형⟩ 충분한

a **sufficient** supply of clean water 깨끗한 물의 충분한 공급

↔

혼 p.195

deficient [difíʃənt]

⟨형⟩ 부족한(= insufficient)

view ourselves as morally **deficient**
우리 자신을 도덕적으로 부족하다고 보다

superior [supíəriər]

⟨형⟩ 우수한, 상관의

The **superior** species takes over. 우수한 종이 장악한다.

↔

inferior [infíəriər]

⟨형⟩ 열등한, 하급의

The **inferior** competitor loses out. 열등한 경쟁자는 패배한다.

WordTest 02 각 빈칸을 채우세요.

영단어	뜻		영단어	뜻
1) temporary	________	↔	________	영구적인
2) ________	충분한	↔	deficient	________
3) plentiful	________	↔	________	부족한
4) ________	계획된	↔	random	________
5) superior	________	↔	________	열등한

alert [əlɔ́ːrt]　　　유 p.49 ↔ ## inattentive [inəténtiv]

[형] 경계하는, 조심하는(= attentive)

continuously **alert** and attentive　계속 경계하고 조심하는

[형] 부주의한, 신경 쓰지 않는

Many **inattentive** fishermen had lost their lives on these rocks.　많은 부주의한 어부들이 이 바위들 위에서 목숨을 잃었다.

profound [prəfáund] ↔ ## superficial [sùːpərfíʃəl]

[형] 심오한, 깊은

extract more **profound** messages　더 심오한 메시지들을 발췌하다

[형] 피상적인, 깊이 없는, 얄팍한

go beyond a person's **superficial** qualities
한 사람의 피상적인 특징들을 넘어서다

abstract [æbstrǽkt] ↔ ## concrete [kánkriːt]

[형] 추상적인

give **abstract**, general definitions
추상적이고 일반적인 정의들을 제공하다

[형] 구체적인

make our understanding more **concrete**
우리의 이해를 더 구체적으로 만들다

false [fɔːls] ↔ ## genuine [dʒénjuin]

[형] 허위의, 틀린

false information on the Internet　인터넷에 있는 허위 정보

[형] 진짜의, 진실한

The painting was **genuine**.　그 그림은 진짜였다.

excessive [iksésiv]　　　파 p.265 ↔ ## moderate [mádərət]

[형] 과도한, 지나친

excessive consumption of these sorts of chemicals
이런 종류의 화학 물질의 과도한 소비

[형] 적당한, 보통의

teams with **moderate** proportions of top level players
정상급 수준의 선수들을 적당한 비율로 가진 팀들

WordTest 03　각 빈칸을 채우세요.

영단어	뜻		영단어	뜻
1) moderate	________	↔	________	과도한
2) ________	추상적인	↔	concrete	________
3) inattentive	________	↔	________	경계하는
4) ________	허위의	↔	genuine	________
5) profound	________	↔	________	피상적인

exclusive [iksklúːsiv] ↔ communal [kəmjúːnəl]

★★

형 배타적인, 독점적인

portray environmental protection and jobs as mutually **exclusive** 환경 보호와 일자리를 상호 배타적이라고 묘사하다

★★

형 공용의, 공공의

more land for **communal** facilities 공용 시설을 위한 더 많은 땅

dense [dens] ↔ sparse [spɑːrs]

★★

형 울창한, 밀집한, 빽빽한

live his entire life in a **dense** jungle
울창한 정글에서 그의 평생을 살다

★

형 드문드문한, 성긴

Her hair is **sparse**. 그녀의 머리숱은 적다.

optimistic [ὰptəmístik] ↔ pessimistic [pèsəmístik]

★★

형 낙관적인, 낙천적인

a businessman's **optimistic** forecast 한 사업가의 낙관적인 예측

★

형 비관적인, 염세적인

a **pessimistic** view of life 비관적인 인생관

suspicious [səspíʃəs] ↔ trustful [trʌ́stfəl]

★★

형 의심하는, 수상쩍은(= distrustful)

Consumers were **suspicious** of food.
소비자들은 식품에 대해 의심했다.

★

형 믿는, 신뢰하는

a heated argument with a **trustful** friend
신뢰하는 친구와의 열띤 논쟁

horizontal [hɔ̀ːrəzάntl] ↔ vertical [və́ːrtikəl]

★

형 수평의, 가로의

a **horizontal** position 수평 위치

★★

형 수직의, 세로의

capable of **vertical** takeoff and landing
수직 이륙 및 착륙이 가능한

Word Test 04 각 빈칸을 채우세요.

	영단어	뜻		영단어	뜻
1)	communal	___	↔	___	배타적인
2)	___	의심하는	↔	trustful	___
3)	vertical	___	↔	___	수평의
4)	___	비관적인	↔	optimistic	___
5)	sparse	___	↔	___	밀집한

Ⓐ 우리말에 해당하는 단어를 찾아 번호를 쓰세요.

① frank	② inferior	③ abstract	④ obscure
⑤ permanent	⑥ profound	⑦ concrete	⑧ false

1 분명하지 않은 ＿＿＿　**2** 심오한, 깊은 ＿＿＿　**3** 열등한, 하급의 ＿＿＿　**4** 영구[영속]적인 ＿＿＿

5 솔직한, 숨김없는 ＿＿＿　**6** 구체적인 ＿＿＿　**7** 허위의, 틀린 ＿＿＿　**8** 추상적인 ＿＿＿

Ⓑ 주어진 단어와 **반대되는** 뜻을 가진 단어를 찾아 번호를 쓰세요.

① formal	② organized	③ attractive	④ apparent
⑤ planned	⑥ alert	⑦ temporary	⑧ sufficient

1 unattractive ↔ ＿＿＿　**2** random ↔ ＿＿＿　**3** casual ↔ ＿＿＿　**4** messy ↔ ＿＿＿

5 inattentive ↔ ＿＿＿　**6** deficient ↔ ＿＿＿　**7** obscure ↔ ＿＿＿　**8** permanent ↔ ＿＿＿

⑨ plentiful	⑩ superficial	⑪ excessive	⑫ exclusive
⑬ dense	⑭ pessimistic	⑮ suspicious	⑯ vertical

9 scarce ↔ ＿＿＿　**10** optimistic ↔ ＿＿＿　**11** profound ↔ ＿＿＿　**12** communal ↔ ＿＿＿

13 trustful ↔ ＿＿＿　**14** sparse ↔ ＿＿＿　**15** horizontal ↔ ＿＿＿　**16** moderate ↔ ＿＿＿

Ⓒ 주어진 단어에 해당하는 우리말 뜻을 빈칸에 쓰세요.

1 communal : ＿＿＿＿＿＿＿＿＿　　**2** sparse : ＿＿＿＿＿＿＿＿＿

3 dishonest : ＿＿＿＿＿＿＿＿＿　　**4** superior : ＿＿＿＿＿＿＿＿＿

5 genuine : ＿＿＿＿＿＿＿＿＿　　**6** organized : ＿＿＿＿＿＿＿＿＿

7 apparent : ＿＿＿＿＿＿＿＿＿　　**8** abstract : ＿＿＿＿＿＿＿＿＿

9 suspicious : ＿＿＿＿＿＿＿＿＿　　**10** horizontal : ＿＿＿＿＿＿＿＿＿

D 우리말 해석을 참고하여 빈칸에 가장 적절한 단어를 골라 쓰세요.

alert	messy	superior	moderate
planned	formal	abstract	suspicious

1 master the ________________ objective
계획된 목표를 숙달하다

2 ________________ learning scenarios
공식적인 학습 계획

3 The floor is________________.
바닥은 지저분하다.

4 the ________________ species
우수한 종

5 Consumers were ________________ of food.
소비자들은 식품에 대해 의심했다.

6 continuously ________________ and attentive
계속 경계하고 조심하는

7 give ________________, general definitions
추상적이고 일반적인 정의들을 제공하다

8 teams with ________________ proportions of top level players
정상급 수준의 선수들을 적당한 비율로 가진 팀들

E 각 문장의 빈칸에 가장 적절한 단어를 찾아 번호를 쓰세요.

① false	② scarce	③ random	④ attractive	⑤ temporary

1 In theory, blue lights are more ________________ and calming than the yellow and white lights. 교육청

2 A reduction in prices might see a(n) ________________ increase in sales for the seller. 교육청

3 Land is always a(n) ________________ and expensive resource in urban development. 교육청 변형

4 The average person is often misled into believing ________________ and manipulated facial emotions. 평가원

5 Concepts give meaning to changes in sound pressure so you hear them as words or music instead of ________________ noise. 교육청

---

selfish [sélfiʃ] ★★ ↔ **altruistic** [æltruːístik] ★

형 이기적인

careless pedestrians and **selfish** drivers
부주의한 보행자들과 이기적인 운전자들

형 이타적인

behave in an **altruistic** way 이타적인 방식으로 행동하다

---

intentional [inténʃənl] ★★ 유 p.35 파 p.270 ↔ **accidental** [æksədéntl] ★★

형 계획적인, 고의의

strategic and **intentional** 전략적이고 계획적인

형 우연한, 우발적인

that **accidental** discovery 그 우연한 발견

---

thorough [θə́ːrou] ★★ 유 p.18 혼 p.167 ↔ **careless** [kέərlis] ★★

형 면밀한, 철저한, 꼼꼼한 (= careful)

thorough planning 철저한 계획 수립

형 부주의한, 경솔한

her roommate's **careless** behavior
그녀의 룸메이트의 경솔한 행동

---

occupied [ákjupàid] ★★ ↔ **vacant** [véikənt] ★ 유 p.56

형 사용 중인

Half of the rooms are **occupied**. 객실의 절반이 사용 중이다.

형 빈, 결원의

a **vacant** seat 공석

---

biased [báiəst] ★★ ↔ **impartial** [impáːrʃəl] ★ 유 p.43

형 편향된, 선입견이 있는 (= partial)

biased interpretations of the past 과거에 대한 편향된 해석

형 편견 없는, 공정한

a fair and **impartial** judgment 공정하고 편견 없는 판결

Word Test 01 각 빈칸을 채우세요.

	영단어	뜻		영단어	뜻
1)	selfish	____	↔	____	이타적인
2)	____	편향된	↔	impartial	____
3)	careless	____	↔	____	면밀한
4)	____	사용 중인	↔	vacant	____
5)	accidental	____	↔	____	계획적인

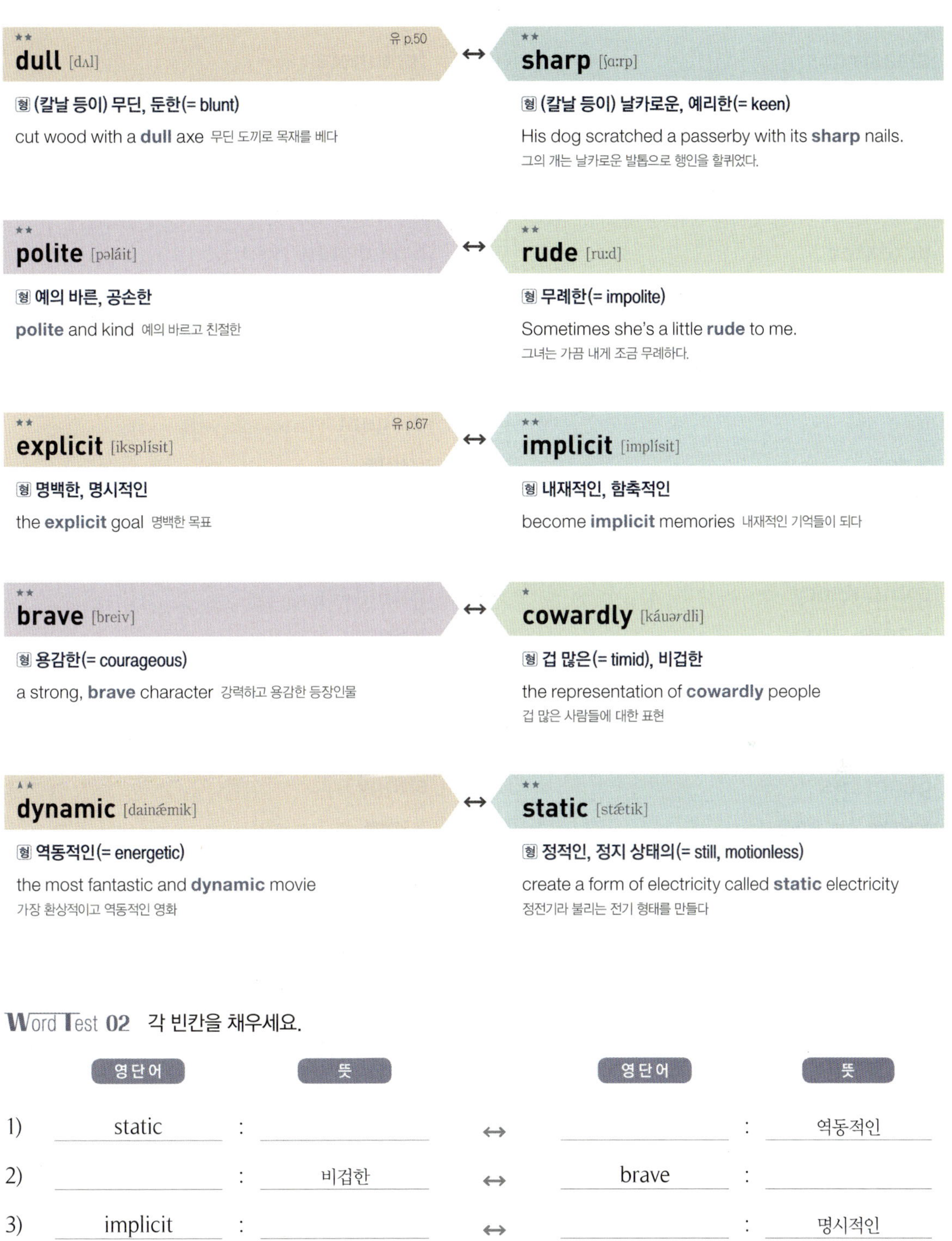

dull [dʌl] 유 p.50	↔	**sharp** [ʃɑːrp]
휑 (칼날 등이) 무딘, 둔한(= blunt)		휑 (칼날 등이) 날카로운, 예리한(= keen)
cut wood with a **dull** axe 무딘 도끼로 목재를 베다		His dog scratched a passerby with its **sharp** nails. 그의 개는 날카로운 발톱으로 행인을 할퀴었다.
polite [pəláit]	↔	**rude** [ruːd]
휑 예의 바른, 공손한		휑 무례한(= impolite)
polite and kind 예의 바르고 친절한		Sometimes she's a little **rude** to me. 그녀는 가끔 내게 조금 무례하다.
explicit [iksplísit] 유 p.67	↔	**implicit** [implísit]
휑 명백한, 명시적인		휑 내재적인, 함축적인
the **explicit** goal 명백한 목표		become **implicit** memories 내재적인 기억들이 되다
brave [breiv]	↔	**cowardly** [káuərdli]
휑 용감한(= courageous)		휑 겁 많은(= timid), 비겁한
a strong, **brave** character 강력하고 용감한 등장인물		the representation of **cowardly** people 겁 많은 사람들에 대한 표현
dynamic [dainǽmik]	↔	**static** [stǽtik]
휑 역동적인(= energetic)		휑 정적인, 정지 상태의(= still, motionless)
the most fantastic and **dynamic** movie 가장 환상적이고 역동적인 영화		create a form of electricity called **static** electricity 정전기라 불리는 전기 형태를 만들다

WordTest 02 각 빈칸을 채우세요.

	영단어	뜻		영단어	뜻
1)	static	______	↔	______	역동적인
2)	______	비겁한	↔	brave	______
3)	implicit	______	↔	______	명시적인
4)	______	무례한	↔	polite	______
5)	sharp	______	↔	______	둔감한

disastrous [dizǽstrəs] ↔ **fortunate** [fɔ́ːrtʃənət]

형 불운한(= unfortunate), 재앙의

disastrous consequences 불운한 결과들

형 운이 좋은(= lucky)

It is very **fortunate** that we made it in time!
우리가 제때 도착하다니 매우 운이 좋군요!

outdated [àutdéitid] ↔ **brand-new** [brǽndnjúː]

형 시대에 뒤떨어진, 구식의(= out of date, old-fashioned)

outdated traffic systems 시대에 뒤떨어진 교통 체계

형 최신의(= up to date)

my **brand-new** computer 내 최신 컴퓨터

idle [áidl] ↔ **diligent** [dílədʒənt]

형 게으른

an **idle** employee 게으른 종업원

형 성실한

a **diligent** and curious student 근면하고 호기심이 많은 학생

compulsory [kəmpʌ́lsəri]　유 p.57 ↔ **voluntary** [váləntèri]

형 강제적인, 강요하는

compulsory execution 강제 집행

형 자발적인

voluntary labor such as fixing a friend's bike
친구의 자전거를 고쳐주는 것과 같은 자발적인 노동

generous [dʒénərəs] ↔ **stingy** [stíndʒi]

형 넉넉한, 후한, 관대한

Thank you for the **generous** amount of food.
넉넉한 음식에 감사합니다.

형 인색한

a **stingy** miser 인색한 구두쇠

Word Test 03　각 빈칸을 채우세요.

영단어	뜻		영단어	뜻
1) compulsory	____	↔	____	자발적인
2) ____	게으른	↔	diligent	____
3) brand-new	____	↔	____	시대에 뒤진
4) ____	불운한	↔	fortunate	____
5) stingy	____	↔	____	넉넉한

simple [símpl] ★★★ ↔ intricate [íntrikət] ★ 유 p.25

형 단순한, 간단한

simple act of fact-checking 간단한 사실 확인 행위

형 복잡한(= complex, complicated)

build an **intricate** nest 복잡한 둥지를 짓다

feminine [fémənin] ★★ 혼 p.161 ↔ masculine [mǽskjulin] ★

형 여성의, 여성적인

be dismissed as typically **feminine** writing
전형적 여성의 글이라고 일축되다

형 남성의, 남성적인

They thought the trumpet was too **masculine**.
그들은 트럼펫이 너무 남성적이라고 생각했다.

stubborn [stʌ́bərn] ★ ↔ compliant [kəmpláiənt] ★

형 완고한, 완강한

The strict teacher is a **stubborn** person.
그 엄한 선생님은 완고한 사람이다.

형 순응하는, 유순한

obedient and **compliant** citizens
복종하고 순응하는 시민들

progressive [prəgrésiv] ★ ↔ conservative [kənsə́ːrvətiv] ★★

형 진보적인

She worked for **progressive** cause like women's
rights. 그녀는 여성의 권리와 같은 진보적인 대의를 위해 일했다.

형 보수적인, 보수주의의

Banks are generally **conservative**.
은행은 일반적으로 보수적이다.

barren [bǽrən] ★ ↔ fertile [fə́ːrtl] ★★

형 불모의

create huge **barren** underwater deserts
거대한 불모의 해저 사막들을 만들어 내다

형 비옥한, 다산의

fertile soil with the potential to nurture creativity
생산성을 키울 잠재력을 가진 비옥한 토양

Word Test 04 각 빈칸을 채우세요.

	영단어	뜻		영단어	뜻
1)	intricate	:	↔		: 단순한
2)		: 진보적인	↔	conservative	:
3)	barren	:	↔		: 비옥한
4)		: 여성적인	↔	masculine	:
5)	stubborn	:	↔		: 순응하는

A 우리말에 해당하는 단어를 찾아 번호를 쓰세요.

① outdated	② biased	③ thorough	④ intricate
⑤ progressive	⑥ altruistic	⑦ occupied	⑧ sharp

1 복잡한 ____   **2** 진보적인 ____   **3** 선입견이 있는 ____   **4** 날카로운, 예리한 ____

5 면밀한, 철저한 ____   **6** 이타적인 ____   **7** 사용 중인 ____   **8** 시대에 뒤떨어진 ____

B 주어진 단어와 <u>반대되는</u> 뜻을 가진 단어를 찾아 번호를 쓰세요.

① altruistic	② thorough	③ impartial	④ polite
⑤ explicit	⑥ intentional	⑦ brave	⑧ dynamic

1 biased ↔ ____   **2** rude ↔ ____   **3** selfish ↔ ____   **4** cowardly ↔ ____

5 careless ↔ ____   **6** static ↔ ____   **7** accidental ↔ ____   **8** implicit ↔ ____

⑨ disastrous	⑩ compulsory	⑪ generous	⑫ intricate
⑬ feminine	⑭ stubborn	⑮ barren	⑯ progressive

9 stingy ↔ ____   **10** simple ↔ ____   **11** masculine ↔ ____   **12** conservative ↔ ____

13 compliant ↔ ____   **14** fortunate ↔ ____   **15** fertile ↔ ____   **16** voluntary ↔ ____

C 주어진 단어에 해당하는 우리말 뜻을 빈칸에 쓰세요.

1 brand-new : ______________   **2** vacant : ______________

3 dull : ______________   **4** impartial : ______________

5 explicit : ______________   **6** static : ______________

7 disastrous : ______________   **8** diligent : ______________

9 compulsory : ______________   **10** generous : ______________

D 우리말 해석을 참고하여 빈칸에 가장 적절한 단어를 골라 쓰세요.

vacant	implicit	barren	impartial
cowardly	selfish	feminine	outdated

1 a(n) ________ seat
공석

2 ________ traffic systems
시대에 뒤떨어진 교통 체계

3 become ________ memories
내재적인 기억들이 되다

4 a fair and ________ judgment
공정하고 편견 없는 판결

5 be dismissed as typically ________ writing
전형적인 여성의 글이라고 일축되다

6 create huge ________ underwater deserts
거대한 불모의 해저 사막을 만들어 내다

7 the representation of ________ people
비겁한 사람들에 대한 표현

8 careless pedestrians and ________ drivers
부주의한 보행자들과 이기적인 운전자들

E 각 문장의 빈칸에 가장 적절한 단어를 찾아 번호를 쓰세요.

① polite	② brave	③ simple	④ thorough	⑤ intentional

1 Her ________ decision led many disabled students to behave in the same way. 교육청 변형

2 The device is ________ and cheap, but it is also wasteful and inefficient. 교육청 변형

3 Ta-Nehisi Coates was unfailingly ________ and courteous himself, to help set community standards. 교육청 변형

4 Effective purification systems and ________ safeguards are necessary to make sure the safety of recycled water. 교과서 변형

5 There isn't any ________ competitive element in the tugging rituals, and winning or losing isn't important. 교과서 변형

mp3

★★★
positive [pázətiv] ↔ **negative** [négətiv]

형 긍정적인

Do you feel **positive** about your life?
당신은 당신의 삶에 대해 긍정적으로 느끼나요?

★★★
형 부정적인

negative aspects of emotional reactions
감정적 대응의 부정적인 측면

★★★
internal [intə́:rnl] ↔ **external** [ikstə́:rnəl]

형 내부의, 내면적인

have an **internal** control mechanism 내부 통제 체제를 가지다

★★★
형 외부의, 외면적인

describe the **external** world 외부 세계를 묘사하다

★★★
active [ǽktiv] ↔ **passive** [pǽsiv]

형 활동적인, 적극적인

take an **active** role 활동적인 역할을 하다

★★
형 수동적인, 소극적인

show **passive** attitude 수동적인 태도를 보이다

★★
innocent [ínəsnt] ↔ **guilty** [gílti]

형 무죄의, 결백한

He was **innocent** of the crime. 그는 그 범죄에서 무죄였다.

★★
형 유죄의, 가책을 느끼는

the arrest of the **guilty** suspect 유죄인 용의자의 체포

★★
tight [tɑit] ↔ **loose** [lu:s]

형 꽉 조이는, 단단한

feel a **tight** grip on the hand 손을 단단하게 잡는 것을 느끼다

★★
형 느슨한, 헐거운

a **loose** alliance 느슨한 동맹

Word Test 01 각 빈칸을 채우세요.

	영단어	뜻		영단어	뜻
1)	positive		↔		부정적인
2)		외부의	↔	internal	
3)	passive		↔		활동적인
4)		무죄의	↔	guilty	
5)	loose		↔		꽉 조이는

minute [mainʃúːt] 다 p.220	↔ **significant** [signífikənt]
형 사소한, 하찮은 (= insignificant, trivial)	형 중요한
the **minute** details 사소한 세부 사항들	the most **significant** component of agriculture 농업의 가장 중요한 구성 요소

specific [spisífik] 유 p.67	↔ **general** [dʒénərəl] 반 p.115 파 p.265
형 특정한	형 일반적인, 전반적인
their loyalty to a **specific** brand 특정 브랜드에 대한 그들의 충성심	a positive effect on the **general** atmosphere 전반적인 분위기에 미치는 긍정적 효과

specific 유 p.67	↔ **vague** [veig] 유 p.51 혼 p.169
형 구체적인, 명확한	형 막연한, 모호한
guide an individual toward a **specific** goal 구체적인 목표를 향해 한 개인을 이끌다	an unsophisticated decision based on a '**vague** impression' '막연한 인상'에 근거한 단순한 결정

plain [plein]	↔ **obscure** [əbskjúər] 유 p.28, 51 반 p.120
형 분명한, 명백한 (= clear)	형 불분명한 (= unclear)
It was **plain** to see that winning would be not an easy task. 이기는 것은 쉬운 일이 아니라는 것을 분명히 알 수 있었다.	Its origin is **obscure**. 그것의 기원은 불분명하다.

plain	↔ **fancy** [fǽnsi]
형 장식이[무늬가] 없는, 수수한, 소박한	형 화려한, 장식적인
Hummingbirds have **plain** gray feathers. 벌새들은 무늬가 없는 없는 회색 털을 가지고 있다.	Customers are drawn to **fancy** designs. 소비자들은 화려한 디자인에 끌린다.

Word Test 02 각 빈칸을 채우세요.

	영단어	뜻		영단어	뜻
1)	fancy	:	↔		: 수수한
2)		: 특정한	↔	general	:
3)	minute	:	↔		: 중요한
4)		: 막연한	↔	specific	:

★★
steep [sti:p]

[형] 가파른, 비탈진

a **steep** angle 가파른 각도

★★
steep

[형] 급격한, 두드러진

a **steep** decline in the family's income 가족 수입의 급감

↔

★★
gentle [dʒéntl]

[형] 완만한, 온화한

The slope was **gentle**. 경사가 완만했다.

★★
gradual [grǽdʒuəl]

[형] 점진적인

a **gradual**, long-term buildup of soil
점진적이고 장기적인 토양 형성

★★
defeat [difíːt]

[명] 패배, 짐

It implies weakness or **defeat**. 그것은 약점 또는 패배를 암시한다.

★★
defeat

[동] 이기다, 물리치다

He **defeated** AlphaGo in the fourth game.
그는 네 번째 경기에서 알파고를 이겼다.

↔

★★
victory [víktəri]

[명] 승리

congratulate him on his **victory** 그의 승리에 대해 축하하다

★★★
lose [lu:z]

[동] 패배하다, 잃다

His mistake caused his team to **lose** the game.
그의 실수로 인해 그의 팀이 경기에 졌다.

★★
awkward [ɔ́:kwərd]

[형] 불편한(= uncomfortable), 어색한

avoid an **awkward** situation or discussion
불편한 상황이나 논의를 피하다

★★
awkward

[형] 서투른

an **awkward** mechanic 솜씨가 서툰 정비사

↔

★★★
comfortable [kʌ́mftəbl]

[형] 편안한

a **comfortable** and soft bed 편안하고 부드러운 침대

★
skillful [skílfəl]

[형] 능숙한, 솜씨 좋은

the most **skillful** debate competitor 가장 능숙한 토론 경쟁자

Word Test 03   각 빈칸을 채우세요.

영단어	뜻		영단어	뜻
1) awkward	______	↔	______	능숙한
2) ______	패배하다	↔	defeat	______
3) gentle	______	↔	______	가파른

***
mild [maild]

↔

violent [váiələnt]

형 온화한, 순한

a **mild** mother who never shouted
결코 소리치는 법이 없었던 온화한 엄마

형 난폭한, 폭력적인

origins of **violent** human behaviors 난폭한 인간 행동의 기원

mild

↔

extreme [ikstrí:m]   유 p.57

형 가벼운, 약간의

mild elevation of blood pressure 가벼운 혈압 상승

형 극심한, 극도의

extreme poverty 극심한 가난

---

humble [hʌ́mbl]

↔

arrogant [ǽrəgənt]

형 겸손한

Remain **humble** and open-minded.
겸손하고 열린 마음을 유지하세요.

형 오만한

an **arrogant** attitude 오만한 태도

humble

↔

noble [noubl]   혼 p.163

형 미천한, 보잘것없는

a **humble** man who cleaned the floors of the king
왕의 (궁궐) 바닥을 청소했던 미천한 사람

형 고귀한, 고결한

a **noble** leader 고결한 지도자

---

ignorant [ígnərənt]

↔

educated [édʒukèitid]

형 무식한(= uneducated)

avoid appearing **ignorant** 무식해 보이는 것을 피하다

형 교육 받은, 교양 있는

lose best **educated** workers
가장 잘 교육 받은 노동자들을 잃다

ignorant

↔

knowledgeable [nálidʒəbl]

형 의식하지 못한, 잘 모르는

He was **ignorant** about the dangers of the drug.
그는 그 약물의 위험성에 대해 잘 몰랐다.

형 많이 아는, 지식 있는

David is quite **knowledgeable** about art.
David는 예술에 대해 꽤 많이 알고 있다.

Word Test 04   각 빈칸을 채우세요.

영단어	뜻		영단어	뜻
1) educated	: _____	↔	_____	: 무식한
2) _____	: 겸손한	↔	arrogant	: _____
3) violent	: _____	↔	_____	: 온화한

A 우리말에 해당하는 단어를 찾아 번호를 쓰세요.

① plain	② loose	③ gradual	④ negative
⑤ significant	⑥ general	⑦ defeat	⑧ skillful

1 중요한 ____　　**2** 능숙한, 솜씨 좋은 ____　　**3** 점진적인 ____　　**4** 일반적인, 전반적인 ____

5 패배 ____　　**6** 부정적인 ____　　**7** 느슨한, 헐거운 ____　　**8** 분명한, 명백한 ____

B 주어진 단어와 <u>반대되는</u> 뜻을 가진 단어를 찾아 번호를 쓰세요.

① active	② specific	③ significant	④ fancy
⑤ steep	⑥ defeat	⑦ external	⑧ awkward

1 minute ↔ ____　　**2** internal ↔ ____　　**3** skillful ↔ ____　　**4** victory ↔ ____

5 passive ↔ ____　　**6** gradual ↔ ____　　**7** general ↔ ____　　**8** plain ↔ ____

⑨ tight	⑩ steep	⑪ humble	⑫ specific
⑬ educated	⑭ comfortable	⑮ mild	⑯ guilty

9 loose ↔ ____　　**10** innocent ↔ ____　　**11** awkward ↔ ____　　**12** violent ↔ ____

13 ignorant ↔ ____　　**14** gentle ↔ ____　　**15** arrogant ↔ ____　　**16** vague ↔ ____

C 주어진 단어에 해당하는 우리말 뜻을 빈칸에 쓰세요.

1 victory : ________________　　**2** lose : ________________

3 violent : ________________　　**4** humble : ________________

5 extreme : ________________　　**6** ignorant : ________________

7 noble : ________________　　**8** educated : ________________

9 knowledgeable : ________________　　**10** positive : ________________

D 우리말 해석을 참고하여 빈칸에 가장 적절한 단어를 골라 쓰세요.

mild	defeat	skillful	arrogant
steep	minute	obscure	knowledgeable

1 the ________________ details
사소한 세부 사항들

2 ________________ elevation of blood pressure
가벼운 혈압 상승

3 It implies weakness or ________________.
그것은 약점 또는 패배를 암시한다.

4 Its origin is ________________.
그것의 기원은 불분명하다.

5 a(n) ________________ attitude
오만한 태도

6 David is quite ________________ about art.
David는 예술에 대해 꽤 많이 알고 있다.

7 the most ________________ debate competitor
가장 능숙한 토론 경쟁자

8 a(n) ________________ decline in the family's income
가족 수입의 급감

E 각 문장의 빈칸에 가장 적절한 단어를 찾아 번호를 쓰세요.

① vague	② tight	③ humble	④ gradual	⑤ fancy

1 Paul needs new shoes. His shoes are getting too ________________ for his feet. 교육청

2 The creative process can start from ________________ materials and poor beginnings. 교육청 변형

3 Many writers make the common mistake of being too ________________ when picturing a reader. 교육청

4 Maturity, wisdom, and patience can result from the ________________ accumulation of life experiences. 교육청 변형

5 The high school grounds were filled with well-dressed people, posing in ________________ dresses and suits for cheerful photographers. 수능

Part Test (2)

Ⓐ 다음 우리말 해석을 참고하여 빈칸에 알맞은 단어를 쓰세요.

1 make more r__________ choices
그 합리적인 선택을 하다

2 the most fantastic and d__________ movie
가장 환상적이고 역동적인 영화들

3 that a__________ discovery
그 우연한 발견

4 view ourselves as morally d__________
우리 자신을 도덕적으로 부족하다고 보다

Ⓑ 다음 영영사전 풀이에 해당하는 단어를 찾아 쓰세요.

| voluntary | domestic | organized | sparse | stubborn |

1 existing only in small amounts : __________

2 done or acting of one's own free will : __________

3 of relating to, or made in your own country : __________

4 having things arranged in a neat and effective way : __________

5 refusing to change your ideas or to stop doing something : __________

Ⓒ 다음 문장을 읽고, 밑줄 친 단어와 뜻이 <u>반대되는</u> 단어를 고르세요.

1 Glass engineering is expensive, causing the glass building market to be <u>exclusive</u>. 교육청
① dense ② sparse ③ trustful ④ communal

2 Very young children are not <u>willing</u> to share their own toys with others. 교육청
① messy ② polite ③ reluctant ④ dishonest

3 Cultures of honor tend to take root in highlands and other marginally <u>fertile</u> areas. 교육청
① barren ② simple ③ intricate ④ generous

4 Our culture is <u>biased</u> toward the fine arts — those creative products that have no function other than pleasure. 교육청
① vacant ② occupied ③ impartial ④ altruistic

D 다음 문장을 읽고, 문맥상 가장 적절한 단어를 고르세요.

1 Food that looks and smells [① attractive / ② unattractive] is naturally taken into the mouth. [수능 변형]

2 Nervousness about public speaking can serve as a real and [① minute / ② significant] barrier to effective communication. [교육청 변형]

3 By communicating happiness each other, we were able to develop beneficial [① individual / ② social] interactions. [교육청 변형]

4 I think the script and the visual aids are good, but something about my delivery is still [① awkward / ② skillful]. [교육청]

5 Some of them were very realistic, but others were artistically simplified or a bit [① abstract / ② concrete]. [교과서 변형]

Advanced

E 다음 문장에서 문맥상 어색한 단어를 찾아 바르게 고치세요.

1 He said, "It is very disastrous that you made it in time!" [교과서 변형]

_______________ ⇒ f_______________

2 Those altruistic behaviors that hurt other people can't bring us happiness. [교과서 변형]

_______________ ⇒ s_______________

3 The show fascinated the audience with cheerful dance and awkward puppet plays. [교과서 변형]

_______________ ⇒ s_______________

4 Create a video that explains vague actions students can take to safeguard their personal information. [교육청 변형]

_______________ ⇒ s_______________

5 Jet lag is a permanent physical condition that occurs when a change of time zones affects your body's internal clock. [교육청]

_______________ ⇒ t_______________

The strongest of all warriors are these two, Time and Patience.

_Lev Tolstoy

모든 전사 중 가장 강한 전사는 이 두 가지, 시간과 인내다.

_레프 톨스토이

현재에도 수많은 독자를 거느린 톨스토이는 선과 사랑으로 세계를 구원하고자
했습니다.

그는 싸워 이겨야 한다는 전투적인 태도보다는, 차분하게 시간과 인내를 기르는
노력으로 구원받을 수 있다고 믿었습니다.

III

혼동어

DAY 21

★★★
wonder [wʌ́ndər]

동 궁금해하다 명 경이(= marvel), 불가사의

wonder about our surroundings
우리 주변 환경에 대해 궁금해하다

this sense of **wonder** and desire for understanding
이러한 경이감과 이해하려는 욕망

VS

★★
wander [wɑ́ndər] 유 p.50

동 배회하다, 떠돌다, 헤매다

wander around the shops 상점들 주위를 배회하다

★★★
attend [əténd] 다 p.211 파 p.268

동 참석하다(+장소), 주의를 기울이다 (to)

attend a class 수업에 참석하다

VS

★★★
intend [inténd] 파 p.270

동 의도하다, 작정하다

I didn't **intend** to make the ending like that.
나는 그런 식으로 끝을 맺으려고 의도하지 않았다.

★★★
communicate [kəmjú:nəkèit]

동 의사소통하다, 전달하다

communicate with each other and share ideas
서로 의사소통하고 아이디어를 공유하다

VS

★★
commute [kəmjú:t]

동 통근하다 명 통근 (거리)

When you **commute**, walk, walk, and walk.
통근할 때, 걷고, 걷고, 또 걸어라.

make their **commute** quicker 그들의 통근을 더 빠르게 하다

★★★
adopt [ədɑ́pt]

동 채택하다, 입양하다

adopt a new pet 새 애완동물을 입양하다

VS

★★★
adapt [ədǽpt] 유 p.74 파 p.269

동 맞추다, 적응하다(to), 적응시키다

adapt to circumstances 환경에 적응하다

Word Test 01 문맥상 가장 적절한 단어를 고르세요.

1) ① adapt / ② adopt to circumstances 교육청

2) ① communicate / ② commute each other and share ideas

3) I didn't ① intend / ② attend to make the ending like that. 교육청

4) Artists sometimes turn ordinary images into something unique and make us ① wander / ② wonder about them. 교과서 변형

5) Researchers found that people who ① communicated / ② commuted along scenic roads recovered quickly from stressful driving conditions. 교육청 변형

★★★
transform [trænsfɔ́ːrm]

동 변형시키다, 바꾸다(= convert)
transform a smartphone into a monitor
스마트폰을 모니터로 변형시키다

VS

★★★
transfer 동 [trænsfɔ́ːr] 명 [trǽnsfəːr]

동 옮기다, 전달하다, 전근[전학] 가다, 환승하다
명 이동, 이전, 환승
transfer the sound waves 음파를 전달하다
the smooth **transfer** of power to the new government
새 정부로의 순조로운 권력 이동

★★★ 유 p.12, 67
announce [ənáuns]

동 공표[발표]하다, 알리다
announce the launch of the official social media page
of our school 우리 학교의 공식 소셜미디어 페이지 개설을 공표하다

VS

★★ 유 p.12
pronounce [prənáuns]

동 발음하다, 선언하다
Pronounce your name more clearly.
당신의 이름을 더 명확하게 발음하세요.

★★★
consist [kənsíst]

동 (부분·요소로) 이루어져 있다, (~에) 있다, 존재하다
The age groups **consist** of 15–24, 25–54, and 55–64.
연령 집단은 15~24세, 25~54세, 55~64세로 이루어져 있다.

VS

★★
insist [insíst]

동 주장하다, 고집하다
insist on always having a plan 항상 계획을 세우라고 주장하다

★★★
commit [kəmít]

동 (죄·과실 등을) 범하다, 전념[헌신]하다, 위임하다, 약속하다
commit traffic violations such as speeding
과속과 같은 교통 위반을 범하다

VS

★★ 유 p.17
summit [sʌ́mit]

명 정점, 정상, 정상 회담
reach the **summit** of Mount Everest
에베레스트산 정상에 도착하다

★★ 혼 p.176
elect [ilékt]

동 선출하다, 선택하다
the first woman **elected** to the U.S. Congress
미국 국회의원에 선출된 최초의 여성

VS

★
erect [irékt]

동 (똑바로) 세우다, 건립하다 형 똑바로 선(= straight)
The church was **erected** in 1682. 그 교회는 1682년에 건립되었다.
an **erect** working position 똑바로 서서 일하는 자세

Word **T**est 02　문맥상 가장 적절한 단어를 고르세요.

1) the smooth [① transform / ② transfer] of power to the new government

2) The tower was [① erected / ② elected] with the use of local stone.

3) The age groups [① consist / ② insist] of 15–24, 25–54, and 55–64. 교육청

4) Technically, robots cannot [① commit / ② summit] murder since murder is described as one human killing another. 교과서 변형

5) Today I'm proud to [① announce / ② pronounce] that the school orchestra will be holding its concert at City Hall this year. 평가원

★★★
stimulate [stímjulèit]

통 자극하다, 고무하다

stimulate the reader's interest 독자의 흥미를 자극하다

★★
simulate [símjulèit]

통 모의 실험하다, ~인 체하다, 흉내내다

simulate and manipulate reality by stimulating our senses 우리의 감각을 자극함으로써 현실을 모의 실험하고 조작하다

★★★
confirm [kənfə́ːrm]

통 확인하다, 승인하다, 확정하다

I'm calling to **confirm** your trip to New York next week. 뉴욕으로 가는 귀하의 다음 주 여행에 대해 확인차 전화드렸습니다.

★★
conform [kənfɔ́ːrm]

통 맞추다, 순응하다(to)

make your vision **conform** to the new reality 당신의 비전을 새로운 현실에 맞추게 하다

★★
resolve [rizálv]

통 해결하다, 결심하다 명 결심, 결의

fail to **resolve** the series' many puzzles 그 시리즈물의 많은 의문들을 해결하지 못하다

strengthen our **resolve** and take action 우리의 결심을 강화하여 행동에 옮기다

★★
dissolve [dizálv]

통 용해하다, 녹이다, 해산하다

an increase in **dissolved** carbon dioxide 용해된 이산화탄소의 증가

★★
transmit [trænzmít, træns-]

통 보내다, 전송하다, 전염시키다

transmit the signals 신호를 보내다

★
transit [trǽnzit]

명 운송, 수송, 통과 통 통과하다, 횡단하다

goods damaged in **transit** 운송 중에 파손된 상품
people who **transited** through Turkey 터키를 횡단했던 사람들

★
inflict [inflíkt]

통 가하다, 짊어지우다

any atom that can't withstand the force being **inflicted** on it 그것에 기해지고 있는 힘을 견디지 못하는 원자

★
afflict [əflíkt]

통 괴롭히다, 들볶다

many problems that **afflict** students 학생들을 괴롭히는 많은 문제들

Word Test 03 문맥상 가장 적절한 단어를 고르세요.

1) an increase in (① dissolved / ② resolved) carbon dioxide (교육청)

2) any atom that can't withstand the force being (① afflicted / ② inflicted) on it (교육청)

3) The books (① stimulate / ② simulate) the reader's interest. (평가원 변형)

4) I'm calling to (① conform / ② confirm) your trip to New York next week. (평가원)

5) The plain old telephone was interactive, but not integrated as it only (① transmitted / ② transited) speech and sounds. (수능 변형)

breed [briːd] 유 p.30 vs **bleed** [bliːd]

동 (알이나 새끼를) 낳다 명 품종

return to the river in order to **breed** 알을 낳으러 강으로 돌아오다
The Icelandic horse is a **breed** of horse developed in Iceland. 아이슬란드 말은 아이슬란드에서 발달된 말의 한 품종이다.

동 피를 흘리다, 피를 뽑다

My friend was **bleeding** at the nose.
내 친구는 코피를 흘리고 있었다.

---

resist [rizíst] vs **persist** [pəːrsíst] 유 p.66

동 저항하다, 반대하다

People **resist** for different reasons and in different ways.
사람들은 다양한 이유와 다양한 방식으로 저항한다.

동 고집하다, 지속하다

put in more effort and **persist** longer in the face of difficulty 어려움에도 불구하고 더 많은 노력을 투입하고 더 오래 지속하다

---

proceed [prousíːd] vs **precede** [prisíːd]

동 진행하다, 계속해서[이어서] ~을 하다(with)

proceed with the implementation without any delay
지체 없이 계속 실행하다

동 앞서다, 선행하다

Failure **precedes** success. 실패는 성공에 선행한다.

---

leap [liːp] vs **reap** [riːp]

동 뛰다, 도약하다, 급격히 상승하다
명 도약, 급증, 급등, 높이[멀리]뛰기

Look before you **leap**. 뛰기 전에 살펴보라.
He was ready to make the **leap**. 그는 도약할 준비가 되어 있었다.

동 수확하다, 거두다

You **reap** what you sow. 뿌린 대로 거둔다.

---

impact 동 [impǽkt] 명 [ímpækt] 유 p.66 vs **compact** [kəmpǽkt]

동 영향[충격]을 주다(on/upon), 충돌하다 명 영향, 충격, 충돌

This finding has not yet **impacted** on schooling.
이러한 발견은 아직 학교 교육에 영향을 미치지 못했다.
the **impact** of technology on our lives
우리 삶에 미치는 기술의 영향

동 꽉 채우다, 압축되다 형 아담한, 소형의, 간결한, 빽빽한

The snow had **compacted** into a hard icy layer.
눈이 딱딱한 얼음층으로 압축되었다.
very **compact** and light 무척 아담하고 가벼운

Word **T**est 04 문맥상 가장 적절한 단어를 고르세요.

1) put in more effort and [① resist / ② persist] longer in the face of difficulty 교육청

2) Failure [① precedes / ② proceeds] success. 교육청

3) This finding has not yet [① impacted / ② compacted] on schooling. 교육청

4) He saw the lion was injured and one of his legs was [① breeding / ② bleeding]. 교육청

5) You would [① leap / ② reap] every year much more corn than you see upon the cart here. 교육청

A 우리말에 해당하는 단어를 찾아 번호를 쓰세요.

① wonder	② dissolve	③ attend	④ adapt
⑤ pronounce	⑥ leap	⑦ summit	⑧ precede

1 앞서다, 선행하다 ＿＿　　**2** 궁금해하다; 경이 ＿＿　　**3** 참석하다 ＿＿　　**4** 맞추다, 적응하다 ＿＿

5 뛰다; 도약, 급증 ＿＿　　**6** 발음하다, 선언하다 ＿＿　　**7** 용해하다, 녹이다 ＿＿　　**8** 정상, 정상 회담 ＿＿

B 주어진 단어에 해당하는 우리말 뜻을 찾아 번호를 쓰세요.

① (새끼를) 낳다; 품종	② 수확하다, 거두다	③ 배회하다, 떠돌다	④ 맞추다, 순응하다
⑤ 변형시키다, 바꾸다	⑥ 공표[발표]하다, 알리다	⑦ 고집하다, 지속하다	⑧ 피를 흘리다

1 wander ＿＿　　**2** reap ＿＿　　**3** transform ＿＿　　**4** persist ＿＿

5 announce ＿＿　　**6** bleed ＿＿　　**7** conform ＿＿　　**8** breed ＿＿

⑨ 통근하다; 통근 (거리)	⑩ 자극하다, 고무하다	⑪ 의사소통하다, 전달하다	⑫ 진행하다
⑬ 이루어져 있다, (~에) 있다	⑭ 채택하다, 입양하다	⑮ 옮기다, 전달하다; 이전	⑯ 저항하다, 반대하다

9 stimulate ＿＿　　**10** resist ＿＿　　**11** commute ＿＿　　**12** proceed ＿＿

13 consist ＿＿　　**14** communicate ＿＿　　**15** adopt ＿＿　　**16** transfer ＿＿

C 주어진 단어에 해당하는 우리말 뜻을 빈칸에 쓰세요.

1 intend : ＿＿＿＿＿＿＿＿＿＿＿　　**2** elect : ＿＿＿＿＿＿＿＿＿＿＿

3 commit : ＿＿＿＿＿＿＿＿＿＿＿　　**4** insist : ＿＿＿＿＿＿＿＿＿＿＿

5 transmit : ＿＿＿＿＿＿＿＿＿＿＿　　**6** simulate : ＿＿＿＿＿＿＿＿＿＿＿

7 impact : ＿＿＿＿＿＿＿＿＿＿＿　　**8** resolve : ＿＿＿＿＿＿＿＿＿＿＿

9 transit : ＿＿＿＿＿＿＿＿＿＿＿　　**10** confirm : ＿＿＿＿＿＿＿＿＿＿＿

D 우리말 해석을 참고하여 빈칸에 가장 적절한 단어를 골라 쓰세요.

transform	communicate	adapt	resolve
afflict	transit	wonder	stimulate

1 ______________ a smartphone into a monitor
스마트폰을 모니터로 변형시키다

2 fail to ____________ the series' many puzzles
그 시리즈물의 많은 의문들을 해결하지 못하다

3 goods damaged in ____________
운송 중에 파손된 상품

4 ________________ with each other
서로 의사소통하다

5 ____________ the reader's interest
독자의 흥미를 자극하다

6 ____________ to circumstances
환경에 적응하다

7 many problems that ____________ students
학생들을 괴롭히는 많은 문제들

8 this sense of ____________ and desire for understanding
이러한 경이감과 이해하려는 욕망

E 각 문장의 빈칸에 가장 적절한 단어를 찾아 번호를 쓰세요.

① attend	② consist	③ conform	④ summit	⑤ persist

1 Larger groups also put more pressure on their members to ________________. 수능

2 Simon and Joe had reached the ________________, Joe saw another snow storm coming from the west. 교과서 변형

3 I am sure you have heard something like, "You can do anything you want, if you just ________________ long and hard enough." 교육청

4 If we continue to ________________ to the unusual sights and sounds and never hear the message, persuasion will not occur. 교육청

5 The native people of Nauru ________________ of 12 tribes, as symbolized by the 12-pointed star on the Nauru flag, and are believed to be a mixture of Micronesian, Polynesian, and Melanesian. 교육청

mp3

★★
resemble [rizémbl]

VS

★★
assemble [əsémbl]

유 p.22

图 닮다, 비슷[유사]하다

the 16th century whole-world maps that **resemble** those of today 오늘날의 것들과 비슷한 16세기 세계 지도들

图 조립하다, 모으다, 결성하다

assemble my own model airplane or car
나만의 모형 비행기나 자동차를 조립하다

★★
swallow [swάlou]

VS

★★
shallow [ʃǽlou]

图 삼키다, (사실로) 받아들이다, (감정을) 억누르다 图 제비

Some sinkholes are large enough to **swallow** entire buildings. 어떤 싱크홀은 건물 전체를 삼켜버릴 만큼 크다.
Swallows migrate south in winter.
제비들은 겨울에 남쪽으로 이동한다.

图 얕은, 얄팍한, 피상적인

small aquatic animals in mud and **shallow** water
진흙이나 얕은 물에 사는 작은 수생 동물들

★★
vanish [vǽniʃ]

유 p.28 반 p.84

VS

★
banish [bǽniʃ]

图 없어지다, 사라지다

The feeling of disappointment will **vanish**.
실망감은 사라질 것이다.

图 추방하다, 몰아내다

She was **banished** to Australia. 그녀는 호주로 추방되었다.

★★
ascribe [əskráib]

VS

★
inscribe [inskráib]

图 ~의 탓[덕]으로 돌리다(~A to B), ~에 속하는 것으로 생각하다

He **ascribed** his failure to bad luck.
그는 자신의 실패를 불행 탓으로 돌렸다.

图 새기다

inscribe the monument with the novelist's name
기념비에 그 소설가의 이름을 새기다

WordTest 01 문맥상 가장 적절한 단어를 고르세요.

1) He ⟨① inscribed / ② ascribed⟩ his failure to bad luck.

2) The feeling of disappointment will ⟨① banish / ② vanish⟩. [교육청]

3) I can ⟨① assemble / ② resemble⟩ my own model airplane or car. [교과서 변형]

4) Some sinkholes are large enough to ⟨① swallow / ② shallow⟩ entire buildings. [교과서 변형]

5) It is not easy to distinguish between male and female chuckwallas, because young males look like females and the largest females ⟨① resemble / ② assemble⟩ males. [교육청]

★
meditate [médətèit]

동 명상하다
Relieve stress by **meditating** every morning.
매일 아침 명상을 통해 스트레스를 완화시켜라.

★
mediate [míːdièit]

동 중재[조정]하다
The long-term benefits are **mediated** through the
power of another. 장기적 이익은 다른 사람의 힘을 통해 조정된다.

★ 반 p.83
perish [périʃ]

동 죽다, 소멸하다
perish with famine 기근으로 죽다

★
cherish [tʃériʃ]

동 소중히 여기다, 아끼다, 간직하다
cherish the tradition and culture 전통과 문화를 소중히 여기다

★★★
process 명 [práses] 동 [prəsés]

명 과정, 절차, 공정 **동** 가공하다, 처리하다
the result of a long and painful **process**
길고 고통스러운 과정의 결과
Our food has been **processed** before we eat it.
우리의 음식은 먹기 전에 가공되었다.

★★★ 유 p.11
progress 명 [prágres] 동 [prəgrés]

명 진전, 진보 **동** 전진하다, 늘다, 향상하다, (시간이) 경과하다
the **progress** of civilization 문명의 진보
The percentage increased as their age **progressed**.
그들의 나이가 늘수록 그 비율이 증가했다.

★★★ 유 p.66 반 p.100
effect [ifékt]

명 영향, 효과, 결과
create an unwanted **effect** 원치 않는 결과를 만들다

★★★
effort [éfərt]

명 노력, 수고
Discovering this knowledge can take time and **effort**.
이 지식을 발견하는 데에는 시간과 노력이 들 수 있다.

★★★ 파 p.268
attention [əténʃən]

명 주의, 주목, 관심, 집중
attract others' **attention** 다른 사람들의 주의를 끌다

★ 파 p.268
attendance [əténdəns]

명 출석, 참석, 참석자, 시중, 봉사
We would be honored by your **attendance**.
귀하께서 참석해 주신다면 영광일 것입니다.

WordTest 02 문맥상 가장 적절한 단어를 고르세요.

1) ① cherish / ② perish the tradition and culture

2) The percentage increased as their age ① processed / ② progressed . 교육청

3) When you're eating something, pay ① attention / ② attendance to what you're eating. 교육청 변형

4) In 1985, her constant ① effect / ② effort helped her win the grand prize in a famous international competition in Lausanne, Switzerland. 교과서 변형

5) The old man said that we all need time to relax, to think and ① meditate / ② mediate , and to learn and grow. 교육청

population [pɑ̀pjuléiʃən] ★★★

명 인구, (모든) 주민

play an important role in **population** growth
인구 증가에 있어서 중요한 역할을 하다

popularity [pɑ̀puléerəti] ★★

명 인기

His works have been widely read and still enjoy great
popularity. 그의 작품들은 널리 읽히고 여전히 많은 인기를 누리고 있다.

career [kəríər] ★★★ 유 p.19

명 직업, 직장 생활, 경력

decide to forget cartooning as a **career**
만화 제작을 직업으로 삼는 것을 잊기로 결정하다

carrier [kǽriər] ★★

명 운반 용기, 운송인, 수송기, 병원균 매개체

I'm looking for a pet **carrier** for my puppy.
제 강아지를 위한 애완동물 운반 용기를 찾고 있어요.

addition [ədíʃən] ★★★

명 추가, 덧셈

changes of the properties of metals by very small
additions of other ingredients
다른 재료들의 매우 적은 첨가로 인한 금속 특성의 변화

addiction [ədíkʃən] ★★

명 중독

experts on exercise **addiction** 운동 중독에 대한 전문가들

perspective [pərspéktiv] ★★★ 유 p.22

명 관점, 시각, 균형감, 원근법

a global **perspective** and lifelong memories
국제적 관점과 평생의 기억들

prospective [prəspéktiv] ★

형 장래의, 유망한, 곧 있을

face a **prospective** new home or place of work
장래의 새 집이나 직장이 될 수 있는 곳을 마주하다

disease [dizíːz] ★★★ 유 p.28

명 질병, 질환

a chronic **disease** 만성 질환

decease [disíːs] ★

명 사망

She had many debts at the time of her **decease**.
사망할 당시 그녀에게는 부채가 많았다.

Word Test 03 문맥상 가장 적절한 단어를 고르세요.

1) I'm looking for a pet ① career/ ② carrier for my puppy. 교육청

2) His works have been widely read and still enjoy great ① popularity / ② population . 교육청

3) Eating more than you need is innate habits and not simple ① additions / ② addictions . 교육청 변형

4) Alzheimer's is a brain ① disease / ② decease that causes problems with memory, thinking and behavior. 교과서 변형

5) Looking at a problem from a different ① perspective / ② prospective can guide people to a new approach to deal with the problem. 교과서 변형

respect [rispékt]  다 p.236 파 p.268

[동] 존경[존중]하다 [명] 존경(심), (측)면, 사항

respect and interact with animals in a positive way
긍정적인 방식으로 동물을 존중하고 동물과 상호작용하다
Tap water is actually healthier in some **respects**.
수돗물은 몇 가지 측면에서 실제로 건강에 더 좋다.

retrospect [rétrəspèkt]

[명] 회상, 회고

In **retrospect**, they probably made a poor choice.
회상해 보면, 그들은 아마 나쁜 선택을 했을 것이다.

---

property [prápərti]  유 p.17, 55 다 p.237

[명] 재산, 부동산, 건물, 속성

rights to their intellectual **property** 그들의 지적 재산권

priority [praiɔ́rəti]

[명] 우선 사항, 우선권

Safety is the top **priority**. 안전이 최우선 사항이다.

---

reward [riwɔ́ːrd]

[동] 보상하다, 보답하다 [명] 보상(금), 사례(금)

reward a child for her accomplishments
아이의 성취에 대해 아이에게 보상하다
a **reward** for their participation 그들의 참여에 대한 보상

award [əwɔ́ːrd]

[동] (상 · 장학금 등을) 수여하다 [명] 상, 상품

award Khan *the Order of Arts and Letters* for his
contribution to cinema
영화에 대한 공로로 Khan에게 예술 문화 훈장을 수여하다
the **award** ceremony 시상식

---

blend [blend] 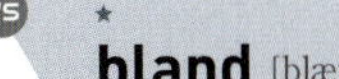 유 p.35

[명] 혼합(물) [동] (A와 B를) 섞다(~ A with B), 섞이다, 조화되다

a **blend** of hanji yarn with silk or cotton
비단 혹은 면과 한지 실의 혼합
When **blended** with local foods, they create unique
dishes. 지역 음식과 섞이면, 그것들은 독특한 요리들을 만들어 낸다.

bland [blænd]

[형] 단조로운, 특징 없는, 담백한

This food is quite **bland**, so I need to put some sauce
on it. 이 음식은 너무 담백해서 나는 그 위에 소스를 좀 뿌려야겠다.

Word **T**est 04   문맥상 가장 적절한 단어를 고르세요.

1) Safety is the top ① property / ② priority. 교육청

2) Tap water is actually healthier in some ① respects / ② retrospect. 교육청

3) The winners will be announced on November 3rd, and prizes will be ① rewarded / ② awarded
for the top three videos. 교육청

4) Aristotle thought that curiosity was the uniquely defining ① property / ② priority of human
beings. 교육청

5) Short-horned lizards prefer soft, sandy soils, near rocks where they can ① blend / ② bland in
with the background. 교육청

A 우리말에 해당하는 단어를 찾아 번호를 쓰세요.

---

① reward　　② blend　　③ swallow　　④ process
⑤ disease　　⑥ perish　　⑦ priority　　⑧ attendance

---

1 우선 사항, 우선권 ＿＿　　**2** 출석, 참석(자) ＿＿　　**3** 보상하다; 보상(금) ＿＿　　**4** 삼키다; 제비 ＿＿

5 질병, 질환 ＿＿　　**6** 죽다, 소멸하다 ＿＿　　**7** 혼합(물); 섞(이)다 ＿＿　　**8** 과정; 가공하다 ＿＿

B 주어진 단어에 해당하는 우리말 뜻을 찾아 번호를 쓰세요.

---

① (~의 탓으로) 돌리다　　② 조립하다, 모으다　　③ 얕은, 피상적인　　④ 없어지다, 사라지다
⑤ 수여하다; 상, 상품　　⑥ 인구, (모든) 주민　　⑦ 노력, 수고　　⑧ 소중히 여기다, 아끼다

---

1 assemble ＿＿　　**2** shallow ＿＿　　**3** effort ＿＿　　**4** vanish ＿＿

5 population ＿＿　　**6** ascribe ＿＿　　**7** award ＿＿　　**8** cherish ＿＿

---

⑨ 운반 용기　　⑩ 추가, 덧셈　　⑪ 장래의, 유망한　　⑫ 중재[조정]하다
⑬ 재산, 부동산, 속성　　⑭ 존중하다; 존경(심)　　⑮ 진전, 진보; 향상하다　　⑯ 영향, 효과, 결과

---

9 property ＿＿　　**10** addition ＿＿　　**11** progress ＿＿　　**12** mediate ＿＿

13 carrier ＿＿　　**14** respect ＿＿　　**15** prospective ＿＿　　**16** effect ＿＿

C 주어진 단어에 해당하는 우리말 뜻을 빈칸에 쓰세요.

1 attention : ＿＿＿＿＿＿＿＿　　**2** inscribe : ＿＿＿＿＿＿＿＿

3 perspective : ＿＿＿＿＿＿＿＿　　**4** banish : ＿＿＿＿＿＿＿＿

5 retrospect : ＿＿＿＿＿＿＿＿　　**6** resemble : ＿＿＿＿＿＿＿＿

7 addiction : ＿＿＿＿＿＿＿＿　　**8** career : ＿＿＿＿＿＿＿＿

9 popularity : ＿＿＿＿＿＿＿＿　　**10** decease : ＿＿＿＿＿＿＿＿

ⓓ 우리말 해석을 참고하여 빈칸에 가장 적절한 단어를 골라 쓰세요.

cherish	process	career	inscribe
blend	addiction	population	attendance

1 experts on exercise ___________
운동 중독에 대한 전문가들

2 decide to forget cartooning as a(n) ___________
만화 제작을 직업으로 삼는 것을 잊기로 결정하다

3 ___________ the tradition and culture
전통과 문화를 소중히 여기다

4 the result of a long and painful ___________
길고 고통스러운 과정의 결과

5 play an important role in ___________ growth
인구 증가에 있어서 중요한 역할을 하다

6 We would be honored by your ___________.
귀하께서 참석해 주신다면 영광일 것입니다.

7 a(n) ___________ of hanji yarn with silk or cotton
비단 혹은 면과 한지 실의 혼합

8 ___________ the monument with the novelist's name
기념비에 그 소설가의 이름을 새기다

ⓔ 각 문장의 빈칸에 가장 적절한 단어를 찾아 번호를 쓰세요.

① assemble	② effort	③ popularity	④ shallow	⑤ progress

1 Even in strong car-ownership cultures such as North America, car sharing has gained ___________. 〔교육청〕

2 With all these ideas and ___________s, it is possible to reduce the total amount of plastic waste. 〔교과서 변형〕

3 Despite the best-laid plans of the managers who ___________ such teams, the differences among members frequently lead to poor communication, conflict, and confusion. 〔교육청〕

4 Although people most commonly think of persuasion as deep processing, it is actually ___________ processing that is the more common way to influence behavior. 〔교육청〕

5 With so many industrialized countries participating in these projects in one form or another, scientists are making great ___________, but big challenges still remain. 〔교과서 변형〕

DAY 23

blacklabel

정답 p.017

mp3

---

principle [prínsəpəl]
★★★

명 원리, 원칙

ignore the **principle** of supply and demand
공급과 수요의 원리를 무시하다

---

principal [prínsəpəl]
★★★ 유 p.73

명 교장, 총장 형 주요한, 주된

the name of the school **principal** 그 학교 교장의 이름
think of gender as their **principal** identity
성을 그들의 주요한 정체성으로 여기다

---

aspect [金spekt]
★★★

명 측면, 양상

an interesting **aspect** of human psychology
인간 심리의 흥미로운 측면

---

prospect [práspekt]
★★

명 가능성, 가망, 예상

the **prospect** of a certain loss 특정한 손실의 가능성

---

mass [mæs]
★★★ 다 p.246

명 덩어리, 대중, 질량 형 대량의, 대중적인

lay an egg near the pollen **mass** 꽃가루 덩어리 근처에 알을 낳다
the individual's participation in **mass** behavior patterns
대중적인 행동 패턴 속에 개인의 참여

---

mess [mes]
★★ 유 p.49

명 엉망인 상태, 어수선함 동 망치다(up)

Too much **mess** can interfere with focus.
너무 어수선한 것은 집중을 방해할 수 있다.
She **messed** up the speech. 그녀는 연설을 망쳤다.

---

competition [kàmpətíʃən]
★★★ 파 p.270

명 경쟁, 경기, 대회

I don't think that **competition** is the opposite of
cooperation. 나는 경쟁이 협력의 반대라고 생각하지 않는다.

---

competence [kámpətəns]
★★ 유 p.75 파 p.270

명 능력, 능숙함

physical **competence** 신체적 능력

Word Test 01   문맥상 가장 적절한 단어를 고르세요.

1) ignore the (① principal / ② principle) of supply and demand 교육청

2) the individual's participation in (① mess / ② mass) behavior patterns 평가원

3) I don't think that (① competition / ② competence) is the opposite of cooperation. 교육청 변형

4) We must be careful when looking at proverbs as expressing (① prospects / ② aspects) of a certain worldview or mentality of a people. 교육청

5) Because our mom thought cooking was a good learning tool, she tolerated all of the (① mass / ② mess) that we made. 교육청

★★★
cooperation [kouὰpəréiʃən]

VS

★★
corporation [kɔ̀ːrpəréiʃən]

명 협동, 협력, 협조

team sports that require **cooperation** among the team members 팀 구성원들 사이에 협동을 필요로 하는 팀 스포츠들

명 기업, 회사, 법인, 조합

a multinational **corporation** 다국적 기업

★★★
admission [ædmíʃən]

VS

★★
admiration [ædməréiʃən]

명 입학, 입장, 입장료, 인정

The parking fee is $1 an hour with an **admission** ticket.
입장권이 있으면 주차료가 시간당 1달러이다.
an **admission** of guilt 유죄의 인정

명 감탄, 존경

evoke **admiration** of beauty 아름다움에 대한 감탄을 불러일으키다

★★★
frame [freim]

VS

★
flame [fleim]

명 틀, 액자, 뼈대 동 (틀에) 넣다, 표현하다, 만들다

this metal **frame** 이 금속 틀
the way problems are defined, **framed**, or constructed
문제가 정의되거나 표현되거나 구성되는 방식

명 불길, 불꽃 동 활활 타오르다

They would light it with a **flame** from the bottom.
그들은 맨 아래부터 그것에 불길을 붙이곤 했다.
The logs **flamed** on the hearth.
난로에서는 장작들이 활활 타고 있었다.

★★★
vacation [veikéiʃən]

VS

★
vocation [voukéiʃən]　　유 p.19

명 방학, 휴가

spend my **vacation** at my parents' house
나의 부모님 댁에서 방학을 보내다

명 직업, 천직, 소명

Teaching is not just a job — it's a **vocation**.
교직은 그저 하나의 직업이 아니다. 그것은 소명이다.

★★
worship [wə́ːrʃip]

VS

★
warship [wɔ́ːrʃip]

명 예배, 숭배 동 숭배하다, 우러러보다

religious **worship** 종교적인 예배
They do not **worship** youth. 그들은 젊음을 숭배하지 않는다.

명 전함, 군함

The Navy launched a new **warship**.
해군이 새 군함을 진수시켰다(물에 띄웠다).

W**ord** T**est** 02　문맥상 가장 적절한 단어를 고르세요.

1) They do not ⟨① warship / ② worship⟩ youth. 수능

2) They would light it with a ⟨① flame / ② frame⟩ from the bottom. 교육청

3) When ⟨① cooperation / ② corporation⟩ is easy, there's a better chance for success. 교육청

4) The great composers' facility and quickness of composition causes great wonder and ⟨① admission / ② admiration⟩. 평가원

5) That doesn't mean you have to plan your ⟨① vacation / ② vocation⟩ at the beach in December. 교육청

<table>
<tr><td>

★★★   반 p.101

prey [prei]

몡 먹이, 희생자

hunt **prey** and guard resources 먹이를 사냥하고 자원을 지키다

</td><td>

★★

pray [prei]

동 기도하다

I closed my eyes and **prayed** for the baby.
나는 눈을 감고 그 아기를 위해 기도했다.

</td></tr>
<tr><td>

★

conscience [kάnʃəns]

몡 양심, 양심적임, 선악의 판단력

The crime lay heavy on his **conscience**.
그 범행이 그의 양심을 무겁게 짓눌렀다.

</td><td>

★★★

conscious [kάnʃəs]

혱 의식적인, 자각하는

Most people think their **conscious** minds can control everything they do.
대부분의 사람들은 의식적인 생각이 자신들이 하는 모든 것을 통제할 수 있다고 생각한다.

</td></tr>
<tr><td>

★★★

intake [íntèik]

몡 섭취(량), 흡수, 끌어들임

the energy **intake** for cells 세포를 위한 에너지 흡수

</td><td>

★★

overtake [òuvərtéik]

동 따라잡다, (폭풍 · 재난 따위가) 덮치다

The tortoise **overtook** the hare and soon finished the race. 거북이는 토끼를 따라잡았고 곧 경주를 끝냈다.

</td></tr>
<tr><td>

★★

assistance [əsístəns]

몡 도움, 원조, 지원

With her **assistance**, he studied higher mathematics.
그녀의 도움으로, 그는 고등 수학을 공부했다.

</td><td>

★★   반 p.106

resistance [rizístəns]

몡 저항(력), 반대

the **resistance** to taking risks 위험을 무릅쓰는 것에 대한 저항

</td></tr>
<tr><td>

★★

fright [frait]

몡 공포, 두려움, 놀람

I have stage **fright**. 나는 무대 공포증이 있다

</td><td>

★

freight [freit]

몡 화물, 화물 운송 동 (화물을) 싣다, 운송하다

send goods by air **freight** 물건을 항공 화물로 보내다
a ship **freighted** with coal 석탄을 실은 배

</td></tr>
</table>

Word **T**est 03   문맥상 가장 적절한 단어를 고르세요.

1) With her ① assistance / ② resistance , he studied higher mathematics. 교과서 변형

2) After that day, the singer got stage ① freight / ② fright and could not perform. 수능 변형

3) He couldn't measure the wind by any ① conscience / ② conscious process, but he knew somehow that it was blowing harder. 교육청 변형

4) The key feature distinguishes predator species from ① prey / ② pray species. 교육청

5) If we drink one small can of soda per day, our daily sugar ① intake / ② overtake exceeds the recommended amount. 교과서 변형

★★
desert 명 [dézərt] 동 [dizə́ːrt]

명 사막 동 버리다

the peaceful calm of a **desert** island 사막 섬의 평화로운 고요함
I found a **deserted** cottage and walked into it.
나는 버려진 오두막을 발견하고 안으로 걸어 들어갔다.

★★
dessert [dizə́ːrt]

명 후식, 디저트

put **dessert** on a tray 쟁반에 후식을 놓다

★★
row [rou]

명 (사람·사물이 늘어서 있는) 줄, 열, 좌석의 줄, 노 젓기
동 노를 젓다

Choose the seats in the center of the 3rd **row**.
세 번째 열 중앙에 있는 좌석들을 선택하세요.
Row a boat. 보트의 노를 저어라.

★★
raw [rɔː]

형 날것의, 원자재의, 가공되지 않은, 원초적인

raw data 미가공 데이터

★★
compliment [kámpləmənt]

명 칭찬, 찬사 동 칭찬하다

sincere **compliment** about a trait or accomplishment
특성이나 성취에 대한 진심 어린 칭찬
Compliment your employees rather than criticize.
직원을 비판하기보다는 칭찬하세요.

★★
complement [kámpləmənt]

명 보충(물), 보완(물) 동 보충하다, 보완하다

become a strong **complement** to the 5th generation
wireless network 5세대 무선 네트워크에 강력한 보완물이 되다
Their strengths **complemented** one another.
그들의 강점이 서로서로 보완해 주었다.

★★
implement [ímpləmənt] 유 p.60

동 이행하다, 수행하다 명 기구, 도구

implement a simple set of processes
일련의 간단한 절차를 이행하다
Hands become an **implement** for pounding and pulling
nails. 손은 못을 치고 뽑는 도구가 된다.

★★
supplement [sʌ́pləmənt]

동 보완하다, 보충하다, 추가하다 명 보충(물), 추가(물)

the ways to **supplement** the capacities of the hand
손의 능력을 보완하는 방법들
There is a $10 **supplement** for a single room.
혼자서 방을 쓰는 경우에는 10달러의 추가 요금이 있다.

Ｗord Ｔest 04　문맥상 가장 적절한 단어를 고르세요.

1) Choose the seats in the center of the 3rd ① row / ② raw . 교육청

2) There is a $10 ① implement / ② supplement for a single room. 교육청

3) ① Compliment / ② Complement your employees rather than criticize.

4) The earliest Stone Age humans cut ① row / ② raw food with sharpened flints. 교육청 변형

5) The !Kung San, also known as the Bushmen, live in the Kalahari ① Desert / ② Dessert in southern Africa. 교육청

Ⓐ 우리말에 해당하는 단어를 찾아 번호를 쓰세요.

> ① principle　　② vacation　　③ admission　　④ admiration
> ⑤ conscious　　⑥ assistance　　⑦ pray　　⑧ supplement

1 보완하다; 보충(물) ＿＿　**2** 도움, 원조, 지원 ＿＿　**3** 입학, 입장(료), 인정 ＿＿　**4** 방학, 휴가 ＿＿

5 의식적인, 자각하는 ＿＿　**6** 원리, 원칙 ＿＿　**7** 기도하다 ＿＿　**8** 감탄, 존경 ＿＿

Ⓑ 주어진 단어에 해당하는 우리말 뜻을 찾아 번호를 쓰세요.

> ① 교장; 주요한　　② 덩어리, 대중; 대량의　　③ 능력, 능숙함　　④ 기업, 회사, 법인
> ⑤ 양심, 선악의 판단력　　⑥ 섭취(량), 흡수　　⑦ 측면, 양상　　⑧ 틀; 표현하다

1 principal ＿＿　**2** aspect ＿＿　**3** mass ＿＿　**4** frame ＿＿

5 conscience ＿＿　**6** intake ＿＿　**7** competence ＿＿　**8** corporation ＿＿

> ⑨ 날것의, 원자재의　　⑩ 불꽃; 활활 타오르다　　⑪ 보충(물); 보완하다　　⑫ 사막; 버리다
> ⑬ 이행하다; 기구, 도구　　⑭ 따라잡다　　⑮ 줄, 열; 노를 젓다　　⑯ 칭찬, 찬사; 칭찬하다

9 implement ＿＿　**10** flame ＿＿　**11** overtake ＿＿　**12** raw ＿＿

13 compliment ＿＿　**14** row ＿＿　**15** desert ＿＿　**16** complement ＿＿

Ⓒ 주어진 단어에 해당하는 우리말 뜻을 빈칸에 쓰세요.

1 cooperation : ＿＿＿＿＿＿＿＿＿＿　**2** mess : ＿＿＿＿＿＿＿＿＿＿

3 dessert : ＿＿＿＿＿＿＿＿＿＿　**4** worship : ＿＿＿＿＿＿＿＿＿＿

5 resistance : ＿＿＿＿＿＿＿＿＿＿　**6** freight : ＿＿＿＿＿＿＿＿＿＿

7 prey : ＿＿＿＿＿＿＿＿＿＿　**8** vocation : ＿＿＿＿＿＿＿＿＿＿

9 competition : ＿＿＿＿＿＿＿＿＿＿　**10** prospect : ＿＿＿＿＿＿＿＿＿＿

D 우리말 해석을 참고하여 빈칸에 가장 적절한 단어를 골라 쓰세요.

mass	fright	principle	admiration
competence	intake	desert	implement

1 the energy ______________ for cells
세포를 위한 에너지 흡수

2 I have stage ______________.
나는 무대 공포증이 있다.

3 a(n) ______________ island
사막 섬

4 lay an egg near the pollen ______________
꽃가루 덩어리 근처에 알을 낳다

5 evoke ______________ of beauty
아름다움에 대한 감탄을 불러일으키다

6 physical ______________
신체적 능력

7 ______________ a simple set of processes
일련의 간단한 절차를 이행하다

8 ignore the ______________ of supply and demand
공급과 수요의 원리를 무시하다

E 각 문장의 빈칸에 가장 적절한 단어를 찾아 번호를 쓰세요.

① compliment	② principal	③ frame	④ corporation	⑤ assistance

1 Your authority in this field, as the ______________ at Eastville School, will help students as they prepare a teaching portfolio. 교육청

2 Early in her life as a fund raiser, Lynne Twist was asked to go to a large ______________ to meet the CEO, Ricardo Aguirre. 교육청

3 What could be wrong with the ______________ "I'm so proud of you"? 교육청

4 Chief among these advantages is the ability to control the first messages and how a story is first ______________(e)d. 평가원

5 Each of the businesses is in need of a variety of help, ranging from technical ______________ to shared business opportunities to a simple pat on the back. 교육청

mp3

---

friction [frík∫ən]

명 마찰, 불화

a **friction** force between the wheels and the road
바퀴와 도로 사이의 마찰력

---

fraction [frǽk∫ən]

명 부분, 소량, 〈수학〉 분수

a tiny **fraction** of that amount 그 양의 아주 적은 부분

---

acquaintance [əkwéintəns]

명 아는 사람, 지인, 친분

a mutual friend or **acquaintance** 상호 간의 친구 혹은 지인

---

acquisition [æ̀kwəzí∫ən]

명 습득, 구입한 것, (기업의) 인수

by-products of language **acquisition** 언어 습득의 부산물

---

breast [brest]

명 가슴

Chicken **breast** is also a good choice.
닭 가슴살도 역시 좋은 선택이다.

---

beast [biːst]

명 짐승, 야수, 불쾌한 사람[것]

a **beast** in a zoo 동물원에 있는 짐승

---

disgust [disgʌ́st]

명 혐오감, 역겨움 통 혐오감을 유발하다, 역겹게 만들다

see **disgust** on someone's face 누군가의 얼굴에서 혐오감을 보다
The level of violence in the movie really **disgusted** me.
그 영화의 폭력 수위는 정말 나를 역겹게 만들었다.

---

disguise [disgáiz] 유 p.28

명 위장, 변장 통 위장하다, 변장하다

blessings in **disguise** 위장한 축복
The king **disguised** himself as a peasant.
그 왕은 농부로 변장했다.

Word **T**est **01** 문맥상 가장 적절한 단어를 고르세요.

1) a mutual friend or ① acquaintance / ② acquisition 교육청

2) The king ① disgusted / ② disguised himself as a peasant. 교과서 변형

3) If the ① friction / ② fraction force could be reduced, the cyclist would not have to pedal so hard. 교육청

4) No matter how long visitors spend in front of that cage, they will never truly understand the ① breast / ② beast . 평가원

5) The one area in which the Internet could be considered an aid to thinking is the rapid ① acquaintance / ② acquisition of new information. 평가원

반 p.129

famine [fǽmin]

명 기근, 굶주림

Famine and civil war threatens people in sub-Saharan Africa. 기근과 내전이 사하라 사막 이남의 아프리카인들을 위협한다.

feminine [fémənin]

형 여성적인, 여성의 명 여성다움

I don't care if the instrument is 'masculine' or '**feminine**.'
나는 악기가 '남성적'이든 '여성적'이든 개의치 않는다.

an image of the **feminine** 여성다움의 이미지

circulation [sə́:rkjuléiʃən]

명 순환, 유통

improve blood **circulation** and strengthen your muscles
혈액 순환을 향상시키고 당신의 근육을 강화하다

calculation [kælkjuléiʃən]

명 계산, 산출, 추산

Calculation practice is no more in demand today.
계산 연습은 오늘날에는 더 이상 수요가 없다.

germ [dʒə́:rm]

명 세균, 병원균, 싹, 기원

The epidemic was caused by a deadly **germ**.
그 전염병은 치명적인 세균에 의해 발생했다.

gem [dʒem]

명 보석, 보배

a wide selection of sapphires, emeralds, and other **gems** 사파이어, 에메랄드 그리고 다른 보석들의 폭넓은 선택

deprivation [dèprəvéiʃən]

명 결핍, 박탈, 부족

the damage that sleep **deprivation** causes
수면 부족이 일으키는 피해

depreciation [diprì:ʃiéiʃən]

명 가치 하락, 가격의 저하

the **depreciation** of fixed assets 고정 자산의 가치 하락

alliance [əláiəns]

명 동맹, 협정, 동맹자

enhance the **alliance** between the two countries
두 나라 사이의 동맹을 강화하다

allowance [əláuəns]

명 용돈, 수당, 허용(량)

Spend your **allowance** wisely. 용돈을 지혜롭게 쓰세요.

Word **T**est 02   문맥상 가장 적절한 단어를 고르세요.

1) the damage that sleep [① depreciation / ② deprivation] causes 교육청

2) enhance the [① alliance / ② allowance] between the two countries

3) Amazonian people who have not invented counting are unable to make exact [① circulations / ② calculations]. 수능 변형

4) By the end of the 18th century, potatoes took over most European farms, and [① famine / ② feminine] became a rare and unusual event. 교과서 변형

5) People in Europe believed that touching newborns would spread [① germs / ② gems] and make the babies weak and whiny. 교육청 변형

disperse [dispə́:rs] 유 p.56

⑧ 흩어지게 하다, 퍼뜨리다, 흩어지다, 분산하다

Plants **disperse** their seeds. 식물들은 자신의 씨를 퍼뜨린다.

dispense [dispéns]

⑧ 나누어 주다, 분배하다, (약을) 조제하다

dispense a prize 상을 나누어 주다

hospitality [hɑ̀spətǽləti]

⑨ 환대, 접대

A man asked Rabbi Joshua for **hospitality**.
한 남자가 Rabbi Joshua에게 접대를 요구했다.

hostility [hɑstíləti]

⑨ 적의, 적대감, 반감

feelings of **hostility** towards people from other countries
다른 나라 출신의 사람들에 대한 적대감

humility [hjuːmíləti]

⑨ 겸손, 겸허한 행동

Humility makes great men twice honorable.
겸손은 위대한 사람을 두 배로 영예롭게 만든다.

humiliation [hjuːmìliéiʃən]

⑨ 굴욕, 수치, 창피 주기, 창피 당하기

He suffered the **humiliation** of being criticized in public.
그는 공개적으로 비판을 받는 굴욕을 당했다.

evaporation [ivæ̀pəréiʃən]

⑨ 증발, 발산

Heat is the main reason to cause **evaporation** of water.
열은 물의 증발을 일으키는 주된 원인이다.

evacuation [ivæ̀kjuéiʃən]

⑨ 피난, 대피

the emergency **evacuation** after the earthquake
지진이 일어난 후의 비상 대피

medication [mèdəkéiʃən]

⑨ 약, 약물, 약물 치료

prescribe a **medication** 약물을 처방하다

meditation [mèdətéiʃən]

⑨ 명상, 명상록

relieve stress by **meditation** 명상으로 스트레스를 완화하다

Word **T**est 03 문맥상 가장 적절한 단어를 고르세요.

1) prescribe a [① meditation / ② medication]

2) A man asked Rabbi Joshua for [① hostility / ② hospitality]. 교육청

3) He suffered the [① humiliation / ② humility] of being criticized in public.

4) They reported more than 5 people that they could count on if they needed emotional support or help in an [① evaporation / ② evacuation]. 교육청 변형

5) When they built a railway station, they aimed for a hall that would allow steam to [① disperse / ② dispense] safely. 교육청

sovereign [sávərin]

명 군주, 국왕, 통치자 **형** 주권을 가진, 자주의, 독립의
King George was the **sovereign** of England.
조지 왕은 영국의 국왕이었다.
a **sovereign** state 주권 국가, 독립국

reign [rein]

명 통치 (기간), 치세 **동** 통치하다, 영향력을 가지다
The country was under the **reign** of the king for 50
years. 그 나라는 50년 동안 왕의 통치 하에 있었다.
If one king **reigns** for too long, corruption will follow.
한 명의 왕이 너무 오래 통치하면, 부패가 따르기 마련이다.

novel [návəl]

명 소설 **형** 새로운, 신기한
read his new **novel** 그의 신간 소설을 읽다
novel or surprising things 새롭거나 놀라운 것들

noble [nóubl]

반 p.135

명 귀족, 상류층 **형** 고결한, 귀족의
A **noble** contracted with a painter. 한 귀족이 한 화가와 계약했다.
a **noble** aim 고귀한 목표

alternative [ɔ:ltə́rnətiv]

명 대안 **형** 대안의, 대체 가능한
There is a safer **alternative**. 더 안전한 대안이 있다.
an **alternative** energy source 대체 가능한 에너지원

alternate **동** [ɔ́:ltərnèit] **형** [ɔ́:ltərnət]

동 번갈아 일어나다, 교대하다 **형** 번갈아 드는, 교대의, 엇갈리는
alternate between gardening lessons and cooking
lessons 원예 수업과 요리 수업을 번갈아 오가다
a day of **alternate** sunshine and rain 햇빛과 비가 번갈아 나온 날

fresh [freʃ]

형 신선한, 생생한
You can store **fresh** foods there. 신선 식품을 그곳에 보관할 수 있다.

flesh [fleʃ]

명 살, 고기, 피부
The roast duck has rich flavor and tender **flesh**.
구운 오리고기는 맛이 풍부하며 고기가 부드럽다.

Word **T**est 04 문맥상 가장 적절한 단어를 고르세요.

1) ① alternate / ② alternative between gardening lessons and cooking lessons 교육청

2) A ① novel / ② noble contracted with a painter. 교육청

3) Our eggs remain ① fresh / ② flesh for days without refrigeration. 교육청 변형

4) Look at the evidence and if you are not satisfied with it, you can see an ① alternative / ② alternate. 교육청

5) A ① sovereign / ② reign state is usually defined as one whose citizens are free to determine their own affairs without interference.

A 우리말에 해당하는 단어를 찾아 번호를 쓰세요.

> ① friction   ② circulation   ③ gem   ④ breast
> ⑤ dispense   ⑥ evacuation   ⑦ allowance   ⑧ hostility

1 나누어 주다 ____   **2** 순환, 유통 ____   **3** 보석, 보배 ____   **4** 용돈, 수당 ____

5 적의, 적대감, 반감 ____   **6** 마찰, 불화 ____   **7** 피난, 대피 ____   **8** 가슴 ____

B 주어진 단어에 해당하는 우리말 뜻을 찾아 번호를 쓰세요.

> ① 부분, 소량   ② 혐오감; 혐오감을 유발하다   ③ 여성의; 여성다움   ④ 굴욕, 수치
> ⑤ 계산, 산출, 추산   ⑥ 세균, 병원균, 싹   ⑦ 습득, (기업의) 인수   ⑧ 짐승, 불쾌한 사람[것]

1 fraction ____   **2** acquisition ____   **3** beast ____   **4** disgust ____

5 calculation ____   **6** germ ____   **7** feminine ____   **8** humiliation ____

> ⑨ 가치 하락   ⑩ 퍼뜨리다, 분산하다   ⑪ 겸손, 겸허한 행동   ⑫ 교대하다; 교대의
> ⑬ 통치 (기간); 통치하다   ⑭ 귀족; 고결한   ⑮ 대안; 대안의   ⑯ 살, 고기, 피부

9 alternate ____   **10** disperse ____   **11** humility ____   **12** depreciation ____

13 alternative ____   **14** flesh ____   **15** noble ____   **16** reign ____

C 주어진 단어에 해당하는 우리말 뜻을 빈칸에 쓰세요.

1 famine : ________________   **2** deprivation : ________________

3 novel : ________________   **4** hospitality : ________________

5 fresh : ________________   **6** evaporation : ________________

7 alliance : ________________   **8** medication : ________________

9 acquaintance : ________________   **10** disguise : ________________

D 우리말 해석을 참고하여 빈칸에 가장 적절한 단어를 골라 쓰세요.

acquaintance	deprivation	sovereign	disguise
hostility	meditation	alternate	evaporation

1 a _____________ state
주권 국가

2 a mutual friend or _____________
상호 간의 친구 혹은 지인

3 relieve stress by _____________
명상으로 스트레스를 완화하다

4 a day of _____________ sunshine and rain
햇빛과 비가 번갈아 나온 날

5 blessings in _____________
위장한 축복

6 the damage that sleep _____________ causes
수면 부족이 일으키는 피해

7 Heat is the main reason to cause _____________ of water.
열은 물의 증발을 일으키는 주된 원인이다.

8 feelings of _____________ towards people from other countries
다른 나라 출신의 사람들에 대한 적대감

E 각 문장의 빈칸에 가장 적절한 단어를 찾아 번호를 쓰세요.

① famine	② disperse	③ flesh	④ circulation	⑤ noble

1 A plant can _____________ its seeds over a very wide area. 〔교육청〕

2 Blue sea slugs feed mainly on hydrozoans although they are also known to eat the _____________ of their own kind. 〔교육청〕

3 Long time ago, humans had to endure alternating periods of feast and _____________. 〔교육청〕

4 Related to the control of gases and moisture is the need for some _____________ of air among the stored foods. 〔교육청〕

5 To want to spare children from having to go through unpleasant experiences is a _____________ aim. 〔교육청〕

mp3

★★★
confident [kánfədənt]

VS

★
confidential [kànfədénʃəl]

형 자신감 있는, 확신하는

students who are **confident** about their ability
자신의 능력에 대해 자신감 있는 학생들

형 비밀의, 기밀의, 은밀한

a **confidential** report 기밀 보고서

★★★
constant [kánstənt] 유 p.34

VS

★★★
consistent [kənsístənt]

형 변함없는, 끊임없는

Nature truly is a **constant** cycle of consuming itself.
자연은 진정 그 자신을 소비하는 끊임없는 순환이다.

형 (의견, 언행 등이) 일치하는, 모순이 없는, 일관된

When an innovation is **consistent** with a society's
needs 혁신이 사회의 요구에 일치할 때

★★★
competitive [kəmpétətiv] 파 p.270

VS

★★
repetitive [ripétətiv] 파 p.271

형 경쟁의, 경쟁력이 있는

a **competitive** advantage 경쟁 우위

형 반복적인, 반복되는

a job with little variety and **repetitive** tasks
다양성이 거의 없고 반복적인 업무가 있는 일

★★
conventional [kənvénʃənl]

VS

★★★
convenient [kənví:njənt]

형 관습[관례]적인, 재래의, 진부한

pursue a **conventional** standard 관습적인 기준을 추구하다

형 편리한, 간편한

benefits like **convenient** access to classes and the
library 교실과 도서관에 편리하게 접근할 수 있는 것과 같은 혜택들

Word **T**est 01 문맥상 가장 적절한 단어를 고르세요.

1) a ① confidential / ② confident report

2) a job with little variety and ① competitive / ② repetitive tasks 교육청

3) Having a personality means showing a ① constant / ② consistent pattern of behavior over time. 교육청

4) Washing machines with a dryer are really ① conventional / ② convenient since we don't have to hang the laundry out to dry. 교육청 변형

5) After the sensational performance, the rock band became more ① confident / ② confidential and active. 수능 변형

★★★
royal [rɔ́iəl]

VS

★
loyal [lɔ́iəl]

형 국왕[여왕]의, 왕실의, 고귀한

The painting depicts King Jeongjo leading a **royal** procession to Hwaseong Fortress in Suwon.
그 그림은 수원의 화성으로 왕실 행렬을 이끌고 있는 정조 대왕을 묘사한다.

형 충실한, 충성스러운, 단골의

his **loyal** supporters 그의 충실한 지지자들

★★★
apparent [əpǽrənt]　　유 p.18, 67　반 p.120

VS

★★
transparent [trænspǽrənt]

형 분명한, 외관상의

the **apparent** complexity of a man's behavior
인간 행동의 분명한 복잡성

형 투명한, 비쳐 보이는, 솔직한

a **transparent** screen 투명 스크린

★★★
ethical [éθikəl]

VS

★★
ethnic [éθnik]

형 윤리적인

curriculum that helps young people mature into **ethical**
adults 젊은이들이 윤리적인 성인으로 성장하도록 돕는 교육 과정

형 민족[인종]의, 민족적인, 소수 민족[인종]의

the history of racial and **ethnic** diversity in sports
스포츠에서의 인종 및 민족 다양성의 역사

★★
neutral [njúːtrəl]

VS

★★
neural [njúərəl]

형 중립의, 중립적인

Blue actually isn't a particularly **neutral** color.
사실 파란색은 특히 중간색이 아니다.

형 신경의

the **neural** machinery for creating 'images of the future'
'미래의 이미지'를 만들어 내기 위한 신경 기제

★★
thorough [θɔ́ːrou]　　유 p.18　반 p.126

VS

★★★
through [θruː]

형 철저한, 완전한

very effective purification methods and **thorough**
safeguards 매우 효과적인 정수 방법들과 철저한 안전 장치들

전 ~을 통해, ~을 지나서, ~까지

get refreshed **through** sleep 수면을 통해 생기를 얻다

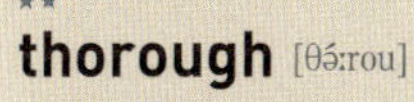 **Word Test 02**　문맥상 가장 적절한 단어를 고르세요.

1) very effective purification methods and ⓛ thorough / ② through safeguards 교과서 변형

2) Blue actually isn't a particularly ⓛ neural / ② neutral color. 교육청

3) Since you have been our ⓛ royal / ② loyal client, we would like to offer you a 10% discount off your next exam. 교육청 변형

4) Those ⓛ apparent / ② transparent garbage containers helped Dutch people go greener. 교과서 변형

5) The country's population consists of three main ⓛ ethical / ② ethnic groups.

distinctive [distíŋktiv] ★★ vs instinctive [instíŋktiv] ★

형 독특한, 뚜렷이 구별되는

Primates that live in groups make **distinctive** sounds.
집단으로 사는 영장류들은 독특한 소리를 낸다.

형 본능의, 본능적인

an **instinctive** awareness of what foods and how much food our body needed
우리 몸이 어떤 음식을 얼마나 많이 필요로 하는지에 대한 본능적인 인식

---

precise [prisáis] ★★ 유 p.31 vs concise [kənsáis] ★

형 정확한, 정밀한

Numbers were invented to describe **precise** amounts.
숫자는 정확한 양을 설명하기 위해 고안되었다.

형 간결한, 축약된

use **concise** language 간결한 언어를 사용하다

---

abroad [əbrɔ́ːd] ★★ vs aboard [əbɔ́ːrd] ★

부 해외에, 해외로 **명** 해외, 외국

It was their first trip **abroad**. 그것은 그들의 첫 번째 해외 여행이었다.
letters from **abroad** 해외에서 온 편지들

부 탑승한, 승선한

passengers **aboard** the flight 비행기에 탑승한 승객들

---

subsequent [sʌ́bsikwənt] ★★ vs consequent [kánsəkwènt] ★

형 그 이후의, (바로) 다음의

subsequent studies using different rats
다른 생쥐들을 이용한 그 이후의 연구들

형 결과의, 결과로서 일어나는

consequent economic and social changes
그 결과로 일어나는 경제적 그리고 사회적 변화들

---

graceful [gréisfəl] ★ vs grateful [gréitfəl] ★★★

형 기품 있는, 우아한

graceful Baroque churches 기품 있는 바로크 양식의 교회들

형 감사하는, 고마워하는

He received warm **grateful** letters from the boys.
그는 그 소년들로부터 따뜻한 감사의 편지를 받았다.

Word Test 03 문맥상 가장 적절한 단어를 고르세요.

1) It was their first trip ① abroad / ② aboard . 교육청

2) Numbers were invented to describe ① concise / ② precise amounts. 교육청

3) The first impressions often affect our impression of ① subsequent / ② consequent perceptions of that person. 교육청 변형

4) In the 19th century, this ① distinctive / ② instinctive accent was taught widely by pronunciation tutors. 교육청 변형

5) Your feedback is important to us and we would be ① graceful / ② grateful for your opinions. 교육청 변형

vague [veig] 유 p.51 반 p.133	**vogue** [voug]
형 모호한, 애매한	명 유행
The term is too **vague** to understand.	the **vogue** of revolution in poor countries
그 용어는 이해하기에 너무 모호하다.	가난한 나라들에서 혁명의 유행

deliberate 형 [dilíbərət] 동 [dilíbərèit] 유 p.35	**delicate** [délikət]
형 의도[계획]적인, 신중한 동 숙고[숙의]하다	형 섬세한, 미세한, 허약한
a **deliberate** choice to work with fewer colors	**delicate** acrobatic performances 섬세한 곡예 공연들
더 적은 색들을 가지고 작업하려는 의도적인 선택	
deliberate on what to do 무엇을 할 것인가에 대해 숙고하다	

spontaneous [spɑntéiniəs]	**simultaneous** [sàiməltéiniəs]
형 자발적인, 즉흥적인	형 동시의
They thanked us for the **spontaneous** favor we gave.	The researchers asked the students to perform a **simultaneous** task.
그들은 우리가 베푼 자발적인 호의에 감사했다.	연구자들은 그 학생들에게 동시에 일어나는 과업을 수행할 것을 요청했다.

constructive [kənstrʌ́ktiv]	**instructive** [instrʌ́ktiv]
형 건설적인	형 유익한, 교육적인
turn stress into **constructive** action	The story was very **instructive** to me.
스트레스를 건설적인 행동으로 바꾸다	그 이야기는 나에게 매우 유익했다.

bold [bould]	**bald** [bɔːld]
형 대담한, 선명한, 굵은	형 대머리의, (털 등이) 벗겨진
his **bold** rescue of their daughter 그들의 딸에 대한 그의 대담한 구조	He started going **bald** in his thirties.
	그는 30대 때 머리가 벗겨지기 시작했다.

Word **T**est 04 문맥상 가장 적절한 단어를 고르세요.

1) The term is too [① vogue / ② vague] to understand.

2) He started going [① bold / ② bald] in his thirties.

3) They thanked us for the [① simultaneous / ② spontaneous] favor we gave.

4) It is hard to get a(n) [① constructive / ② instructive] dialogue going when the participants are only allowed to speak in a fixed order. 교육청

5) The United States has a strong tradition of using town hall meetings to [① deliberate / ② delicate] important issues within communities. 교육청

Daily Test

A 우리말에 해당하는 단어를 찾아 번호를 쓰세요.

> ① confidential　② consistent　③ convenient　④ apparent
> ⑤ subsequent　⑥ instinctive　⑦ neural　⑧ conventional

1 비밀의, 은밀한 ____　**2** 관습[관례]적인 ____　**3** 분명한, 외관상의 ____　**4** 편리한, 간편한 ____

5 본능의, 본능적인 ____　**6** 일치하는, 일관된 ____　**7** 신경의 ____　**8** 그 이후의, 다음의 ____

B 주어진 단어에 해당하는 우리말 뜻을 찾아 번호를 쓰세요.

> ① 자신감 있는, 확신하는　② 모호한, 애매한　③ 경쟁의, 경쟁력이 있는　④ 민족[인종]의, 민족적인
> ⑤ 간결한, 축약된　⑥ 탑승한, 승선한　⑦ 정확한, 정밀한　⑧ 국왕[여왕]의, 고귀한

1 confident ____　**2** precise ____　**3** competitive ____　**4** royal ____

5 concise ____　**6** vague ____　**7** aboard ____　**8** ethnic ____

> ⑨ 동시의　⑩ 유행　⑪ 유익한, 교육적인　⑫ 투명한, 솔직한
> ⑬ 해외에[로]; 해외, 외국　⑭ 섬세한, 미세한　⑮ 건설적인　⑯ 충실한, 단골의

9 simultaneous ____　**10** instructive ____　**11** loyal ____　**12** transparent ____

13 constructive ____　**14** vogue ____　**15** abroad ____　**16** delicate ____

C 주어진 단어에 해당하는 우리말 뜻을 빈칸에 쓰세요.

1 bold : ________________　**2** ethical : ________________

3 repetitive : ________________　**4** neutral : ________________

5 consequent : ________________　**6** deliberate : ________________

7 thorough : ________________　**8** constant : ________________

9 distinctive : ________________　**10** spontaneous : ________________

D 우리말 해석을 참고하여 빈칸에 가장 적절한 단어를 골라 쓰세요.

concise	confident	consistent	aboard
transparent	subsequent	through	deliberate

1 ____________ on what to do
무엇을 할 것인가에 대해 숙고하다

2 get refreshed ____________ sleep
수면을 통해서 생기를 얻다

3 use ____________ language
간결한 언어를 사용하다

4 a(n) ____________ screen
투명 스크린

5 ____________ studies using different rats
다른 생쥐들을 이용한 그 이후의 연구들

6 passengers ____________ the flight
비행기에 탑승한 승객들

7 students who are ____________ about their ability
자신의 능력에 대해 자신감 있는 학생들

8 When an innovation is ____________ with a society's needs
혁신이 사회의 요구에 일치할 때

E 각 문장의 빈칸에 가장 적절한 단어를 찾아 번호를 쓰세요.

① neural	② competitive	③ conventional	④ precise	⑤ instructive

1 We have two different ____________ systems that manipulate our facial muscles. 교육청

2 When a startup fails, we often imagine it surrendering to predatory rivals in a(n) ____________ ecosystem. 교육청

3 Trying to be ____________, the father told his son that in about 1886 Karl Benz invented the automobile. 교육청

4 Language is not always reliable for causing ____________ meanings to be generated in someone else's mind. 수능

5 It is too easy to drift through school and college, taking the traditional, ____________ studies that others take. 평가원

Ⓐ 다음 우리말 해석을 참고하여 빈칸에 알맞은 단어를 쓰세요.

1 a____________ an abandoned cat
유기된 고양이를 입양하다

2 r____________ using a smart phone
스마트 폰을 사용하는 것에 반대하다

3 cell phone a____________
휴대 전화 중독

4 an important a____________ of technologies
기술의 중요한 양상

Ⓑ 다음 영영사전 풀이에 해당하는 단어를 찾아 쓰세요.

| award | confidence | overtake | principle | vocation |

1 a basic truth or theory : ____________

2 to give a reward or prize to someone : ____________

3 to move up to and past by moving faster : ____________

4 the work that a person does or should be doing : ____________

5 a feeling or belief that you can do something well : ____________

Ⓒ 다음 문장을 읽고, 문맥상 가장 적절한 단어를 고르세요.

1 Subscriptions account for almost 90 percent of total magazine ① circulation / ② calculation . 수능

2 Branched hairs apparently ① complimented / ② complemented a bee's taste for pollen from the earliest stage of their evolution. 교육청

3 Practicing again and again will help you feel ① confident / ② confidential during the audition. 교육청

4 For most people, buying a souvenir is an act of ① acquaintance / ② acquisition of an object perceived as authentic.

5 When you run into a wall of ① assistance / ② resistance or indifference from friends and family members, stop asking, "How can I get them to be a fan of my dream?" 교육청

D 다음 문장을 읽고, 빈칸에 가장 적절한 단어를 찾으세요.

1 It was impossible to keep a ____________ record of time. 교육청 변형

 ① concise ② confident ③ precise

2 In mature markets, breakthroughs that lead to a major change in ____________ positions and to the growth of the market are rare. 평가원

 ① competitive ② repetitive ③ instructive

3 Such lessons help to establish a strong love and ____________ for all living things. 교육청

 ① aspect ② respect ③ retrospect

4 As adults, we can lose flexibility rather rapidly unless we make a ____________ effort to maintain it. 교육청

 ① conscious ② consequent ③ convenient

5 Doctors put in a positive mood show almost three times more intelligence and creativity than doctors in a ____________ state. 교육청 변형

 ① neural ② neutral ③ royal

Advanced

E 다음 문장에서 문맥상 어색한 단어를 찾아 바르게 고치세요.

1 Each child has a right to a personal choice of beauty, joy, and wander. 교육청

 ____________ ⇒ ____________

2 The hotel rooms don't have any bathrooms, but guests have access to two shared bathhouses located on the hotel priority. 교육청

 ____________ ⇒ ____________

3 We may attend to start exercising, but that doesn't always translate into the actual behavior. 교육청

 ____________ ⇒ ____________

4 Sekhar thought that the essence of human relationships insisted in softening truth so that it might not shock anyone. 교과서 변형

 ____________ ⇒ ____________

---

conclude [kənklúːd] **vs**

동 결론을 내리다, 끝내다

conclude about self-government
자치에 관해 결론을 내리다

include [inklúːd] 유 p.10 반 p.82 **vs**

동 포함하다

The tickets **include** admission.
표에는 입장료가 포함되어 있다.

exclude [iksklúːd] 반 p.82

동 배제하다, 제외하다

exclude the possibility of negotiation
협상의 가능성을 배제하다

---

acquire [əkwáiər] 유 p.19 **vs**

동 얻다, 습득하다

acquire better quality
더 좋은 품질을 얻다

inquire [inkwáiər] **vs**

동 묻다, 질문하다

Please call or e-mail to **inquire**.
질문하시려면 전화나 이메일을 주세요.

require [rikwáiər]

동 요구하다, 필요로 하다

require a change of path
경로 변경을 요구하다

---

approve [əprúːv] **vs**

동 승인[허가]하다, 찬성하다

approve of the child's play without interfering
간섭하지 않고 아이의 놀이를 허락하다

disprove [disprúːv] **vs**

동 틀렸음을 입증하다, 논박하다

disprove them against the sampled data
표본 자료와 대조하여 그것들이 틀렸음을 입증하다

improve [imprúːv] 반 p.82

동 향상하다, 개선하다

improve the delivery of blood sugar 혈당의 전달을 개선하다

---

conceive [kənsíːv] **vs**

동 상상하다, 마음에 그리다

the ability of human beings to **conceive** 인간의 상상하는 능력

perceive [pərsíːv] 유 p.68 **vs**

동 인식하다, 지각하다, 이해하다

perceive insects as harmful pests
곤충을 해로운 해충으로 인식하다

receive [risíːv] 파 p.263

동 받다, 받아들이다

receive a club T-shirt
동아리 티셔츠를 받다

Word**T**est **01**   문맥상 가장 적절한 단어를 고르세요.

1) Physical activities such as swimming and running help ① approve / ② disprove / ③ improve blood circulation and strengthen your muscles. 교과서 변형

2) Most social learning is hybrid learning: agents ① acquire / ② inquire / ③ require skills through socially guided trial and error and socially guided practice. 교육청

3) Aristotle did not think that all human beings should be allowed to engage in political activity: in his system, women, slaves, and foreigners were explicitly ① concluded / ② included / ③ excluded from the right to rule themselves and others. 평가원

4) The terms of warranty indicate that if products have any problems, I am entitled to ① conceive / ② perceive / ③ receive a full refund within 2 months. 교육청

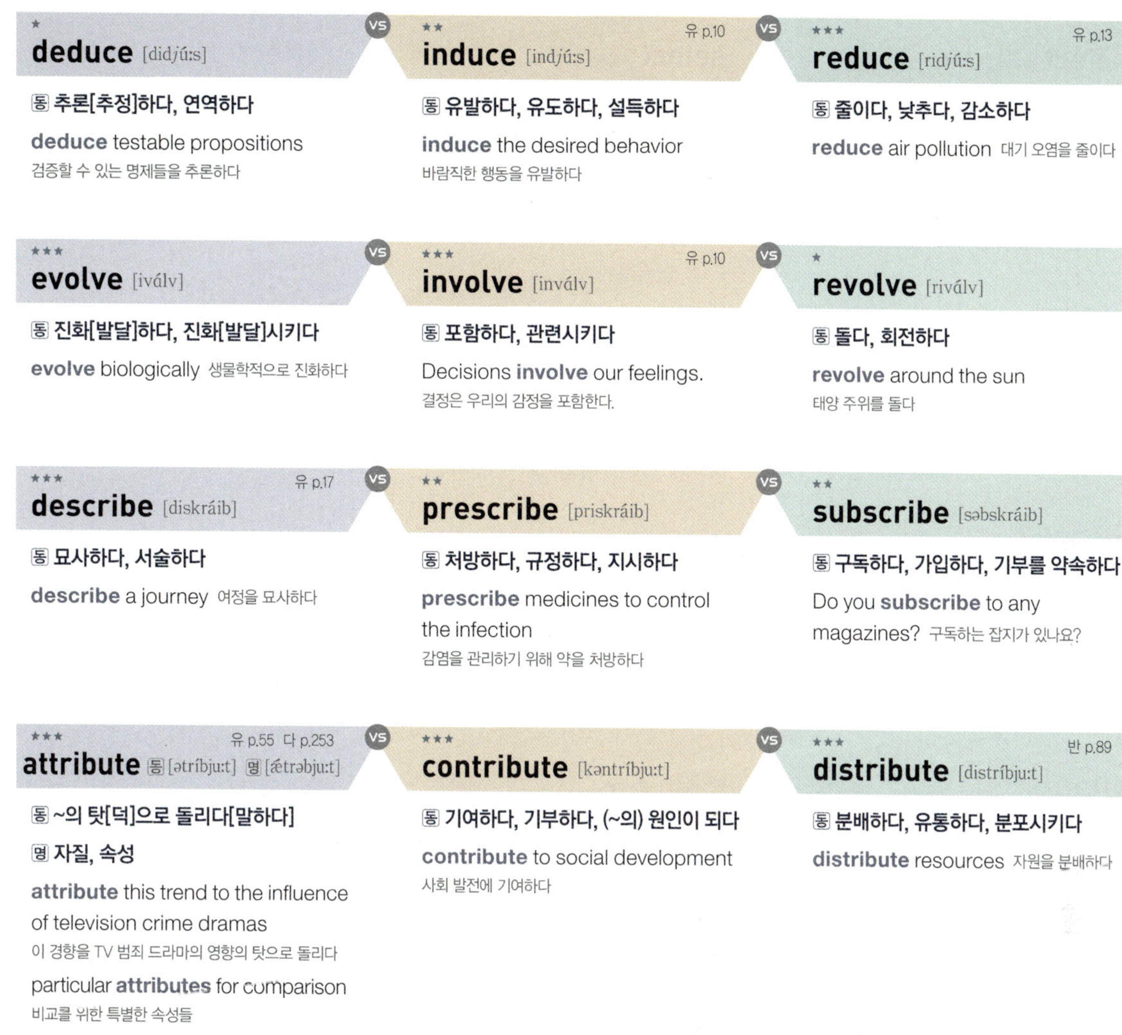

deduce [didʒúːs]
⑧ 추론[추정]하다, 연역하다
deduce testable propositions
검증할 수 있는 명제들을 추론하다

induce [indʒúːs] 유 p.10
⑧ 유발하다, 유도하다, 설득하다
induce the desired behavior
바람직한 행동을 유발하다

reduce [ridʒúːs] 유 p.13
⑧ 줄이다, 낮추다, 감소하다
reduce air pollution 대기 오염을 줄이다

evolve [iválv]
⑧ 진화[발달]하다, 진화[발달]시키다
evolve biologically 생물학적으로 진화하다

involve [inválv] 유 p.10
⑧ 포함하다, 관련시키다
Decisions **involve** our feelings.
결정은 우리의 감정을 포함한다.

revolve [riválv]
⑧ 돌다, 회전하다
revolve around the sun
태양 주위를 돌다

describe [diskráib] 유 p.17
⑧ 묘사하다, 서술하다
describe a journey 여정을 묘사하다

prescribe [priskráib]
⑧ 처방하다, 규정하다, 지시하다
prescribe medicines to control the infection
감염을 관리하기 위해 약을 처방하다

subscribe [səbskráib]
⑧ 구독하다, 가입하다, 기부를 약속하다
Do you **subscribe** to any magazines? 구독하는 잡지가 있나요?

attribute ⑧ [ətríbjuːt] ⑲ [ǽtrəbjuːt] 유 p.55 다 p.253
⑧ ~의 탓[덕]으로 돌리다[말하다]
⑲ 자질, 속성
attribute this trend to the influence of television crime dramas
이 경향을 TV 범죄 드라마의 영향의 탓으로 돌리다
particular **attributes** for comparison
비교를 위한 특별한 속성들

contribute [kəntríbjuːt]
⑧ 기여하다, 기부하다, (~의) 원인이 되다
contribute to social development
사회 발전에 기여하다

distribute [distríbjuːt] 반 p.89
⑧ 분배하다, 유통하다, 분포시키다
distribute resources 자원을 분배하다

Word **T**est **02** 문맥상 가장 적절한 단어를 고르세요.

1) We attempt to get our kids to clean up their room. And we also try to [① deduce / ② induce / ③ reduce] our neighbors to help out with a neighborhood party. 교육청 변형

2) Elephants have [① evolved / ② involved / ③ revolved] elaborate greeting behaviors by using their long nose. 수능 변형

3) He was able to produce and [① attribute / ② contribute / ③ distribute] trillions of new Zimbabwe dollars, which is why they eventually became more valuable as toilet paper than currency. 교육청

4) All those insert cards with subscription offers are included in magazines to encourage you to [① prescribe / ② describe / ③ subscribe]. 수능

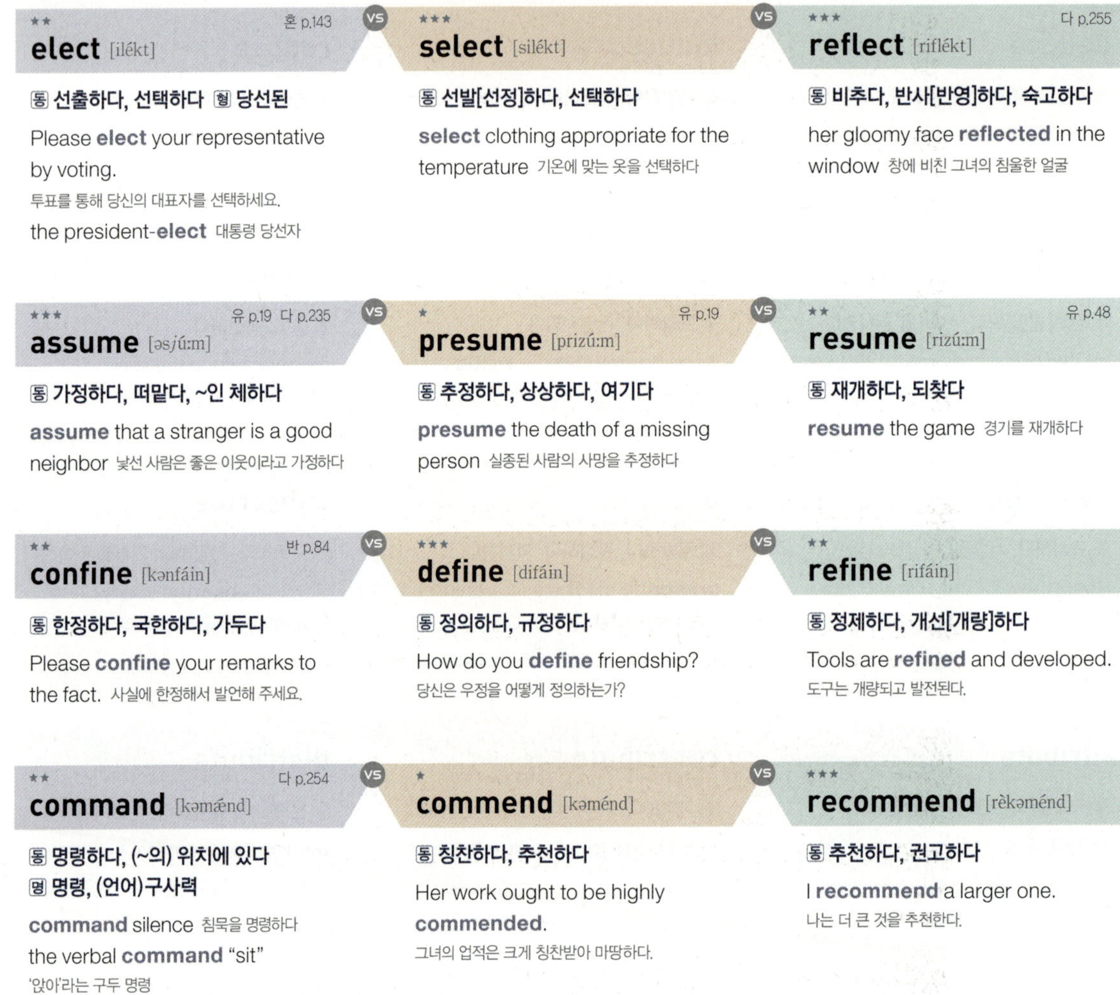

Word Test 03 문맥상 가장 적절한 단어를 고르세요.

1) These prices do [① elect / ② select / ③ reflect] the interaction of demand and supply in the wider marketplace for potatoes. 평가원

2) After identifying the existence of a problem, we must [① confine / ② define / ③ refine] its scope and goals. 교육청

3) If dizziness, nausea, or chest pain occur during any exercise program, the activity should be stopped, and a physician should be consulted before the child [① assumes / ② presumes / ③ resumes] the activity.

4) People who had been living around the region had to move out, so the king [① commanded / ② commended / ③ recommend] that a new town be built for them, which was Suwon. 교과서 변형

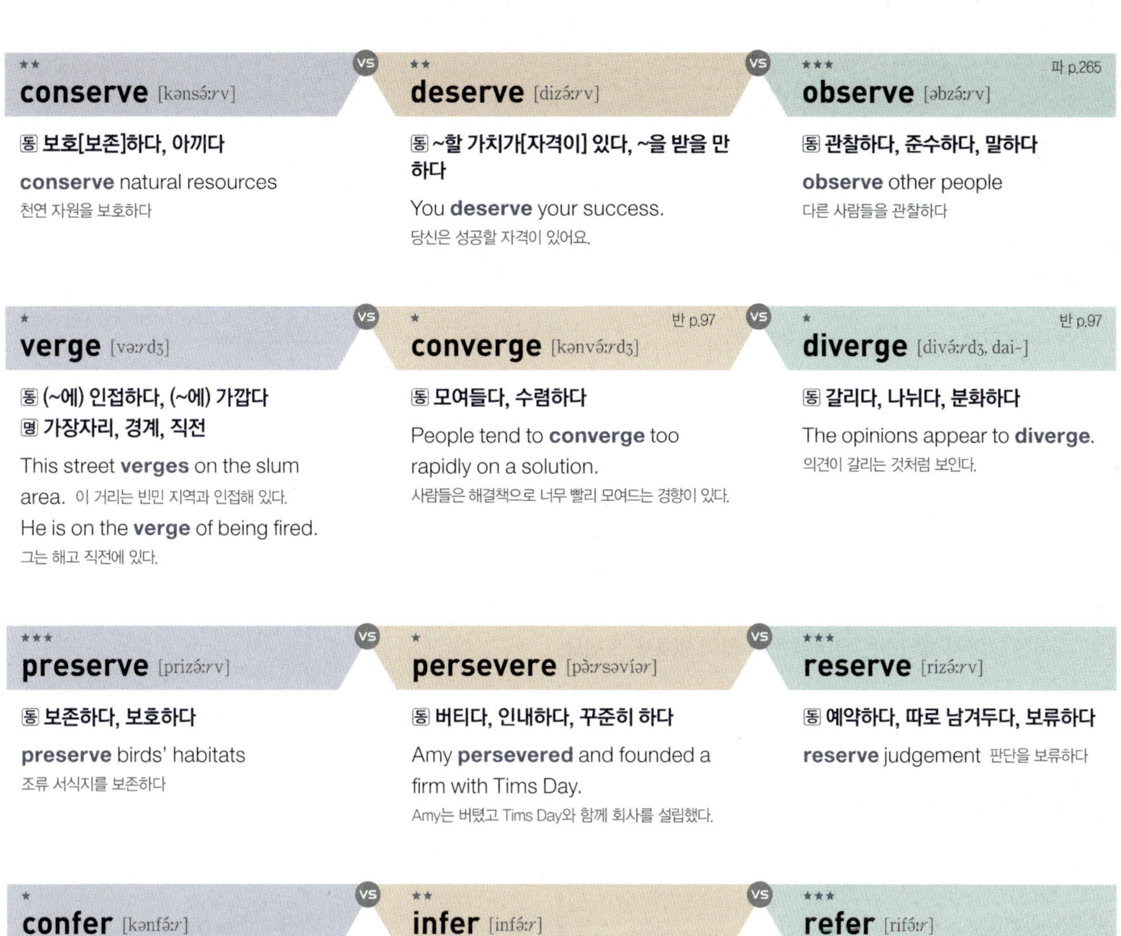

conserve [kənsə́ːrv] ★★
동 보호[보존]하다, 아끼다
conserve natural resources
천연 자원을 보호하다

deserve [dizə́ːrv] ★★
동 ~할 가치가[자격이] 있다, ~을 받을 만하다
You **deserve** your success.
당신은 성공할 자격이 있어요.

observe [əbzə́ːrv] ★★★ 파 p.265
동 관찰하다, 준수하다, 말하다
observe other people
다른 사람들을 관찰하다

verge [vəːrdʒ] ★
동 (~에) 인접하다, (~에) 가깝다
명 가장자리, 경계, 직전
This street **verges** on the slum area. 이 거리는 빈민 지역과 인접해 있다.
He is on the **verge** of being fired.
그는 해고 직전에 있다.

converge [kənvə́ːrdʒ] ★ 반 p.97
동 모여들다, 수렴하다
People tend to **converge** too rapidly on a solution.
사람들은 해결책으로 너무 빨리 모여드는 경향이 있다.

diverge [divə́ːrdʒ, dai-] ★ 반 p.97
동 갈리다, 나뉘다, 분화하다
The opinions appear to **diverge**.
의견이 갈리는 것처럼 보인다.

preserve [prizə́ːrv] ★★★
동 보존하다, 보호하다
preserve birds' habitats
조류 서식지를 보존하다

persevere [pə̀ːrsəvíər] ★
동 버티다, 인내하다, 꾸준히 하다
Amy **persevered** and founded a firm with Tims Day.
Amy는 버텼고 Tims Day와 함께 회사를 설립했다.

reserve [rizə́ːrv] ★★★
동 예약하다, 따로 남겨두다, 보류하다
reserve judgement 판단을 보류하다

confer [kənfə́ːr] ★
동 주나, 수여하다, 의논하다
Immigration tends to **confer** benefits on the host group.
이민은 이민 수용 집단에게 이득을 주는 경향이 있다.

infer [infə́ːr] ★★
동 추론하다, 암시하다
Babies can **infer** invisible properties based on what things look like.
아기들은 사물의 보이는 모습을 근거로 보이지 않는 특성을 추론할 수 있다.

refer [rifə́ːr] ★★★
동 언급하다, 참조하다, ~의 탓으로 하다
the facts to which the statements **refer** 그 진술이 언급하는 사실

Word Test 04 문맥상 가장 적절한 단어를 고르세요.

1) With the aim to ① preserve / ② persevere / ③ reserve and promote the living art, the Royal Textile Academy of Bhutan was founded in 2005. 교과서 변형

2) The question remains why those ① verged / ② converged / ③ diverged languages don't merge again when formerly separated people spread out and re-contact each other at speech boundaries. 교육청

3) If you hear roosters crowing while you are in bed, you combine the evidence — the crowing rooster — and your knowledge of sunrises and ① confer / ② infer / ③ refer that the sun is rising up. 교과서 변형

4) I heard that it's one of the best places to ① conserve / ② deserve / ③ observe stars and planets. 교육청

A 우리말에 해당하는 단어를 찾아 번호를 쓰세요.

① preserve	② diverge	③ attribute	④ inquire
⑤ describe	⑥ define	⑦ induce	⑧ evolve

1 진화[발달]하다 ____ **2** 보존하다, 보호하다 ____ **3** 정의하다, 규정하다 ____ **4** 자질, 속성 ____

5 묘사하다, 서술하다 ____ **6** 갈리다, 나뉘다 ____ **7** 유발하다, 유도하다 ____ **8** 묻다, 질문하다 ____

B 주어진 단어에 해당하는 우리말 뜻을 찾아 번호를 쓰세요.

① 결론을 내리다, 끝내다	② 승인하다, 찬성하다	③ 칭찬하다, 추천하다	④ 주다, 수여하다
⑤ 처방하다, 규정하다	⑥ 요구하다, 필요로 하다	⑦ 재개하다, 되찾다	⑧ 언급하다, 참조하다

1 conclude ____ **2** require ____ **3** resume ____ **4** confer ____

5 prescribe ____ **6** refer ____ **7** commend ____ **8** approve ____

⑨ 추론하다, 암시하다	⑩ 선발[선정]하다	⑪ 가장자리, 경계	⑫ 틀렸음을 입증하다
⑬ 관찰하다, 준수하다	⑭ 인식하다, 지각하다	⑮ 예약하다, 보류하다	⑯ 모여들다, 수렴하다

9 select ____ **10** perceive ____ **11** reserve ____ **12** disprove ____

13 infer ____ **14** verge ____ **15** observe ____ **16** converge ____

C 주어진 단어에 해당하는 우리말 뜻을 빈칸에 쓰세요.

1 conceive : ________________ **2** reflect : ________________

3 reduce : ________________ **4** subscribe : ________________

5 involve : ________________ **6** contribute : ________________

7 assume : ________________ **8** elect : ________________

9 refine : ________________ **10** distribute : ________________

D 우리말 해석을 참고하여 빈칸에 가장 적절한 단어를 골라 쓰세요.

exclude	acquire	recommend	revolve
deduce	deserve	confine	presume

1 I _____________ a larger one.
나는 더 큰 것을 추천한다.

2 _____________ the possibility of negotiation
협상의 가능성을 배제하다

3 _____________ better quality
더 좋은 품질을 얻다

4 _____________ around the sun
태양 주위를 돌다

5 _____________ testable propositions
검증할 수 있는 명제들을 추론하다

6 Please _____________ your remarks to the fact.
사실에 한정해서 발언해 주세요.

7 You _____________ your success.
당신은 성공할 자격이 있어요.

8 _____________ the death of a missing person
실종된 사람의 사망을 추정하다

E 각 문장의 빈칸에 가장 적절한 단어를 찾아 번호를 쓰세요.

① include	② command	③ improve	④ receive	⑤ conserve

1 Unique slices of the self can _____________ hobbies, spirituality, and education. (교육청)

2 Engineers found that the tips smooth the air flow, which helps them _____________ energy without losing it when they fly. (교과서 변형)

3 You can appreciate this most clearly if you visualize the same _____________ being made by the trainee to the supervisor. (교육청)

4 Professors know that they cannot 'negotiate' a social order in which students pay money to _____________ a desired grade. (교육청)

5 Unfortunately many organizations and political leaders working to _____________ environmental and social conditions operate unquestioningly from within the paradigm. (교육청)

mp3

★ aspire [əspáiər]

⑧ 열망[염원]하다

Aspire, and you will achieve.
열망하라, 그러면 성취할 것이다.

vs

★ expire [ikspáiər]

⑧ 만료되다, 끝나다

Sorry, but this coupon **expired** last week.
죄송하지만 이 쿠폰은 지난주에 만료되었어요.

vs

★★★ inspire [inspáiər]

⑧ 영감을 주다, 고무[격려]하다

A painting can **inspire** a musician to create music.
그림은 음악가가 음악을 창조하도록 영감을 줄 수 있다.

★★ comply [kəmplái] 반 p.96

⑧ 준수하다, 따르다, 승낙하다

comply with city law 시의 법을 준수하다

vs

★★★ imply [implái] 유 p.29

⑧ 의미하다, 암시하다, 넌지시 알리다

imply a specific benefit to the customer
그 고객에게는 구체적인 혜택을 의미하다

vs

★★★ reply [riplái]

⑧ 대답하다, 응하다 ⑲ 대답, 답장

Shirley **replied** in a shaky voice.
Shirley는 떨리는 목소리로 대답했다.
This is a **reply** to your inquiry.
이것은 귀하의 질문에 대한 대답입니다.

★★★ confuse [kənfjúːz] 유 p.29

⑧ 혼동하다, 혼란시키다

confuse activities and results
활동과 결과를 혼동하다

vs

★ diffuse ⑧ [difjúːz] ⑲ [difjúːs]

⑧ 분산시키다 ⑲ 분산된, 산만한

The point is how to **diffuse** power.
요점은 어떻게 권력을 분산시키는가이다.
The message was **diffuse**.
그 메시지는 산만했다.

vs

★ infuse [infjúːz]

⑧ 불어넣다, 주입하다

infuse the mind with new hope
마음속에 새로운 희망을 불어넣다

★★★ accompany [əkʌ́mpəni]

⑧ 동반하다, 동행하다

accompany higher incomes
더 높은 수입을 동반하다

vs

★★ accommodate [əkámədèit] 유 p.74

⑧ 수용하다, 순응하다, 편의를 도모하다

accommodate thousands of people 수천 명의 사람을 수용하다

vs

★★★ accomplish [əkámpliʃ]

⑧ 완수하다, 성취하다, 해내다

accomplish each task better
각각의 과업을 더 잘 완수하다

Word **T**est **01** 문맥상 가장 적절한 단어를 고르세요.

1) About thirty percent of food waste is food that people bought and forgot to eat before it
   ① aspired / ② expired / ③ inspired . 평가원

2) When the concept of objectivity originally evolved, it did not ① comply / ② imply / ③ reply that
   journalists are free of bias. 교육청

3) In looking for patterns, it is critical not to ① confuse / ② diffuse / ③ infuse occasional behavior
   or feelings with a more permanent personality trait or quality. 교육청

4) Sometimes the best way to ① accompany / ② accommodate / ③ accomplish a difficult objective
   is to stop thinking that it is possible, and just take things one step at a time. 교육청

explode [iksplóud] ★★

(동) 폭발하다, 폭발시키다, (감정이) 격발하다

The plane smashed into a hillside and **exploded**.
그 비행기는 산등성이에 부딪치며 폭발했다.

explore [iksplɔ́:r] ★★★

(동) 탐사하다, 탐구하다

explore new territory
새로운 영토를 탐사하다

exploit [iksplɔ́it] ★★

(동) 이용[활용]하다, 착취하다, 개발하다

exploit a property of networks
네트워크의 속성을 이용하다

---

expand [ikspǽnd] ★★★ 반 p.89

(동) 확대하다, 팽창하다

expand Earth's capacity
지구의 역량을 확대하다

expend [ikspénd] ★★

(동) 쓰다, 소비하다

expend a lot of energy to maintain a body temperature
체온을 유지하기 위해 많은 에너지를 쓰다

extend [iksténd] ★★★

(동) 연장하다, 뻗다, 늘리다

extend the due date
마감 날짜를 연장하다

---

merge [məːrdʒ] ★ 유 p.24 반 p.94

(동) 합치다, 통합하다, 합병하다

She **merged** fact and fiction in her latest novel.
그녀는 자신의 최신 소설에 사실과 허구를 합쳤다.

emerge [imə́:rdʒ] ★★★

(동) 나타나다, 모습을 드러내다, 부상하다

They saw Jacob **emerge** from the building.
그들은 Jacob이 그 건물에서 나타나는 것을 보았다.

submerge [səbmə́:rdʒ] ★

(동) 물[액체] 속에 넣다, 잠수하다, 은폐하다

submerge the pen point in the ink
펜촉을 잉크에 담그다

---

eject [idʒékt] ★

(동) 쫓아내다, 튀어나오게 하다

The paper will be **ejected** automatically.
종이가 자동으로 튀어나올 것이다.

inject [indʒékt] ★

(동) 주사하다, 주입하다

inject medicine into a vein
약을 정맥에 주사하다

reject [ridʒékt] ★★★

(동) 거부하다, 거절하다, 불합격시키다

the reason to **reject** social media
소셜 미디어를 거부할 이유

Word Test 02 문맥상 가장 적절한 단어를 고르세요.

1) When the oxygen tank in Apollo 13 spaceship [① exploded / ② explored / ③ exploited] on its way to the moon, the entire crew was rescued. 교과서 변형

2) Industry may [① eject / ② inject / ③ reject] these facts and complain about the high cost of acting, but history sets the record straight. 평가원

3) Several groups of people were asked to keep their hands [① merged / ② emerged / ③ submerged] in an ice bucket for as long as possible. 교육청

4) Motivation not only drives the final behaviors that bring a goal closer but also creates willingness to [① expand / ② expend / ③ extend] time and energy on preparatory behaviors. 교육청

★★★ 반 p.89
depress [diprés]

통 우울하게 하다, 침체시키다

Autumn weather always **depresses** me. 가을 날씨는 항상 나를 우울하게 한다.

★★★
impress [imprés]

통 깊은 인상을 주다, 감명[감동]을 주다

a cool slogan to **impress** her classmates
그녀의 급우들에게 깊은 인상을 주는 멋진 표어

★★
suppress [səprés]

통 억제하다, 억압하다, 진압하다

ignore or **suppress** health symptoms 건강 징후를 무시하거나 억누르다

★★★
exhibit [igzíbit]

통 보이다, 전시하다 명 전시(회)

exhibit a high collective intelligence
높은 집단 지능을 보이다
The **exhibit** is at the city museum.
그 전시회는 시립 박물관에서 열린다.

★ 유 p.48
inhibit [inhíbit]

통 억제[저해]하다, 하지 못하게 하다

inhibit reading comprehension
독해력을 저해하다

★★
inhabit [inhǽbit]

통 (어떤 장소에) 살다, 거주[서식]하다

More than half of all plant and animal species on the earth **inhabit** tropical rainforests.
지구에서 모든 동식물 종의 반 이상이 열대 우림에서 서식한다.

★★
complicate [kámpləkèit]

통 복잡하게 하다

complicate international comparison
국가 간의 비교를 복잡하게 하다

★
duplicate 통[djú:pləkèit] 명형[-kət]

통 복사하다, 되풀이하다
명 사본, 복사
형 똑같은, 사본의

duplicate the reality 현실을 복사하다
a **duplicate** of a letter 편지의 사본
request a **duplicate** certificate
증명서 사본을 요구하다

★
replicate [réplikèit]

통 복제하다

replicate classic artwork
고전 예술품을 복제하다

★
defer [difə́:r]

통 미루다, 연기하다, 오래 끌다

defer departure 출발을 연기하다

★★★
differ [dífər]

통 다르다, 의견이 맞지 않다

Games **differ** from other media.
게임은 다른 매체와 다르다.

★
deter [ditə́:r]

통 방해하다, 단념하게 하다

Failure did not **deter** her from trying again.
실패는 그녀가 다시 시도하는 것을 단념시키지 못했다.

WordTest 03 문맥상 가장 적절한 단어를 고르세요.

1) I went to the local service center to get it repaired, but the poor service I received there only ① complicated / ② duplicated / ③ replicated the problem. 평가원

2) Adolescents ① defer / ② differ / ③ deter from adults in the way they behave, solve problems, and make decisions. 교육청

3) Paintings, ceramic works, and photographs submitted by students will be ① exhibited / ② inhibited / ③ inhabited at 10:00 a.m. through 5:00 p.m. 수능 변형

4) Exposure to blue light has been shown to ① depress / ② impress / ③ suppress melatonin, a hormone that helps regulate sleep. 교육청 변형

dispose [dispóuz]	**impose** [impóuz]	**propose** [prəpóuz]
통 처리하다(of), 배치하다, ~하는 경향이 있다	통 부과하다, 도입[시행]하다, 강요하다	통 제안하다, 청혼하다
dispose of any scraps in the containers 용기에 있는 모든 부스러기를 처리하다	**impose** charges 요금을 부과하다	**propose** alternative ideas 대안이 되는 아이디어를 제안하다

undergo [Àndərgóu] 유 p.10	**underlie** [Àndərlái]	**undermine** [Àndərmáin]
통 겪다, 경험하다	통 ~의 기초가 되다, ~의 밑에 있다	통 손상시키다, 약화시키다
undergo surgery 수술을 받다	democratic ideas **underlying** the revolution 그 혁명의 기초가 되고 있는 민주주의적 사상	**undermine** the accuracy of their work 그들의 작업의 정확성을 손상시키다

compel [kəmpél]	**expel** [ikspél]	**propel** [prəpél]
통 강요[강제]하다, ~하게 만들다	통 추방하다, 퇴학시키다	통 나아가게 하다, 추진하다
compel some consumers to buy that product 몇몇 소비자들이 그 제품을 사게 만들다	**expel** the myth 근거 없는 믿음을 추방하다	**propel** themselves forward 그들 자신을 앞으로 나아가게 하다

advise [ædváiz, əd-]	**devise** [diváiz]	**revise** [riváiz] 유 p.37
통 조언하다, 충고하다	통 창안하다, 고안하다	통 수정하다, 교정하다, 개선하다
advise her to switch study spaces 그녀에게 학습 공간을 바꾸라고 조언하다	**devise** creative and innovative ways 창의적이고 혁신적인 방법들을 창안하다	Can I **revise** and resubmit the file? 파일을 수정해서 다시 제출해도 될까요?

Word **T**est 04 문맥상 가장 적절한 단어를 고르세요.

1) Through our ears we gain access to vibration, which (① undergoes / ② underlies / ③ undermines) everything around us. (수능)

2) It'll be helpful to draw up a timetable, and you should (① advise / ② devise / ③ revise) it when necessary. (교육청)

3) A more powerful electric motor could do the job faster, while a still more powerful rocket engine could rapidly (① compel / ② expel / ③ propel) a payload of identical weight to the top of the mountain in a matter of seconds. (교육청)

4) At the presentation, students will (① dispose / ② impose / ③ propose) a variety of ideas for developing employment opportunities for the youth within the community. (교육청)

Daily Test

A 우리말에 해당하는 단어를 찾아 번호를 쓰세요.

① extend	② compel	③ accomplish	④ confuse
⑤ depress	⑥ inhibit	⑦ merge	⑧ expend

1 억제[저해]하다 ____ **2** 강요[강제]하다 ____ **3** 침체시키다 ____ **4** 쓰다, 소비하다 ____

5 연장하다, 늘리다 ____ **6** 합치다, 통합하다 ____ **7** 완수하다, 성취하다 ____ **8** 혼동하다, 혼란시키다 ____

B 주어진 단어에 해당하는 우리말 뜻을 찾아 번호를 쓰세요.

① 열망[염원]하다	② 추방하다, 퇴학시키다	③ 복사하다; 사본(의)	④ 거주[서식]하다
⑤ 튀어나오게 하다	⑥ 이용하다, 개발하다	⑦ 의미하다, 암시하다	⑧ 방해하다, 단념하게 하다

1 duplicate ____ **2** exploit ____ **3** inhabit ____ **4** aspire ____

5 eject ____ **6** deter ____ **7** imply ____ **8** expel ____

⑨ 물 속에 넣다, 잠수하다	⑩ 준수하다, 따르다	⑪ 탐사하다, 탐구하다	⑫ 복제하다
⑬ 나타나다, 부상하다	⑭ 깊은 인상을 주다	⑮ 복잡하게 하다	⑯ 겪다, 경험하다

9 impress ____ **10** explore ____ **11** undergo ____ **12** replicate ____

13 submerge ____ **14** emerge ____ **15** comply ____ **16** complicate ____

C 주어진 단어에 해당하는 우리말 뜻을 빈칸에 쓰세요.

1 advise : ________________ **2** propel : ________________

3 exhibit : ________________ **4** expire : ________________

5 infuse : ________________ **6** reply : ________________

7 impose : ________________ **8** explode : ________________

9 devise : ________________ **10** underlie : ________________

D 우리말 해석을 참고하여 빈칸에 가장 적절한 단어를 골라 쓰세요.

diffuse	revise	undermine	accommodate
differ	suppress	inject	propose

1 ________________ thousands of people
수천 명의 사람을 수용하다

2 The point is how to ________________ power.
요점은 어떻게 권력을 분산시키는가이다.

3 Games ________________ from other media.
게임은 다른 매체와 다르다.

4 ________________ the accuracy of their work
그들의 작업의 정확성을 손상시키다

5 ________________ medicine into a vein
약을 정맥에 주사하다

6 ignore or ________________ health symptoms
건강 징후를 무시하거나 억누르다

7 ________________ alternative ideas
대안이 되는 아이디어를 제안하다

8 Can I ________________ and resubmit the file?
파일을 수정해서 다시 제출해도 될까요?

E 각 문장의 빈칸에 가장 적절한 단어를 찾아 번호를 쓰세요.

① expand	② accompany	③ reject	④ dispose	⑤ inspire

1 Koreans ________________ of over 15 billion disposable spoons each year, and every year, people in the U.S. use over 100 billion disposable cups. 교과서 변형

2 After all, you ________________ your network of friends and create potential business partners by meeting strangers. 교육청

3 Lines from a poem or a novel can ________________ musicians or painters to create auditory or visual art that gives life to a story. 교과서 변형

4 Don invited Tom to ________________ him to visit a thirteen-year-old boy in the hospital, who was scheduled for surgery the next morning. 교육청

5 This does not necessarily mean that patients will demand more health care, but rather that they may be more likely to ________________ interventions where the evidence is not clear. 교육청

mp3

---

corrupt [kərʌ́pt] *
VS

图 부패하게 만들다, 타락시키다
형 부패한, 타락한

corrupt their moral education
그들의 도덕 교육을 부패하게 만들다

a **corrupt** version of the real thing
진품의 타락한 형태

erupt [irʌ́pt] *
VS

图 분출하다, 폭발하다

The volcano could **erupt** at any time. 그 화산은 언제든지 분출할 수 있을 것이다.

interrupt [ìntərʌ́pt] ** 유 p.43

图 방해하다, 가로막다, 중단시키다

I'm sorry to **interrupt** your working day. 당신의 근무일을 방해해서 미안해요.

---

attain [ətéin] ** 유 p.19
VS

图 달성하다, 차지하다

attain the best performance
최고의 성과를 달성하다

retain [ritéin] **
VS

图 유지하다, 간직하다

the vivid images that we **retain**
우리가 간직하는 생생한 이미지들

sustain [səstéin] **

图 유지하다, 지속하다

Can we **sustain** our standard of living? 우리의 생활 수준을 유지할 수 있을까요?

---

assert [əsə́ːrt] **
VS

图 주장하다

She **asserted** her innocence.
그녀는 자신의 무죄를 주장했다.

exert [igzə́ːrt] **
VS

图 (힘·능력 등을) 발휘하다, 행사하다

exert extra effort 추가적인 노력을 발휘하다

insert 图 [insə́ːrt] 명 [ínsəːrt] ** 반 p.90

图 삽입하다, 끼우다
명 삽입 광고, 삽입물

insert messages 메시지를 삽입하다
insert cards with subscription offers 구독 제안을 담은 삽입 광고 카드

---

withdraw [wiðdrɔ́ː] ** 반 p.95
VS

图 철수하다, 철회하다, (돈을) 인출하다

The rebel army was forced to **withdraw**. 반군은 어쩔 수 없이 철수해야 했다.

withhold [wiðhóuld] *
VS

图 보류하다, 억누르다

withhold judgment for a while
잠시 동안 판단을 보류하다

withstand [wiðstǽnd] ** 유 p.13

图 견디다, 버티다, 저항하다

withstand spring floods
봄철의 홍수를 견디다

Word **T**est 01 문맥상 가장 적절한 단어를 고르세요.

1) Don't let distractions ① corrupt / ② erupt / ③ interrupt your listening to the speaker. 교육청 변형

2) ① Assert / ② Exert / ③ Insert a chip in LnT-Bot's forehead slot, and pictures will appear on the LCD screen. 평가원

3) Most scientific studies are funded because somebody believes they can help ① attain / ② retain / ③ sustain some political, economic, or religious goal. 교육청

4) Brick walls have the merit of ① withdrawing / ② withholding / ③ withstanding heavy blows, so the castle was made of both bricks and stones. 교과서 변형

Word **T**est 02 . 문맥상 가장 적절한 단어를 고르세요.

1) The female wearing the white dress is about to be married and change her ① state / ② statue / ③ status and role in society. 평가원

2) There are places even where one man earns a living by only stitching shoes, another by cutting them out, and another by ① sawing / ② sewing / ③ sowing the uppers together. 교육청

3) The smart fire alarm will not only alert you in case of a fire, but ① certify / ② notify / ③ testify the local fire stations. 교과서 변형

4) Conner underwent intense training to ① acclaim / ② exclaim / ③ reclaim his competitive level.
교육청

★★★	★★★ 유 p.16 반 p.89	★★★

contact [kántækt]

몡 접촉, 연락 통 연락하다

have little previous **contact** with humans 인간과의 사전 접촉이 거의 없다
You can **contact** me anytime.
아무 때나 제게 연락하셔도 됩니다.

contract 몡 [kántrækt] 통 [kəntrǽkt]

몡 계약(서)
통 계약하다, (병에) 걸리다, 수축하다

extend our **contract**
우리의 계약을 연장하다
contract a disease 병에 걸리다

contrast 몡 [kántræst] 통 [kəntrǽst]

몡 대조, 대비, 차이
통 대조하다, 대비시키다

high **contrast** patterns 대비가 큰 무늬
Contrast his approach with that of the Abebe.
그의 접근법을 Abebe의 그것과 대조해 보세요.

★★★	★★	★★ 반 p.108

attitude [ǽtitjùːd]

몡 태도, 사고방식

positive **attitude** 긍정적 태도

altitude [ǽltətjùːd]

몡 고도, 고지

this trek's maximum **altitude**
이 트레킹의 최대 고도

latitude [lǽtətjùːd]

몡 위도

study longitude and **latitude** in geography class
지리학 시간에 경도와 위도를 학습하다

★★	★★★	★

tempt [tempt]

통 유혹하다, 마음을 끌다, 부추기다

tempt moderns into unjustified criticisms
현대인들을 정당하지 않은 비판에 빠지게 유혹하다

attempt [ətémpt]

통 시도하다 몡 시도

attempt to accurately duplicate it
그것을 정확하게 복제하려고 시도하다
an unconscious **attempt**
무의식적인 시도

contempt [kəntémpt]

몡 경멸, 멸시, 무시

a healthy **contempt** for authority
권위에 대한 건강한 경멸

★★	★★	★★★

conception [kənsépʃən]

몡 개념, 구상

his **conception** of social justice
사회 정의에 대한 그의 개념

exception [iksépʃən]

몡 예외, 제외, 이의, 반대

There are always **exceptions** to the rule. 규칙에는 항상 예외가 있다.

perception [pərsépʃən]

몡 지각, 인식

errors in **perception** and memory
지각과 기억에 있어서의 오류

WordTest 03 문맥상 가장 적절한 단어를 고르세요.

1) In philosophy, the best way to understand the concept of an argument is to ① contact / ② contract / ③ contrast it with an opinion. 교육청

2) Not only will students be unwilling to follow such schedules, it is undesirable for humans to ① tempt / ② attempt / ③ contempt such strict arrangements. 교육청

3) A stronger color may cause ① conception / ② exception / ③ perception of a stronger flavor in a product, even if the stronger color is simply due to the addition of more food coloring. 교육청

4) In the aircraft cockpit a separate display was provided for ① attitude / ② altitude / ③ latitude, airspeed, engine temperature, etc. 교육청

commission [kəmíʃən]

圀 위원회, 수수료, 의뢰, 주문
통 의뢰하다, 권한을 주다, 주문하다
Clean Environment **Commission**
깨끗한 환경 위원회
commission him to paint the
portrait 그에게 초상화를 그리도록 의뢰하다

emission [imíʃən]

圀 배출(물), 배기가스
greenhouse gas **emissions**
온실 가스 배출

permission [pəːrmíʃən]

圀 허락, 승인
get **permission** from the management
office to post flyers
전단을 게시하기 위해 관리사무소의 허락을 받다

aptitude [ǽptitjùːd]

圀 적성, 소질
have an **aptitude** to remember
chessboard patterns
체스판 패턴을 기억하는 데 소질이 있다

gratitude [grǽtətjùːd]

圀 감사
learn the virtue of **gratitude**
감사의 미덕을 배우다

multitude [mʌ́ltitjùːd]

圀 다수, 일반 대중
make up the whole **multitude**
전체 다수를 구성하다

restriction [ristríkʃən]

圀 제한, 규제
calorie **restriction** 칼로리 제한

restoration [rèstəréiʃən]

圀 복원, 복구, 부활
national forest **restoration** project
국가 삼림 복원 프로젝트

restraint [ristréint]

圀 제약, 통제, 자제
work under tight budget and time
restraints
빠듯한 예산과 시간 제약 하에서 일하다

geography [dʒiːágrəfi]

圀 지리(학), 지형
partially overcome their local
geography
그들의 지역 지형을 부분적으로 극복하다

geology [dʒiːálədʒi]

圀 지질학, 지질학적 기원
set **geology** and astronomy apart
from other sciences
지질학과 천문학을 다른 과학들과 구별하다

geometry [dʒiːámətri]

圀 기하학, 기하학적 구조
mathematics, **geometry**, and
calculus 수학, 기하학, 그리고 미적분학

Word **T**est 04　문맥상 가장 적절한 단어를 고르세요.

1) Strictly controlled ① commission / ② emission / ③ permission standards for such sources of
pollution are needed to minimize this environmental problem. 수능 변형

2) I think that she might be able to find her talents and ① aptitudes / ② gratitude / ③ multitudes
through club activities. 교과서 변형

3) The protection and ① restriction / ② restoration / ③ restraint of the nation's cultural heritage is
guaranteed by the Constitution. 교과서 변형

4) ① Geography / ② Geology / ③ Geometry can explain the formation of the Ngorongoro Crater
in Tanzania, but not its painful and breathtaking beauty at sunrise. 교육청

A 우리말에 해당하는 단어를 찾아 번호를 쓰세요.

① restraint	② sustain	③ certify	④ contact
⑤ permission	⑥ exception	⑦ exclaim	⑧ withdraw

1 증명하다 ____ **2** 제약, 통제, 자제 ____ **3** 소리치다, 외치다 ____ **4** 유지하다, 지속하다 ____

5 예외 ____ **6** 철수하다, 철회하다 ____ **7** 허락, 승인 ____ **8** 접촉, 연락; 연락하다 ____

B 주어진 단어에 해당하는 우리말 뜻을 찾아 번호를 쓰세요.

① (씨를) 뿌리다	② 보류하다, 억누르다	③ 되찾다, 매립하다	④ 다수, 일반 대중
⑤ 지위, 신분, 상태	⑥ 분출하다, 폭발하다	⑦ 적성, 소질	⑧ 경멸, 멸시

1 sow ____ **2** aptitude ____ **3** withhold ____ **4** erupt ____

5 status ____ **6** reclaim ____ **7** multitude ____ **8** contempt ____

⑨ 지질학	⑩ 달성하다, 차지하다	⑪ 톱질하다; 톱	⑫ 타락시키다; 부패한
⑬ 대조(하다), 대비(시키다)	⑭ 증언[진술]하다	⑮ 고도, 고지	⑯ 위원회; 의뢰하다

9 commission ____ **10** testify ____ **11** attain ____ **12** geology ____

13 corrupt ____ **14** contrast ____ **15** saw ____ **16** altitude ____

C 주어진 단어에 해당하는 우리말 뜻을 빈칸에 쓰세요.

1 geography : ________________ **2** retain : ________________

3 state : ________________ **4** restoration : ________________

5 acclaim : ________________ **6** notify : ________________

7 attitude : ________________ **8** latitude : ________________

9 exert : ________________ **10** attempt : ________________

D 우리말 해석을 참고하여 빈칸에 가장 적절한 단어를 골라 쓰세요.

interrupt	gratitude	withstand	conception
insert	emission	sew	perception

1 _______________ spring floods
봄철의 홍수를 견디다

2 errors in _______________ and memory
지각과 기억에 있어서의 오류

3 _______________ messages
메시지를 삽입하다

4 _______________ the blanket
담요를 꿰매다

5 greenhouse gas _______________s
온실 가스 배출

6 learn the virtue of _______________
감사의 미덕을 배우다

7 his _______________ of social justice
사회 정의에 대한 그의 개념

8 I'm sorry to _______________ your working day.
당신의 근무일을 방해해서 미안해요.

E 각 문장의 빈칸에 가장 적절한 단어를 찾아 번호를 쓰세요.

① tempt	② assert	③ restriction	④ contract	⑤ statue

1 They _______________ that competition kills off more prosocial behaviors, such as cooperation and respect. 교육청

2 I was able to make a _______________ with the company in better terms than we had expected. 교육청

3 After some years of carving, he completed *Moses*, one of the most famous _______________s of the tomb. 평가원

4 Regulations vary from place to place, so check for the local guidelines and _______________s.
교육청

5 The knowledge of another's personal affairs can _______________ the possessor of this information to repeat it as gossip because as unrevealed information it remains socially inactive.
평가원

DAY 29

★★★
tiny [táini]

형 아주 작은

a **tiny** bird feeding at a flower
꽃에서 먹이를 먹고 있는 아주 작은 새

VS

★★
tidy [táidi]

형 깔끔한, 단정한, 잘 정돈된

I'll make it neat and **tidy**.
내가 그것을 깔끔하게 잘 정돈할게.

VS

★
tide [taid]

명 조수, 조류, 흐름, (감정의) 파도

the **tide** of modernization 현대화의 흐름

★
adverse [ædvə́:rs]

형 역[반대]의, 불리한, 불운한, 대응하는

an **adverse** wind 역풍

VS

★★★
diverse [divə́:rs]

형 다양한

enjoy eating **diverse** kinds of food
다양한 종류의 음식을 먹는 것을 즐기다

VS

★★
reverse [rivə́:rs]   유 p.35

형 정반대의, 역의
동 반대가 되다, 뒤집다, 후진시키다

numbering in **reverse** order
역순으로 번호 매기기

The situation **reversed** in 2020.
상황이 2020년에 반대가 되었다.

★★
aesthetic [esθétik]

형 미학의, 심미적인
명 미학, 미적 특질

aesthetic appreciation of nature
자연에 대한 미학적 감상

the **aesthetic** of the poems 시의 미학

VS

★
arithmetic [əríθmətik]

명 산수, 계산

Writing, **arithmetic**, science — all
are recent inventions.
쓰기, 산수, 과학, 이 모든 것은 최근에 발명된 것이다.

VS

★★★
athletic [æθlétik]

형 운동의, 운동 경기의

perfect an **athletic** skill
운동 기량을 완벽하게 하다

Word Test 01   문맥상 가장 적절한 단어를 고르세요.

1) Specially trained musicians performed and the audience was expected to contemplate the musical ① aesthetic / ② arithmetic / ③ athletic as they listened. 교육형

2) Visitors can enjoy ① adverse / ② diverse / ③ reverse flower collections and decorations. 교육청

3) The apple is very small, and doesn't have much mass, so its pull on the Sun is absolutely ① tiny / ② tidy / ③ tide, certainly much smaller than the pull of all the planets. 교육청

4) Unable to ① adverse / ② diverse / ③ reverse the vehicle stuck in the mud, he headed for help at a nearby farmhouse. 교육청 변형

5) Are you trying to be a ① tiny / ② tidy / ③ tide person? It's really difficult to get organized. 평가원

★★★
daily [déili]

⃞형 매일의 ⃞부 매일, 끊임없이

an enjoyable **daily** activity
매일 하는 즐거운 활동

I practice gratitude **daily**.
나는 매일 감사를 연습한다.

vs

★★
dairy [déəri]

⃞형 유제품의, 낙농(업)의
⃞명 유제품, 낙농(업)

dairy product 유제품

Her diet doesn't include much
dairy.
그녀의 식단은 유제품을 많이 포함하지 않는다.

vs

★★
diary [dáiəri]

⃞명 일기, 수첩, 메모장

keep a **diary** 일기를 쓰다

★★★
moral [mɔ́:rəl]

⃞형 도덕의, 도덕적인
⃞명 교훈, (*pl.*) 윤리(학), 도덕

moral responsibility 도덕적 책임
the **moral** of a story or event
이야기나 사건의 교훈

vs

★
morale [mouræl]

⃞명 사기, 의욕

raise the **morale** of the British
troops 영국군의 사기를 높이다

vs

★
mortal [mɔ́:rtl]

⃞형 죽을 운명의, 치명적인

We humans are all **mortal**.
우리 인간은 모두 죽을 운명이다.

★★★
efficient [ifíʃənt]

⃞형 효율적인, 유능한

more **efficient** and productive
work 더 효율적이고 생산적인 작업

vs

★★★
sufficient [səfíʃənt]   반 p.121

⃞형 충분한

a **sufficient** amount of sleep
충분한 양의 수면

vs

★
proficient [prəfíʃənt]

⃞형 능숙한

He is a reasonably **proficient**
driver. 그는 상당히 능숙한 운전자이다.

Ｗord Ｔest 02 문맥상 가장 적절한 단어를 고르세요.

1) In supermarkets, the ① daily / ② dairy / ③ diary is often at the back, because people frequently come just for milk. 교육청

2) José Henríquez, a religious man, tried to keep miners' ① moral / ② morale / ③ mortal up to unite them as a group. 교과서 변형

3) Both tasks are possible, but only one is an ① efficient / ② sufficient / ③ proficient and productive use of resources. 교육청

4) Judging whether something is right or wrong is based on individual societies' beliefs, and any ① moral / ② morale / ③ mortal or ethical opinions are affected by an individual's cultural perspective. 교육청

5) No single food provides the nutrition necessary for survival of human beings. Humans should eat a variety of items ① efficient / ② sufficient / ③ proficient for physical growth and maintenance.

교육청 변형

**	vs	**	vs	**

distinct [distíŋkt]

휑 뚜렷한, 별개의, 확실한

two quite **distinct** effects on performance
수행에 미치는 두 가지 매우 뚜렷한 효과

extinct [ikstíŋkt]

휑 멸종된, 소멸된

an **extinct** language 소멸된 언어

instinct [ínstiŋkt]

휑 본능, 타고난 소질, 직감

a normal parental **instinct**
보통 부모의 본능

optical [áptikəl]

휑 시각의, 광학의

reproductions of an **optical** image
시각적인 이미지의 복제물들

optimal [áptəməl]

휑 최적의, 최상의

the **optimal** temperature 최적의 온도

optional [ápʃənl]

휑 선택의, 선택 가능한, 선택적인

Pet costumes are **optional** but encouraged.
애완동물 의상은 선택 가능하지만 권장됩니다.

eminent [émənənt]

유 p.42

휑 저명한, 탁월한

an **eminent** architect 저명한 건축가

imminent [ímənənt]

휑 목전의, 임박한

imminent danger 임박한 위험

prominent [prámənənt]

유 p.42

휑 유명한, 눈에 잘 띄는, 두드러진

one of the most **prominent** buildings 가장 유명한 건물들 중의 하나

Word Test 03 문맥상 가장 적절한 단어를 고르세요.

1) Every meal they cook is pure invention, pure ① distinct / ② extinct / ③ instinct : cooking is an art and cannot be reduced to numbers. 교육청

2) This teacher's expectations, held with conviction, drove her to actively nurture and support ① eminent / ② imminent / ③ prominent success in all her students.

3) For many years now, mediated entertainment such as TV and film has been able to stimulate our ① optical / ② optimal / ③ optional and auditory senses with sights and sounds. 평가원

4) Because of deforestation, orangutans could become ① distinct / ② extinct / ③ instinct in 25 years. 교과서 변형

5) Including your ① optical / ② optimal / ③ optional tour, you have to send $120 by tomorrow. 교육청

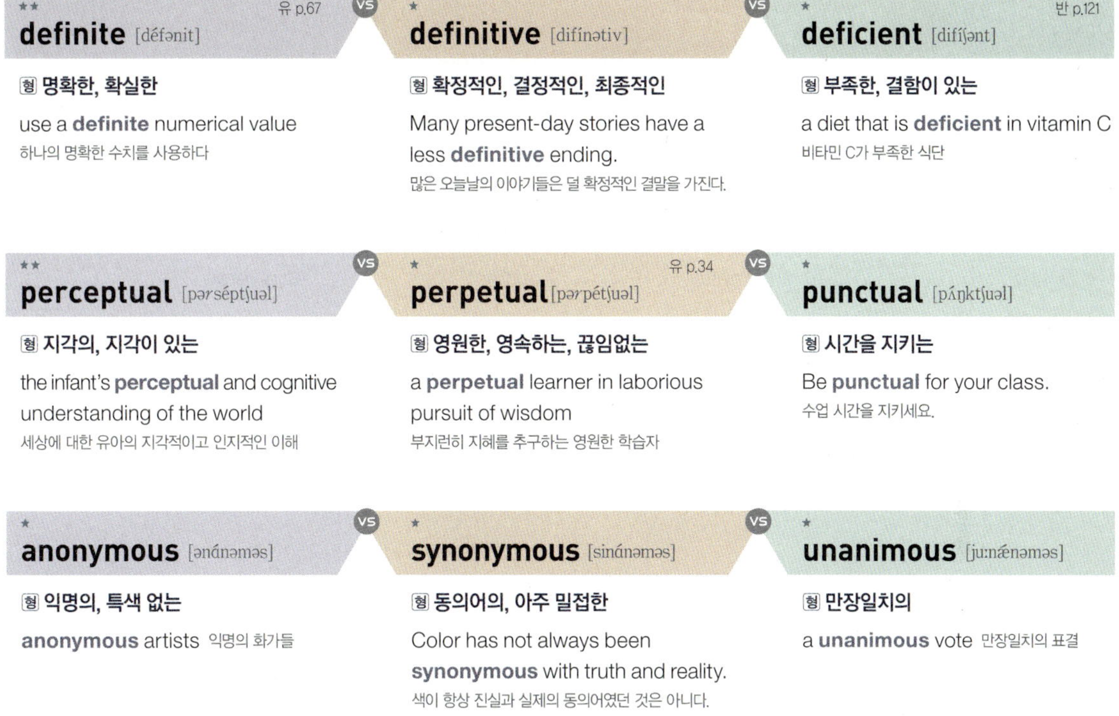

Word Test 04 문맥상 가장 적절한 단어를 고르세요.

1) In the past, (① anonymous / ② synonymous / ③ unanimous) artists began to draw *minhwa* and sold their works to the public. [교과서 변형]

2) Imagine someone extremely (① perceptual / ② perpetual / ③ punctual) who comes home at exactly six o'clock every day for fifteen years. [교육청]

3) Research suggests that when we view ourselves as morally (① definite / ② definitive / ③ deficient) in one part of our lives, we search for moral actions that will balance out the scale. [교육청]

4) The judges were (① anonymous / ② synonymous / ③ unanimous) in their decision to award the prize to Ms. White.

5) The world of images is not filtered by our (① perceptual / ② perpetual / ③ punctual) frame. [평가원 변형]

A 우리말에 해당하는 단어를 찾아 번호를 쓰세요.

① proficient	② morale	③ deficient	④ optimal
⑤ tiny	⑥ arithmetic	⑦ extinct	⑧ diverse

1 부족한, 결함이 있는 ___　**2** 사기, 의욕 ___　**3** 능숙한 ___　**4** 다양한 ___

5 아주 작은 ___　**6** 최적의, 최상의 ___　**7** 멸종된, 소멸된 ___　**8** 산수, 계산 ___

B 주어진 단어에 해당하는 우리말 뜻을 찾아 번호를 쓰세요.

① 익명의, 특색 없는	② 유제품의; 낙농(업)	③ 시각의, 광학의	④ 충분한
⑤ 역[반대]의, 불리한	⑥ 목전의, 임박한	⑦ 영원한, 영속하는	⑧ 뚜렷한, 별개의, 확실한

1 anonymous ___　**2** dairy ___　**3** perpetual ___　**4** distinct ___

5 adverse ___　**6** optical ___　**7** sufficient ___　**8** imminent ___

⑨ 동의어의, 아주 밀접한	⑩ 깔끔한, 잘 정돈된	⑪ 도덕의; 교훈, 윤리(학)	⑫ 유명한, 눈에 잘 띄는
⑬ 미학의, 심미적인; 미학	⑭ 본능, 직감	⑮ 조수, 흐름, (감정의) 파도	⑯ 정반대의; 반대가 되다

9 synonymous ___　**10** instinct ___　**11** moral ___　**12** reverse ___

13 aesthetic ___　**14** tide ___　**15** tidy ___　**16** prominent ___

C 주어진 단어에 해당하는 우리말 뜻을 빈칸에 쓰세요.

1 mortal : ______________　**2** definitive : ______________

3 efficient : ______________　**4** perceptual : ______________

5 athletic : ______________　**6** punctual : ______________

7 optional : ______________　**8** unanimous : ______________

9 eminent : ______________　**10** definite : ______________

D 우리말 해석을 참고하여 빈칸에 가장 적절한 단어를 골라 쓰세요.

punctual	tidy	unanimous	instinct
optimal	eminent	aesthetic	morale

1 a(n) _____________ architect
저명한 건축가

2 a normal parental _____________
보통 부모의 본능

3 the _____________ temperature
최적의 온도

4 raise the _____________ of the British troops
영국군의 사기를 높이다

5 Be _____________ for your class.
수업 시간을 지키세요.

6 _____________ appreciation of nature
자연에 대한 미학적 감상

7 a(n) _____________ vote
만장일치의 표결

8 I'll make it neat and _____________.
내가 그것을 깔끔하게 잘 정돈할게.

E 각 문장의 빈칸에 가장 적절한 단어를 찾아 번호를 쓰세요.

① perceptual	② diary	③ extinct	④ adverse	⑤ optional

1 At Sandhill Pet Parade, pet owners' costumes are _____________ but encouraged. 교육청 변형

2 If those conditions should change, specialist species often become _____________ and endangered. 교육청 변형

3 How many times have you heard of stories where people ignored the warning signs and _____________ situations seemed to present themselves overnight? 교육청

4 Assigned the enormous task of absorbing and processing all this new _____________ and sensory information around them, their brains are continuously alert and attentive. 교육청

5 The adults went home for a week, and recorded their thoughts in a daily _____________.
교육청

A 다음 우리말 해석을 참고하여 빈칸에 알맞은 단어를 쓰세요.

1 c______________ that it is not good enough
그것이 충분히 좋지는 않다고 결론 내리다

2 i______________ about how to get a credit card
신용카드를 발급받는 방법에 대해 문의하다

3 take years to e______________
진화하는 데 수년이 걸리다

4 i______________ playing video games
비디오 게임을 하는 것을 포함하다

B 다음 영영사전 풀이에 해당하는 단어를 찾아 쓰세요.

commend	multitude	persevere	refine	tidy

1 to continue doing something : ______________

2 to praise someone or something : ______________

3 keeping things clean and organized : ______________

4 a great number of things or people : ______________

5 to improve (something) by making small changes : ______________

C 다음 문장을 읽고, 문맥상 가장 적절한 단어를 고르세요.

1 Sometimes a person is [① acclaimed / ② exclaimed] as "the greatest" because there is little basis for comparison. 교육청

2 With the [① exception / ② conception] of TV, the other four devices showed increased viewing time from 2014 to 2015. 교육청

3 [① Gratitude / ② Multitude] is not about expectations, but about being thankful for our situation no matter what our expectations may be. 교육청

4 When we want to [① suppress / ② impress] someone or make them think a certain way about us, we tend to eat less in their presence than we would if we were alone. 교육청

5 While many books from the same era contained detailed maps, *Sinjeungdonggukyeojiseungram* is the most comprehensive [① geometry / ② geography] book. 교과서 변형

D 다음 문장을 읽고, 빈칸에 가장 적절한 단어를 찾으세요.

1 Some magazines are ___________ only by subscription. (수능)

① attributed ② distributed ③ contributed

2 An optimistic ___________ can help you develop a positive opinion about yourself. (교과서 변형)

① attitude ② altitude ③ gratitude

3 People with pets were ___________d as being more socially attractive and as having more desirable personal characteristics. (교육청)

① conceive ② receive ③ perceive

4 What is really mysterious about the tongue map is that it was the official truth for such a long time, even though it's so easily ___________. (교육청)

① approved ② improved ③ disproved

5 Average consumers of health care do not know how to diagnose their medical conditions and do not have a license to order services or ___________ medications. (평가원)

① describe ② prescribe ③ subscribe

Advanced

E 다음 문장에서 문맥상 어색한 단어를 찾아 바르게 고치세요.

1 Plato and Tolstoy both resume that it can be firmly established that certain works have certain effects. (수능)

___________ ⇒ ___________

2 Just as plants must die at the end of their life cycle, the seeds they have produced will submerge as new plants in the spring. (교육청)

___________ ⇒ ___________

3 Places defer in terms of population size, language, resources, environmental factors, industrial specialization, local history, and human activities. (교육청)

___________ ⇒ ___________

4 As part of its strategy for survival, our brain wants to deserve energy. (교육청)

___________ ⇒ ___________

Laughing at our mistakes can lengthen our own life. Laughing at someone else's can shorten it.

_Cullen Hightower

자신의 실수를 비웃으면 삶이 길어질 것이요, 남의 실수를 비웃으면 삶이 단축될 것이다.

_컬린 하이타워

'스스로에게는 엄격하게, 타인에게는 관대해지라'는 말이 있습니다.

실수 역시 마찬가지입니다. 타인의 실수를 비웃으며 시간을 낭비하기 전에
자기 자신의 실수와 실패들부터 수습해야 하지 않을까요?

★★★
right
[rait]

형 ❶ 옳은, 올바른 ❷ 맞는, 정확한 ❸ 오른쪽의
명 ❹ 오른쪽 ❺ 권리
부 ❻ 정확히, 바로, 꼭

Word**T**est **01** 밑줄 친 단어의 뜻을 위에서 찾아 해당 번호를 쓰세요.

1) I'll stop eating <u>right</u> now. (교육청) ______

2) He could not think of the <u>right</u> answer. (교육청) ______

3) You'll realize you did the <u>right</u> thing. (수능) ______

4) He broke his <u>right</u> arm. (평가원) ______

5) This is true for peers to your left and <u>right</u>. (교육청) ______

6) She spoke out for civil <u>rights</u>, women's <u>rights</u>, and poor people. (교육청) ______

★★★
place
[pleis]

명 ❶ 장소, 곳 ❷ 위치, 자리 ❸ (경주·대회에서의) 순위
동 ❹ 놓다, 두다 ❺ (지시·명령·주문·광고 등을) 하다[내(리)다]

Word**T**est **02**

1) They lost the match and got second <u>place</u>. ______

2) The world is a mysterious and fascinating <u>place</u>. (교육청) ______

3) I put them back in their <u>place</u> afterwards. (교육청) ______

4) An experimenter would <u>place</u> an object inside one box. (교육청) ______

5) He <u>placed</u> an ad in an Idaho newspaper. (교육청 변형) ______

★★★
part　　　　유 p.54, 74
[pɑːrt]

명 ❶ 일부, 약간, 부분, 부위 ❷ 일원, 구성원 ❸ 부품 ❹ 배역, 역할
동 ❺ 헤어지다, 갈라 놓다

Word**T**est **03**

1) Let's keep in touch even after we <u>part</u>. (교육청) ______

2) Some artists use their body <u>parts</u> as tools for creating art. (교과서 변형) ______

3) The Bendix Corporation was a manufacturer of aircraft <u>parts</u>.

4) Victoria was determined to practice her <u>part</u> in the musical every day. (교육청 변형)

5) Do you prefer to work alone, or as <u>part</u> of a team?

★★★   유 p.69

leave
[liːv]

(동) ❶ 떠나다, 출발하다 ❷ 그만두다
❸ (상태 · 장소 등에 계속) 있게 만들다, 그대로 두다 ❹ 남기다
(명) ❺ 휴가

Word Test 04

1) You can <u>leave</u> a message. (평가원)

2) You can <u>leave</u> any time you want to go.

3) It's dangerous to <u>leave</u> kids home alone. (교육청)

4) Some people choose not to <u>leave</u> an unfulfilling job. (평가원)

5) She ran out of paid <u>leave</u> and had to arrange to take unpaid <u>leave</u>. (교육청)

★★★

mean
[miːn]

(동) ❶ ~라는 뜻이다, ~을 의미하다
(형) ❷ 인색한 ❸ 못된, 심술궂은 ❹ 평균의
(명) ❺ 평균

Word Test 05

1) My father was always <u>mean</u> with money.

2) A broken leg may <u>mean</u> a death to climbers. (교과서 변형)

3) Those around you may be too aggressive and a little <u>mean</u>. (평가원 변형)

4) They were divided into twenty five groups with a <u>mean</u> size of eighteen. (평가원 변형)

5) Take all these temperatures and calculate their <u>mean</u>.

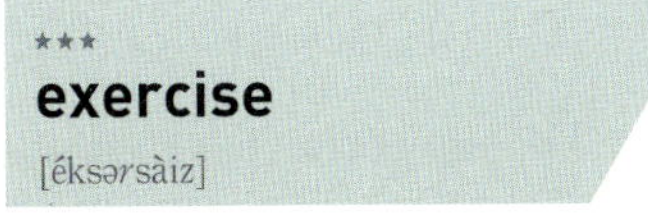

★★★

exercise
[éksərsàiz]

(명) ❶ 운동 ❷ 훈련, 연습 (문제) ❸ (권력 · 권리 · 역량 등의) 행사[발휘], 활동
(동) ❹ 운동하다 ❺ (권력 · 권리 · 역량 등을) 행사[발휘]하다, 행하다

Word Test 06

1) It is dangerous to get addicted to <u>exercise</u>. (교육청)

2) She found an opportunity for the <u>exercise</u> of her gift for acting.

3) Educating people about how to <u>exercise</u> this choice is important. 교육청 변형

4) Town squares have served as sites for military <u>exercises</u> and political gatherings.

5) Whether we <u>exercised</u> when young may influence whether we <u>exercise</u> later in life.

교육청 변형

★★★
age
[eidʒ]

명 ❶ 나이, 연령 ❷ 시기, 시대 ❸ 나이 듦, 오래됨
동 ❹ 나이가 들다, 나이를 먹다 ❺ 숙성시키다, 숙성하다

Word Test 07

1) We all <u>age</u> biologically at different rates. 수능

2) Flexibility does not have to disappear with <u>age</u>. 교육청

3) The wine is left to <u>age</u> for at least a year.

4) At the <u>age</u> of 25, she inherited a massive fortune. 교과서 변형

5) Information <u>age</u> is a by-product of collective intelligence. 교육청 변형

★★★
sound
[saund]

명 ❶ 소리, 음향
동 ❷ ~인 것 같다, ~처럼 들리다
형 ❸ 건강한, 건전한, 이상 없는

Word Test 08

1) We feel happy when we are safe and <u>sound</u> at home. 교과서 변형

2) This makes it <u>sound</u> as if light has intentionality. 교육청

3) The <u>sound</u> effects you added made the story feel alive. 교육청

★★★
run
[rʌn]

동 ❶ 달리다 ❷ 운영하다, 경영하다 ❸ 운행하다 ❹ 출마하다
명 ❺ 연속(of) ❻ (연극·영화의) 장기 공연[상영]

Word Test 09

1) Please check if she <u>runs</u> for student council president. 교육청

2) Is your club going to <u>run</u> a booth like last year? 교육청

3) Buses <u>run</u> every 10 minutes. 〔교육청〕

4) All athletes try to <u>run</u> faster and jump higher.

5) The musical had a record-breaking <u>run</u> in the Broadway theater.

6) So the sorting sequence is nonrandom, producing <u>runs</u> of items of a single type. 〔평가원〕

★★★　　　　　　　유 p.12

form

[fɔːrm]

명　❶ 종류, 유형　❷ 형식, 형태　❸ 서식, 양식

동　❹ 형성하다, 형성되다

Word Test 10

1) Please fill out this application <u>form</u>. 〔교육청〕

2) Do you think cuisine is an art <u>form</u> on its own? 〔교과서 변형〕

3) An ability to put many pieces of a task together to <u>form</u> a coherent whole is required.
   * coherent 일관성 있는, 논리정연한　　　　　　　　　　　　　　　　　　　　　　　　〔평가원 변형〕

4) Product placement(PPL) in movies is a <u>form</u> of advertising that involves inserting products. 〔교과서 변형〕

★★★

share

[ʃɛər]

동　❶ 함께 쓰다, 공유하다　❷ 나누다, 나눠 주다

명　❸ 몫, 지분　❹ 주식, 주　❺ 점유율, 비율

Word Test 11

1) Suspense takes up a great <u>share</u> of our interest in life. 〔교육청〕

2) I don't want to <u>share</u> a room with others. 〔교육청〕

3) The market <u>share</u> of imported fresh fruit decreased. 〔교육청 변형〕

4) You can <u>share</u> my lunch and donate your lunch money. 〔교육청〕

5) After selling up his <u>shares</u> in A F Jones & Co, in 1962 he founded his own firm. 〔교육청〕

A 우리말에 해당하는 단어를 찾아 번호를 쓰세요.

① place	② mean	③ share	④ form
⑤ age	⑥ right	⑦ exercise	⑧ sound

1 장소, 위치 ____ **2** 종류; 형성하다 ____ **3** 올바른; 권리 ____ **4** 건강한; 소리 ____

5 몫, 점유율 ____ **6** 인색한; 평균 ____ **7** 연습; 발휘하다 ____ **8** 시대; 나이를 먹다 ____

B 주어진 단어에 해당하는 뜻을 <u>모두</u> 찾아 번호를 쓰세요.

① 나이 듦, 오래됨	② 남기다	③ 일원, 구성원	④ 운영하다, 경영하다
⑤ 맞는, 정확한	⑥ 나누다, 나눠 주다	⑦ 주식, 주	⑧ 출마하다
⑨ ~을 의미하다	⑩ 평균의	⑪ 정확히, 바로, 꼭	⑫ 헤어지다, 갈라 놓다
⑬ 소리, 음향	⑭ 휴가	⑮ 나이가 들다, 나이를 먹다	⑯ ~인 것 같다

1 part ____ ____ **2** right ____ ____ **3** leave ____ ____ **4** run ____ ____

5 age ____ ____ **6** sound ____ ____ **7** mean ____ ____ **8** share ____ ____

C 주어진 문장에서 밑줄 친 단어가 어떤 뜻으로 쓰였는지 쓰세요.

1 You'll realize you did the <u>right</u> thing. 수능

2 A broken leg may <u>mean</u> a death to climbers. 교과서 변형

3 She ran out of paid <u>leave</u> and had to arrange to take unpaid <u>leave</u>. 교육청

4 Victoria was determined to practice her <u>part</u> in the musical every day. 교육청 변형

5 Town squares have served as sites for military <u>exercises</u> and political gatherings.

D 우리말 해석을 참고하여 빈칸에 가장 적절한 단어를 골라 쓰세요.

mean	sound	right	run
share	place	age	form

1 The wine is left to __________ .
포도주는 숙성하도록 둔다.

2 safe and __________ at home
집에서 안전하고 건강한

3 Buses __________ every 10 minutes.
버스는 10분마다 운행한다.

4 __________ a coherent whole
일관된 전체를 형성하다

5 __________ an object inside one box
물건을 하나의 상자 안에 놓다

6 the market __________ of imported fresh fruit
수입 생과일의 시장 점유율

7 too aggressive and a little __________
너무 공격적이고 약간 심술궂은

8 peers to your left and __________
여러분의 왼쪽과 오른쪽에 있는 동료

E 주어진 문장의 빈칸에 공통으로 들어갈 수 있는 단어를 찾아 번호를 쓰세요. (대·소문자 구분 없음)

① place	② leave	③ part	④ exercise	⑤ mean

1 (1) I'll change that __________ and send you a new version. 교육청

(2) She said goodbye to him, and they __________ (e)d at the train station.

2 (1) Sarah thinks that they should feel proud of winning second __________ . 교육청

(2) During landing, __________ all of your personal items such as cameras into your bag.

3 (1) I don't want to __________ a puppy alone in an empty house. 교육청

(2) Please make sure you lock your door whenever you __________ your dormitory room.

교육청 변형

4 (1) It is a useful __________ to recompute losses in terms of gains. 교육청

(2) __________ burns extra stress hormones and replaces them with other hormones that make
you happy. 교과서 변형

5 (1) Not to have many friends doesn't __________ anything goes wrong. 교과서 변형

(2) He divided 306 people into two age groups: young adolescents, with a(n) __________ age of
14; older adolescents, with a(n) __________ age of 19. 교육청 변형

mp3

★★★
point
[pɔint]

명 ❶ 의견, 주장 ❷ 요점 ❸ 지점, 장소
❹ (게임·경기 등에서의) 점수 ❺ (사물의 뾰족한) 끝
동 ❻ 가리키다, 겨누다(at/to), 지적하다(out)

Word **T**est **01**   밑줄 친 단어의 뜻을 위에서 찾아 해당 번호를 쓰세요.

1) It was difficult to get from point A to point B. 교육청 변형

2) The point is how your lateness affected Eleanor. 교육청

3) He pointed at a girl walking up the street. 교육청

4) Columbus clearly made his point by getting the egg to stand on its end. 교과서 변형

5) The scoreboard increased by two points. 교육청

6) I've never used the point of a knife for anything.

★★★
mind
[maind]

명 ❶ 마음, 정신 ❷ 머리, 생각 ❸ 지성인
동 ❹ 꺼리다, 싫어하다

Word **T**est **02**

1) As a crowd gathered, my mind went blank and I forgot the lyrics. 평가원

2) They are messages from your mind and body. 교육청 변형

3) Many of the world's greatest minds in physics will be attending the convention.

4) Jesse asked Monica if she minded answering a few questions on video. 교육청

★★★
room   유 p.75
[ru(:)m]

명 ❶ 방 ❷ (특정 목적을 위한) 공간[자리] ❸ 여지

Word **T**est **03**

1) There was no room for argument. 교육청

2) Stay in the room for a few minutes. 교육청

3) There's not enough leg room for me in the theater. 교육청 변형

turn

★★★
turn
[təːrn]

동 ❶ 돌다, 돌리다 ❷ 바꾸다, 전환하다 ❸ (어떤 상태·어떤 나이[시기]가) 되다, 되게 하다
명 ❹ 돌기, 돌리기, 회전 ❺ 차례, 순번

Word Test 04

1) He tried to make a high-speed <u>turn</u>. 〔교육청 변형〕

2) As my <u>turn</u> came closer, my heart beat faster. 〔교육청〕

3) Can a robot <u>turn</u> a paper into a beautiful artwork? 〔교과서 변형〕

4) When children <u>turn</u> four, they start to change. 〔교육청 변형〕

5) The college student <u>turned</u> her head toward the girl. 〔교육청〕

cause

★★★　　　　유 p.10, 62 반 p.100
cause
[kɔːz]

명 ❶ 원인, 이유 ❷ (대의)명분, 목적, 이상
동 ❸ ~의 원인이 되다, ~을 야기하다 ❹ ~가 …하게 하다(~+O+to V)

Word Test 05

1) A fire could <u>cause</u> it to explode. 〔교육청〕

2) The <u>cause</u> always comes before the event. 〔교육청〕

3) Parking there may <u>cause</u> accidents. 〔평가원〕

4) Bumper stickers people put on their cars may show the political <u>causes</u>. 〔교육청 변형〕

order

★★★　　　　유 p.73 반 p.108
order
[ɔ́ːrdər]

명 ❶ 명령, 지시 ❷ 주문(품) ❸ 순서 ❹ 질서
동 ❺ 명령하다, 지시하다 ❻ 주문하다

Word Test 06

1) You can either pick them up at our store or place an <u>order</u> for delivery. 〔교육청〕

2) We should observe the law and <u>order</u>. 〔교과서 변형〕

3) You first give an <u>order</u> and reward your puppy only when he follows it. 〔교육청〕

4) The participants are only allowed to speak in a fixed <u>order</u>. 〔교육청〕

5) I'd like to <u>order</u> a cake for my company anniversary party. 〔교육청〕

6) She <u>ordered</u> her bodyguards to stay behind. 〔교과서 변형〕

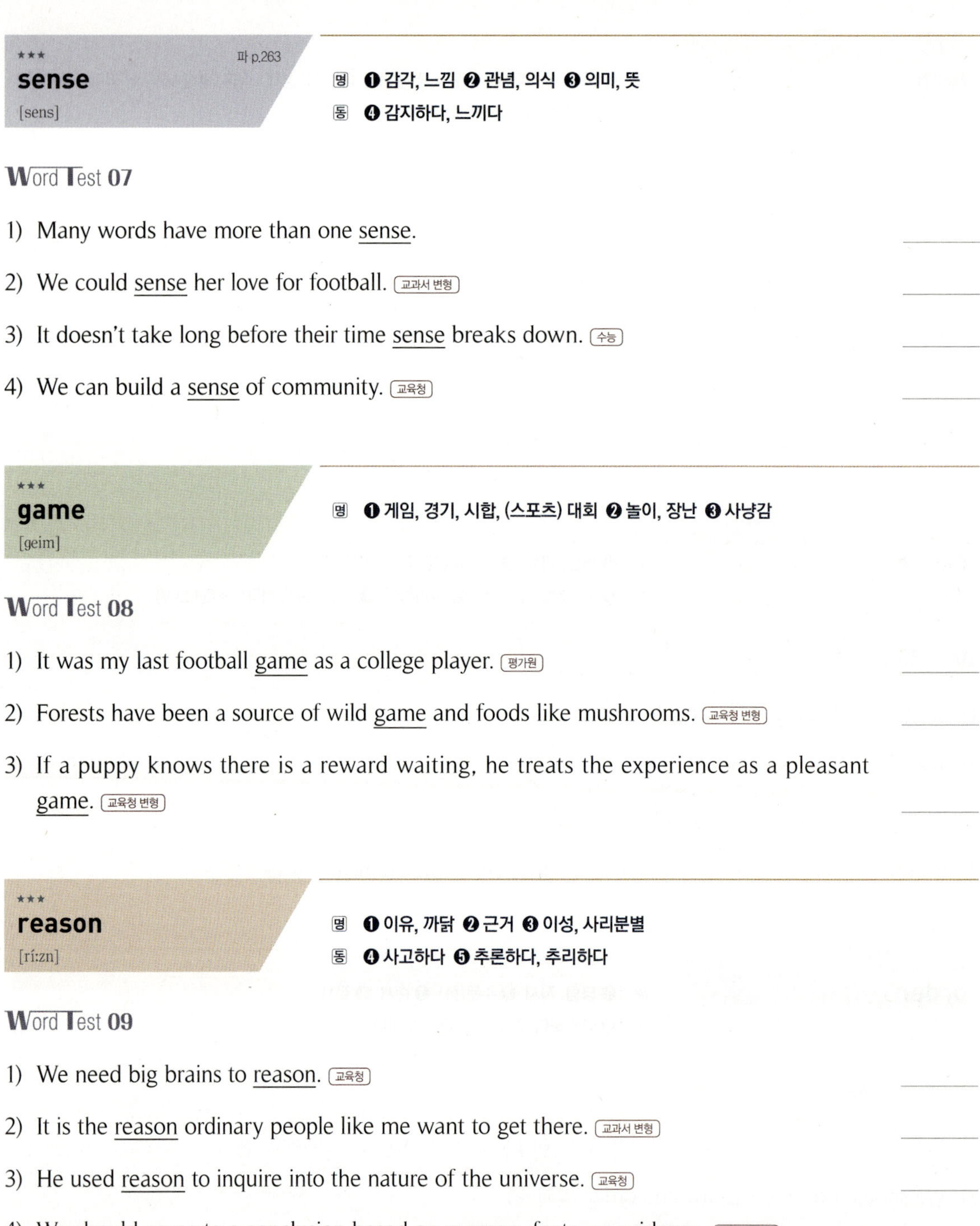

★★★ 파 p.263

sense
[sens]

명 ❶ 감각, 느낌 ❷ 관념, 의식 ❸ 의미, 뜻
동 ❹ 감지하다, 느끼다

Word Test 07

1) Many words have more than one <u>sense</u>.

2) We could <u>sense</u> her love for football. (교과서 변형)

3) It doesn't take long before their time <u>sense</u> breaks down. (수능)

4) We can build a <u>sense</u> of community. (교육청)

★★★

game
[geim]

명 ❶ 게임, 경기, 시합, (스포츠) 대회 ❷ 놀이, 장난 ❸ 사냥감

Word Test 08

1) It was my last football <u>game</u> as a college player. (평가원)

2) Forests have been a source of wild <u>game</u> and foods like mushrooms. (교육청 변형)

3) If a puppy knows there is a reward waiting, he treats the experience as a pleasant <u>game</u>. (교육청 변형)

★★★

reason
[ríːzn]

명 ❶ 이유, 까닭 ❷ 근거 ❸ 이성, 사리분별
동 ❹ 사고하다 ❺ 추론하다, 추리하다

Word Test 09

1) We need big brains to <u>reason</u>. (교육청)

2) It is the <u>reason</u> ordinary people like me want to get there. (교과서 변형)

3) He used <u>reason</u> to inquire into the nature of the universe. (교육청)

4) We should come to a conclusion based on <u>reasons</u>, facts, or evidence. (교육청 변형)

5) I <u>reason</u> that they were made possible because we can imagine in new ways. (수능 변형)

★★★
case
[keis]

명　❶ 사건, 문제　❷ 사실, 진상, 진실　❸ 경우, 사례　❹ 주장, 논거　❺ 판례, 소송

Word Test 10

1) This is not the <u>case</u> for people who live in the suburbs. (교육청)

2) The clues alone don't solve the <u>case</u> for detectives. (교육청 변형)

3) Big discoveries make the <u>case</u> for promotions. (수능 변형)

4) In that <u>case</u>, drawing might be better because it's easy and fun. (교육청)

5) She saved the life of her brother's friend by arguing his <u>case</u> at a trial. (교과서 변형)

★★★
practice
[prǽktis]

명　❶ 실행, 실천, 행위　❷ 관행, 관례　❸ 연습, 실습　❹ (의사·변호사 등의) 업무, 영업
동　❺ 실행하다, 실시하다, (늘) 행하다　❻ 연습하다

Word Test 11

1) I'll <u>practice</u> a lot for defense. (교육청)

2) He also went to football <u>practice</u>. (교육청)

3) Knowledge is one thing, <u>practice</u> is another. (교육청)

4) Dyeing hair blond was a common <u>practice</u> among ancient Roman men. (교육청)

5) The other style of medical <u>practice</u> can be described as informative. (교육청)

6) Tugging has been <u>practiced</u> as a kind of ritual in Korea. (교과서 변형)

★★★
attend
[əténd]

혼 p.142　파 p.268

동　❶ 참석하다　❷ 주의를 기울이다, 신경 쓰다(to)　❸ 돌보다, 간호하다(to)

Word Test 12

1) You are required to <u>attend</u> a meeting with the technical team at 2 p.m. (교육청)

2) We continue to <u>attend</u> to the unusual sights and sounds. (교육청)

3) He received the award in recognition of his devotion to <u>attending</u> to needy people.

(교과서 변형)

A 우리말에 해당하는 단어를 찾아 번호를 쓰세요.

> ① room ② cause ③ mind ④ attend
> ⑤ reason ⑥ order ⑦ point ⑧ sense

1 방, 자리, 여지 ＿＿ **2** 감각; 감지하다 ＿＿ **3** 명령, 주문(품) ＿＿ **4** 이유, 이성; 추론하다 ＿＿

5 요점, 지점; 가리키다 ＿＿ **6** 원인; ~을 야기하다 ＿＿ **7** 마음, 정신 ＿＿ **8** 참석하다, 신경 쓰다 ＿＿

B 주어진 단어에 해당하는 뜻을 <u>모두</u> 찾아 번호를 쓰세요.

> ① 감각, 느낌 ② 바꾸다, 전환하다 ③ 머리, 생각 ④ 사건, 문제
> ⑤ 경기 ⑥ 사냥감 ⑦ (대의)명분, 목적 ⑧ 명령[지시]하다
> ⑨ 관행, 관례 ⑩ 순서, 질서 ⑪ 실행하다, 실시하다 ⑫ 차례, 순번
> ⑬ 주장, 논거 ⑭ 의미, 뜻 ⑮ ~을 야기하다, ~가 …하게 하다 ⑯ 꺼리다, 싫어하다

1 game ＿＿ **2** order ＿＿ **3** mind ＿＿ **4** practice ＿＿

5 sense ＿＿ **6** case ＿＿ **7** cause ＿＿ **8** turn ＿＿

C 주어진 문장에서 밑줄 친 단어가 어떤 뜻으로 쓰였는지 쓰세요.

1 The clues alone don't solve the <u>case</u> for detectives. 교육청 변형

2 Tugging has been <u>practiced</u> as a kind of ritual in Korea. 교과서 변형

3 It is the <u>reason</u> ordinary people like me want to get there. 교과서 변형

4 Forests have been a source of wild <u>game</u> and foods like mushrooms. 교육청 변형

5 You first give an <u>order</u> and reward your puppy only when he follows it. 교육청

D 우리말 해석을 참고하여 빈칸에 가장 적절한 단어를 골라 쓰세요.

attend	point	practice	order
mind	cause	room	turn

1 the __________ of a knife
칼의 (날카로운) 끝

2 make a high-speed __________
급회전을 하다

3 __________ a cake
케이크를 주문하다

4 messages from your __________ and body
마음과 몸에서 나오는 메시지

5 Parking there may __________ accidents.
거기에 주차하면 사고를 야기할지도 모른다.

6 There was no __________ for argument.
논쟁의 여지가 없었다.

7 his devotion to __________ing to needy people
빈곤한 사람들을 돌보는 그의 헌신

8 a common __________ among ancient Roman men
고대 로마 남성들 사이에서의 흔한 관행

E 주어진 문장의 빈칸에 공통으로 들어갈 수 있는 단어를 찾아 번호를 쓰세요.

① reason	② practice	③ order	④ turn	⑤ point

1 (1) When he got to the highest __________ of the roof, he realized he was in trouble. 교육청
   (2) His father __________(e)d out that there are some rocks that are too dangerous to go onto. 교육청

2 (1) The queen __________(e)d and saw a woman running out of the woods. 교과서 변형
   (2) When it was his __________, he took a deep breath and started the speech. 교과서 변형

3 (1) The rich man __________(e)d guards to put him in the lion's cage. 교육청
   (2) The participants are only allowed to speak in a fixed __________. 교육청

4 (1) People who eat for emotional __________s are not necessarily overweight. 평가원
   (2) Kids have a greater ability to __________ as they get older. 교육청

5 (1) The __________ of ordinary people to spread news is called citizen journalism. 교과서 변형
   (2) The coach did make him an equipment manager so that he could come and __________. 평가원

DAY **32**

mp3

★★★
end
[end]

통 ❶ 끝내다
명 ❷ 끝, 종료 ❸ 목적, 목표 ❹ 한쪽 편

Word **T**est **01**　밑줄 친 단어의 뜻을 위에서 찾아 해당 번호를 쓰세요.

1)　The crisis at last came to an <u>end</u>. 〔교과서 변형〕

2)　It was an unfortunate way to <u>end</u> his lifelong career. 〔교육청〕

3)　If you pick up one <u>end</u> of the stick, you pick up the other. 〔교육청〕

4)　This is exemplified by toys, games, and lessons that are an <u>end</u> in and of themselves.
　　 * **exemplify** 전형적인 예가 되다, 예증하다　〔수능〕

★★★
nature
[néitʃər]

명 ❶ 자연 ❷ 천성, 본성, 속성, 본질 ❸ 종류, 유형

Word **T**est **02**

1)　Science is the study of <u>nature</u>. 〔수능〕

2)　Hubert Cecil Booth coined the term "vacuum cleaner" for devices of this <u>nature</u>. 〔교육청〕
　　 * **coin** (새로운 말 등을) 만들어 내다

3)　Such species are vital in determining the <u>nature</u> and structure of the entire ecosystem. 〔평가원〕

★★★　　　　　　유 p.25
produce
통 [prədjúːs]　명 [prɔ́djuːs]

통 ❶ 생산하다, 만들어 내다 ❷ (결과·효과를) 낳다, 초래하다
　 ❸ (영화·연극 등을) 제작하다
명 ❹ 농작물, 농산물

Word **T**est **03**

1)　Her novel was made into a movie <u>produced</u> by Oprah Winfrey. 〔교육청 변형〕

2)　They'll <u>produce</u> a crop in the spring. 〔교육청〕

3)　Consumers buy <u>produce</u> and other goods from local farmers. 〔교육청〕

4)　Action that might <u>produce</u> disease was a vital concern to the whole primitive community. 〔수능 변형〕

★★★
company
[kʌ́mpəni]

명 ❶ 회사 ❷ 극단, 단체 ❸ 함께 있음, 동행 ❹ 손님

Word Test 04

1) We had so much fun that night, talking and enjoying each other's <u>company</u>. 교과서 변형 ________

2) The theater <u>company</u> will meet with the director to review the rehearsal. 교육청 ________

3) We are having <u>company</u> for dinner. ________

4) JFK airport is closer to the <u>company</u> we're visiting. 수능 ________

★★★
term
[təːrm]

명 ❶ 용어, 말 ❷ 학기, 기간 ❸ (pl.) 조건 ❹ (pl.) 친한 관계
동 ❺ 칭하다, 일컫다

Word Test 05

1) Who first used the <u>term</u> "cell"? 교육청 변형 ________

2) Quality food means health in the long <u>term</u>. 교과서 변형 ________

3) Stay on good <u>terms</u> with your co-workers. 교육청 ________

4) This approach is appropriately <u>termed</u> "high advantage." 평가원 변형 ________

5) I made a contract with the company in better <u>terms</u> than we had expected. 교육청 변형 ________

★★★
picture
[píktʃərr]

명 ❶ 그림, 사진, 영화 ❷ 심상, 기억 ❸ (전반적인) 상황
동 ❹ 상상하다, 마음속에 그리다 ❺ 묘사하다, 제시하다

Word Test 06

1) You have only to <u>picture</u> the neurons in your brain. 교과서 변형 ________

2) I like our family <u>picture</u> above our bed. 평가원 ________

3) The documentary film paints a vivid <u>picture</u> of life in the jungle. ________

4) The world had been <u>pictured</u> as a static ladder of life. ________

5) The boss was looking for a way to get her out of the <u>picture</u> as an African woman.

교육청 변형 ________

★★★

base

[beis]

명 ❶ 기초, 바닥, 기저 ❷ (군사) 기지, 베이스 (캠프) ❸ 주성분
형 ❹ 기초가 되는, 기본적인
동 ❺ 기초로 하다, ~에 바탕[근거]을 두다

Word Test 07

1) They made their way back to the <u>base</u> camp. (교육청)

2) There are openings near the <u>base</u> of the building. (교과서 변형)

   * opening 빈 공간, 틈, 구멍

3) The book was <u>based</u> on the belief that globalization would inevitably bring us closer together. (교육청 변형)

4) Paint with a lead <u>base</u> was commonly used in homes prior to 1978.

   * lead 납

5) Human beings are driven by <u>base</u> motivations such as aggression and egoistic self-interest. (교육청)

★★★

air

[ɛər]

명 ❶ 공기, 대기 ❷ 공중, 허공 ❸ 느낌, 기운
동 ❹ 방송하다, 방송되다 ❺ 바람에 말리다, 마르다

Word Test 08

1) It was opened up and <u>aired</u> out to eliminate moisture. (교과서 변형)

2) You can do a number of things to keep the <u>air</u> in your home clean. (교육청)

3) The room had an <u>air</u> of great importance.

4) I pumped my fist in the <u>air</u>. (교육청)

5) The first episode will be <u>aired</u> on March 9th. (교육청)

★★★

store

[stɔːr]

명 ❶ 상점, 가게 ❷ 비축[저장](량) ❸ 저장고, 창고
동 ❹ 저장하다, 보관하다

Word Test 09

1) Do <u>stores</u> in downtown always keep their doors open?

2) Smoking in and near a grain <u>store</u> should be strictly forbidden.

3) Your body <u>stores</u> as much energy as you need. (교육청)

4) The cleptoparasite feeds on the host's hard-earned pollen <u>stores</u>. (평가원) ________

* cleptoparasite 절취 기생 생물 ** pollen 꽃가루

★★★ 유 p.12
support
[səpɔ́ːrt]

동 ❶ 지지하다, 옹호하다, 후원하다 ❷ 부양하다 ❸ 뒷받침하다
명 ❹ 지지, 지원 ❺ 버팀대 ❻ 뒷받침하는 것, 증거

Word Test 10

1) Society <u>supports</u> diversity. (평가원) ________

2) Offer true <u>support</u> and encouragement to your child. (교육청) ________

3) This theory is <u>supported</u> by modern findings in herbal medicine. (교과서 변형) ________

4) A vast academic literature provides empirical <u>support</u> for the theory. (교육청 변형) ________

* empirical 경험적인

5) A. Y. had to go to work at age twelve to help <u>support</u> his brothers and sisters. (교육청) ________

6) We recommend that you do not wear a knee <u>support</u> over your clothing. ________

★★★
check
[tʃek]

동 ❶ 살피다, 점검하다 ❷ 억제하다, 억누르다 ❸ 맡기다, 보관시키다
명 ❹ 확인, 점검 ❺ 저지, 억제 ❻ 수표

Word Test 11

1) Mom could not <u>check</u> her anger. ________

2) We'd better <u>check</u> everything before the cooking show starts. (교육청) ________

3) Thank you for your cooperation in this safety <u>check</u>. (평가원) ________

4) Fires provided a natural <u>check</u> on the number of trees. ________

5) Mr. Martineau <u>checked</u> his coat and hat with me. ________

6) She said she would return the <u>check</u> because it did not come from his heart. (교육청 변형) ________

A 우리말에 해당하는 단어를 찾아 번호를 쓰세요.

> ① end   ② nature   ③ produce   ④ company
> ⑤ term   ⑥ air   ⑦ base   ⑧ picture

1 기초, 바닥 ____   **2** 심상, 기억 ____   **3** 자연, 본성 ____   **4** 공중, 허공 ____

5 목적, 목표 ____   **6** 용어, 말, 학기 ____   **7** 낳다, 초래하다 ____   **8** 함께 있음, 동행 ____

B 주어진 단어에 해당하는 뜻을 <u>모두</u> 찾아 번호를 쓰세요.

> ① 생산하다   ② 뒷받침하다   ③ 속성, 본질   ④ 조건
> ⑤ 비축[저장](량)   ⑥ 묘사하다, 제시하다   ⑦ 농작물, 농산물   ⑧ (전반적인) 상황
> ⑨ 버팀대   ⑩ 느낌, 기운   ⑪ 확인, 점검   ⑫ 방송하다, 방송되다
> ⑬ 억제하다, 억누르다   ⑭ 저장하다, 보관하다   ⑮ 종류, 유형   ⑯ 친한 관계

1 nature ____ ____   **2** produce ____ ____   **3** term ____ ____   **4** picture ____ ____

5 store ____ ____   **6** air ____ ____   **7** support ____ ____   **8** check ____ ____

C 주어진 문장에서 밑줄 친 단어가 어떤 뜻으로 쓰였는지 쓰세요.

1 This approach is appropriately <u>term</u>ed "high advantage." [평가원 변형]

2 Consumers buy <u>produce</u> and other goods from local farmers. [교육청]

3 It was opened up and <u>air</u>ed out to eliminate moisture. [교과서 변형]

4 We'd better <u>check</u> everything before the cooking show starts. [교육청]

5 This is exemplified by toys, games, and lessons that are an <u>end</u> in and of themselves. [수능]

D 우리말 해석을 참고하여 빈칸에 가장 적절한 단어를 골라 쓰세요.

air	end	store	base
picture	nature	support	company

1 provide empirical __________ for the theory
이론에 대한 경험적인 증거를 제공하다

2 keep the __________ in your home clean
집안 공기를 깨끗하게 유지하다

3 smoking in and near a grain __________
곡물 저장소 안과 근처에서의 흡연

4 near the __________ of the building
건물의 바닥 근처

5 __________ the neurons in your brain
뇌 안에 있는 뉴런을 상상하다

6 the __________ we're visiting
우리가 방문할 그 회사

7 __________ his lifelong career
그의 평생 경력을 끝내다

8 Science is the study of __________.
과학은 자연에 대한 연구이다.

E 주어진 문장의 빈칸에 공통으로 들어갈 수 있는 단어를 찾아 번호를 쓰세요. (대 · 소문자 구분 없음)

① air	② nature	③ produce	④ support	⑤ term

1 (1) The transnational __________ of blockchains makes the technology difficult to govern. 〔교육청 변형〕

(2) I've traveled around the world, and I've been capturing the beauty of __________ for years. 〔교육청 변형〕

2 (1) Some plants __________ an initial series of leaves designed to be eaten. 〔교육청〕

(2) When handling fresh __________, control of the atmosphere is important. 〔교육청 변형〕

3 (1) The __________ "multitasking" didn't exist until the 1960s. 〔수능〕

(2) The life-plus-70-years standard was set by the Copyright __________ Extension Act of 1998. 〔수능〕

4 (1) They receive __________ and help to build their own social network. 〔교육청〕

(2) Minorities that are active and organised __________ and defend their position consistently. 〔수능 변형〕

5 (1) The commercial is supposed to be __________(e)d before the evening news. 〔교육청 변형〕

(2) Giant red dust storms throw dust up to 40 kilometers into the __________. 〔교과서 변형〕

★★★　　　　　　　　반 p.133

minute
[명][mínit] [형][mainʃúːt]

[명] ❶ (시간 단위의) 분 ❷ 잠깐 ❸ 순간 ❹ (*pl.*) 회의록, 의사록
[형] ❺ 아주 작은, 사소한 ❻ 세심한, 상세한

Word **T**est **01**　밑줄 친 단어의 뜻을 위에서 찾아 해당 번호를 쓰세요.

1) Wait a <u>minute</u>! (교육청)　　　　　　　　　　　　　　　　　________

2) He was a <u>minute</u> observer of details.　　　　　　　　________

3) The album was rescued at the last <u>minute</u>. (교과서 변형)　________

4) I think a 20-<u>minute</u> battery life is too short. (교육청)　　________

5) Tradition was not static, but constantly subject to <u>minute</u> variations. (평가원)　________

6) The chairperson read through the <u>minutes</u> of the last meeting.　________

★★★　　　　　　　　유 p.13

stand
[stænd]

[동] ❶ 일어서다, 서 있다 ❷ 참다, 견디다 ❸ (~한) 입장에 있다
[명] ❹ 가판대, 좌판 ❺ 스탠드, 관중석, 연단 ❻ 입장, 태도

Word **T**est **02**

1) I'll open a bakery <u>stand</u> at the festival. (교과서 변형)　　________

2) The two of you should <u>stand</u> at opposite corners. (평가원 변형)　________

3) Public service ads encourage a <u>stand</u> against unfairness in the world. (교과서 변형)　________

4) I'll take two tickets for <u>Stand</u> C. (교육청 변형)　　　　　________

5) I'm looking for a currency that can <u>stand</u> the test of time. (교육청 변형)　________

6) Where do you <u>stand</u> on the feminism issue?　　　　　________

★★★

service
[sə́ːrvis]

[명] ❶ 서비스[사업] (체제) ❷ (기계 등의) 이용 ❸ (차량 기계의) 점검, 정비 ❹ 봉사, 도움
[동] ❺ (서비스 등을) 제공하다

Word **T**est **03**

1) He invented the first bread slicing machine and put it into <u>service</u> in 1928. (교과서 변형)　________

2) The rental <u>service</u> is always available for our members. 〔평가원〕

3) You can come back to the <u>service</u> center to pick up the car. 〔교육청 변형〕

4) These are not <u>service</u> animals trained to help people with disabilities. 〔교육청〕

5) The shop <u>services</u> sewing machines and old typewriters. 〔교육청〕

sentence
[séntəns]

명 ❶ 문장 ❷ 판결, 선고, 형벌
동 ❸ 판결을 내리다, 선고하다

Word Test 04

1) He was <u>sentenced</u> three years in prison.

2) Billy stood to read the <u>sentence</u>. 〔교육청〕

3) Why do you wait till you have a death <u>sentence</u>? 〔교육청〕

return
[ritə́:rn]

동 ❶ 돌아오다, 돌아가다 ❷ 돌려주다, 반납하다 ❸ 되살아나다, 재발하다
명 ❹ 돌아옴, 귀환 ❺ 돌려줌, 반납 ❻ 수익

Word Test 05

1) Gain as much <u>return</u> as possible. 〔교육청〕

2) For book <u>returns</u>, use the drop box located on the first floor. 〔교육청〕

3) Operating hours on Thursdays will <u>return</u> to normal. 〔교육청〕

4) Is it okay to <u>return</u> it if I find printing mistakes? 〔교육청〕

5) According to legend of the Trevi Fountain, a single coin thrown into the fountain means a <u>return</u> to Rome. 〔교과서 변형〕

6) They will be unaware that their former patient's asthma symptoms have <u>returned</u>.

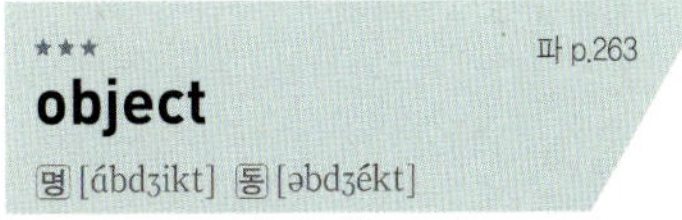

object 파 p.263
명 [ábdʒikt] 동 [əbdʒékt]

명 ❶ 물건, 사물 ❷ 대상 ❸ 목적(어), 목표
동 ❹ 반대하다(to)

Word Test 06

1) His artwork comes from everyday <u>objects</u>. 〔교과서 변형〕

2) His sole <u>object</u> in life is to become a journalist.

3) He <u>objected</u> to the policy of refusing the blood of black donors. (교육청)

4) We are both the subject and the <u>object</u> of our own experience. (교육청)

***

★★★   유 p.67
matter
[mǽtər]

명 ❶ 문제, 일, 사안 ❷ 물질
동 ❸ 중요하다

Word Test 07

1) What's the <u>matter</u>, Alice? (교육청)

2) Children <u>matter</u> as human beings. (교육청 변형)

3) Ocean currents can help produce organic <u>matters</u>. (교육청)

***

★★★
paper
[péipər]

명 ❶ 종이 ❷ 신문 ❸ 논문 (발표) ❹ 과제물, 리포트

Word Test 08

1) Researcher Tough wrote a <u>paper</u> called "The Iceberg of Informal Adult Learning." (교육청 변형)

2) Cut a strip of <u>paper</u> exactly 5 cm wide. (교과서 변형)

3) She's been working on a history <u>paper</u> about King Sejong. (평가원)

4) West had been submitting the short stories to the *Daily News*, the local <u>paper</u>. (교육청 변형)

***

★★★
source
[sɔ:rs]

명 ❶ 원인, 근본, 근원 ❷ 수원(지), 원천 ❸ 출처, 정보원
동 ❹ (부품 · 자료 등을) 얻다

Word Test 09

1) Heavy traffic is a major <u>source</u> of air pollution. (교육청)

2) In the dry season, the baobab tree is an important water <u>source</u> for Africans. (교과서 변형)

3) They make sure to <u>source</u> their materials ethically. (교과서 변형)

4) The author is understood to be the creative <u>source</u> of a written text. (교육청)

★★★
rate
[reit]

명　❶ 속도　❷ 비율　❸ 요금
동　❹ 평가하다, 등급[순위]을(를) 매기다

Word **T**est **10**

1) The rate of change varies from time to time. (교육청) ＿＿＿＿

2) The researchers rated children's imaginativeness. (평가원) ＿＿＿＿

3) The above graph shows the male and female adult unemployment rates. (교육청) ＿＿＿＿

4) What about the rate of the program for kids? (교육청 변형) ＿＿＿＿

★★★ 　유 p.67, 73
subject
명 형 [sʌ́bdʒikt]　동 [səbdʒékt]

명　❶ 주제　❷ 학과, 과목　❸ 대상, 소재　❹ 연구 대상, 피실험자
형　❺ ~될[당할/걸릴] 수 있는, ~되기 쉬운 (to)
동　❻ 지배 하에 두다, 종속시키다

Word **T**est **11**

1) He showed subjects a series of pictures. (교육청 변형) ＿＿＿＿

2) Science is a difficult subject to master. (교육청) ＿＿＿＿

3) It is subject to influence by the thoughts and experiences of others. (교육청) ＿＿＿＿

4) India and China were on occasion invaded and subjected by other peoples. (교육청 변형) ＿＿＿＿

5) We should try to discuss difficult and complex subjects. (교육청 변형) ＿＿＿＿

6) One's school reports weren't the subject of praise. (교육청) ＿＿＿＿

★★
custom
[kʌ́stəm]

명　❶ 관습　❷ (pl.) 관세, 세관　cf.) '세관'의 뜻일 때는 형태가 복수여도 단수 취급
형　❸ 주문 제작한, 맞춤형의

Word **T**est **12**

1) She chased her dream to become a singer while living as a customs officer. (교과서 변형) ＿＿＿＿

2) Rousseau's paintings went beyond custom and tradition. (교과서 변형) ＿＿＿＿

3) Lost River Cave has compiled 92 photos of wildlife in the cave to a custom flash drive.
(교육청)

A 우리말에 해당하는 단어를 찾아 번호를 쓰세요.

> ① minute ② stand ③ service ④ sentence
> ⑤ custom ⑥ return ⑦ subject ⑧ source

1 잠깐, 순간 ____ **2** 돌려줌, 반납 ____ **3** 점검, 봉사 ____ **4** 근본, 수원(지) ____

5 세관; 맞춤형의 ____ **6** 학과, 대상, 소재 ____ **7** 서 있다; 가판대 ____ **8** 문장, 판결 ____

B 주어진 단어에 해당하는 뜻을 <u>모두</u> 찾아 번호를 쓰세요.

> ① 연구 대상, 피실험자 ② (서비스 등을) 제공하다 ③ 목적(어), 목표 ④ (차량 기계의) 점검, 정비
> ⑤ 문제, 일, 사안 ⑥ 평가하다 ⑦ 속도 ⑧ 선고, 형벌
> ⑨ 출처, 정보원 ⑩ 과제물, 리포트 ⑪ 중요하다 ⑫ 원인, 근본, 근원
> ⑬ 지배 하에 두다 ⑭ 반대하다 ⑮ 신문 ⑯ 판결을 내리다, 선고하다

1 matter ____ **2** service ____ **3** object ____ **4** sentence ____

5 paper ____ **6** source ____ **7** rate ____ **8** subject ____

C 주어진 문장에서 밑줄 친 단어가 어떤 뜻으로 쓰였는지 쓰세요.

1 The <u>rate</u> of change varies from time to time. [교육청]

2 His sole <u>object</u> in life is to become a journalist.

3 You can come back to the <u>service</u> center to pick up the car. [교육청 변형]

4 Tradition was not static, but constantly subject to <u>minute</u> variations. [평가원]

5 The author is understood to be the creative <u>source</u> of a written text. [교육청]

D 우리말 해석을 참고하여 빈칸에 가장 적절한 단어를 골라 쓰세요.

rate	paper	return	matter
stand	subject	service	custom

1 the _________ of praise
칭찬의 대상

2 the _________ of the program for kids
어린이용 프로그램의 요금

3 mean a _________ to Rome
로마로 다시 돌아온다는 것을 의미한다

4 Children _________ as human beings.
아이들은 인간으로서 중요하다.

5 beyond _________ and tradition
관습과 전통을 넘어서

6 Cut a strip of _________ exactly 5 cm wide.
종이 조각을 정확히 5센티미터 너비로 잘라라.

7 open a bakery _________ at the festival
축제에서 제과 가판대를 열다

8 _________ animals trained to help people
사람들을 돕도록 훈련된 도우미 동물들

E 주어진 문장의 빈칸에 공통으로 들어갈 수 있는 단어를 찾아 번호를 쓰세요.

① object	② matter	③ sentence	④ subject	⑤ source

1 (1) He was determined to end the _________ completely. 교과서 변형
(2) Whether it's right or left does not _________ . 교육청

2 (1) You should be able to state this goal in one _________ . 교육청
(2) The judge decided to _________ the offender to a prison term of two years.

3 (1) Beauty is only possible where a(n) _________ has visible parts. 교육청
(2) When some schools began to allow students to use portable calculators, many parents _________ (e)d. 교육청 변형

4 (1) They try to _________ their materials ethically and advertise their eco-practices. 교과서 변형
(2) Shelving dark-colored products on top can be a(n) _________ of anxiety for some shoppers.
교육청 변형

5 (1) Cancelations will be _________ to a $30 cancelation fee. 교육청
(2) Some research on the _________ of success was conducted by George and Alec Gallup.
교육청 변형

mp3

★★★
note
[nout]

명 ❶ 메모, 편지, 쪽지 ❷ 지폐 ❸ 음, 음표
동 ❹ 주목하다, 주의하다 ❺ 언급하다, 말하다

Word **T**est **01** 밑줄 친 단어의 뜻을 위에서 찾아 해당 번호를 쓰세요.

1) He posted the <u>note</u> and the story on his SNS. (교과서 변형) ________

2) Steve Jobs, co-founder of Apple, <u>noted</u>, "Creativity is just connecting things." (교과서 변형) ________

3) <u>Note</u> that booking is essential. (교육청 변형) ________

4) I reached under my pillow and found a one dollar <u>note</u>. (교육청) ________

5) One has only to put some piece of music into <u>notes</u> to realize this. (평가원 변형) ________

★★★
apply
[əplái]   파 p.264

동 ❶ 신청하다, 지원하다 ❷ 적용하다 ❸ (페인트·크림 등을) 바르다
❹ (힘·압력 등을) 가하다

Word **T**est **02**

1) The driver failed to <u>apply</u> his brakes in time. ________

2) I'd like to <u>apply</u> for the audition. (교육청) ________

3) <u>Apply</u> lotion or cream to your face as often as you can. (교육청) ________

4) We can learn how to <u>apply</u> basic math to real life. (교육청 변형) ________

★★★
issue
[íʃuː]   유 p.67

명 ❶ 문제, 주제, 쟁점, 사안 ❷ (정기 간행물의) 호, 발행물 ❸ (법령 등의) 공포, 발행
동 ❹ 내다, 발표하다 ❺ 발급[발부/발행]하다

Word **T**est **03**

1) Donors are <u>issued</u> membership cards. (수능) ________

2) There's an <u>issue</u> affecting residents. (평가원) ________

3) Several senators are calling for the <u>issue</u> of new guidelines. ________

4) Readers explore a new magazine by buying a single <u>issue</u>. (수능) ________

5) Pierre de Fermat <u>issued</u> a set of mathematical challenges in 1657. (교육청) ________

★★★
position
[pəzíʃən]

〔명〕 ❶ 위치, 자리 ❷ 자세, 상태 ❸ 입장, 태도 ❹ 직위, 지위
〔동〕 ❺ 자리를 잡다, 배치하다, 두다

Word Test 04

1) The bad <u>position</u> for sleeping is on your stomach. 〔교과서 변형〕

2) The keyboard design strategy was to <u>position</u> the most frequently used keys as far apart as possible. 〔교육청〕

3) Turner was unable to get a teaching or research <u>position</u> at any major universities. 〔교육청〕

4) Chess players possess a capacity to recall the <u>position</u> of chess pieces. 〔교육청〕

5) They presented arguments for their <u>positions</u>. 〔교육청 변형〕

★★★
save
[seiv]

〔동〕 ❶ 구하다 ❷ 저축하다, 모으다, 절약하다 ❸ 저장하다
❹ ~에게 (경비 · 시간 · 노력 등을) 덜어주다[줄이다](~+I.O+D.O)
〔명〕 ❺ (축구 등에서) 상대편의 득점을 막기, (야구에서 투수의) 세이브

Word Test 05

1) Wearing a bike helmet could even <u>save</u> your life. 〔교육청〕

2) It'll <u>save</u> you time and money. 〔교육청〕

3) We should try hard to <u>save</u> energy for the future. 〔교육청〕

4) We <u>save</u> different versions of the documents to our hard disks. 〔교육청 변형〕

5) The goalkeeper made a spectacular <u>save</u>.

★★★
letter
[létər]

〔명〕 ❶ 편지 ❷ 글자
〔동〕 ❸ ~에 글자[마크]를 넣다

Word Test 06

1) The <u>letter</u> V was remembered as B. 〔평가원〕

2) I opened the <u>letter</u> and started reading. 〔교육청〕

3) Do you offer <u>lettering</u> on T-shirts like "Way to Go!"? 〔교육청〕

★★★

period
[píəriəd]

명 ❶ 기간 ❷ 시대, ~기 ❸ (학교의 일과를 나눠 놓은) 시간, 교시

Word **T**est 07

1) We have seven <u>periods</u> on Tuesday.

2) During the given <u>period</u>, the Atlantic region showed the least change. 교육청 변형

3) Shakespeare, like most playwrights of his <u>period</u>, did not always write alone. 교육청

---

account
[əkáunt]

명 ❶ 계좌 ❷ 설명, 기술, 이야기 ❸ 고려(할 만한 일) ❹ 중요성
동 ❺ 차지하다, 비율을 점하다(for) ❻ 설명하다(for) ❼ 원인이 되다, ~ 때문이다(for)

Word **T**est 08

1) Deposit $1,000 into a savings <u>account</u> at your local bank. 교육청

2) Women <u>account</u> for over 40% of all doctors. 교육청

3) The king needs to take every situation into <u>account</u>. 교과서 변형

4) These beliefs entirely <u>accounted</u> for the riskier choices with their money. 교육청

5) *Cairo Trilogy* is a masterful, realistic <u>account</u> of life in Cairo. 평가원 변형

6) They used small clay pieces to <u>account</u> for trades involving agricultural goods. 교육청 변형

7) Non-scientific approaches to reality may become labelled as subjective and of little <u>account</u>. 수능 변형

---

feature
[fí:tʃər]

유 p.55

명 ❶ 특징, 특색 ❷ 생김새, 이목구비 ❸ 특집 (기사, 방송)
동 ❹ ~을 특징으로 하다

Word **T**est 09

1) Cute, baby-like <u>features</u> are inherently appealing. 평가원

2) These programs <u>feature</u> a convenient 5-day schedule. 평가원

3) She had given me the go-ahead to report and write a <u>feature</u>. 교육청
   * go-ahead 승인, 허가

4) This phenomenon reflects a unique <u>feature</u> in the health care industry. 평가원

★★★
cover
[kΛvər]

동 ❶ 씌우다, 덮다, 가리다 ❷ (범위가) ~에 이르다
❸ (비용 등을) 충당하다, 부담하다 ❹ (주제 등을) 다루다
명 ❺ 덮개, 표지 ❻ 숨을 곳 ❼ 보험, (보험의) 보장

Word Test 10

1) The policy provides <u>cover</u> for loss by fire. ____

2) It's a book <u>cover</u> design exhibition. 〔교육청〕 ____

3) Tropical rainforests <u>cover</u> only 6 percent of the earth's surface. 〔교과서 변형〕 ____

4) She had no shoes to <u>cover</u> her bare feet. 〔교육청〕 ____

5) Rental rates must be charged in order to <u>cover</u> operating expenses. 〔평가원 변형〕 ____

6) It will sound an alarm call that alerts other squirrels to run for <u>cover</u>. 〔평가원〕 ____

7) The magazine <u>covers</u> cars and trucks. ____

★★★　　　　　　　　　유 p.19
measure
[méʒər]

동 ❶ 측정하다 ❷ (치수·길이·양 등이) ~이다
명 ❸ 조치, 정책 ❹ 척도, 기준 ❺ 측정

Word Test 11

1) Closing libraries on Mondays is a cost cutting <u>measure</u>. 〔교육청 변형〕 ____

2) Please <u>measure</u> and record the blood pressure of the patients. 〔교육청〕 ____

3) We need a <u>measure</u> of a student's content understanding. 〔교육청〕 ____

4) The head and body length of the addax <u>measures</u> 150-170 centimeters. 〔교육청〕 ____

5) Being good at chess isn't a <u>measure</u> of "intelligence." 〔교육청 변형〕 ____

★★★
press
[pres]

동 ❶ 누르다, 밀어 넣다
명 ❷ 누르기, 밀기, 압박 ❸ 인쇄기, 인쇄소 ❹ 언론(계), 기자

Word Test 12

1) Big discoveries are covered in the <u>press</u>. 〔수능〕 ____

2) They could <u>press</u> a button and make it stop. 〔교육청〕 ____

3) At the <u>press</u> of a button, we can stop traffic. 〔교육청〕 ____

4) Gutenberg's idea gave rise to the birth of the modern printing <u>press</u>. 〔교과서 변형〕 ____

A 우리말에 해당하는 단어를 찾아 번호를 쓰세요.

① apply	② letter	③ press	④ save
⑤ period	⑥ feature	⑦ account	⑧ position

1 특징, 생김새 ____   **2** 언론(계), 기자 ____   **3** 신청하다, 적용하다 ____   **4** 저장하다 ____

5 시대, ~기 ____   **6** 중요성 ____   **7** 위치, 자세 ____   **8** 편지, 글자 ____

B 주어진 단어에 해당하는 뜻을 <u>모두</u> 찾아 번호를 쓰세요.

① 차지하다, 비율을 점하다	② 쟁점, 사안	③ 시간, 교시	④ 저축하다, 모으다
⑤ 음, 음표	⑥ 기간	⑦ 자리를 잡다, 배치하다	⑧ 입장, 태도
⑨ 씌우다, 덮다, 가리다	⑩ 설명, 기술, 이야기	⑪ 발급[발부/발행]하다	⑫ ~에게 덜어주다[줄이다]
⑬ 측정하다	⑭ 조치, 정책	⑮ 숨을 곳	⑯ 주목하다, 주의하다

1 note ____ ____   **2** position ____ ____   **3** issue ____ ____   **4** measure ____ ____

5 account ____ ____   **6** period ____ ____   **7** save ____ ____   **8** cover ____ ____

C 주어진 문장에서 밑줄 친 단어가 어떤 뜻으로 쓰였는지 쓰세요.

1 These programs <u>feature</u> a convenient 5-day schedule. 평가원

2 We <u>save</u> different versions of the documents to our hard disks. 교육청 변형

3 Please <u>measure</u> and record the blood pressure of the patients. 교육청

4 During the given <u>period</u>, the Atlantic region showed the least change. 교육청 변형

5 Turner was unable to get a teaching or research <u>position</u> at any major universities. 교육청

D 우리말 해석을 참고하여 빈칸에 가장 적절한 단어를 골라 쓰세요.

press	account	issue	measure
save	note	letter	cover

1 the birth of the modern printing _________
현대 인쇄기의 탄생

2 provide _________ for loss by fire
화재로 인한 손실 보장을 제공하다

3 realistic _________ of life in Cairo
카이로에서의 삶에 대한 현실적인 이야기

4 a(n) _________ of "intelligence"
'지능'의 척도

5 post the _________ on his SNS
그 메모를 그의 SNS에 올리다

6 The _________ V was remembered as B.
글자 V는 B로 기억되었다.

7 _________ energy for the future
미래를 위해 에너지를 절약하다

8 buy a single _________
낱권의 발행물을 구매하다

E 주어진 문장의 빈칸에 공통으로 들어갈 수 있는 단어를 찾아 번호를 쓰세요. (대·소문자 구분 없음)

① note	② position	③ measure	④ account	⑤ issue

1 (1) _________ that copyright laws serve a dual purpose. (수능)

(2) Just take a postcard, and write a(n) _________ expressing gratitude to your teacher. (교육청)

2 (1) Hold this _________ for 10 seconds and then return to the starting _________. (교과서 변형)

(2) When he finally did leave the _________, Eliot still didn't strike out on his own. (교육청)

3 (1) Creative public service ads try to make people think about the _________. (교과서 변형)

(2) The first English patent for a typewriter was _________(e)d in 1714. (교육청)

4 (1) I've put Saturdays' earnings into a savings _________ for you. (교육청)

(2) Brains only _________ for 2 percent of typical body weight. (교육청 변형)

5 (1) Thermometers are supposed to _________ air temperature. (교육청)

(2) Eating healthy food was the second most common _________ for women to maintain their physical health. (교육청 변형)

Part Test (1)

Ⓐ 다음 우리말 해석을 참고하여 빈칸에 알맞은 단어를 쓰세요.

1 a major s___________ of air pollution
대기 오염의 주된 원인

2 Science is the study of n___________.
과학은 자연에 대한 연구이다.

3 take unpaid l___________
무급 휴가를 가다

4 shoes to c___________ her bare feet
그녀의 맨발을 가려 줄 신발

Ⓑ 다음 영영사전 풀이에 해당하는 단어를 찾아 쓰세요.

mind	part	produce	save	sentence

1 fresh fruits and vegetables : ___________

2 to object to or dislike something : ___________

3 a person who is a member of a group : ___________

4 to keep someone or something safe : ___________

5 the punishment given by a court of law : ___________

Ⓒ 다음 문장의 빈칸에 공통으로 들어갈 수 있는 단어를 찾아 번호를 쓰세요.

① run	② measure	③ reason	④ base

1 (1) We need a ___________ of a student's content understanding. (교육청)

(2) The head and body length of the addax ___________s 150-170 centimeters. (교육청)

2 (1) Is your club going to ___________ a booth like last year? (교육청 변형)

(2) All athletes try to ___________ faster and jump higher.

3 (1) He used ___________ to inquire into the nature of the universe. (교육청)

(2) I ___________ that they were made possible because we can imagine in new ways. (수능 변형)

4 (1) They made their way back to the ___________ camp. (교육청)

(2) The book was ___________(e)d on the belief that globalization would inevitably bring us closer together. (교육청)

D 주어진 문장의 밑줄 친 단어와 <u>같은</u> 뜻으로 쓰인 것을 고르세요.

1

> Charlotte Bronte gives a detailed <u>account</u> of the reasons behind her decision to use a male pen name. 교육청 변형

① The festival was delayed on that <u>account</u>.

② You will be asked to give an <u>account</u> of your actions.

③ He gave us a thrilling <u>account</u> of his life in the jungle.

④ I helped him open a new <u>account</u> with Barclay's Bank.

⑤ Web <u>accounts</u> for the largest proportion in advertising spending.

2

> Jack Welch swept away the old <u>order</u> by removing management training manuals from the organization's culture. 교육청 변형

① The names are listed in alphabetical <u>order</u>.

② The boss gave <u>orders</u> for the work to be started.

③ The store received an <u>order</u> for 200 roses this morning.

④ These shoes can be <u>ordered</u> direct from the manufacturer.

⑤ The army has been sent in to maintain <u>order</u> in the main cities.

3

> The next exam was science, my favorite <u>subject</u>, but I did not feel good about it. 교과서 변형

① Focus the camera on the <u>subject</u>.

② We need 50 male <u>subjects</u> for the experiment.

③ Flights are <u>subject</u> to delay because of the fog.

④ The information available on the <u>subject</u> is abundant.

⑤ Several <u>subjects</u> in middle schools are provided as e-textbooks.

4

> Permission marketing is a <u>term</u> coined by Seth Godin, meaning that the customer has given his or her consent to receive marketing messages from an organization. 교육청

① We have a new timetable each <u>term</u>.

② His <u>term</u> of office expires at the end of August.

③ That's an outdated <u>term</u> that no one uses anymore.

④ At her age, she can hardly be <u>termed</u> a young woman.

⑤ Early payment is not permitted under the <u>terms</u> of our agreement.

mp3

★★★
due
[dju:]

형 ❶ ~로 인한, ~ 때문에(~ to sth/sb) ❷ 만기의, 제출 기한인
❸ 도착할 예정인, ~하기로 되어 있는
명 ❹ (회비 등의) 내야 할 돈

Word **T**est 01   밑줄 친 단어의 뜻을 위에서 찾아 해당 번호를 쓰세요.

1) Pay club <u>dues</u> of $60 a year.

2) I forgot the <u>due</u> date of my book review. 교육청

3) The train is <u>due</u> in London at 10 p.m.

4) This is <u>due</u> in part to the fact that many species must migrate. 교육청

★★★
rest
[rest]

명 ❶ 휴식, 쉼 ❷ 나머지(the ~)
동 ❸ 쉬다, 휴식을 취하다 ❹ 기대다, 받치다, 기대에[놓여] 있다 ❺ 기초를 두다(on)

Word **T**est 02

1) Plants need darkness to <u>rest</u>. 교과서 변형

2) The doctor told me to get some <u>rest</u>. 교육청

3) Your coat may <u>rest</u> here on the hook. 교육청

4) He returned to Spain and spent the <u>rest</u> of his life peacefully in Madrid. 교육청

5) Rights that do not <u>rest</u> on special relationships, roles, or situations are important.

★★★
party
[pá:rti]

명 ❶ 파티 ❷ 정당, 당 ❸ (여행·방문 등을 함께 하는) 단체 ❹ 당사자

Word **T**est 03

1) You can use a third <u>party</u> to compliment a person you want to befriend. 교육청
*befriend 친구가 되다

2) I'm attending my father's retirement <u>party</u>. 평가원

3) John was taking a <u>party</u> of tourists to the museum.

4) He created the elephant as the symbol for the Republican Party. (교육청) ________

★★★ figure
[fígjər]

명 ❶ 수치, 숫자 ❷ 인물, 사람 ❸ 형상, 형체
동 ❹ 이해하다, 알아내다, 계산하다(out) ❺ 생각하다

Word Test 04

1) The Greeks figured out mathematics long before calculators were available. (교육청) ________

2) This "yellow journalism" sometimes took the form of gossip about public figures. (교육청) ________

3) The figure for the upper class dropped slightly to 1.9 percent in 2011. (교육청) ________

4) She gradually took away figures and filled her canvases with dots and lines. (교과서 변형) ________

5) When he was thinking, he figured he'd be better off sitting at his desk. (교육청 변형) ________

★★★ assume   유 p.19 혼 p.176
[əsúːm]

동 ❶ 가정하다, 추정하다 ❷ (책임 등을) 맡다 ❸ (특질·양상을) 띠다, 지니다
    ❹ 가장하다, ~인 체하다

Word Test 05

1) Sharing by its definition assumes human interaction. (교과서 변형) ________

2) She immediately assumed a look of innocence. ________

3) The driver assumes the responsibility of making countless strategic decisions. (교육청) ________

4) Many people assume it will be used to further their favorite hopes for society. (수능) ________

★★★ direct
[dirékt, dai-]

형 ❶ 직접적인, 직행의
동 ❷ 지휘하다, 감독하다 ❸ 안내하다, 유도하다
부 ❹ 직행으로, 직접

Word Test 06

1) Farmers have direct access to consumers. (교육청) ________

2) We flew direct to Los Angeles. ________

3) This is why curlers need to direct the stone's path carefully. (교과서 변형) ________

4) *Apocalypse Now* is a film produced and directed by Francis Ford Coppola. (수능 변형) ________

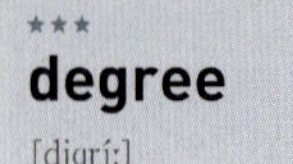

★★★
degree
[digríː]

명 ❶ (각도나 온도의 단위인) 도 ❷ 정도 ❸ 학위

Word Test 07

1) I'll get a <u>degree</u> and a good job. (교육청)

2) We need not worry about a three-<u>degree</u> increase in warming. (교과서 변형)

3) Today's most urgent societal problems are a function of globalization to some <u>degree</u>.

(교육청)

★★★
respect

혼 p.151 파 p.268

[rispékt]

명 ❶ 존경, 정중 ❷ (측)면, 점, 사항
동 ❸ 존경하다, 존중하다

Word Test 08

1) Tap water is actually healthier in some <u>respects</u>. (교육청)

2) Basic human rights are <u>respected</u>. (교육청)

3) The servers presented food to customers with both hands and with <u>respect</u>. (교육청 변형)

★★★
balance
[bǽləns]

명 ❶ 균형 (상태) ❷ 잔고 ❸ 저울, 천칭 ❹ (국제간의) 수지
동 ❺ (A와 B의) 균형을 유지하다[이루다](~ A with/and B) ❻ 상쇄하다

Word Test 09

1) We must <u>balance</u> courage with caution. (교육청)

2) You must maintain a minimum <u>balance</u> of $1,000.

3) We instinctively look for <u>balance</u> and harmony in our lives. (교육청)

4) This month's profits will <u>balance</u> our previous losses.

5) The graph shows the <u>balance</u> of trade for the energy, minerals and forest sectors. (교육청 변형)

6) Place the electronic <u>balance</u> on a flat, stable surface indoors.

★★★
property 유 p.17, 55 혼 p.151

[prάpərti]

명 ❶ 재산, 소유물 ❷ 부동산 ❸ 건물, 건물 구내 ❹ 속성, 특성

Word Test 10

1) He sold his <u>properties</u> to buy horses. 교과서 변형

2) <u>Property</u> owners cannot reduce the amount of space available for rent. 평가원

3) Curiosity was a unique <u>property</u> of human beings.

4) Guests have access to a swimming pool located on the hotel <u>property</u>. 교육청 변형

★★★
character

[kǽriktər]

명 ❶ 성격, 기질 ❷ 특징, 특질, 특성 ❸ 등장인물 ❹ 글자, 부호

Word Test 11

1) Korean <u>characters</u> are structurally different from English letters.

2) Does the inherent <u>character</u> of a seed change when it grows into a tree? 교육청

3) Reading helps you to shape your <u>character</u>. 교육청 변형

4) Hannah is an attractive <u>character</u>, and I want to bring her alive in the movie. 교육청

★★★
discipline 유 p.73

[dísəplin]

명 ❶ 규율, 통제, 훈련 ❷ 학과목, 지식 분야
동 ❸ 훈련하다, 훈육하다

Word Test 12

1) Many <u>disciplines</u> are better learned by entering into the doing. 수능

2) The coach was trying to teach students <u>discipline</u>. 교과서 변형

3) I strongly encourage you to find a place to think and to <u>discipline</u> yourself to pause.

교육청

Daily Test

Ⓐ 우리말에 해당하는 단어를 찾아 번호를 쓰세요.

① property	② direct	③ respect	④ discipline
⑤ due	⑥ assume	⑦ rest	⑧ figure

1 속성, 특성 ＿＿＿　　**2** 수치, 숫자 ＿＿＿　　**3** 휴식, 쉼 ＿＿＿　　**4** 학과목, 지식분야 ＿＿＿

5 지휘하다, 감독하다 ＿＿＿　　**6** 제출 기한인 ＿＿＿　　**7** 가정하다, 추정하다 ＿＿＿　　**8** 존경, 정중 ＿＿＿

Ⓑ 주어진 단어에 해당하는 뜻을 <u>모두</u> 찾아 번호를 쓰세요.

① 나머지	② 저울, 천칭	③ 존경하다, 존중하다	④ 정당, 당
⑤ (책임 등을) 맡다	⑥ 성격, 기질	⑦ 인물, 사람	⑧ 정도
⑨ 글자, 부호	⑩ 상쇄하다	⑪ 측면, 사항	⑫ 당사자
⑬ 학위	⑭ 기초를 두다	⑮ 가장하다, ~인 체하다	⑯ 이해하다, 계산하다

1 rest ＿＿ ＿＿　　**2** assume ＿＿ ＿＿　　**3** party ＿＿ ＿＿　　**4** figure ＿＿ ＿＿

5 respect ＿＿ ＿＿　　**6** degree ＿＿ ＿＿　　**7** balance ＿＿ ＿＿　　**8** character ＿＿ ＿＿

Ⓒ 주어진 문장에서 밑줄 친 단어가 어떤 뜻으로 쓰였는지 쓰세요.

1 I forgot the <u>due</u> date of my book review. 교육청

2 Sharing by its definition <u>assumes</u> human interaction. 교과서 변형

3 <u>Property</u> owners cannot reduce the amount of space available for rent. 평가원

4 He returned to Spain and spent the <u>rest</u> of his life peacefully in Madrid. 교육청

5 This "yellow journalism" sometimes took the form of gossip about public <u>figures</u>. 교육청

D 우리말 해석을 참고하여 빈칸에 가장 적절한 단어를 골라 쓰세요.

due	degree	direct	balance
party	discipline	figure	character

1 look for __________ and harmony
균형과 조화를 찾다

2 get a __________ and a good job
학위와 좋은 직장을 얻다

3 the inherent __________ of a seed
씨앗의 내재적인 특성

4 try to teach students __________
학생들에게 규율을 가르치려고 노력하다

5 We flew __________ to Los Angeles.
우리는 직행으로 Los Angeles로 날아갔다.

6 take a __________ of tourists to the museum
관광객 단체를 박물관으로 데려가다

7 The train is __________ in London at 10 p.m.
그 기차는 오후 10시에 런던에 도착할 예정이다.

8 The __________ for the upper class dropped slightly.
상위 계층의 수치는 살짝 떨어졌다.

E 주어진 문장의 빈칸에 공통으로 들어갈 수 있는 단어를 찾아 번호를 쓰세요.

① rest	② degree	③ figure	④ respect	⑤ character

1 (1) The __________ of competition is particularly intense. (평가원)
(2) Jemison received her medical __________ from Cornell Medical School in 1981. (교육청)

2 (1) The dictionary defines nature as the inherent __________ . (교육청)
(2) Frodo is a main __________ from the movie *The Lord of the Rings*.

3 (1) I really __________ his way of life. (교과서 변형)
(2) Handle the item with __________ and care. (교육청)

4 (1) She sprained her ankle and had to __________ for three months. (교육청)
(2) I want to stay with my family for the __________ of my life. (교과서 변형)

5 (1) I tried to __________ it out, but I couldn't find what was wrong. (교육청)
(2) A champion of free speech, Voltaire was a controversial __________ . (교육청 변형)

★★★
ground
[graund]

명 ❶ 땅바닥, 지면 ❷ 땅, 토양 ❸ (pl.) 이유, 근거
통 ❹ 기초[근거]를 두다 ❺ 외출[이륙/출항]하지 못하게 하다
형 ❻ (가루가 되게) 간, 빻은 (grind의 과거분사)

Word **T**est 01   밑줄 친 단어의 뜻을 위에서 찾아 해당 번호를 쓰세요.

1) Look, she's sleeping on the ground. 〔교육청〕 _________

2) The ground coffee beans stayed unchanged for some time. 〔교과서 변형〕 _________

3) Deposits of oil lie under the frozen ground, or tundra, of Alaska. 〔교육청〕 _________

4) I sometimes lie about my age on grounds of my appearance. 〔교육청 변형〕 _________

5) Sorry, I can't go out. I'm grounded. _________

6) The best career choices tend to be grounded in things you're good at. 〔평가원〕 _________

★★★
article
[áːrtikl]

명 ❶ 기사, 논문 ❷ 물품, 물건 ❸ (법)조항, 항목 ❹ (문법의) 관사

Word **T**est 02

1) Non-count nouns are often used with a definite article. _________

2) I'm reading an article about AEDs(automated external defibrillators) on the Internet. 〔교육청〕 _________

3) Household articles are very common objects found in every family. _________

4) The national banking association has amended its articles of association. _________

★★★
fashion
[fǽʃən]

명 ❶ 유행(하는 스타일), 인기, 패션 ❷ 방식
통 ❸ 만들다, 빚다

Word **T**est 03

1) Students fashioned the clay into small figures. _________

2) All we have to do is to arrange the information in an organized fashion. 〔교과서 변형〕 _________

3) Eco-fashion is known as slow fashion or sustainable clothing. 〔교과서 변형〕 _________

charge
[tʃɑːrdʒ]

명 ❶ 요금 ❷ 혐의, 고발, 비난 ❸ 책임, 담당
동 ❹ 청구[부과]하다 ❺ 비난[고소/고발]하다 ❻ 임무[책임]를(을) 맡기다 ❼ 충전하다

Word Test 04

1) We charge a fine for littering. (교육청)

2) The event and parking are free of charge. (교육청)

3) I forgot to charge my cell phone battery. (교육청)

4) She rejected her charge, saying her actions were innocent.

5) He's going to be in charge of a branch office in New York. (교육청)

6) The committee has been charged with the economic growth in the region.

7) My boss charged me yesterday with neglecting my duty.

original
[ərídʒənəl]

형 ❶ 원래의, 최초의 ❷ 독창적인 ❸ 원본의, 원작의
명 ❹ 원본

Word Test 05

1) Overall satisfaction returns to the original amount. (교육청)

2) Three additional copies were made with the original copy of a king's *Sillok*. (교과서 변형)

3) Notac High School is now accepting your original and critical book reviews. (평가원)

4) If you tried to copy the original rather than your imaginary drawing, you might find your drawing now was a little better. (교육청)

appreciate
[əpríːʃièit]

동 ❶ (제대로) 이해하다, 인식하다, 진가를 알아보다 ❷ 고마워하다, 감사하다
❸ 감상하다, 음미하다 ❹ (시세·가격 등이) 오르다

Word Test 06

1) Survival stories like John's make people appreciate what they have. (교과서 변형)

2) It is difficult to appreciate what a temperature of 20,000,000℃ means. (평가원)

3) The price of the land in the city has constantly been appreciating.

4) If you eat some food at that restaurant, please slow down to appreciate the wonderful presentation of food. (교과서 변형)

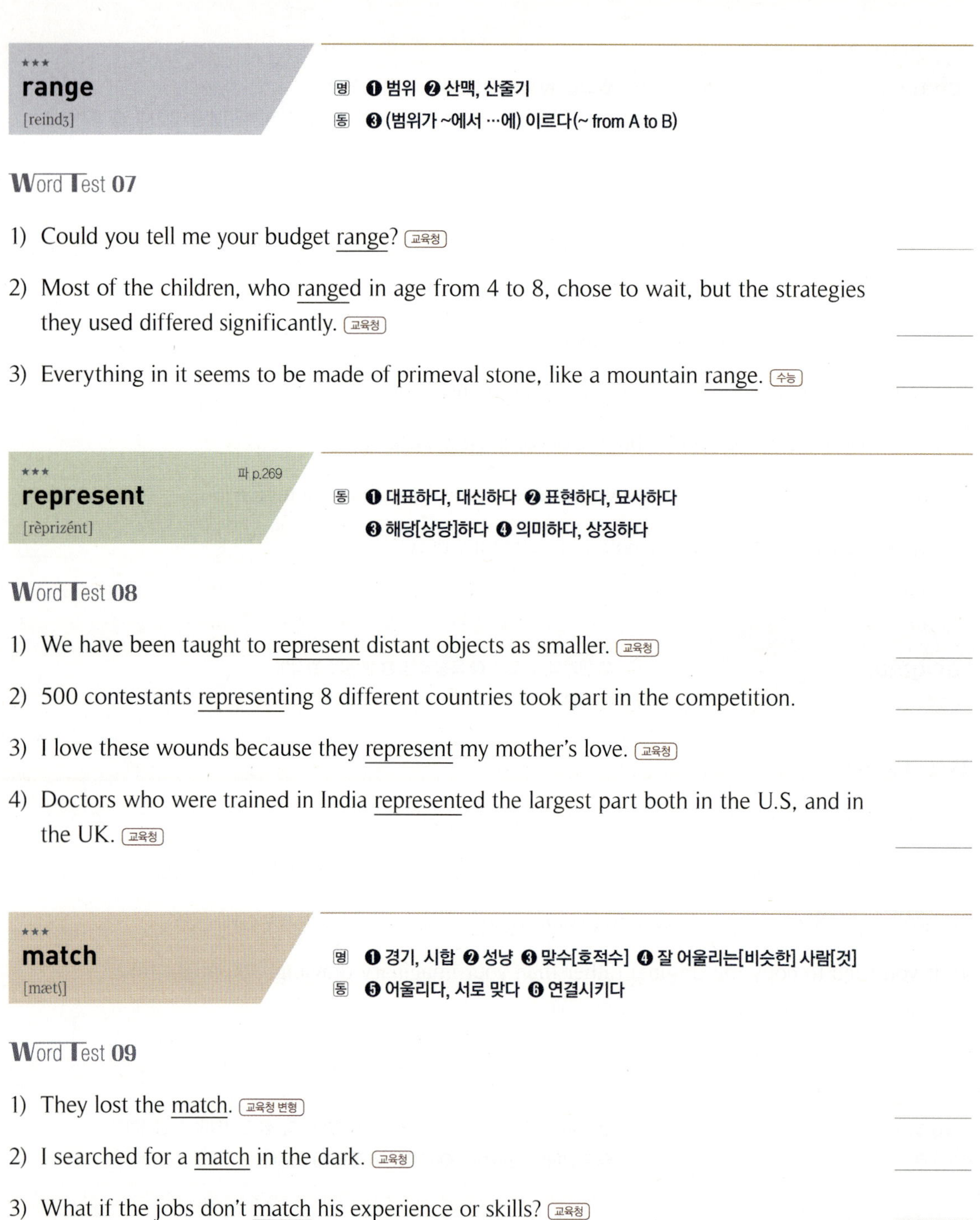

range
[reindʒ]

명 ❶ 범위 ❷ 산맥, 산줄기
동 ❸ (범위가 ~에서 …에) 이르다 (~ from A to B)

Word **T**est 07

1) Could you tell me your budget range? 교육청

2) Most of the children, who ranged in age from 4 to 8, chose to wait, but the strategies they used differed significantly. 교육청

3) Everything in it seems to be made of primeval stone, like a mountain range. 수능

represent
[rèprizént]
파 p.269

동 ❶ 대표하다, 대신하다 ❷ 표현하다, 묘사하다
❸ 해당[상당]하다 ❹ 의미하다, 상징하다

Word **T**est 08

1) We have been taught to represent distant objects as smaller. 교육청

2) 500 contestants representing 8 different countries took part in the competition.

3) I love these wounds because they represent my mother's love. 교육청

4) Doctors who were trained in India represented the largest part both in the U.S, and in the UK. 교육청

match
[mætʃ]

명 ❶ 경기, 시합 ❷ 성냥 ❸ 맞수[호적수] ❹ 잘 어울리는[비슷한] 사람[것]
동 ❺ 어울리다, 서로 맞다 ❻ 연결시키다

Word **T**est 09

1) They lost the match. 교육청 변형

2) I searched for a match in the dark. 교육청

3) What if the jobs don't match his experience or skills? 교육청

4) The hunters were no real match for an angry mammoth. 평가원 변형

5) The striped rug is a good match for your room. 교육청 변형

6) John was matched up with Randy, one of the mentees in the program. 교육청

★★★
board
[bɔːrd]

명 ❶ 널빤지, 판자, 판 ❷ 위원회, 이사회, (기관의) 부, 청 ❸ 선내, 갑판
동 ❹ 판자를 대다, 판자로 둘러싸다 ❺ (배 · 기차 · 비행기 등에) 타다 ❻ 하숙하다

Word Test 10

1) She was about to <u>board</u> a plane. (교과서 변형) ______

2) We should design a notice <u>board</u> for our class decoration. (교과서 변형) ______

3) Some passengers essentially bought a chance of getting on <u>board</u> as standbys. (교육청 변형) ______

4) I'm honored that the <u>board</u> has seen fit to recommend me for vice president. (교육청) ______

5) It is highly unlikely that a <u>board</u>ed ceiling will fall down. ______

6) While in Milwaukee he <u>board</u>s at the Kirby House. ______

★★★
spot
[spɑt]

명 ❶ 반점, 얼룩 ❷ (특정한) 장소, 지점 ❸ (경기 · 행사 등의) 위치, 자리
동 ❹ 발견하다, 찾다

Word Test 11

1) It might look like a perfect <u>spot</u> for fishing. (교육청) ______

2) He can't <u>spot</u> an empty space to park his car. (교육청) ______

3) Two teams are battling for the last play-off <u>spot</u>. ______

4) An inkpot fell onto her handkerchief causing a huge ugly <u>spot</u>. (교육청 변형) ______

★★
bound
[baund]

형 ❶ 묶인, 갇힌, 구속된 ❷ (반드시) ~할 의무가 있는, ~해야 할 운명인(to)
명 ❸ 범위, 한계
동 ❹ 제한하다, 경계를 짓다(보통 수동태로 사용) ❺ 튀다, 뛰다

Word Test 12

1) Faraday's pleasure knew no <u>bound</u>s on this bonus offer. (교육청) ______

2) The law of gravity and the genome were <u>bound</u> to be discovered by somebody. (평가원) ______

3) African American women are not as <u>bound</u> as white women by gender role stereotypes. (평가원) ______

4) Imagination is <u>bound</u>ed by the experiences we remember. ______

5) The boy suddenly <u>bound</u>ed up the riverbank. ______

A 우리말에 해당하는 단어를 찾아 번호를 쓰세요.

| ① article | ② range | ③ appreciate | ④ bound |
| ⑤ ground | ⑥ spot | ⑦ original | ⑧ charge |

1 반점, 얼룩 ＿＿　　**2** 기사, 논문 ＿＿　　**3** 독창적인 ＿＿　　**4** 책임, 담당 ＿＿

5 이유, 근거 ＿＿　　**6** 범위 ＿＿　　**7** ~할 의무가 있는 ＿＿　　**8** 감상하다, 음미하다 ＿＿

B 주어진 단어에 해당하는 뜻을 <u>모두</u> 찾아 번호를 쓰세요.

① 발견하다, 찾다	② 어울리다, 서로 맞다	③ 요금	④ 대표하다, 대신하다
⑤ 방식	⑥ 위원회, 이사회	⑦ 물품, 물건	⑧ 기초[근거]를 두다
⑨ 하숙하다	⑩ (특정한) 장소, 지점	⑪ 해당[상당]하다	⑫ 청구[부과]하다
⑬ 만들다, 빚다	⑭ 성냥	⑮ (법)조항, 항목	⑯ (가루가 되게) 간, 빻은

1 board ＿＿＿　　**2** ground ＿＿＿　　**3** represent ＿＿＿　　**4** article ＿＿＿

5 spot ＿＿＿　　**6** match ＿＿＿　　**7** charge ＿＿＿　　**8** fashion ＿＿＿

C 주어진 문장에서 밑줄 친 단어가 어떤 뜻으로 쓰였는지 쓰세요.

1 Look, she's sleeping on the <u>ground</u>. 교육청

2 I forgot to <u>charge</u> my cell phone battery. 교육청

3 He can't <u>spot</u> an empty space to park his car. 교육청

4 We have been taught to <u>represent</u> distant objects as smaller. 교육청

5 It is difficult to <u>appreciate</u> what a temperature of 20,000,000℃ means. 평가원

D 우리말 해석을 참고하여 빈칸에 가장 적절한 단어를 골라 쓰세요.

spot	range	bound	original
match	board	fashion	appreciate

1 your budget ____________
당신의 예산 범위

2 ____________ a plane
비행기를 타다

3 a perfect ____________ for fishing
낚시하기에 완벽한 장소

4 ____________ and critical book reviews
독창적이고 비판적인 독후감들

5 search for a(n) ____________ in the dark
어둠 속에서 성냥을 찾다

6 Imagination is ____________(e)d by the experiences.
상상력은 경험에 제한되어 있다.

7 arrange the information in an organized ____________
조직화된 방식으로 정보를 정리하다

8 ____________ the wonderful presentation of food
멋지게 제시된 음식을 음미하다

E 주어진 문장의 빈칸에 공통으로 들어갈 수 있는 단어를 찾아 번호를 쓰세요.

① ground	② charge	③ match	④ represent	⑤ spot

1 (1) Engineers have the technology needed to get this oil out of the __________ . 교육청
  (2) Studies involving pythons (eating __________ cooked steak) confirmed these findings. 교육청 변형

2 (1) In some cases, the services are available to all, with no direct __________ . 교육청
  (2) Some retail merchants wanted to __________ different prices to their cash customers. 교육청 변형

3 (1) Flamenco is one of the cultural symbols which __________ Spain. 교과서 변형
  (2) Paintings like *Jar and Moon* __________ his love of Korean traditional objects. 교과서 변형

4 (1) On your way home, you __________ a digital screen with fresh fruit on it. 교과서 변형
  (2) If you've picked a good __________ for stargazing, you'll see a sky full of stars. 교육청

5 (1) The skin around her eyes forms small and thin lines, and the lines __________ mine. 교육청
  (2) They lost the __________ and got second place. 교육청 변형

bill ★★
[bil]

명 ❶ 고지서, 청구서 ❷ 지폐 ❸ 법안 ❹ (새의) 부리
동 ❺ 고지서[청구서]를 보내다

Word Test 01   밑줄 친 단어의 뜻을 위에서 찾아 해당 번호를 쓰세요.

1) Here's the repair <u>bill</u> for today. (교육청) ＿＿＿

2) Ibises are characterized by their downward-curved <u>bills</u>. (교육청) * ibis 따오기 ＿＿＿

3) The rights guaranteed in the <u>Bill</u> of Rights. (교육청) ＿＿＿

4) The number grew to hundreds of people, each delivering a $100 <u>bill</u>. (교육청) ＿＿＿

5) Please <u>bill</u> me for the pencils and notebooks. ＿＿＿

address ★★★
[ədrés]

명 ❶ 주소 ❷ 연설
동 ❸ (문제 등을) 대처하다, 다루다 ❹ (편지 봉투에) 주소를 쓰다 ❺ 말을 하다, 연설하다

Word Test 02

1) The letter was flawlessly <u>addressed</u>, but delivered to the wrong house. ＿＿＿

2) Mr. Baker was <u>addressing</u> the class, but no one was listening to him. (교과서 변형) ＿＿＿

3) Please fill in your <u>address</u> here first. (교육청) ＿＿＿

4) You can listen to your own voice, as on tape or through a public <u>address</u> system. (평가원 변형) ＿＿＿

5) Age does not matter in the job of <u>addressing</u> social challenges. (교과서 변형) ＿＿＿

mass ★★★   혼 p.154
[mæs]

명 ❶ 덩어리, 덩이 ❷ 많은 수[양] ❸ (pl.) 대중(the ~) ❹ 질량
형 ❺ 대량의, 대중의

Word Test 03

1) The critics tried to identify the refined tastes of the <u>masses</u>. (평가원 변형) ＿＿＿

2) These bees lay an egg near the pollen <u>mass</u>. (평가원 변형) ＿＿＿

3) The houses protect families not only against a <u>mass</u> of mosquitoes below but also against annoying neighbors and evil spirits. (교육청) ＿＿＿

4) <u>Mass</u> customization can be a strategy of manufacturers or retailers. 교육청 변형 ＿＿＿＿＿

5) Any amount of <u>mass</u> will cause the attraction. 교육청 ＿＿＿＿＿

    * attraction 인력

★★★
spring
[spriŋ]

명 ❶ 봄 ❷ 용수철, 스프링 ❸ 샘
동 ❹ ~에서 솟아 나오다 ❺ (마음에) 떠오르다

Word **T**est 04

1) We took a boiling bath at a hot <u>spring</u>. 교과서 변형 ＿＿＿＿＿

2) They'll produce a crop in the <u>spring</u>. 교육청 ＿＿＿＿＿

3) The mattress is old and some of the <u>springs</u> are broken. 교육청 ＿＿＿＿＿

4) They would see in his poems an individual <u>springing</u> from the book. 수능 변형 ＿＿＿＿＿

5) Words like "boring" and "predictable" <u>spring</u> to mind! 교육청 ＿＿＿＿＿

★★★
count
[kaunt]

동 ❶ 세다, 계산하다 ❷ 중요하다
　　❸ 간주하다[여기다], 간주되다[여겨지다] ❹ 의존하다(on)
명 ❺ 셈, 계산 ❻ 총계

Word **T**est 05

1) He asked his wife to <u>count</u> to 60. 교육청 ＿＿＿＿＿

2) Preparation and practice <u>count</u> as much as good luck. 교육청 ＿＿＿＿＿

3) Exhale to the <u>count</u> of four. 교육청 변형 ＿＿＿＿＿

4) This type of company <u>counts</u> as a public authority. ＿＿＿＿＿

5) The final <u>count</u> of people at the conference was over 200. ＿＿＿＿＿

6) They reported more than 5 people that they <u>count</u> on. 교육청 변형 ＿＿＿＿＿

★★★
scale
[skeil]

명 ❶ 규모, 범위 ❷ (측정기의) 눈금 ❸ 음계
　　❹ 저울 ❺ (지도의) 축척, 축소 비율 ❻ 비늘

Word **T**est 06

1) Not all music uses this <u>scale</u>. 교육청 ＿＿＿＿＿

2) It is more than 25 million degrees on the Fahrenheit <u>scale</u>! 교육청 ＿＿＿＿＿

3) <u>Scale</u> information gives the map scientific accuracy. (수능) ______

4) The <u>scale</u> is already level. (교육청) ______

5) Sharks don't have <u>scales</u> like other fish. (교육청) ______

6) The improvement of transportation allowed modern tourism to develop on a large <u>scale</u>. (평가원 변형) ______

fair 유 p.43
[fɛər]

형 ❶ 공정한 ❷ 상당한, 제법 많은 ❸ (날씨가) 맑은
명 ❹ 박람회 ❺ (풍물) 장터, 시장

Word Test 07

1) The day was a <u>fair</u> and breezy day. (교육청) ______

2) One day, he bought a set of prisms at a big county <u>fair</u>. (교육청 변형) ______

3) We should promote the core value of <u>fair</u> competition among players. (교과서 변형) ______

4) Don't miss out on the largest educational <u>fair</u> in Canada! (교육청) ______

5) The challenge takes a <u>fair</u> amount of courage to achieve. (교육청 변형) ______

atmosphere
[ǽtməsfiər]

명 ❶ 대기 ❷ (특정 장소의) 공기 ❸ 분위기

Word Test 08

1) Some dust particles in the <u>atmosphere</u> of the room gather pollutants. (교과서 변형) ______

2) It takes a vast amount of heat to warm all the earth's <u>atmosphere</u>. (교과서 변형) ______

3) Dave's dad noticed the bad <u>atmosphere</u> between the two boys. (수능 변형) ______

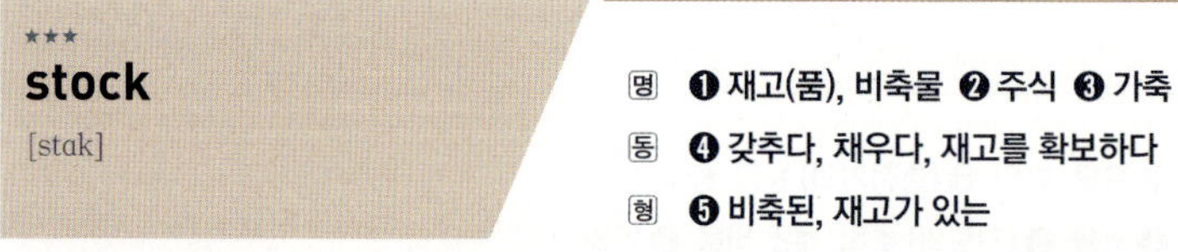

stock
[stɑk]

명 ❶ 재고(품), 비축물 ❷ 주식 ❸ 가축
동 ❹ 갖추다, 채우다, 재고를 확보하다
형 ❺ 비축된, 재고가 있는

Word Test 09

1) It's out of <u>stock</u> at the moment. (교육청) ______

2) This item is a <u>stock</u> model. (교육청) ______

3) Their <u>stock</u> can be listed on exchanges such as the New York Stock Exchange. [평가원]

4) Bookstores rarely <u>stock</u> more than Nobel Prize winner Naguib Mahfouz's *Cairo Trilogy*. [평가원 변형]

5) My aunt raises <u>stock</u> on her farm.

stuff
[stʌf]

명 ❶ 물건, 물질 ❷ 재료, 원료
동 ❸ 채우다, 쑤셔 넣다 ❹ 박제로 만들다

Word Test 10

1) He also sees a <u>stuff</u>ed giraffe in a closet. [교육청]

2) Some people regard metaphors as just the sweet <u>stuff</u> of songs and poems. [교과서 변형]

3) Tom <u>stuff</u>ed the money into his pocket.

4) The more you praise children, the more they're likely to take care of their own <u>stuff</u>. [교육청 변형]

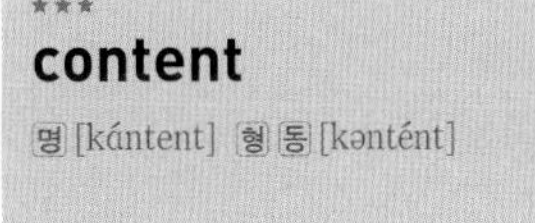

content
명 [kántent] 형 동 [kəntént]

명 ❶ 내용(물), (*pl.*)(책의) 목차(a table of ~) ❷ 함(유)량 ❸ 정보, 콘텐츠
형 ❹ 만족하는
동 ❺ 만족시키다, 만족하다

Word Test 11

1) Everybody seemed <u>content</u> with this definition. [교육청]

2) The <u>content</u> of virtual water varies according to products. [교육청]

3) We need a measure of a student's <u>content</u> understanding. [교육청]

4) The toys <u>content</u>ed the children, at least for a little while.

5) The industries that involve cultural <u>content</u> may be called "creative industries." [교과서 변형]

A 우리말에 해당하는 단어를 찾아 번호를 쓰세요.

> ① scale ② bill ③ address ④ mass
> ⑤ fair ⑥ atmosphere ⑦ stock ⑧ spring

1 주식 ＿＿＿ **2** 고지서, 청구서 ＿＿＿ **3** 박람회 ＿＿＿ **4** 대중, 질량 ＿＿＿

5 규모, 범위 ＿＿＿ **6** 샘, 용수철 ＿＿＿ **7** 주소, 연설 ＿＿＿ **8** 대기, 분위기 ＿＿＿

B 주어진 단어에 해당하는 뜻을 <u>모두</u> 찾아 번호를 쓰세요.

> ① 세다, 계산하다 ② 물건, 물질 ③ 지폐 ④ 덩어리, 덩이
> ⑤ 내용(물) ⑥ 간주하다, 여기다 ⑦ 재고(품), 비축물 ⑧ 저울
> ⑨ 공정한 ⑩ 채우다, 쑤셔 넣다 ⑪ 대량의, 대중의 ⑫ 비늘
> ⑬ (풍물) 장터, 시장 ⑭ 만족하는 ⑮ 갖추다, 채우다 ⑯ 법안

1 bill ＿＿ ＿＿ **2** count ＿＿ ＿＿ **3** mass ＿＿ ＿＿ **4** stuff ＿＿ ＿＿

5 content ＿＿ ＿＿ **6** scale ＿＿ ＿＿ **7** stock ＿＿ ＿＿ **8** fair ＿＿ ＿＿

C 주어진 문장에서 밑줄 친 단어가 어떤 뜻으로 쓰였는지 쓰세요.

1 Here's the repair <u>bill</u> for today. 교육청

2 The mattress is old and some of the <u>springs</u> are broken. 교육청

3 The critics tried to identify the refined tastes of the <u>masses</u>. 평가원 변형

4 Preparation and practice <u>count</u> as much as good luck. 교육청

5 It takes a vast amount of heat to warm all the earth's <u>atmosphere</u>. 교과서 변형

D 우리말 해석을 참고하여 빈칸에 가장 적절한 단어를 골라 쓰세요.

fair	scale	address	stock
stuff	content	count	atmosphere

1 the sweet __________ of poems
시의 달콤한 재료

2 My aunt raises __________.
우리 이모는 가축을 키우신다.

3 a public __________ system
대중 연설 체계

4 a(n) __________ and breezy day
맑고 바람이 잔잔한 날

5 Not all music uses this __________.
모든 음악이 이 음계를 사용하는 것은 아니다.

6 __________ as a public authority
공공단체로 간주되다

7 dust particles in the __________ of the room
방 안의 공기 중의 어떤 먼지 입자들

8 Everybody seemed __________ with this definition.
모두가 이 정의에 만족하는 것처럼 보였다.

E 주어진 문장의 빈칸에 공통으로 들어갈 수 있는 단어를 찾아 번호를 쓰세요.

① bill	② stuff	③ stock	④ spring	⑤ scale

1 (1) I want to donate some __________. 교육청
　(2) One of them was shown a __________(e)d snake. 교육청

2 (1) Investing in the __________ market is a risk. 교육청
　(2) They can even send an alert when detergent is out of __________. 교육청

3 (1) They'll produce a crop in the __________ and another crop in the fall. 교육청
　(2) When trouble comes, they can __________ directly out of the water and into the air. 교육청

4 (1) The problem is that she does not have money to pay the hospital __________. 교과서 변형
　(2) I was involved in a campaign for a __________ to fund an extra lane for a local freeway. 교육청

5 (1) The spread of ideas by word of mouth was equivalent to a game of telephone on a global __________. 수능
　(2) A brain wired by listening to twelve-tone __________ doesn't have a concept for that music.
교육청 변형

mp3

★★★

current
[kə́:rənt]

[명] ❶ 전류 ❷ 해류, 기류
[형] ❸ 현재의, 지금의 ❹ 통용되는

Word **T**est **01**　밑줄 친 단어의 뜻을 위에서 찾아 해당 번호를 쓰세요.

1) They would increase the strength of the <u>current</u>. 교육청 변형 　＿＿＿

2) He tried to swim back, but the <u>current</u> was very strong. 교과서 변형 　＿＿＿

3) We talked about the conditions of <u>current</u> hiking trails. 교육청 　＿＿＿

4) The early designers of computers determined that adhering to <u>current</u> keyboard layouts would make typists more comfortable with the computer. 교육청 변형 　＿＿＿

★★　유 p.54

bar
[ba:r]

[명] ❶ 막대기, 창살 ❷ 술집, 바, 간이식당 ❸ 장애[차단](물) ❹ 변호사직
[동] ❺ 막다, 제한하다, 금지하다 ❻ ~에 빗장을 걸다, 가두다

Word **T**est **02**

1) Stokes graduated from Cleveland-Marshall College of Law and passed the <u>bar</u> exam. 평가원 　＿＿＿

2) Large sections of the working class were <u>bar</u>red from entering skilled professions. 교육청 　＿＿＿

3) At the zoo, visitors may witness a great beast pacing behind the <u>bars</u> of its cage. 평가원 　＿＿＿

4) I locked and <u>bar</u>red a kitchen door. 　＿＿＿

5) Most people don't know greed is a <u>bar</u> to happiness. 　＿＿＿

6) The snack <u>bar</u> is over there. 교육청 　＿＿＿

★★★

capital
[kǽpətl]

[형] ❶ 자본의 ❷ 대문자의(~ letter)
[명] ❸ 수도 ❹ 자본(금)

Word **T**est **03**

1) Nauru has no official <u>capital</u>. 교육청 　＿＿＿

2) There has been a trend towards a freer flow of <u>capital</u> across borders. 교육청 　＿＿＿

3) <u>Capital</u> market globalization can sow the seeds of instability in economies. 교육청 　＿＿＿

4) The true problem with trying to read all <u>capital</u> letters is just that. (교육청)　　　________

★★★　　　　　　　　　유 p.24
yield
[ji:ld]

동　❶ (수익·결과·농작물 등을) 내다, 산출하다 ❷ 항복[굴복]하다 ❸ 양보하다, 넘겨주다
명　❹ (농작물 등의) 수확[산출](량)

Word **T**est **04**

1) Such practices make parents <u>yield</u> to children's purchase requests. (평가원 변형)　________

2) Drivers should <u>yield</u> to pedestrians in marked crosswalks. (평가원)　________

3) For better <u>yield</u> of mustard seeds, pollination is necessary. (평가원)　________
   * pollination 꽃가루받이, 수분

4) Asking general questions may even <u>yield</u> misleading responses. (교육청 변형)　________

★★★
favor
[féivər]

명　❶ 호의, 친절, 부탁 ❷ 찬성, 지지, 편애, 선호 ❸ 유리, 우세, 우위
동　❹ 호의를 보이다, 찬성하다 ❺ 선호하다, 편애하다

Word **T**est **05**

1) You can ask me a <u>favor</u> any time. (교육청)　________

2) The Tuareg, the nomadic people of the Sahara, <u>favor</u> indigo blue. (교육청)　________

3) Almost everyone has facts in their <u>favor</u>. (교육청)　________

4) They were successful and happy, and events in their lives seemed to <u>favor</u> them. (교육청)　________

5) The teacher showed no <u>favor</u> to any student candidate.　________

★★★　　　　　　　　유 p.55 혼 p.175
attribute
동 [ətríbju:t]　명 [ǽtrəbju:t]

동　❶ ~의 덕분으로 돌리다, ~의 탓으로 하다(~ A to B)
　　❷ (성질 등이) ~에 있다고 생각하다(~ A to B)
　　❸ (작품 등을 ~의 저작으로) 여기다(~ A to B)
명　❹ 속성, 특질

Word **T**est **06**

1) The work is traditionally <u>attributed</u> to da Vinci.　________

2) Not all residents <u>attribute</u> environmental damage to tourism. (수능)　________

3) Our memories for objects are based on multiple <u>attributes</u>. (교육청)　________

4) Despite knowing that computers are lifeless, humans unconsciously <u>attribute</u> human
characteristics to computers.

odd ★★ 유 p.56
[ɑd]

형 ❶ 이상한 ❷ 홀수의 ❸ 잡다한
cf.) odds 가능성, 가망, 확률

Word Test 07

1) That is an <u>odd</u> number. (교육청)

2) As he grew up, he held many <u>odd</u> jobs to help his family. (평가원)

3) There's something you may find <u>odd</u> about the way English is used. (교육청)

command ★★ 혼 p.176
[kəmǽnd]

명 ❶ 명령 ❷ 지식, (언어) 능력
동 ❸ 명령하다, 지시하다 ❹ 장악하다, 지배하다 ❺ 바라보다, 내려다보다

Word Test 08

1) Puppies are taught the verbal <u>command</u> "sit" in a training class. (교육청)

2) The message allows the supervisor to <u>command</u> the trainee. (교육청 변형)

3) The hotel I stayed at <u>commanded</u> a fine view of the valley.

4) Our most fanciful dreams might <u>command</u> our present efforts. (교육청 변형)

5) Not all pilots have a good <u>command</u> of English and they may have a poor pronunciation.

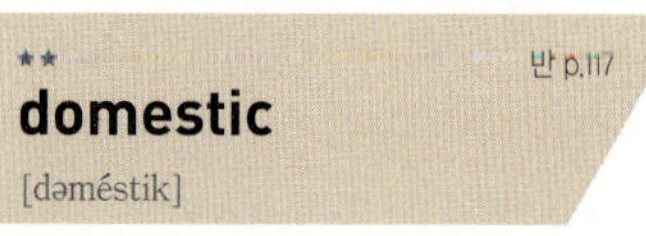

domestic ★★ 반 p.117
[dəméstik]

형 ❶ 국내의 ❷ 가정의, 집안의 ❸ 사육되는, 길들여진

Word Test 09

1) The most common measure is Gross <u>Domestic</u> Product (GDP). (교육청)

2) A single cow releases methane more than any other <u>domestic</u> animal per year. (교과서 변형)

3) A.I. technology automatically adjusts our <u>domestic</u> environments such as temperature
and lighting. (교육청 변형)

★★★
even
[íːvən]

형 ❶ 평평한 ❷ 고른, 균등한 ❸ 짝수의
부 ❹ (심지어) ~도[조차] ❺ 훨씬

Word **T**est 10

1) That made Mom laugh <u>even</u> more. (평가원) ________

2) Everyone could get an <u>even</u> share of it. (교육청) ________

3) There is <u>even</u> a football museum in the city. (교과서 변형) ________

4) After the long climb, we finally reached <u>even</u> ground. ________

5) Groups with an <u>even</u> number of members may split into halves. (수능) ________

★★★
reflect
[riflékt]

혼 p.176

동 ❶ 반사하다 ❷ (거울 등이 상을) 비추다 ❸ 반영하다, 나타내다
❹ 심사숙고하다, 곰곰이 생각하다(~ on/upon)

Word **T**est 11

1) The pools <u>reflect</u>ed the beautiful flowers in the garden of the palace. (교과서 변형) ________

2) After I got bad grades and even had troubles with my friends, I started to <u>reflect</u> on myself. (교과서 변형) ________

3) Create posters or slogans to <u>reflect</u> the importance of water. (교육청 변형) ________

4) We're all told at school that white <u>reflects</u> sunlight and black absorbs it. (교육청) ________

★★
tap
[tæp]

동 ❶ 톡톡 두드리다 ❷ 이용하다
명 ❸ 수도꼭지 ❹ 잠금장치

Word **T**est 12

1) He was <u>tapping</u> a few keys on his keyboard. (교과서 변형) ________

2) <u>Tap</u> water costs only pennies per day. (교육청) ________

3) Check if a gas <u>tap</u> is on and turn it off. ________

4) Liberalization allows them to <u>tap</u> into a global pool of funds. (교육청) ________
　　* pool 공동 기금[자금]

A 우리말에 해당하는 단어를 찾아 번호를 쓰세요.

> ① domestic   ② capital   ③ current   ④ odd
> ⑤ bar   ⑥ even   ⑦ reflect   ⑧ yield

1 국내의 ____   **2** 비추다, 반영하다 ____   **3** 통용되는 ____   **4** 이상한 ____

5 장애(물) ____   **6** 대문자의 ____   **7** 고른, 균등한 ____   **8** 양보하다, 넘겨주다 ____

B 주어진 단어에 해당하는 뜻을 <u>모두</u> 찾아 번호를 쓰세요.

> ① 호의를 보이다   ② 명령   ③ 덕분으로 돌리다, 탓으로 하다   ④ 속성, 특질
> ⑤ 짝수의   ⑥ (수익 등을) 내다, 산출하다   ⑦ 수도   ⑧ 전류, 해류
> ⑨ 톡톡 두드리다   ⑩ 훨씬   ⑪ 찬성, 지지   ⑫ 항복[굴복]하다
> ⑬ 수도꼭지   ⑭ 현재의, 지금의   ⑮ 장악하다, 지배하다   ⑯ 자본의

1 attribute ____   **2** capital ____   **3** favor ____   **4** yield ____

5 command ____   **6** even ____   **7** current ____   **8** tap ____

C 주어진 문장에서 밑줄 친 단어가 어떤 뜻으로 쓰였는지 쓰세요.

1 Create posters or slogans to <u>reflect</u> the importance of water. 교육청 변형

2 Not all residents <u>attribute</u> environmental damage to tourism. 수능

3 Drivers should <u>yield</u> to pedestrians in marked crosswalks. 평가원

4 There has been a trend towards a freer flow of <u>capital</u> across borders. 교육청

5 They were successful and happy, and events in their lives seemed to <u>favor</u> them. 교육청

D 우리말 해석을 참고하여 빈칸에 가장 적절한 단어를 골라 쓰세요.

bar	even	capital	command
odd	tap	favor	domestic

1 pass the _________ exam
변호사직 시험에 합격하다

2 the verbal _________
구두 명령

3 get a(n) _________ share
균등한 몫을 가지다

4 a(n) _________ number
홀수

5 Check if a gas _________ is on.
가스 잠금장치가 열려 있는지 확인하세요.

6 read all _________ letters
대문자를 모두 읽다

7 our _________ environments
우리의 가정 환경

8 You can ask me a(n) _________ any time.
너는 내게 아무 때나 부탁해도 돼.

E 주어진 문장의 빈칸에 공통으로 들어갈 수 있는 단어를 찾아 번호를 쓰세요.

① odd	② capital	③ yield	④ reflect	⑤ command

1 (1) Car sharing services can _________ environmentally friendly results. 교과서 변형
(2) As temperatures rise, regions such as Africa will face declining crop _________s. 교육청 변형

2 (1) Even the use of the simple _________ shows there is a status difference. 교육청
(2) The message itself must be powerful enough to _________ attention. 교육청

3 (1) Black absorbs the radiant energy rays of the sun whereas white _________s them. 교육청
(2) Prices _________ the interaction of demand and supply. 평가원 변형

4 (1) When their use of a word strikes us as _________, we correct them. 교육청
(2) Groups with an even number of members differ from groups with a(n) _________ number of members. 수능

5 (1) Nuuk, the _________ city of Greenland, looked quite clean. 교과서 변형
(2) We borrow environmental _________ from future generations. 수능

A 다음 우리말 해석을 참고하여 빈칸에 알맞은 단어를 쓰세요.

1 your budget r________
당신의 예산 범위

2 to some d________
어느 정도는

3 maintain a minimum b________ of $1,000
최소 1,000달러의 잔고를 유지하다

4 We c________ a fine for littering.
우리는 쓰레기를 버리면 벌금을 부과한다.

B 다음 영영사전 풀이에 해당하는 단어를 찾아 쓰세요.

custom	favor	mass	match	original

1 made or produced first : ______________

2 a large quantity or amount of something : ______________

3 to go well with someone or something : ______________

4 a kind or helpful act that you do for someone : ______________

5 an action or way of behaving that is usual and traditional : ______________

C 다음 문장의 빈칸에 공통으로 들어갈 수 있는 단어를 찾아 번호를 쓰세요. (대·소문자 구분 없음)

① ground	② yield	③ spring	④ count

1 (1) Preparation and practice ________ as much as good luck. [교육청 변형]
(2) They reported more than 5 people that they ________ on. [교육청]

2 (1) I sometimes lie about my age on ________s of my appearance. [교육청 변형]
(2) Deposits of oil lie under the frozen ________, or tundra, of Alaska. [교육청]

3 (1) We took a boiling bath at a hot ________. [교육청]
(2) Words like "boring" and "predictable" ________ to mind! [교육청]

4 (1) For better ________ of mustard seeds, pollination is necessary. [평가원]
(2) Asking general questions may even ________ misleading responses. [교육청 변형]

Advanced

D 주어진 문장의 밑줄 친 단어와 <u>같은</u> 뜻으로 쓰인 것을 고르세요.

1

> The <u>figure</u> for those who thought they belonged to the lower class climbed to 45.3 percent in 2011. (교육청)

① The central <u>figure</u> in the painting is the artist's son.

② I thought maybe I could try and <u>figure</u> out new things.

③ I saw the <u>figure</u> of a man with his dog in the darkness.

④ It becomes more powerful when coupled with statistical <u>figures</u>.

⑤ Walt Disney is one of the most important cultural <u>figures</u> in history.

2

> When a <u>bill</u> was introduced in Congress to outlaw such rules, the credit card lobby turned its attention to language. (교육청) * lobby 압력 단체

① Please <u>bill</u> me for the books.　　② The stork's <u>bill</u> has many uses. * stork 황새

③ She signaled to the waiter for the <u>bill</u>.　　④ Money did not always exist in the form of <u>bills</u>.

⑤ The new <u>bill</u> intends to especially protect children.

3

> He justified doing the <u>favor</u> by telling himself that Franklin was not a bad person and convinced himself that he really liked Franklin. (교과서 변형)

① I am in <u>favor</u> of your proposed changes.

② He claims that his parents <u>favor</u> his sister.

③ She asked the carpenter if he could build a house as a personal <u>favor</u>.

④ She's trying to earn the boss's <u>favor</u> by working late.

⑤ The French tend to <u>favor</u> neutral colors rather than bright prints.

4

> Let's pretend for a moment that we wanted to ignore <u>content</u> and only assess a student's skill with investigations. (교육청)

① This was the <u>contents</u> page originally.

② Jamie <u>contented</u> herself with a bowl of soup.

③ My brother had to be <u>content</u> with third place.

④ It measured the amount of oil <u>content</u> of each cheese.

⑤ The professor liked the general <u>content</u> and praised her effort to write in Korean.

The busy bee has
no time for sorrow.

_William Blake

바쁜 벌은 슬퍼할 시간이 없다.

_윌리엄 블레이크

깊은 슬픔에 빠지면 도무지 어떻게 해야 할지를 몰라 방황을 거듭하기도 합니다.
당연히 상황은 점점 더 나빠지기 마련이지요.

방황의 길로 접어들 징조를 짐작했다면 조금은 자기 자신을 움켜쥐어 보는 건
어떨까요?

적어도 할 일들을 잊지 않는 것만으로도 슬픔은 생각보다 빨리 치유될 것입니다.

mp3

★★★
just [dʒʌst]

휑 공정한, 올바른
恩 지금 막, 그저, 단지, 꼭[딱]

justify [dʒʌstəfài] 통 정당화하다

justification [dʒʌ̀stəfikéiʃən] 명 정당화

justice [dʒʌ́stis] 명 정의, 공정

★★★
person [pə́ːrsn]

명 사람, 개인

personal [pə́ːrsənl] 휑 개인의, 개인적인

personalize [pə́ːrsənəlàiz] 통 개인화하다, 의인화하다

personnel [pə̀ːrsənél] 명 전 직원, 총인원, 인사과

★★★
create [kriːéit]   유 p.25

통 창조하다, 창작하다

creative [kriːéitiv] 휑 창의적인

creativity [kriːeitívəti] 명 창의력, 독창성

creation [kriːéiʃən] 명 창조, 창작

creature [kríːtʃər] 명 생물, 창조물

creator [kriːéitər] 명 창조자, 창작자

★★★
consider [kənsídər]   유 p.69

통 여기다(~ A as B), 고려하다

consideration [kənsìdəréiʃən] 명 고려 (사항), 배려, 숙고

considerate [kənsídərət] 휑 사려 깊은, 배려하는

considerable [kənsídərəbl] 휑 상당한   유 p.25

Ｗord Ｔest 01   밑줄 친 단어를 문맥과 어법에 알맞게 바꿔 쓰세요.

1) Use your family pictures to <u>person</u> the poster. 교육청

2) The ethical principles of <u>just</u> provide an essential foundation for policies. 수능

3) The blue sea slug is a strange-looking marine <u>creation</u> found in the tropical waters. 교육청

4) A <u>considerate</u> amount of additional work is required to find what is needed. 교육청

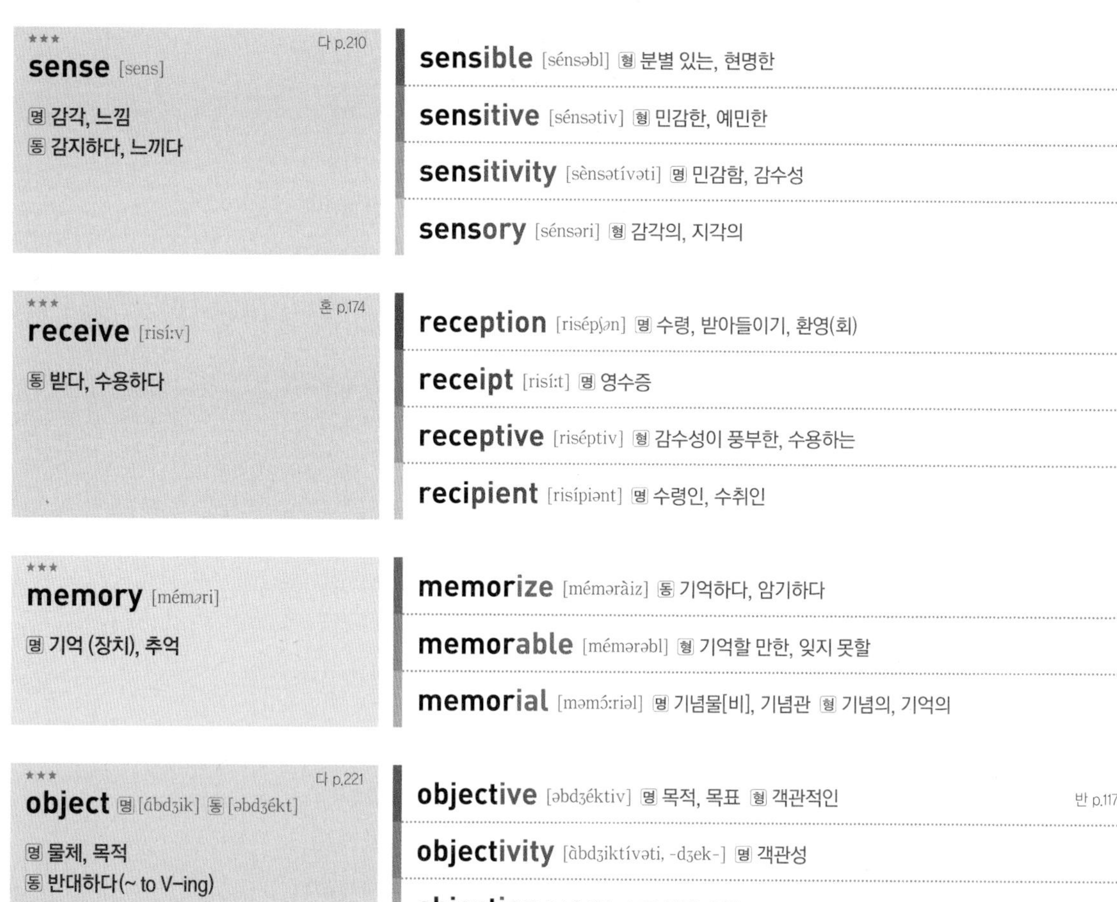

WordTest 02 밑줄 친 단어를 문맥과 어법에 알맞게 바꿔 쓰세요.

1) The <u>object</u> of a commercial is to sell products. 교과서 변형

2) To <u>memory</u> better, you need to sleep at least 7 hours. 평가원 변형

3) According to our return and refund policy, the book must be returned within a week with your <u>reception</u>. 교육청

4) It is <u>sense</u> to take down more than you think you'll need. 교육청

5) She lost the <u>object</u> essential to the most precise assessment of what was wrong. 평가원 변형

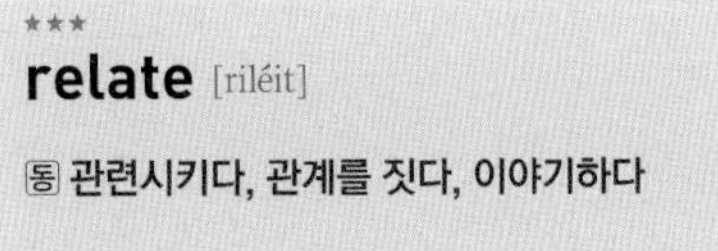

★★★ 유 p.66 반 p.82 **continue** [kəntínju:] 통 계속되다, 계속하다	**continuous** [kəntínjuəs] 형 계속되는, 지속적인 **continuation** [kəntìnjuéiʃən] 명 계속, 지속

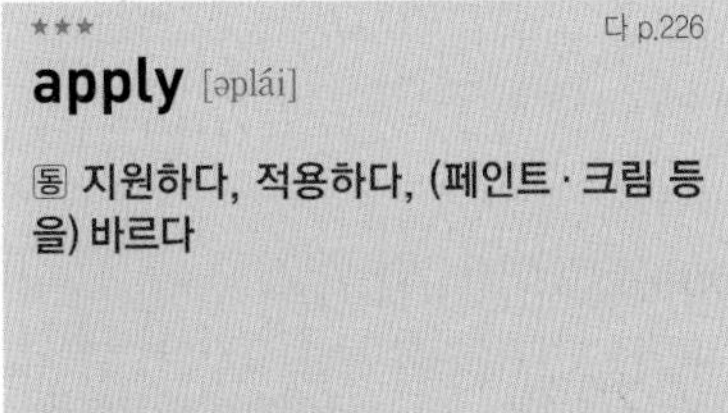

★★★ **relate** [riléit] 통 관련시키다, 관계를 짓다, 이야기하다	**relative** [rélətiv] 형 상대적인, 비교상의 명 친척 반 p.114 **relation** [riléiʃən] 명 관계, 관련 **relevant** [réləvənt] 형 관련 있는, 적절한 **relevance** [réləvəns] 명 관련(성), 적합성, 타당성

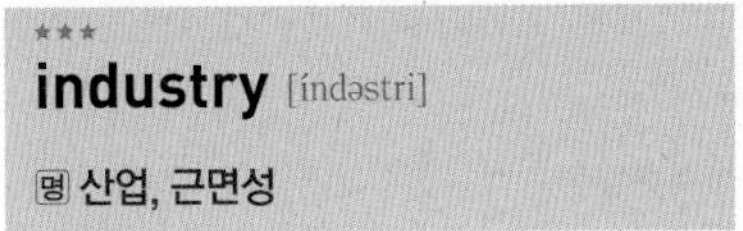

★★★ 다 p.226 **apply** [əplái] 통 지원하다, 적용하다, (페인트·크림 등을) 바르다	**application** [æpləkéiʃən] 명 지원(서), 적용, 응용 프로그램 **applicable** [æplikəbl, əplí-] 형 응용[적용]할 수 있는 **appliance** [əpláiəns] 명 기계, 기구, 전기 제품, 응용 **applicant** [æplikənt] 명 지원자

★★★ **industry** [índəstri] 명 산업, 근면성	**industrial** [indʌ́striəl] 형 산업의 **industrialize** [indʌ́striəlàiz] 통 산업화하다

★★ 유 p.10 반 p.94 **initiate** [iníʃièit] 통 개시하다, 발의하다	**initial** [iníʃəl] 형 처음의, 머리글자의 명 머리글자 **initiative** [iníʃiətiv] 명 개시, 진취력, 주도권 형 처음의, 선도적인

cf.) initial: 시간 순서상 가장 먼저인 것과 연관
initiative: 무언가를 처음 시작하거나 입문하는 것과 연관

Word Test 03   밑줄 친 단어를 문맥과 어법에 알맞게 바꿔 쓰세요.

1) I heard it's a popular household <u>apply</u> these days. [교육청]

2) Those artists chose motifs taken from rural and <u>industry</u> worlds of life and labor. [교육청 변형]

3) The indicators of satisfaction quickly return to their <u>initiate</u> levels. [교육청]

4) This work is part of our <u>continuation</u> effort to maintain the basic systems. [교육청 변형]

5) While mental activities are primarily concerned with the brain, they are also <u>relation</u> to the body

and have an impact on it. [교육청 변형]

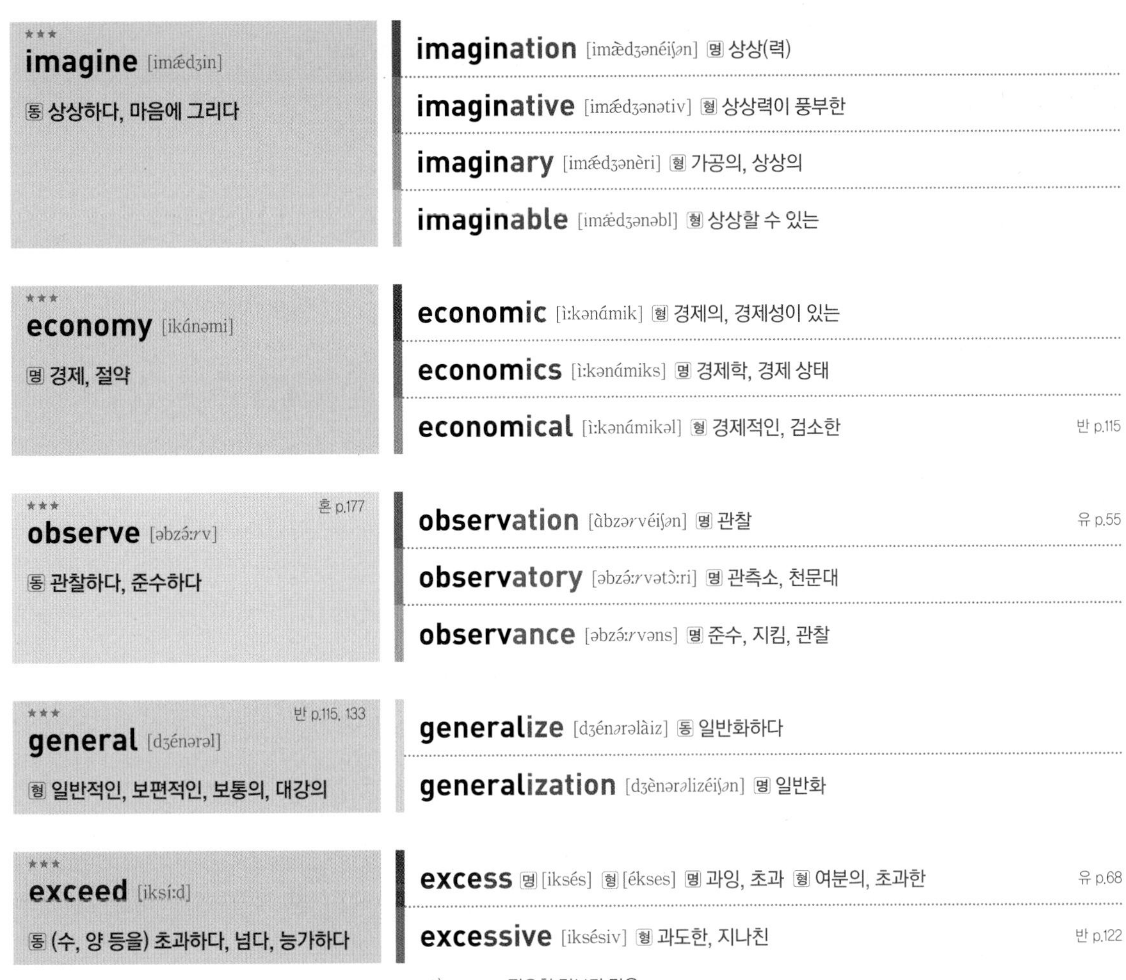

WordTest 04 밑줄 친 단어를 문맥과 어법에 알맞게 바꿔 쓰세요.

1) Sniffing at an <u>imagine</u> odor isn't an absent-minded habit. 교육청

2) You mean the <u>observation</u> located in Mount Greenwood? 교육청

3) These days <u>exceed</u> food waste has become a problem in our school. 교육청

4) Today his <u>imagine</u> and creative architecture characterizes Barcelona. 교과서 변형

5) Wassily Kandinsky studied <u>economic</u> and law and was successful in his law career. 교과서 변형

6) He made a hasty <u>general</u>. He just used his personal situation to make a broad judgment. 교과서 변형

A 우리말에 해당하는 단어를 찾아 번호를 쓰세요.

> ① imaginative　② initiate　③ personalize　④ excessive
> ⑤ considerable　⑥ creator　⑦ justice　⑧ continuation

1 과도한, 지나친 ____　**2** 상당한 ____　**3** 의인화하다 ____　**4** 계속, 지속 ____

5 정의, 공정 ____　**6** 개시하다, 발의하다 ____　**7** 창조자, 창작자 ____　**8** 상상력이 풍부한 ____

B 주어진 단어에 해당하는 뜻을 찾아 번호를 쓰세요.

> ① 정당화하다　② 지원(서), 적용　③ 생물, 창조물　④ 상대적인, 비교상의
> ⑤ 일반화　⑥ 감각의, 지각의　⑦ 경제적인, 검소한　⑧ 객관성

1 application ____　**2** objectivity ____　**3** justify ____　**4** economical ____

5 generalization ____　**6** relative ____　**7** creature ____　**8** sensory ____

> ⑨ 준수, 지킴　⑩ 영수증　⑪ 목적, 목표; 객관적인　⑫ 계속되는, 지속적인
> ⑬ 산업의　⑭ 민감함, 감수성　⑮ 기계, 기구, 응용　⑯ 기억할 만한, 잊지 못할

9 objective ____　**10** observance ____　**11** appliance ____　**12** continuous ____

13 sensitivity ____　**14** receipt ____　**15** industrial ____　**16** memorable ____

C 주어진 단어에 해당하는 우리말 뜻을 빈칸에 쓰세요.

1 generalize : ________________　**2** economics : ________________

3 personal : ________________　**4** initial : ________________

5 considerate : ________________　**6** objection : ________________

7 reception : ________________　**8** sensible : ________________

9 memorize : ________________　**10** excess : ________________

D 우리말 해석을 참고하여 빈칸에 가장 적절한 단어를 골라 쓰세요.

| object | general | relation | imaginary |
| sensitive | applicant | personnel | memorial |

1 Shakespeare's ___________ world
셰익스피어의 가상의 세계

2 a story about ___________ management
인사 관리에 관한 이야기

3 the ___________ atmosphere
전반적인 분위기

4 attach a(n) ___________ microphone
예민한 마이크를 붙이다

5 the war ___________ in Leipzig
Leipzig에 있는 전쟁 기념관

6 the perception of a moving ___________
움직이는 물체에 대한 감지

7 the ___________ of cause and effect
인과 관계

8 Every ___________ will get an e-mail.
모든 지원자는 이메일을 받을 것이다.

E 각 문장의 빈칸에 가장 적절한 단어를 찾아 번호를 쓰세요.

| ① justification | ② creativity | ③ observation | ④ consideration | ⑤ relevant |

1 It is the presence of the enemy that gives meaning and ___________ to war. (수능)

2 When facing a problem, we should always have an open mind, and should consider all ___________ information. (교육청)

3 They tried to develop creative ideas from ___________ and turn them into reality. (교과서 변형)

4 Considering a garment's carbon footprint and taking responsibility for the environment has become an important ___________ for many shoppers. (교과서 변형)

5 There will be a variety of programs to help you build ___________ and problem-solving skills, including programs for math and science. (평가원)

mp3

DAY **40**

★★★
respect [rispékt]   혼 p.151   다 p.236

명 존경, (측)면, 사항
동 존경하다, 존중하다

respective [rispéktiv] 형 각각의, 각자의

respectful [rispéktfəl] 형 존중하는, 공손한

respectable [rispéktəbl] 형 존경할 만한, 훌륭한

★★★
identify [aidéntəfài]

동 (신원 등을) 확인하다, 찾다, 동일시하다

identity [aidéntəti] 명 신분, 정체(성)

identical [aidéntikəl] 형 동일한, 같은

identification [aidèntəfikéiʃən] 명 신분 증명, 식별, 동일시

identifiable [aidéntəfàiəbl] 형 식별 가능한

★★★
attend [əténd]   혼 p.142   다 p.211

동 주의하다, 참석하다

attention [əténʃən] 명 주의, 주목, 관심   혼 p.149

attentive [əténtiv] 형 주의 깊은, 신경을 쓰는   유 p.49

attendant [əténdənt] 명 점원, 안내원, 출석자

attendance [əténdəns] 명 출석(자), 시중, 돌봄   혼 p.149

★★★
dominate [dámənèit]

동 지배하다, 우위를 차지하다

dominant [dámənənt] 형 지배적인, 우위의

dominance [dámənəns] 명 지배, 우세, (유전에서) 우성

Word**T**est **01**   밑줄 친 단어를 문맥과 어법에 알맞게 바꿔 쓰세요.

1) Pets changed the people's social <u>identical</u> for the better. 교육청

2) Audience feedback assists the speaker in creating a <u>respect</u> connection with the audience. 교육청

3) She is more <u>attendant</u> and remembering things better because she's drinking more coffee. 교육청

4) Older, more <u>dominate</u> males will reclaim their old territories. 교육청

★★★ 다 p.242 **represent** [rèprizént] 통 대표하다, 나타내다, 상징하다	**representation** [rèprizentéiʃən] 명 표현, 대표, 표상 **representative** [rèprizéntətiv] 명 대표(자), 국회의원 형 나타내는, 대표적인
★★ **satisfy** [sǽtisfài] 통 만족시키다, 충족시키다	**satisfaction** [sæ̀tisfǽkʃən] 명 만족, 충족 **satisfactory** [sæ̀tisfǽktəri] 형 만족스러운, 충분한
★★★ 유 p.37 **vary** [vέəri] 통 다르다, 바뀌다, 바꾸다	**various** [vέəriəs] 형 다양한 **variety** [vəráiəti] 명 다양성, 여러 가지 **variation** [vὲəriéiʃən] 명 변화, 변형, 변이, 차이 반 p.103 **variable** [vέəriəbl] 형 변하기 쉬운, 가변의 명 변수 **variability** [vὲəriəbíləti] 명 가변성
★★★ 유 p.74 혼 p.142 **adapt** [ədǽpt] 통 맞추다, 적응하다, 각색하다	**adaptive** [ədǽptiv] 형 적응(성)의, 적응할 수 있는 **adaptation** [æ̀dəptéiʃən] 명 적응, 각색
★★★ **critic** [krítik] 명 비평가, 흠잡는 사람	**critical** [krítikəl] 형 비판적인, 중요한 유 p.22, 69 **criticize** [krítəsàiz] 통 비판하다, 비평하다 유 p.74 **criticism** [krítəsìzm] 명 비판, 비평 **criterion** [kraitíəriən] 명 (판단·평가의) 기준, 표준 (*pl.* criteria) 유 p.19

WᴏʀᴅTᴇsᴛ **02** 밑줄 친 단어를 문맥과 어법에 알맞게 바꿔 쓰세요.

1) Tradition is a <u>criticism</u> element that cannot be ignored. (교육청)

2) John is a school <u>represent</u> and is always busy taking part in school activities. (교육청)

3) A fundamental trait of human nature is its incredible capacity for <u>adapt</u>. (교육청)

4) There is a cafe with a <u>variation</u> of sports drinks and fruit juices for your refreshment needs. (교육청 변형)

5) Job <u>satisfy</u> increases productivity because happy employees work harder, allowing them to

produce more at a lower cost. (교육청)

organ [ɔ́ːrgən] 명 (생물의) 조직, 기관, 장기	**organize** [ɔ́ːrgənàiz] 동 조직하다, 설립하다, 준비하다, 정리하다
	organization [ɔ̀ːrgənizéiʃən] 명 조직, 단체, 구성　　유 p.54
	organism [ɔ́ːrgənìzm] 명 유기체, 생물
	organic [ɔːrgǽnik] 형 장기[기관]의, 유기의 명 유기 화합물[비료]

intend [inténd]　　혼 p.142 동 의도하다, 계획하다	**intent** [intént] 명 〈법률·격식〉 의도, 의향 형 열중하는
	intention [inténʃən] 명 의도, 의지
	intentional [inténʃənl] 형 의도적인, 고의의　　유 p.35 반 p.126

compete [kəmpíːt] 동 경쟁하다	**competition** [kàmpətíʃən] 명 경쟁, 경연 (대회)　　혼 p.154
	competitive [kəmpétətiv] 형 경쟁의, 경쟁력을 지닌　　혼 p.166
	competitor [kəmpétətər] 명 경쟁자　　유 p.34
	competent [kámpətənt] 형 유능한
	competence [kámpətəns] 명 능력, 적성, 능숙함　　유 p.75 혼 p.154

intense [inténs] 형 강렬한, 격렬한	**intensify** [inténsəfài] 동 격렬해지다, 심화시키다
	intensity [inténsəti] 명 격렬함, 강도
	intensive [inténsiv] 형 집중적인, 격렬한

Word**T**est 03 　밑줄 친 단어를 문맥과 어법에 알맞게 바꿔 쓰세요.

1) Some people make few <u>intend</u> changes in life. (수능)

2) Color <u>intense</u> affects flavor perception. (교육청)

3) Food intake is essential for the survival of every living <u>organic</u>. (수능)

4) There was no intentional <u>competent</u> element in the tugging rituals. (교과서 변형)

5) We should preserve the core value of fair <u>compete</u> among players. (교과서 변형)

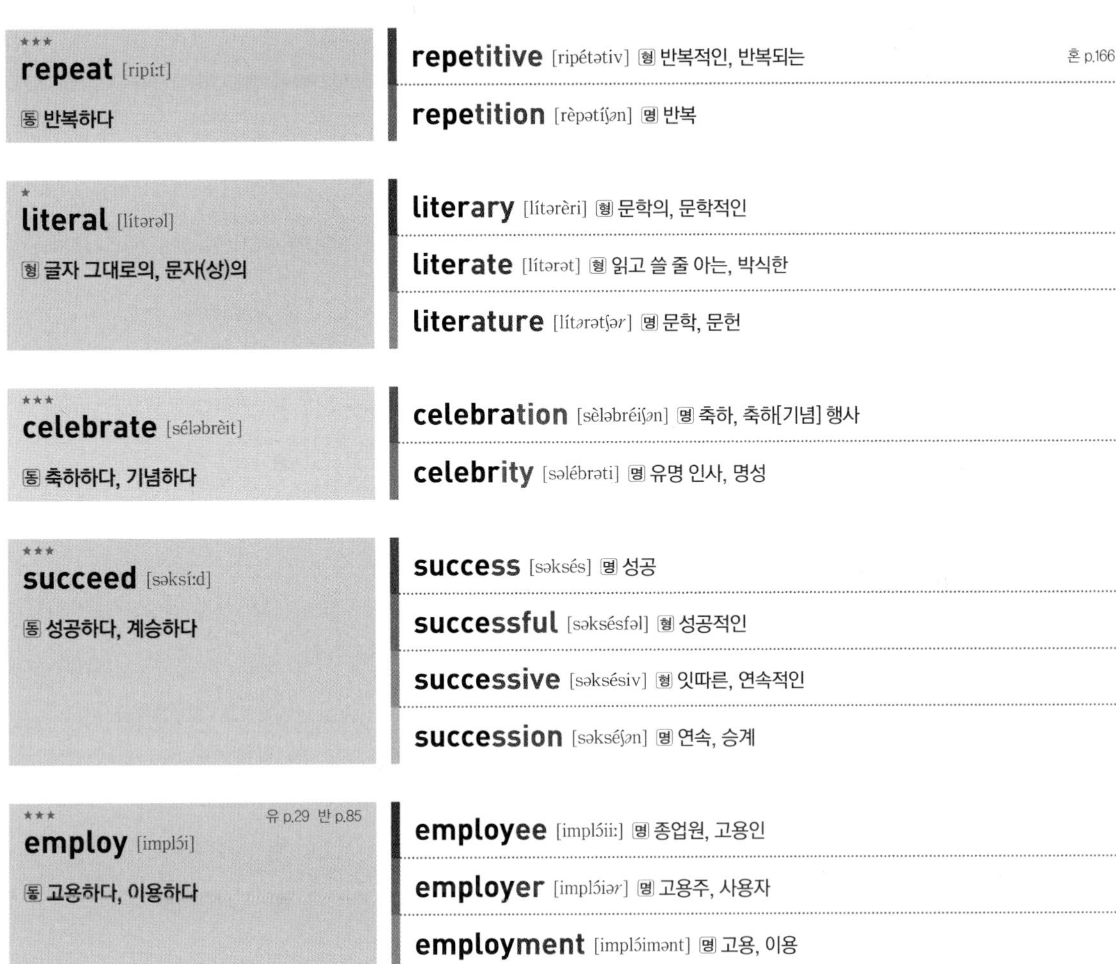

Word **T**est 04　밑줄 친 단어를 문맥과 어법에 알맞게 바꿔 쓰세요.

1) Practice and active <u>repeat</u> make the master. 〔교육청〕

2) Becoming <u>literature</u> is a basic goal of education. 〔교육청〕

3) Find volunteer work that will lead to full-time <u>employ</u>. 〔평가원〕

4) We evaluate how <u>succeed</u> an individual student will be at solving a problem. 〔교육청〕

5) The Lobster Festival is a <u>celebrate</u> of dishes made from lobsters caught off the coast. 〔교과서 변형〕

Ⓐ 우리말에 해당하는 단어를 찾아 번호를 쓰세요.

① identify	② critical	③ literate	④ dominant
⑤ repetition	⑥ employer	⑦ intensive	⑧ attentive

1 고용주, 사용자 ____ **2** 읽고 쓸 줄 아는 ____ **3** 동일시하다 ____ **4** 반복 ____

5 지배적인, 우위의 ____ **6** 비판적인, 중요한 ____ **7** 주의 깊은 ____ **8** 집중적인, 격렬한 ____

Ⓑ 주어진 단어에 해당하는 뜻을 찾아 번호를 쓰세요.

① 변하기 쉬운; 변수	② 적응, 각색	③ 문학, 문헌	④ 존경할 만한, 훌륭한
⑤ 기준, 표준	⑥ 의도적인, 고의의	⑦ 축하하다	⑧ 만족시키다

1 respectable ____ **2** intentional ____ **3** criterion ____ **4** literature ____

5 celebrate ____ **6** adaptation ____ **7** satisfy ____ **8** variable ____

⑨ 존중하는, 공손한	⑩ 조직, 단체, 구성	⑪ 경쟁, 경연 (대회)	⑫ 다르다, 바뀌다, 바꾸다
⑬ 비평가, 흠잡는 사람	⑭ 맞추다, 각색하다	⑮ 표현, 대표, 표상	⑯ 신분, 정체(성)

9 identity ____ **10** vary ____ **11** critic ____ **12** representation ____

13 competition ____ **14** respectful ____ **15** adapt ____ **16** organization ____

Ⓒ 주어진 단어에 해당하는 우리말 뜻을 빈칸에 쓰세요.

1 successful : ________________ **2** dominate : ________________

3 compete : ________________ **4** identical : ________________

5 competent : ________________ **6** criticism : ________________

7 respective : ________________ **8** intensify : ________________

9 attention : ________________ **10** representative : ________________

D 우리말 해석을 참고하여 빈칸에 가장 적절한 단어를 골라 쓰세요.

variety	literal	successive	repetitive
identification	intention	organism	competitive

1 national or ethnic ______________
국가 혹은 인종과의 동일시

2 gain ______________ advantage
경쟁 우위를 얻다

3 a job with little ______________
다양성이 별로 없는 직업

4 a(n) ______________ adaptation of the novel
소설의 글자 그대로의 각색

5 hide the ______________
의도를 숨기다

6 many ______________ layers of warm air
잇따른 많은 따뜻한 공기층들

7 every living ______________
모든 살아있는 유기체

8 notice a break in a(n) ______________ pattern
반복적인 패턴의 붕괴를 알아차리다

E 각 문장의 빈칸에 가장 적절한 단어를 찾아 번호를 쓰세요.

① intense	② employee	③ celebrity	④ satisfaction	⑤ attend

1 All students are required to ______________ a series of seminars on college admissions and interpersonal relationships. (교육청)

2 A special ______________ guest! Grace Kingsley will be present to talk about her experiences shooting the movie "Into the Space." (교육청 변형)

3 This feeling of pleasure or ______________ exists because we enjoy a sense of security among things that we know and understand. (교육청)

4 Application for this award is open to any ______________ who has shown outstanding performance and has helped create a positive work environment this year. (평가원)

5 While it may seem like these birds are simply singing songs, many are in the middle of a(n) ______________ competition for territories. (교육청)

A 다음 우리말 해석을 참고하여 빈칸에 알맞은 단어를 쓰세요.

1 explain the vision and its j__________
비전과 그것의 정당성을 설명하다

2 a c__________ word or two
사려 깊은 말 한두 마디

3 a permanent i__________ crisis
영구적인 정체성의 위기

4 the i__________ care unit
집중치료실

B 다음 영영사전 풀이에 해당하는 단어를 찾아 쓰세요.

memorable	compete	successive	receipt	literature

1 a piece of paper that you get in a shop when you buy something : __________

2 to try to be more successful than other companies or people : __________

3 worth remembering or easy to remember : __________

4 happening or existing one after another without interruption : __________

5 written artistic works such as plays, poetry, novels, etc. : __________

C 다음 문장을 읽고, 문맥상 또는 어법상 가장 적절한 단어를 고르세요.

1 ① Objection / ② Objectivity can be achieved by photography and many true artists use distortion, exaggeration, or reduction to essentials. 교육청 변형

2 Since these clocks are made of wood from old boats, no two pieces are ① identical / ② identity. 교육청

3 Since you accepted our petition, the bus company will ① initiate / ② initiative the service to the front door of our complex every day. 교육청

4 Humans received ① satisfaction / ② satisfactory from eating more than was needed for immediate purposes. 교육청

5 The productivity gap tends to widen because men ① dominate / ② dominance the use of the new equipment and modern agricultural methods. 교육청

D　다음 문장을 읽고, 빈칸에 가장 적절한 단어를 찾으세요.

1　Curves differ, and the ______________ you experienced while learning ensures that you are now ready to brake at the right time and strength for any curve you encounter. 교육청

　① variety　　　② various　　　③ vary　　　④ variability

2　The ______________ rendering of the original novel is as much an invention as the digital rendering of its fantastical creatures. 교육청　*rendering 표현, 묘사, 구현

　① literal　　　② literary　　　③ literate　　　④ literature

3　To be the very best at anything, you will need to be your harshest ______________, and that is almost impossible when your starting point is high self-confidence. 교육청

　① critic　　　② critical　　　③ criticism　　　④ criticize

4　Blackboards provided a setting for discipline, allowing those instructors to examine and correct the work of many students at once or in ______________ as they solved problems at the board.

　　　　　　　　　　　　　　　　　　　　　　　　　　　　　　　교육청 변형

　① success　　　② succession　　　③ successful　　　④ successive

5　Mealshare is a non-profit ______________ of Canada founded by two great young men in 2013.

　　　　　　　　　　　　　　　　　　　　　　　　　　　　　　　교과서 변형

　① organism　　　② organize　　　③ organism　　　④ organization

Advanced

E　다음 문장에서 문맥상 또는 어법상 <u>어색한</u> 단어를 찾아 이를 바르게 고치세요.

1　Like cross-training, cross-eating adds needed vary to your life. 교육청

　　　______________________ ⇨ ______________________

2　Birds are more sensory to changes in their environment than other animals. 교육청

　　　______________________ ⇨ ______________________

3　As athletes move up the compete ladder, they become more homogeneous in terms of physical skills. 평가원

　　　______________________ ⇨ ______________________

4　A criticism who disliked his painting wrote an article on the newspaper. 교과서 변형

　　　______________________ ⇨ ______________________

memo

ANSWER
&
INDEX

4 가정에서 가스 조명은 곧 사라졌고, 주택 화재로 인한 사망률도 그에 따라 줄었다.

5 세계 보건 기구(WHO)에서 이제는 선진국 전역에 수면 부족의 급속한 확산을 공표했다.

DAY 01 — pp.010~015

Word Test

01	1) ⑤⑨	2) ①③⑧	3) ④⑥⑦	4) ②⑩
02	1) ⑥⑧	2) ①⑦	3) ②⑨	4) ⑤⑩
	5) ③④			
03	1) ②⑥	2) ③⑦	3) ⑤⑩	4) ①⑨
	5) ④⑧			
04	1) ⑤⑧⑨	2) ①⑦	3) ②④	4) ③⑥⑩

Daily Test — DAY 01

A
1 ②	**2** ⑤	**3** ①	**4** ③
5 ⑦	**6** ⑥	**7** ④	**8** ⑧

B
1 ④⑦	**2** ③⑧	**3** ①⑥	**4** ②⑤
5 ⑨⑮	**6** ⑪⑯	**7** ⑩⑬	**8** ⑫⑭

C
1 점점 작아지게 하다, 줄(이)다　**2** 선언하다, 표명하다
3 뒤쫓다, 추구하다　**4** 만들다; 모양, 형체
5 선발, 선정, 선택　**6** (특수한) 경우, 일, 행사
7 (행동 등이) 부두덕한　**8** 허용하다, 시인하다
9 지지하다, 떠받치다　**10** ~을 겪다, ~을 거치다

D
1 incident　**2** advocate　**3** announce
4 involve　**5** trace　**6** suffer
7 stand　**8** grant

E
1 ①　**2** ⑤　**3** ④　**4** ③　**5** ②
1 기부를 하는 것은 선택이 아니라 오히려 필수 조건이라고 모두가 생각한다.
2 내비게이션 시스템은 얼마나 빨리 그 휴대전화들이 교통 사이를 지나가는지 보기 위해 당신의 휴대전화와 그 앱을 사용하는 수천 명의 다른 사람들의 휴대전화를 추적할 수 있다.
3 그들은 자신들이 자신의 장소에 대해 독특하고 특별한 것을 희생시킨다고 믿을지도 모른다.

DAY 02 — pp.016~021

Word Test

01	1) ④⑧	2) ①⑤⑦	3) ③⑥	4) ②⑨⑩
02	1) ④⑧	2) ③	3) ②⑥	4) ①⑦
	5) ⑩	6) ⑤⑨		
03	1) ④⑥	2) ③⑨	3) ①⑧	4) ②⑤
	5) ⑦⑩			
04	1) ①⑩	2) ④⑦	3) ③⑤⑧	4) ②⑥⑨

Daily Test — DAY 02

A
1 ⑧	**2** ⑦	**3** ③	**4** ⑥
5 ④	**6** ②	**7** ①	**8** ⑤

B
1 ①⑧	**2** ③⑤	**3** ④⑥	**4** ②⑦
5 ⑩⑫⑯	**6** ⑨⑭	**7** ⑪⑬	**8** ⑮

C
1 정상, 정상회담　**2** 분명한, 명백한
3 위험(성)　**4** 비슷한, 비교할 만한
5 깜짝 놀라게 하다　**6** 정신[심리]의
7 소유(물), 재산　**8** 직업, 선분식
9 거래, 매매　**10** 개연성, 확률

D
1 escape　**2** attain　**3** hazard
4 possibility　**5** belongings　**6** obvious
7 thorough　**8** occupation

E
1 ⑤　**2** ④　**3** ①　**4** ③　**5** ②
1 너는 점심 시간 전까지 우리가 글쓰기 과제를 마칠 수 있다고 생각하니?
2 거짓말을 한 사람들은 누군가 그들의 거짓말을 폭로하려고 위협할 때 곤경에 빠진다.
3 심오하고 빠른 변화의 시대에, 우리는 각오를 단단히 하고 조치를 취해야 한다.
4 '감정적 식사'는 감정에 의해 영향을 받는 식사를 설명하기 위해

사용되는 대중적인 용어이다.

5 그의 할머니가 일어나서 돌아다니기 시작하면 Ken은 할머니를 <u>위험</u>으로부터 보호하기 위해 그녀를 따라다녔다.

1도의 지구 (기후) 변화는 중요하다.

DAY 03
pp.022~027

Word Test

01	1) ①⑦	2) ③⑤⑨	3) ⑥⑧	4) ②④⑩
02	1) ③⑥	2) ④⑦	3) ⑤⑨	4) ②⑩
	5) ①⑧			
03	1) ③⑧⑨	2) ①⑦	3) ⑤⑥	4) ②④⑩
04	1) ①⑧	2) ②⑩	3) ③⑦	4) ④⑥
	5) ⑤⑨			

Daily Test
DAY 03

A
1 ⑧ 2 ③ 3 ⑥ 4 ⑤
5 ① 6 ④ 7 ⑦ 8 ②

B
1 ② 2 ③⑥ 3 ④⑤⑦ 4 ①⑧
5 ⑪⑯ 6 ⑩⑮ 7 ⑨⑫ 8 ⑬⑭

C
1 중요한, 중대한
2 평범한, 보통의
3 모으다, 집합시키다, 모이다
4 장애물, 장벽
5 환영하다, 인사하다
6 거대한, 대규모의
7 맞붙어 싸우다, 다투다
8 통합하다, 통합시키다
9 상당한, 많은
10 관점, 견지, 견해

D
1 unite 2 usual 3 intricate
4 hardship 5 hurdle 6 strive
7 abolish 8 average

E
1 ⑤ 2 ④ 3 ③ 4 ② 5 ①

1 나의 가족 모두가 <u>함께 모여</u> 파티를 열 것이다.

2 판매는 주로 <u>수익</u>을 위해 제품을 판매하고자 하는 회사의 요구에 초점을 맞춘다.

3 매년 쌀농사를 짓는 농부들은 충분한 비와 풍부한 <u>수확</u>을 기원한다.

4 관광업과 관광객들은 공식적 부문과 비공식적 부문 둘 다에서 일자리와 사업 기회를 <u>창출</u>할 수 있다.

5 지구의 바다를 데우는 데 막대한 양의 열이 필요하기 때문에,

DAY 04
pp.028~033

Word Test

01	1) ④⑦	2) ⑨⑩	3) ①⑧	4) ②⑥
	5) ③⑤			
02	1) ⑤⑧	2) ②⑩	3) ①⑥	4) ④⑦
	5) ③⑨			
03	1) ②⑨	2) ①⑥	3) ⑤⑦	4) ④⑧
	5) ③⑩			
04	1) ③⑤	2) ④⑥	3) ⑧⑨	4) ①⑦
	5) ②⑩			

Daily Test
DAY 04

A
1 ⑥ 2 ⑧ 3 ① 4 ⑦
5 ⑤ 6 ② 7 ④ 8 ③

B
1 ③ 2 ①⑤ 3 ⑥⑦⑧ 4 ②④
5 ⑬⑮ 6 ⑩⑪⑭ 7 ⑨⑫ 8 ⑯

C
1 기기, 장치
2 정확한, 정밀한
3 고용하다
4 적절한
5 예상하다, 고대하다
6 당혹하게 하다
7 던지다, 내던지다
8 수리공, 정비사
9 장치, 용품, 설비
10 다루다, 관리하다

D
1 suitable 2 utensil 3 imply
4 whole 5 confuse 6 predict
7 disease 8 validate

E
1 ① 2 ③ 3 ② 4 ⑤ 5 ④

1 내가 안전 장비를 모두 착용하면, 나는 불편하다고 느낄지도 모른다.

2 '사관들'은 심지어 왕들이 자신들의 실수를 <u>숨기려고</u> 시도하는 것까지 기록했다.

3 가구나 전자 제품 같이 큰 물건들은 <u>적당한</u> 장소에 버려야 한다.

4 우리는 때때로 더 낮은 가격에 <u>최신</u> 상품들을 구매하는 것에 저항하는 것은 어려운 일임을 발견한다.

5 초기 인간들은 아마도 그들의 물리적 환경에 <u>대처하거나</u> 적응하지 못했을 것이다.

5 그러한 어떤 문의 사항이 <u>적법한</u> 사유 때문인지는 인사부에서 결정할 것입니다.

DAY 05

pp.034~039

Word **T**est

01	1) ④⑥⑩	2) ①⑦	3) ②⑧	4) ③⑤⑨
02	1) ①⑥	2) ⑨	3) ⑤⑩	4) ②③⑧
	5) ④⑦			
03	1) ①④	2) ②⑤	3) ⑥⑦	4) ③⑨
	5) ⑧⑩			
04	1) ②⑥	2) ⑦⑨	3) ③⑧	4) ④⑩
	5) ①⑤			

Daily Test
DAY 05

A
1 ②	2 ④	3 ⑦	4 ⑤
5 ⑥	6 ③	7 ⑧	8 ①

B
1 ③⑦	2 ②④	3 ①	4 ⑤⑥⑧
5 ⑨⑬	6 ⑫⑮	7 ⑭⑯	8 ⑩⑪

C
1 수정하다, 변경하다
2 이전의, 앞의
3 반대의, 상반되는
4 합법적인, 법률의
5 강화하다, 보강하다, 증진하다
6 상대, 적수
7 동료
8 의도적인, 고의로 한
9 뛰어난, 우수한, 현저한
10 안정된, 꾸준한

D
1 quarrel　2 boost　3 stable
4 revise　5 former　6 competitor
7 harm　8 extraordinary

E
1 ⑤　2 ④　3 ③　4 ①　5 ②

1 어떤 언어들은 두 가지 기본색, 즉 검은색과 흰색만을 <u>구별한다</u>.

2 우리는 충돌이 요구되는 팀 스포츠를 멀리하고, 몸에 생기는 신체적 <u>부상</u>이나 스트레스의 위험성을 덜 주는 스포츠로 옮겨갈 것이다.

3 그의 작품에 그는 '십장생'의 자연물을 추가했는데, 그것은 <u>영원</u>한 생명의 열 가지 상징을 의미한다.

4 짧은 뿔 도마뱀들은 그들이 배경에 <u>섞일</u> 수 있는 바위 근처의 부드러운 땅을 선호한다.

I | **Part Test (1)**

pp.040~041

A
1 (m)assive　2 (m)echanic
3 (s)upply　4 (u)ndergo

B
1 ①⑦　2 ⑥⑧　3 ④⑩
4 ③　5 ②⑤⑨

1 무엇인가를 얻거나 받다
2 한 무리나 사회의 일부가 되다
3 원하지 않거나 필요하지 않은 것을 제거하다
4 좋아하지 않아도 어떤 것을 받아들이거나 참다
5 다양한 곳에서 어떤 것들을 가져와서 함께 모으다

C
1 assemble ⇒ (i)nclude
2 stable ⇒ (a)ppropriate
3 embrace ⇒ (s)truggle
4 intricate ⇒ (d)eliberate

D
1 ②　2 ①　3 ①　4 ①　5 ②

1 Rosa Parks는 일어서서 백인 탑승객에게 자리를 <u>양보하거나</u> 불의에 맞설 수 있었다.

2 어둠 속에 숨어 <u>있다가</u> 그녀가 일터에서 집으로 돌아올 때 놀라게 해주려고 뛰어나오자.

3 전문가들은 세계의 마지막 야생 치타도 향후 10년 안에 <u>사라질</u> 것으로 믿는다.

4 '묵서지편'이라고 알려진 이 문서는 신라 '불국사 석가탑'에 관한 귀중한 정보를 <u>포함하고</u> 있다.

5 상호 작용의 결과는 자기 자신에 따라 달라지는 만큼이나 상대방의 행동에 따라 달라지기 때문에 <u>예견하기</u> 어려울 수 있다.

E
1 ②⑨　2 ⑥⑩　3 ③⑦　4 ⑤⑧　5 ①④

1 이제 컴퓨터는 세계에서 가장 <u>복잡한</u> 보드 게임에서 선수들을 이길 수 있다.

2 그녀는 무엇이 잘못되는지를 가장 <u>정확하게</u> 판단하는 데 필수적인 객관성을 잃는다.

3 동물이 <u>놀랄</u> 수 있으니 동물 사진을 찍는 동안에는 카메라 플래시를 꺼 주세요.

4 배치된 병사들 중 일부 구성원은 <u>특출한</u> 능력을 가졌지만 다른 병사들은 보통에 불과했다.

5 기증자들에게는 무료로 <u>기기</u>를 빌릴 수 있는 회원 카드가 발급됩니다.

Word Test

01	1) ①⑤⑩	2) ⑦⑨	3) ②④⑥	4) ③⑧
02	1) ①⑦	2) ②⑥	3) ⑤⑨	4) ④⑩
	5) ③⑧			
03	1) ①⑤⑥	2) ⑧	3) ③⑦	4) ⑨⑩
	5) ②④			
04	1) ②⑦	2) ①⑧	3) ⑥⑨	4) ④⑤
	5) ③⑩			

Daily Test — DAY 06

A
1 ③ 2 ④ 3 ① 4 ⑧
5 ⑤ 6 ② 7 ⑥ 8 ⑦

B
1 ②⑥ 2 ③⑧ 3 ①⑤ 4 ④⑦
5 ⑪⑯ 6 ⑨⑩ 7 ⑬⑮ 8 ⑫⑭

C
1 부풀리다, 과장하다
2 유성하다, 촉진하다
3 돌연한, 갑작스러운
4 방해하다, 지장을 주다
5 엄격한, 철저한, 혹독한
6 공정한, 선입견이 없는
7 둘러싸다, 망라하다
8 향기, 향수
9 열정, 열광
10 두드러진, 뛰어난, 유명한

D
1 disturb 2 enclose 3 inspect
4 conspicuous 5 irritate 6 sincere
7 passion 8 wholesaler

E
1 ③ 2 ① 3 ② 4 ④ 5 ⑤

1 당신은 행복을 길러나가야 한다. 당신은 그것을 가게에서 살 수 없다.

2 프로젝트 관리자는 각각의 분야에 전문가가 있는 많은 기능적 영역들을 감독한다.

3 동물들이 혹독한 겨울을 잠으로 이겨낸다는 게 놀랍지 않으요?

4 잎이 없는 갈색 줄기들은 바위가 많은 언덕 비탈에 있는 그들의 서식지에서 거의 눈에 띄지 않는다.

5 사람들은 보통 그들이 기다렸던 시간에 대해 과장하고, 그들이 가장 성가신 것으로 여기는 것은 한가하게 보낸 시간이다.

Word Test

01	1) ③⑧	2) ④⑤	3) ②⑦⑩	4) ⑥⑨
	5) ①			
02	1) ⑧	2) ②③⑤	3) ⑥⑦⑩	4) ④⑩
	5) ①⑨			
03	1) ②⑦	2) ①⑩	3) ③⑥	4) ⑤⑨
	5) ④⑧			
04	1) ③⑤	2) ②⑨⑩	3) ④⑦	4) ①⑥⑧

Daily Test — DAY 07

A
1 ⑥ 2 ⑧ 3 ① 4 ②
5 ④ 6 ⑦ 7 ⑤ 8 ③

B
1 ②⑦ 2 ①⑥ 3 ④⑤ 4 ③⑧
5 ⑬⑯ 6 ⑭⑮ 7 ⑪⑫ 8 ⑨⑩

C
1 불합리한, 분별없는
2 재개하다, 새롭게 하다
3 막다, 방해하다
4 번창하다, 잘 자라다
5 주의를 기울이는
6 돌아다니다, 배회하다
7 혼란, 혼동
8 풍부한
9 항의, 불평
10 열성적인, 열심인

D
1 resume 2 absurd 3 flaw
4 patience 5 uncertain 6 hinder
7 chaos 8 hostile

E
1 ④ 2 ① 3 ② 4 ③ 5 ⑤

1 일일 계획의 또 다른 결점은 융통성이 부족하다는 점이다.

2 이구아수 폭포는 브라질과 아르헨티나 국경에 위치하고 있다.

3 '아랍의 봄'은 정부의 통치에 대한 저항에서 시작된 혁명의 물결이었다.

4 인간의 말하는 능력이 발달함에 따라, 먹잇감을 속이고 포식자를 속이는 우리의 능력도 발달했다.

5 직원들이 단조로운 업무를 하도록 훈련받을 때, 그들은 결국 새로운 상황에 대처하지 못하게 된다.

Word **T**est

01 1) ③④⑧ 2) ②⑨ 3) ①⑥⑦ 4) ⑤⑩

02 1) ④⑧ 2) ②⑩ 3) ⑤⑨ 4) ①⑥
    5) ③⑦

03 1) ④⑤⑥ 2) ②⑧ 3) ①⑦ 4) ⑨
    5) ③⑩

04 1) ⑥⑨ 2) ②⑧ 3) ①⑦⑩ 4) ④
    5) ③⑤

Daily Test — DAY 08

A 1 ① 2 ③ 3 ⑥ 4 ⑧
   5 ② 6 ④ 7 ⑦ 8 ⑤

B 1 ④⑧ 2 ②⑥ 3 ①③ 4 ⑤⑦
   5 ⑩⑬ 6 ⑨⑯ 7 ⑪⑭ 8 ⑫⑮

C
1 금하다, 못하게 하다 2 움켜잡다, 붙잡다
3 바라다, 원하다 4 거짓된, 가짜의
5 협회, 단체 6 기묘한, 이상한
7 발언, 의견 8 거짓된, 인위적인, 인공의
9 지명하다, 정하다 10 급진적인, 근본적인

D
1 fake 2 organization 3 capture
4 odd 5 delay 6 feature
7 scatter 8 separate

E 1 ④ 2 ① 3 ⑤ 4 ② 5 ③

1 그는 이국적인 땅에서 나오는 <u>이상한</u> 식물들을 보았다.

2 Jackson에 있는 그녀의 집은 국가 역사 기념물로 <u>지정되었고</u>, 대중에게 박물관으로 개방되어 있다.

3 우리는 여전히 사랑, 행복, 그리고 결혼 같은 단순한 것들을 열<u>망한다</u>.

4 예약을 하는 것은 다른 주민들에게 불편을 끼치는 것을 <u>막는</u> 데 도움이 될 수 있다.

5 초저주파음은 땅이나 물에서 잘 전해지는 독특한 <u>특징</u>이 있다.

Word **T**est

01 1) ③⑥ 2) ②⑤ 3) ④⑧ 4) ①⑦

02 1) ①⑧ 2) ④ 3) ② 4) ⑤⑦
    5) ⑧ 6) ⑥

03 1) ④⑤ 2) ①⑦ 3) ⑥⑧ 4) ③
    5) ②

04 1) ⑤ 2) ⑧ 3) ②⑥ 4) ①④
    5) ③⑦

Daily Test — DAY 09

A 1 ⑧ 2 ② 3 ⑤ 4 ⑥
   5 ④ 6 ① 7 ③ 8 ⑦

B 1 ③⑧ 2 ①④ 3 ②⑥ 4 ⑤⑦
   5 ⑩⑮ 6 ⑨⑪ 7 ⑫⑬ 8 ⑭⑯

C
1 ~이[가] 일어나다[개최되다] 2 ~에 참여하다, ~에 관여하다
3 ~에 도착하다, ~에 이르다 4 A를 B의 탓[덕]으로 돌리다
5 ~이[가] 일어나다[생기다] 6 ~와 관련이 있다
7 무효화하다 8 ~에 책임이 있다
9 ~을 흡수[섭취]하다 10 ~로 구성되다

D
1 in a row 2 call off 3 on the spot
4 give rise to 5 absorb 6 cling to
7 related to 8 consist of

E 1 ④ 2 ② 3 ⑤ 4 ③ 5 ①

1 John은 쉬운 문제에서 어려운 문제로 <u>한 걸음 한 걸음</u> 나아가야 한다.

2 더 큰 망막은 빈약한 빛의 수준을 <u>보충하고자</u> 더 많은 빛을 받아들이게 해준다.
* retina 망막

3 '공을 옮기다'라는 표현은 어떤 것이 완료되게 하는 데 <u>책임을 진</u>다는 뜻이다.

4 학부생 참가자들은 그들을 주의가 흐트러지게 만들기 위해 동시에 행해지는 과업을 <u>수행하도록</u> 요청받았다.

5 전동 스쿠터를 타는 모든 사람들이 <u>알아야</u> 할 몇 가지 것들을 여러분에게 상기시키고자 합니다.

Word Test

01 1) ②④ / 계속하다   2) ①③ / 영향

     3) ③⑤ / 결과

02 1) ③⑤ / 분명한, 확실한   2) ②④ / 발행[출판]하다

     3) ①③ / 특정한

03 1) ③④ / 여분의   2) ②⑤ / 인식하다

     3) ①⑤ / 인정하다

04 1) ③ / 중단하다   2) ②⑤ / 간주하다

     3) ①④ / 필요한, 필수적인

Daily Test
DAY 10

A
1 ②   2 ④   3 ①   4 ⑧
5 ⑤   6 ⑦   7 ⑥   8 ③

B
1 ②④ / 계속되다   2 ①③ / 영향
3 ⑥⑦ / 분명한   4 ⑤⑧ / 문제
5 ⑨⑯ / 인식하다   6 ⑪⑫ / 여분의
7 ⑩⑮ / 근본적인   8 ⑬⑭ / 그만두다

C
1 인식하다, 알아차리다   2 인정하다, 자인하다
3 결과, 중요함   4 사임[사직]하다
5 필수적인, 결정적인   6 특정한
7 과잉, 흑자; 과잉의   8 (A를 B로) 간주하다, 여기다
9 ~을 고려하다   10 ~을 포기하다, ~을 그만두다

D
1 consider   2 prior   3 impact
4 necessary   5 issue   6 admit
7 persist   8 perceive

E
1 ③   2 ①   3 ⑤   4 ②   5 ④

1 나이가 더 많은 학생들에게는 <u>이전</u> 대회에서 얻은 요령이 있다.

2 기억은 두 가지 종류가 있다. 암묵적 기억과 <u>명시적</u> 기억이다.

3 그녀의 발명품은 과학 박람회에서 <u>인정</u>받았다.

4 현대의 심리학 이론은 이해의 과정은 재생이 아니라 구성의 <u>문제</u>라고 말한다.

5 그 대회에서 20개의 세계 기록 중 13개가 <u>특정</u> 운동복을 입은 선수들에 의해 세워졌다.

Word Test

01 1) ①④ / 순간, 잠깐   2) ②⑤ / 열망하는

     3) ③⑤ / 걱정하는

02 1) ③④ / 훈련하다; 훈련   2) ① / 침입[침략]하다

     3) ②⑤ / 지도자, 대표

03 1) ②④ / 역할을 하다   2) ③ / 비난하다

     3) ①⑤ / 적응하다, 맞추다

04 1) ①④ / 파괴하다   2) ②③ / 능력

     3) ④⑤ / 파괴

Daily Test
DAY 11

A
1 ⑥   2 ④   3 ⑧   4 ③
5 ①   6 ⑦   7 ②   8 ⑤

B
1 ①③ / 능력   2 ②⑤ / 파괴하다
3 ⑥⑧ / 즉각적인   4 ④⑦ / 열망하는
5 ⑨⑯ / 침입하다   6 ⑪⑫ / 적응하다, 맞추다
7 ⑭⑮ / 최고의, 가장 중요한   8 ⑩⑬ / 훈련하다; 훈련

C
1 역할, 기능; 역할을 하다   2 교장, 우두머리
3 바꾸다, 고치다   4 유물, 유적, 잔해
5 비난하다, 책망하다   6 빠른, 신속한, 급한
7 책임, 책무   8 손상을 주다, 훼손하다
9 (~에서) 역할을 하다   10 능력

D
1 modify   2 rule   3 violate
4 chief   5 nervous   6 concern
7 ruin   8 devastation

E
1 ⑤   2 ③   3 ②   4 ④   5 ①

1 열대우림 파괴는 벌목과 다른 인간 활동들 때문에 야기된다.

2 한 번이라도 타인의 입장이 되어 보지 않았다면 그 사람을 <u>비판하지</u> 마세요.

* walk a mile in one's shoes 다른 사람의 입장이 되어보다

3 불행하고 <u>불안하다</u>고 느꼈기 때문에, 그녀는 자신의 감정을 해소할 방법을 찾아야 했다.

4 바이오디젤과 바이오에탄올 둘 다의 생산 <u>용량</u>이 2008년부터 2009년까지 증가하였다.

5 너는 투자 은행 업무나 보험과 같은 다양한 <u>분야</u>의 인턴쉽에 지원할 수 있어.

Ⓐ **1** (p)rohibit   **2** (e)ncounter

3 (i)nhibit   **4** (S)urround

Ⓑ **1** ①⑧   **2** ③⑤   **3** ②⑥⑦

4 ④⑨   **5** ⑩

1 아주 엄하고 힘든

2 알아차리거나 알게 되다

3 채워지지 않거나 사용되고 있지 않은

4 많은 양으로 존재하거나 일어나는

5 손상된 어떤 것에 대한 대가로 누군가에게 돈을 주다

Ⓒ **1** recollect ⇒ (i)nspect

2 rigid ⇒ (a)mbiguous

3 be liable for ⇒ (b)e aware of

4 inflate ⇒ (t)hrive

Ⓓ **1** ②   **2** ②   **3** ①   **4** ②   **5** ①

1 통제하려는 청자들은 우리 자신의 이야기를 하려는 우리의 권리를 <u>침해한다</u>.

2 그는 망원경으로 다리 건설을 지켜보며 <u>감독했다</u>.

3 그런 유형의 참여가 있으면, 공화국은 존속하고 <u>번영할</u> 것이다.

4 프랑스에 머무는 동안, 그는 패션 디자인에 대한 자신의 <u>열정</u>과 재능을 발견하였다.

5 일일 계획은 (계획을 세운) 사람으로 하여금 매 순간 자신이 무엇을 해야 하는지 알게 해주는 <u>이점</u>이 있다.

Ⓔ **1** ④⑦   **2** ①⑧   **3** ③⑥   **4** ②⑤   **5** ⑨⑩

1 과도한 욕심은 예상치 않은 재앙을 <u>초래할</u> 수 있다.

2 으깬 감자와 그레이비 소스처럼 선택과 <u>결과</u>는 함께 한다.

3 많은 숙련된 체스 선수들은 체스 말들의 위치를 생각해 낼 수 있는 <u>뛰어난</u> 능력을 가지고 있다.

4 이런 다소 분명한 <u>결함</u>을 보충하기 위해 특별히 선택된 물고기 종이 도입되었다.

5 결과적으로, 그는 생존 기술이 부족했기 때문에 목초지의 환경에 <u>적응하는</u> 데 실패했다.

PART Ⅱ 반의어

DAY 12   pp.082~087

Word **T**est

01 1) 증가하다, decrease   2) cease, 계속하다

3) 금하다, allow   4) include, 배제하다

5) 악화시키다, improve

02 1) 풍부하다, lack   2) refuse, 수락하다

3) 접근(하다), retreat   4) perish, 존재하다

5) 소홀히 하다, treasure

03 1) 더하다, subtract   2) confine, 놓아주다

3) 사라지다, appear   4) enhance, 손상시키다

5) 분리하다, unite

04 1) 빌려주다, borrow   2) encourage, 의욕을 꺾다

3) 드러내다, hide   4) employ, 해고하다

5) 믿다, doubt

Daily Test   DAY 12

Ⓐ **1** ⑦   **2** ⑥   **3** ①   **4** ⑧

5 ②   **6** ④   **7** ③   **8** ⑤

Ⓑ **1** ②   **2** ①   **3** ③   **4** ⑥

5 ⑦   **6** ⑤   **7** ⑧   **8** ④

9 ⑮   **10** ⑭   **11** ⑯   **12** ⑬

13 ⑫   **14** ⑩   **15** ⑨   **16** ⑪

Ⓒ **1** 배제하다, 제외하다   **2** 소중히 여기다

3 멈추다, 중지하다   **4** 손상시키다, 악화시키다

5 금하다, 못하게 하다   **6** 가두다, 한정시키다

7 소멸하다, 죽게 하다   **8** 연합하다, 통합시키다

9 풍부하다, 아주 많다   **10** 해고하다, 해산시키다

Ⓓ **1** disclose   **2** discourage   **3** release

4 subtract   **5** treasure   **6** improve

7 increase   **8** appear

E **1** ①   **2** ④   **3** ⑤   **4** ②   **5** ③

1 몇 가지 이유에서 회사들은 직원의 업무 만족도를 <u>향상시키고자</u> 한다.

2 우리는 청소하기 위해 필요한 물이 <u>부족하여</u> 건강에 해로운 환경에서 살게 될 것이다.

3 관객들의 반응은 종종 청중이 연설자의 생각을 이해하는지, 관심이 있는지, <u>받아들일</u> 준비가 되어 있는지를 보여준다.

4 우리는 강력한 재활용 정책을 시행하고 있으니 재활용품에서 쓰레기를 <u>분리하는</u> 것을 잊지 마세요.

5 잎의 세포벽을 파괴하거나 방향유를 <u>방출하기</u> 위해 잎을 굴리는 것은 기계에 의해 이루어진다.

DAY 13   pp.088~093

Word Test

01 1) 감추다, reveal   2) loosen, 묶다

3) 흡수하다, emit   4) strengthen, 약화시키다

5) 건설하다, destroy

02 1) 확장되다, contract   2) distribute, 모으다

3) 우울하게 만들다, cheer   4) acknowledge, 부정하다

5) 방어하다, attack

03 1) 모으다, scatter   2) minimize, 극대화하다

3) 산만하게 하다, concentrate

4) freeze, 녹다   5) 끼워 넣다, extract

04 1) 뜨다, sink   2) whisper, 외치다

3) 수출하다, import   4) detach, 붙이다

5) 칭찬하다, condemn

Daily Test

DAY 13

A **1** ⑤   **2** ③   **3** ⑦   **4** ⑧
   5 ①   **6** ②   **7** ⑥   **8** ④

B **1** ⑤   **2** ②   **3** ⑥   **4** ⑧
   5 ⑦   **6** ④   **7** ①   **8** ③
   9 ⑭   **10** ⑩   **11** ⑨   **12** ⑫

---

13 ⑪   **14** ⑬   **15** ⑯   **16** ⑮

C **1** 비난[힐난]하다, 책망하다   **2** 우울하게 만들다
3 드러내다, 밝히다   **4** 떼다, 분리하다
5 강화하다, 강력해지다   **6** 속삭이다, 소곤거리다
7 뜨다, 띄우다   **8** 수입하다; 수입(품)
9 부수다, 파괴하다   **10** (흩)뿌리다, 흩어지다

D **1** destroy   **2** deny   **3** gather
4 extract   **5** detach   **6** condemn
7 defend   **8** distract

E **1** ④   **2** ①   **3** ③   **4** ⑤   **5** ②

1 방문객들의 불편을 <u>최소화하기</u> 위해 그 날짜들이 정해졌다.

2 당신의 팀은 우리의 시장을 케냐로 <u>확대하려는</u> 데 모든 노력을 기울였습니다.

3 플라스틱은 <u>뜨는</u> 경향이 있어서 해류를 따라 수천 마일을 이동할 수 있다.

4 그들은 기계에 대한 의존성이 자녀들의 수학적 개념에 대한 이해를 <u>약화시킬</u> 것이라고 걱정했다.
* grasp 이해, 파악

5 산은 칼슘을 <u>흡수하는</u> 신체의 능력을 방해할 수 있고, 그 결과 뼈의 연화가 일어난다.

DAY 14   pp.094~099

Word Test

01 1) 희미해지다, brighten   2) complete, 시작하다

3) 수축하다, swell   4) merge, 나뉘다

5) 간과하다, notice

02 1) 과대평가하다, underestimate

2) overstate, 축소해서 말하다

3) 용이하게 하다, hinder   4) deposit, 인출하다

5) 경멸하다, admire

03 1) 용서하다, punish   2) fluctuate, 안정되다

3) 순응하다, disobey   4) delay, 가속화하다

5) 억제하다, provoke

04 1) 악담하다, bless   2) overturn, 유지시키다

3) 줄이다, lengthen   4) converge, 나뉘다

5) 제정하다, abolish

Daily Test DAY 14

A
1 ⑦	**2** ②	**3** ①	**4** ④
5 ⑤	**6** ⑥	**7** ⑧	**8** ③

B
1 ②	**2** ⑧	**3** ⑦	**4** ③
5 ⑤	**6** ①	**7** ⑥	**8** ④
9 ⑯	**10** ⑨	**11** ⑮	**12** ⑬
13 ⑪	**14** ⑭	**15** ⑫	**16** ⑩

C
1 늘이다, 길어지다	**2** 불복종하다, 반항하다
3 밝아지다, 반짝이다	**4** 축소해서 말하다
5 과대평가하다	**6** (예금 등을) 인출하다
7 억제하다, 저지하다	**8** 늦추다, 지연시키다
9 안정되다, 안정시키다	**10** 유지시키다, 떠받치다

D
1 diverge	**2** brighten	**3** deposit
4 hinder	**5** abolish	**6** lengthen
7 forgive	**8** overestimate	

E
1 ③ **2** ② **3** ⑤ **4** ④ **5** ①

1 화성에서는 줄어든 중력으로 인해 우리의 근육은 빠르게 줄어들 것이다.

2 여러분이 암스테르담을 방문한다면, 여러분은 거의 모든 오래된 집들이 좁고 높다는 것을 알아챌 것이다.

3 이 사람들은 다른 사람들에게는 불가능하게 보였던 계획을 완수하기 위해 모든 장애를 극복하였다.

4 그들은 '쓰나미가 일어난 이유는 우리의 과오를 벌하려는 것이었다.'라는 식의 말을 할 것이다.

5 한 이웃이 지나가다가 보기 좋게 자라고 있는 아름다운 붓꽃을 감탄하기 위해 멈춰 섰다.

DAY 15 pp.100~105

Word Test

01
1) 의무 (사항), option	2) effect, 원인
3) 중앙, edge	4) difference, 유사(성)
5) 빈곤, wealth	

02
1) 장점, drawback	2) loss, 이익
3) 현실, illusion	4) uniformity, 다양(성)
5) 먹이, predator	

03
1) 공격, protection	2) entrance, 출구
3) 행운, misfortune	4) demand, 공급(하다)
5) 알지 못함, awareness	

04
1) 전문가, amateur	2) ancestor, 후손
3) 변화, consistency	4) harmony, 부조화
5) 지출, income	

Daily Test DAY 15

A
1 ⑦	**2** ②	**3** ①	**4** ④
5 ⑧	**6** ⑤	**7** ⑥	**8** ③

B
1 ②	**2** ⑤	**3** ④	**4** ⑧
5 ⑦	**6** ①	**7** ⑥	**8** ③
9 ⑭	**10** ⑬	**11** ⑯	**12** ⑩
13 ⑨	**14** ⑮	**15** ⑪	**16** ⑫

C
1 비용, 지출	**2** 행운
3 착각, 환상, 환각	**4** 보호
5 가장자리, 끝	**6** 불운, 불행
7 변화, 변이, 차이	**8** 불화, 부조화
9 후손, 자손	**10** 전문가

D
1 similarity	**2** drawback	**3** gain
4 illusion	**5** exit	**6** luck
7 uniformity	**8** prey	

E
1 ④ **2** ① **3** ⑤ **4** ② **5** ③

1 참여자들은 공동체 구성원들 사이의 단결과 조화의 중요성을 깨닫는다.

2 다친 물고기는 같은 종의 다른 물고기들이 포식자로부터 도망가도록 돕는 것으로부터 이익을 얻을 수 있다.

3 상이한 사회의 문화유산을 이해하는 것은 문화적 다양성을 향상시킨다.

4 그는 딸들이 더 많은 선택권을 가지고 사회에서 활발한 역할을 수행하기를 원했다.

5 회사의 현재 제품에 대한 수요를 창출하기 위해 다른 형태들의 판촉이 사용된다.

Word Test

01
1) 적, ally
2) minority, 다수
3) 저항, compliance
4) despair, 희망
5) 투입(량), output

02
1) 열정, indifference
2) immigrant, (외국으로 가는) 이주민
3) 분리, involvement
4) revenue, 지출
5) 최소(의), maximum

03
1) 정직, deception
2) order, 무질서
3) 악, virtue
4) wholesale, 소매(업)
5) 위도, longitude

04
1) 희극, tragedy
2) autonomy, 의존(도)
3) 동정, antipathy
4) hazard, 안전
5) 하강, ascent

Daily Test

DAY 16

Ⓐ
1 ⑤ 2 ② 3 ⑥ 4 ④
5 ① 6 ③ 7 ⑧ 8 ⑦

Ⓑ
1 ② 2 ⑧ 3 ⑦ 4 ⑤
5 ③ 6 ④ 7 ⑥ 8 ①
9 ⑩ 10 ⑬ 11 ⑪ 12 ⑨
13 ⑫ 14 ⑭ 15 ⑯ 16 ⑮

Ⓒ
1 의존(도), 의지
2 분리, 거리를 둠
3 투입(량), 입력
4 절망
5 따름, 준수
6 열정, 열의
7 지출, 경비
8 경도
9 비극
10 동정, 연민

Ⓓ
1 comedy 2 chaos 3 revenue
4 enthusiasm 5 antipathy 6 ascent
7 expenditure 8 detachment

Ⓔ
1 ③ 2 ⑤ 3 ① 4 ② 5 ④

---

1 안전상의 이유로, 우리 시설에 애완동물은 들어오는 것을 허용하지 않습니다.

2 다른 문화에 대한 <u>무관심</u>은 학교에서 증가하고 있는 문제였다.

3 효율성이 큰 <u>미덕</u>이긴 하지만, 그것이 사회가 주목해야 할 유일한 경제적 목표는 아니다.

4 <u>다수</u> 입장에 속한 것에 결부된 특권은 다른 사람들에 의해서 당연한 것으로 여겨진다.

5 감염은 면역 체계에 손상을 일으키고, 더 나아가 <u>저항력</u>을 약화시킨다.

Ⅱ Part Test (1)

pp.112~113

Ⓐ
1 (c)ease 2 (r)etreat
3 (s)hrink 4 (r)estrain

Ⓑ
1 perish 2 enthusiasm 3 prey
4 sink 5 obligation

1 사라지거나 파괴되다
2 좋아하는 어떤 것에 대한 적극적인 흥미의 강한 느낌
3 먹이로서 다른 동물에게 사냥되거나 죽임을 당하는 동물
4 액체와 같은 것의 표면 아래로 가라앉다
5 법, 규칙, 약속 등으로 인해 해야만 하는 어떤 것

Ⓒ
1 ③ 2 ④ 3 ② 4 ②

1 간디는 아버지께 그를 <u>벌해</u> 달라고 요청하는 편지를 썼다.

2 낱권 판매가 중요한데, 그것들이 잡지당 더 많은 <u>수익</u>을 가져오기 때문이다.

3 Victoria는 집중해서 자신의 배역을 매일 연습하기로 결심했다.

4 그러한 감정들은 그 사람이 <u>인식하지</u> 못한 채 이후의 상황에서 판단과 행동에 영향을 미친다.

Ⓓ
1 ② 2 ① 3 ① 4 ② 5 ②

1 창의성에 관한 한 가지 일반적인 생각은 제약이 우리의 창의성을 <u>방해한다</u>는 것이다.

2 이 돈의 적은 양이라도 이미 빠른 속도의 기술적 진보를 <u>가속화</u>할 것이다.

3 석기 시대에 우리 <u>조상들</u>의 연장은 부싯돌, 나무, 뼈로 만들어졌다.
* flint 부싯돌

4 첫 번째 과학적 여론 조사가 대부분의 미국인이 정치에 대해서 기껏해야 형편없이 알고 있다는 것을 <u>밝혔다</u>.

5 그 백색광은 프리즘에 부딪치자마자 친숙한 무지개 색으로 <u>분리</u>되었다.

Ⓔ
1 condemn ⇒ (p)raise
2 drawbacks ⇒ (a)dvantages
3 withdraw ⇒ (d)eposit

4 disobey ⇒ (c)omply

5 worsen ⇒ (i)mprove

1 그들은 항상 그의 특식을 만끽하고 그의 빵 굽는 기술에 대해 (비난한다(→ 칭찬한다).

2 강력하고 매력적인 장소적 정체성이 있는 풍경은 관광객들에게 홍보할 때 결점(→ 장점)이 있다.

3 여러분이 지역 은행에 있는 예금 계좌에 1,000달러를 인출한다(→ 예금한다)면, 여러분은 이것을 위험이 낮은 투자라고 예상할 것이다.

4 만약 영향력 있는 디자이너 집단이 갈색이 내년에 인기 있는 색이 될 것이라 결정하면, 대중은 당연히 그 트렌드에 불응하기(→ 순응하기) 시작한다.

5 그의 목표는 항공기의 각 비행을 상세하게 기록하는 장치인 블랙박스를 악화시키는(→ 개선하는) 것이다.

9 ⑬　　**10** ⑭　　**11** ⑯　　**12** ⑫

13 ⑨　　**14** ⑪　　**15** ⑮　　**16** ⑩

C
1 일반적인, 보통의　　**2** 현대의, 현대적인
3 먼, 외진　　**4** 경제적인, 알뜰한
5 인공의, 인공적인　　**6** 국내의
7 손상되지 않은, 온전한　　**8** 유익한, 이로운
9 주관적인　　**10** 꺼리는

D
1 spiritual　　**2** infinite　　**3** subjective
4 friendly　　**5** remote　　**6** beneficial
7 individual　　**8** present

E
1 ④　　**2** ⑤　　**3** ③　　**4** ②　　**5** ①

1 시금치는 비타민이 풍부한 슈퍼스타이지만, 그것을 기꺼이 먹으려는 아이들은 거의 없다.

2 탄산 음료에 들어있는 인공 화학물질이 당신에게 정말로 해롭다는 것을 알 수 있다.

3 모든 부분이 다 같이 붙었고, 어떤 손상된 부분도 수리되었다.

4 그 책은 러시아에서 적대적인 반응을 얻었지만, 서양 세계에서는 명성을 얻었다.

* **prominence** 명성, 두드러짐, 탁월

5 18세기 말 무렵에, 기근은 드물고 흔하지 않은 일이 되었다.

Word Test

01　1) 물질의, spiritual　　2) rare, 흔한

　　3) 손상되지 않은, damaged

　　4) relative, 절대적인　　5) 전통적인, modern

02　1) 낭비하는, economical　　2) present, 결석한

　　3) 특정한, general　　4) artificial, 자연의

　　5) 개인의, social

03　1) 불합리한, reasonable

　　2) physical, 정신의　　3) 길들인, wild

　　4) limited, 무한한　　5) 우호적인, hostile

04　1) 기꺼이 하는, reluctant　　2) subjective, 객관적인

　　3) 가까운, remote　　4) harmful, 유익한

　　5) 국내의, foreign

Daily Test
DAY 17

A　**1** ①　　**2** ⑥　　**3** ⑤　　**4** ⑧
　　5 ④　　**6** ③　　**7** ⑦　　**8** ②

B　**1** ⑤　　**2** ④　　**3** ⑦　　**4** ①
　　5 ⑥　　**6** ③　　**7** ②　　**8** ⑧

Word Test

01　1) 솔직한, dishonest　　2) apparent, 애매한

　　3) 조직화된, messy　　4) formal, 격식을 차리지 않는

　　5) 매력 없는, attractive

02　1) 일시적인, permanent　　2) sufficient, 부족한

　　3) 풍부한, scarce　　4) planned, 무작위적인

　　5) 우수한, inferior

03　1) 적당한, excessive　　2) abstract, 구체적인

　　3) 부주의한, alert　　4) false, 진짜의

　　5) 심오한, superficial

04　1) 공용의, exclusive　　2) suspicious, 믿는

　　3) 수직의, horizontal　　4) pessimistic, 낙관적인

　　5) 드문드문한, dense

A

| 1 ④ | 2 ⑥ | 3 ② | 4 ⑤ |
| 5 ① | 6 ⑦ | 7 ⑧ | 8 ③ |

B

1 ③	2 ⑤	3 ①	4 ②
5 ⑥	6 ⑧	7 ④	8 ⑦
9 ⑨	10 ⑭	11 ⑩	12 ⑫
13 ⑮	14 ⑬	15 ⑯	16 ⑪

C

1 공용의, 공공의
2 드문드문한, 성긴
3 정직하지 못한
4 우수한, 상관의
5 진짜의, 진실한
6 조직화된, 조직적인
7 분명한, 명백한
8 추상적인
9 의심하는, 수상쩍은
10 수평의, 가로의

D

1 planned   2 formal   3 messy
4 superior   5 suspicious   6 alert
7 abstract   8 moderate

E

1 ④   2 ⑤   3 ②   4 ①   5 ③

1 이론상으로 파란색 전등은 노란색과 흰색 전등보다 더 <u>매력적이고</u> 차분하게 만들어 준다.

2 가격 하락은 판매자들에게는 <u>일시적인</u> 판매량의 상승을 보일 수 있다.

3 토지는 도시 개발에 있어 항상 <u>부족하고</u> 비싼 자원이다.

4 보통 사람은 흔히 <u>거짓되고</u> 조작된 얼굴 표정을 믿도록 현혹된다.
* manipulate 조작하다, 조종하다

5 개념은 음압의 변화에 의미를 부여하며, 그래서 여러분은 그것들을 <u>무작위적인</u> 소음 대신에 말이나 음악으로 듣는다.

WordTest

01

1) 이기적인, altruistic   2) biased, 편견 없는
3) 부주의한, thorough   4) occupied, 빈
5) 우연한, intentional

02

1) 정적인, dynamic   2) cowardly, 용감한
3) 내재적인, explicit   4) rude, 예의 바른
5) 날카로운, dull

03

1) 강제적인, voluntary   2) idle, 성실한
3) 최신의, outdated   4) disastrous, 운이 좋은
5) 인색한, generous

04

1) 복잡한, simple   2) progressive, 보수적인
3) 불모의, fertile   4) feminine, 남성적인
5) 완고한, compliant

A

| 1 ④ | 2 ⑤ | 3 ② | 4 ⑧ |
| 5 ③ | 6 ⑥ | 7 ⑦ | 8 ① |

B

1 ③	2 ④	3 ①	4 ⑦
5 ②	6 ⑧	7 ⑥	8 ⑤
9 ⑪	10 ⑫	11 ⑬	12 ⑯
13 ⑭	14 ⑨	15 ⑮	16 ⑩

C

1 최신의
2 빈, 결원의
3 무딘, 둔한
4 편견 없는, 공정한
5 명백한, 명시적인
6 정적인, 정지 상태의
7 불운한, 재앙의
8 성실한
9 강제적인, 강요하는
10 후한

D

1 vacant   2 outdated   3 implicit
4 impartial   5 feminine   6 barren
7 cowardly   8 selfish

E

1 ②   2 ③   3 ①   4 ④   5 ⑤

1 그녀의 <u>용감한</u> 결정은 많은 장애 학생들이 같은 식으로 행동하게 했다.

2 그 장치는 <u>간단하고</u> 저렴하지만, 낭비적이고 비효율적이다.

3 Ta-Nehisi Coates 자신도 변함없이 <u>예의 바르고</u> 공손하여, 공동체의 기준을 세우는 데 도움이 되었다.

4 재활용된 물의 안전을 보장하기 위해서는 효과적인 정수 시스템과 철저한 안전장치가 필요하다.

5 그 줄다리기 의식들에는 <u>의도적인</u> 경쟁 요소는 없으며, 승리나 패배는 중요하지 않다.

DAY 20

pp.132~137

Word **T**est

01 1) 긍정적인, negative 2) external, 내부의

3) 수동적인, active 4) innocent, 유죄의

5) 느슨한, tight

02 1) 화려한, plain 2) specific, 일반적인

3) 사소한, significant 4) vague, 구체적인

03 1) 서투른, skillful 2) lose, 물리치다

3) 완만한, steep

04 1) 교양 있는, ignorant 2) humble, 오만한

3) 난폭한, mild

Daily Test

DAY 20

A 1 ⑤ 2 ⑧ 3 ③ 4 ⑥

5 ⑦ 6 ④ 7 ② 8 ①

B 1 ③ 2 ⑦ 3 ⑧ 4 ⑥

5 ① 6 ⑤ 7 ② 8 ④

9 ⑨ 10 ⑯ 11 ⑭ 12 ⑮

13 ⑬ 14 ⑩ 15 ⑪ 16 ⑫

C 1 승리 2 패배하다, 잃다

3 난폭한, 폭력적인 4 겸손한, 미천한

5 극심한, 극도의 6 무식한, 의식하지 못한

7 고귀한, 고결한 8 교육 받은, 교양 있는

9 많이 아는, 지식 있는 10 긍정적인

D 1 minute 2 mild

3 defeat 4 obscure

5 arrogant 6 knowledgeable

7 skillful 8 steep

E 1 ② 2 ③ 3 ① 4 ④ 5 ⑤

1 Paul은 새 신발이 필요하다. 그의 신발은 그의 발 때문에 점점 꽉 조이고 있다.

2 창조적인 과정은 보잘것없는 재료들과 미천한 발단들로부터 시작될 수 있다.

---

3 많은 작가들은 독자를 떠올릴 때 너무 모호해지는 흔한 실수를 한다.

4 성숙, 지혜, 인내는 인생 경험의 점진적인 축적에서 생길 수 있다.

5 고등학교 운동장은 잘 차려입은 사람들로 가득 차 있었는데, 그들은 화려한 드레스와 정장을 입고, 유쾌하게 사진을 찍고 있는 사람들을 위해 포즈를 취하고 있었다.

II. Part Test (2)

pp.138~139

A 1 (r)easonable 2 (d)ynamic

3 (a)ccidental 4 (d)eficient

B 1 spare 2 voluntary 3 domestic

4 organized 5 stubborn

1 적은 양만이 존재하는

2 자기 자신의 자유 의지로 되어지거나 행하는

3 당신 자신의 나라에 연관되어 있거나 (당신 자신의 나라에서) 만들어진

4 정돈되고 효과적인 방법으로 물건들을 정리한

5 당신의 생각을 바꾸거나 무엇인가 하는 것을 멈추기를 거부하는

C 1 ④ 2 ③ 3 ① 4 ③

1 유리 공학은 돈이 많이 들어서 유리 건물 시장은 독점적이 되게 한다.

2 아주 어린 아이들은 다른 사람에게 자신만의 장난감을 기꺼이 나누려고 하지 않는다.

3 체면 문화는 고지대와 미미하게 비옥한 다른 지역에 뿌리내린 경향이 있다.

4 우리의 문화는 순수 예술, 즉 즐거움 외에는 어떤 기능도 가지고 있지 않은 창조적 생산물 쪽으로 편향되어 있다.

D 1 ① 2 ② 3 ② 4 ① 5 ①

1 보기에도, 냄새도 매력적인 음식은 사연히 입속으로 늘어가게 된다.

2 공적인 말하기에 대한 불안감은 효과적인 의사소통에 있어서 실질적이고 중대한 장벽으로 작용할 수도 있다.

3 서로 행복감을 전달함으로써 우리는 유익한 사회적 상호작용을 발전시킬 수 있었다.

4 내 생각에 대본과 시각 자료는 좋은데, 나의 전달에 관한 무언가가 여전히 서투르다.

5 그것들 중 일부는 꽤 사실적이었지만, 다른 것들은 예술적으로 단순화되거나 다소 추상적이었다.

E 1 disastrous ⇒ (f)ortunate

2 altruistic ⇒ (s)elfish

3 awkward ⇒ (s)killful

4 vague ⇒ (s)pecific

5 permanent ⇒ (t)emporary

1 "제시간에 도착해서 불운이었어요(→ 운이 좋았어요)."라고 그가 말했다.

2 다른 사람들을 아프게 하는 그런 이타적인(→ 이기적인) 행동은 우리에게 행복을 가져다줄 수 없다.

3 그 공연은 흥겨운 춤과 어색한(→ 기교 넘치는) 인형극으로 관중들을 매료시켰다.

4 학생들이 자신들의 개인정보를 보호하기 위해 취해야 할 모호한 (→ 특정한) 조치를 설명하는 영상을 만들어 보세요.

5 시차로 인한 피로는 시간대의 변화가 당신의 체내 시계에 영향을 줄 때 나타나는 영구적인(→ 일시적인) 신체 상태이다.

Word Test

	1)	2)	3)	4)	5)
01	①	①	①	②	②
02	②	①	①	①	①
03	①	②	①	②	①
04	②	①	①	②	②

01
1) 환경에 적응하다
2) 서로 의사소통하고 아이디어를 공유하다
3) 나는 그런 식으로 끝을 맺으려고 의도하지 않았다.
4) 화가들은 가끔 평범한 이미지들을 고유한 것으로 바꾸어 우리가 그 것들에 대해 궁금해하게 한다.
5) 연구자들은 경치 좋은 도로를 따라 통근하는 사람들이 스트레스가 심한 운전 상황으로부터 빠르게 회복한다는 사실을 발견했다.

02
1) 새 정부로의 순조로운 권력 이동
2) 그 탑은 지역에 있는 돌을 사용하여 세워졌다.
3) 연령 집단은 15~24세, 25~54세, 55~64세로 이루어져 있다.
4) 기술적으로 말하자면, 살인은 한 인간이 다른 인간을 죽이는 것으로 묘사되기 때문에, 로봇은 살인을 저지를 수 없다.
5) 오늘 학교 교향악단이 올해는 시청에서 연주회를 개최하게 될 것임을 알리게 되어 영광입니다.

03
1) 용해된 이산화탄소의 증가
2) 그것에 가해지고 있는 힘을 견디지 못하는 원자
3) 그 책들은 독자의 흥미를 자극한다.
4) 뉴욕으로 가는 귀하의 다음 주 여행에 대해 확인차 전화드렸습니다.
5) 그 평범한 구식 전화는 쌍방향이었지만, 오로지 말과 소리만 전송했기 때문에 통합적이지 않았다.

04
1) 어려움에도 불구하고 더 많은 노력을 투입하고 더 오래 지속하다
2) 실패는 성공에 선행한다.
3) 이러한 발견은 아직 학교 교육에 영향을 미치지 못했다.
4) 그는 사자가 다쳐서 한쪽 다리에서 피가 나고 있는 것을 보았다.
5) 당신은 해마다 여기 이 손수레에서 보는 것보다 훨씬 더 많은 옥수수를 수확하게 될 것이다.

A
1 ⑧	**2** ①	**3** ③	**4** ④
5 ⑥	**6** ⑤	**7** ②	**8** ⑦

B
1 ③	**2** ②	**3** ⑤	**4** ⑦
5 ⑥	**6** ⑧	**7** ④	**8** ①
9 ⑩	**10** ⑯	**11** ⑨	**12** ⑫
13 ⑬	**14** ⑪	**15** ⑭	**16** ⑮

C
1 의도하다, 작정하다　　**2** 선출하다, 선택하다
3 (죄를) 범하다, 전념[헌신]하다　**4** 주장하다, 고집하다
5 전송하다, 전염시키다　　**6** 모의 실험하다, ~인 체하다
7 영향을 주다; 영향, 충격　**8** 해결하다; 결심, 결의
9 운송, 수송; 통과하다　　**10** 확인하다, 승인하다

D
1 transform　　　**2** resolve
3 transit　　　**4** communicate
5 stimulate　　　**6** adapt
7 afflict　　　**8** wonder

E
1 ③　**2** ④　**3** ⑤　**4** ①　**5** ②

1 규모가 더 큰 집단들 또한 구성원에게 순응하도록 더 큰 압력을 가한다.

2 Simon과 Joe는 정상에 도착했고, Joe는 또 다른 눈보라가 서쪽에서 오고 있는 것을 보았다.

3 나는 여러분이 "만약 충분히 오랫동안 열심히 계속하기만 한다면, 여러분이 원하는 것은 무엇이든 할 수 있다."와 같은 말을 들어본 적이 있을 거라고 확신한다.

4 만일 우리가 독특한 광경과 소리에 계속 주의를 기울이고 결코 메시지를 듣지 않는다면, 설득은 발생하지 않을 것이다.

5 나우루 국기에 있는 12개의 꼭짓점을 가진 별이 상징하듯이, 나우루 원주민은 12개의 부족으로 이루어져 있으며, 이들은 Micronesia인, Polynesia인, Melanesia인이 혼합된 것으로 여겨진다.

DAY **22**　　　　pp.148~153

Word Test

01　1) ②　2) ②　3) ①　4) ①　5) ①
02　1) ①　2) ②　3) ①　4) ②　5) ①
03　1) ②　2) ①　3) ②　4) ①　5) ①

04　1) ②　2) ①　3) ①　4) ①　5) ①

01
1) 그는 자신의 실패를 불행 탓으로 돌렸다.
2) 실망감은 사라질 것이다.
3) 나는 나만의 모형 비행기나 자동차를 조립할 수 있다.
4) 어떤 싱크홀은 건물 전체를 삼켜버릴 만큼 크다.
5) 수컷 척왈라와 암컷 척왈라를 구별하기는 쉽지 않은데, 어린 수컷의 생김새는 암컷과 비슷하고 가장 커다란 암컷은 수컷을 닮았기 때문이다.

02
1) 전통과 문화를 소중히 여기다
2) 그들의 나이가 늘수록 그 비율이 증가했다.
3) 당신이 무언가를 먹을 때, 당신이 먹고 있는 것에 집중해라.
4) 1985년, 그녀의 끊임없는 노력은 그녀가 스위스 로잔에서 개최된 유명한 국제 대회에서 최우수상을 수상하게 했다.
5) 우리 모두는 쉬고, 생각하고 명상하고, 배우고 성장할 시간이 필요하다고 그 노인은 말했다.

03
1) 제 강아지를 위한 애완동물 운반 용기를 찾고 있어요.
2) 그의 작품들은 널리 읽히고 여전히 많은 인기를 누리고 있다.
3) 필요한 것보다 더 많이 먹는 것은 타고난 습관이지 단순한 중독은 아니다.
4) 알츠하이머는 기억, 사고, 행동에 문제를 일으키는 뇌 질환이다.
5) 다른 관점에서 문제를 보는 것은 그 문제를 다룰 새로운 접근 방식으로 사람들을 이끌 수 있다.

04
1) 안전이 최우선 사항이다.
2) 수돗물은 몇 가지 측면에서 실제로 더 건강에 좋다.
3) 우승자는 11월 3일에 발표되고, 상은 상위 3개의 비디오에 수여됩니다.
4) 아리스토텔레스는 호기심이 인간을 독특하게 정의하는 속성이라고 생각했다.
5) 짧은 뿔 도마뱀은 그들이 주변 환경에 섞일 수 있는 바위 근처의 부드럽고 모래가 많은 흙을 선호한다.

A
1 ⑦	**2** ⑧	**3** ①	**4** ③
5 ⑤	**6** ⑥	**7** ②	**8** ④

B
1 ②	**2** ③	**3** ⑦	**4** ④
5 ⑥	**6** ①	**7** ⑤	**8** ⑧
9 ⑬	**10** ⑩	**11** ⑮	**12** ⑫
13 ⑨	**14** ⑭	**15** ⑪	**16** ⑯

C
1 주의, 주목, 관심　　**2** 새기다
3 관점, 시각, 균형감　**4** 추방하다, 몰아내다
5 회상, 회고　　　　**6** 닮다, 비슷[유사]하다

| **7** 중독 | **8** 직업, 직장 생활, 경력 |
| **9** 인기 | **10** 사망 |

D

1 addiction	**2** career	**3** cherish
4 process	**5** population	**6** attendance
7 blend	**8** inscribe	

E **1** ③ **2** ② **3** ① **4** ④ **5** ⑤

1 북미에서 처럼 차량 소유 문화가 강한 곳에서조차도 차량 공유가 인기를 얻었다.

2 이러한 아이디어와 노력들로 플라스틱 쓰레기의 총량을 줄이는 것이 가능하다.

3 그러한 팀을 결성하는 관리자들의 잘 짜인 계획에도 불구하고, 구성원들 간의 차이가 종종 서툰 의사소통, 갈등, 혼란을 초래한다.

4 사람들은 가장 흔하게 설득을 깊은 사고 과정이라고 생각하지만, 그것은 실제로 얕은 사고 과정으로서 행동에 영향을 주는 더 흔한 방법이다.

5 매우 많은 선진국들이 다양한 형태로 프로젝트들을 참여하면서, 과학자들은 큰 진전을 보이고 있지만, 큰 도전들이 여전히 남아 있다.

Word Test

01	1) ②	2) ②	3) ①	4) ②	5) ②
02	1) ②	2) ①	3) ①	4) ②	5) ①
03	1) ①	2) ②	3) ②	4) ①	5) ①
04	1) ①	2) ②	3) ①	4) ②	5) ①

01
1) 공급과 수요의 원리를 무시하다
2) 대중적인 행동 패턴 속에 개인의 참여
3) 나는 경쟁이 협력의 반대라고 생각하지 않는다.
4) 한 민족의 특정 세계관이나 사고방식의 측면들을 속담이 표현한다고 바라볼 때 우리는 주의를 기울여야 한다.
5) 엄마는 요리가 좋은 학습 도구라고 생각했기 때문에, 우리가 만든 엉망인 상태 모두를 참아냈다.

02
1) 그들은 젊음을 숭배하지 않는다.
2) 그들은 맨 아래부터 그것에 불길을 붙이곤 했다.
3) 협동이 용이하면, 성공 가능성이 더 많다.
4) 위대한 작곡가들의 작곡에 있어서의 재능과 기민함은 놀라움과 감탄을 불러일으킨다.
5) 그렇다고 해서 당신이 해변에서의 휴가를 12월에 계획해야 한다는 것은 아니다.

03
1) 그녀의 도움으로, 그는 고등 수학을 공부했다.
2) 그 날 이후, 그 가수는 무대 공포증이 생겼고 공연을 할 수 없었다.
3) 그는 어떤 의식적 과정으로도 바람을 가능할 수는 없었지만, 어쨌든 그는 그것이 더 세게 불고 있다는 것을 알았다.
4) 그 주요 특징이 포식자 종과 피식자(먹이) 종을 구별한다.
5) 우리가 하루에 작은 탄산 음료 캔 하나를 마시면, 일일 설탕 섭취량은 권장량을 초과한다.

04
1) 세 번째 열 가운데 있는 좌석들을 선택하세요.
2) 혼자서 방을 쓰는 경우에는 10달러의 추가 요금이 있다.
3) 직원을 비판하기보다는 칭찬하세요.
4) 최초 석기 시대 인간은 날카롭게 만든 부싯돌로 날음식을 잘랐다.
5) 부시먼족으로도 알려진 !Kung San족은 남부 아프리카에 있는 칼라하리 사막에 산다.

Daily Test

A

| **1** ⑧ | **2** ⑥ | **3** ③ | **4** ② |
| **5** ⑤ | **6** ① | **7** ⑦ | **8** ④ |

B

1 ①	**2** ⑦	**3** ②	**4** ⑧
5 ⑤	**6** ⑥	**7** ③	**8** ④
9 ⑬	**10** ⑩	**11** ⑭	**12** ⑨
13 ⑯	**14** ⑮	**15** ⑫	**16** ⑪

C

1 협동, 협력, 협조	**2** 엉망인 상태; 망치다
3 후식, 디저트	**4** 예배, 숭배; 숭배하다
5 저항(력), 반대	**6** 화물; 운송하다
7 먹이, 희생자	**8** 직업, 천직, 소명
9 경쟁, 경기, 대회	**10** 가능성, 가망, 예상

D

1 intake	**2** fright	**3** desert
4 mass	**5** admiration	**6** competence
7 implement	**8** principle	

E **1** ② **2** ④ **3** ① **4** ③ **5** ⑤

1 Eastville 학교의 교장으로서, 이 분야에서 귀하의 권위가 학생들이 수업 포트폴리오를 준비할 때 그들에게 도움이 될 것입니다.

2 Lynne Twist는 기금 모금자로서 그녀의 삶의 초창기에 Ricardo Aguirre라는 CEO를 만나기 위해 대기업에 가도록 요청받았다.

3 '나는 네가 참 자랑스러워.'라는 칭찬에 무엇이 잘못되었을까?

4 이러한 장점들 중에서 주된 것은 최초의 메시지를 조절하는 능력이고 이야기가 처음에 어떻게 표현되는지에 대한 방식이다.

5 각 기업은 공유된 사업 기회에 대한 기술적인 지원부터 간단한 격려에 이르는 다양한 도움을 필요로 한다.

Word **T**est

01 1) ①   2) ②   3) ①   4) ②   5) ②

02 1) ②   2) ①   3) ②   4) ①   5) ①

03 1) ②   2) ②   3) ①   4) ②   5) ①

04 1) ①   2) ②   3) ①   4) ①   5) ①

01 1) 상호 간의 친구 혹은 <u>지인</u>

2) 그 왕은 농부로 <u>변장했다</u>.

3) 만약 마찰력이 줄어든다면, 사이클 선수들은 아주 세게 페달을 밟지 않아도 될 것이다.

4) 방문객들이 그 우리 앞에서 아무리 오랜 시간을 보낸다 하더라도, 그들은 결코 진정으로 그 <u>짐승</u>을 이해할 수는 없을 것이다.

5) 인터넷이 사고를 도와주는 것으로 여겨질 수 있는 한 가지 영역은 새로운 정보의 빠른 <u>습득</u>이다.

02 1) 수면 <u>부족</u>이 일으키는 피해

2) 두 나라 사이의 <u>동맹</u>을 강화하다

3) 수를 세는 것을 발명하지 않은 아마존 사람들은 정확한 <u>계산</u>을 할 수 없다.

4) 18세기 말 무렵, 감자는 대부분의 유럽의 농장들을 점령했고, <u>기근</u>은 드물고 흔치 않은 일이 되었다.

5) 유럽 사람들은 신생아를 만지는 것이 <u>세균</u>을 퍼트려서 신생아를 약하고 징징거리게 만든다고 믿었다.

03 1) <u>약물</u>을 처방하다

2) 한 사람이 Rabbi Joshua에게 <u>접대</u>를 요구했다.

3) 그는 공개적으로 비판을 받는 <u>굴욕</u>을 당했다.

4) 그들은 감정적 지원이나 <u>피난</u> 상황에서 도움이 필요하다면 의존할 수 있는 사람이 다섯 명이 넘는다고 말했다.

5) 그들이 기차 역을 지을 때, 증기가 안전하게 <u>흩어지게</u> 할 수 있게 해 주는 홀을 목표로 했다.

04 1) 원예 수업과 요리 수업을 번갈아 <u>오가다</u>

2) 한 <u>귀족</u>이 한 화가와 계약했다.

3) 우리의 달걀은 냉장하지 않고도 며칠 동안 <u>신선하게</u> 유지됩니다.

4) 증거를 보고 만약 여러분이 그것에 만족하지 않는다면, <u>대안</u>을 찾으셔도 됩니다.

5) <u>주권</u> 국가는 보통 그 시민들이 방해받지 않고 자신들의 일을 결정할 자유가 있는 국가로 정의된다.

Daily Test

Ⓐ **1** ⑤   **2** ②   **3** ③   **4** ⑦
    5 ⑧   **6** ①   **7** ⑥   **8** ④

Ⓑ **1** ①   **2** ⑦   **3** ⑧   **4** ②
    5 ⑤   **6** ⑥   **7** ③   **8** ④
    9 ⑫   **10** ⑩   **11** ⑪   **12** ⑨
    13 ⑮   **14** ⑯   **15** ⑭   **16** ⑬

Ⓒ **1** 기근, 굶주림   **2** 결핍, 박탈, 부족
    3 소설; 새로운, 신기한   **4** 환대, 접대
    5 신선한, 생생한   **6** 증발, 발산
    7 동맹, 협정, 동맹자   **8** 약, 약물 (치료)
    9 아는 사람, 지인, 친분   **10** 위장, 변장; 위장하다, 변장하다

Ⓓ **1** sovereign   **2** acquaintance
    3 meditation   **4** alternate
    5 disguise   **6** deprivation
    7 evaporation   **8** hostility

Ⓔ **1** ②   **2** ③   **3** ①   **4** ④   **5** ⑤

1 식물은 아주 넓은 지역에 씨를 뿌린다.

2 푸른바다민달팽이는 동족의 살을 먹는 것으로도 알려져 있지만 히드로충류를 주식으로 한다.

3 오래 전에, 인간은 성찬과 <u>기근</u>이 교대로 일어나는 시기를 견뎌야 했다.

4 저장된 식품들 사이에 약간의 공기 <u>순환</u>의 필요성은 기체와 습기의 관리와 관련되어 있다.

5 자녀가 불쾌한 경험을 겪지 않도록 해 주고자 하는 것은 <u>고귀한</u> 목적이다.

* spare 겪지 않아도 되게 하다, 모면하게 하다

Word **T**est

01 1) ①   2) ②   3) ②   4) ②   5) ①

02 1) ①   2) ②   3) ②   4) ②   5) ②

03 1) ①   2) ②   3) ①   4) ①   5) ②

04 1) ②   2) ②   3) ②   4) ①   5) ①

01 1) <u>비밀</u> 보고서

2) 다양성이 거의 없고 <u>반복적인</u> 업무가 있는 일

3) 습성을 갖는다는 것은 시간이 흐르면서 <u>일관된</u> 행동 양식을 보여준다는 것을 의미한다.

4) 건조하기 위해 빨래를 밖에 널 필요가 없으므로 건조기가 달린 세탁기는 정말 <u>편리하다</u>.

5) 선풍적인 공연 이후, 그 록 밴드는 더 자신감 있고 활동적이 되었다.

02
1) 매우 효과적인 정수 방법들과 철저한 안전 장치들
2) 사실 파란색은 특히 중간색이 아니다.
3) 당신은 우리의 단골 고객이셨기 때문에, 우리는 다음 검진 시 10% 할인을 제공해 드리고자 합니다.
4) 그 투명한 쓰레기통은 네덜란드 사람들이 더 환경친화적인 삶을 사는 데 일조했다.
5) 그 나라의 인구는 세 개의 주요 민족 집단으로 이루어져 있다.

03
1) 그것은 그들의 첫 번째 해외 여행이었다.
2) 숫자는 정확한 양을 설명하기 위해 고안되었다.
3) 첫인상은 종종 그 사람에 대한 차후의 인식에 관한 우리의 인상에 영향을 미친다.
4) 19세기에, 이 독특한 억양은 발음 지도 강사들에 의해 널리 가르쳐졌다.
5) 당신의 피드백은 우리에게 중요하니 의견을 주시면 감사하겠습니다.

04
1) 그 용어는 이해하기에 너무 모호하다.
2) 그는 30대 때 머리가 벗겨지기 시작했다.
3) 그들은 우리가 베푼 자발적인 호의에 감사했다.
4) 참가자들이 정해진 순서로만 발언하게 하면 건설적인 대화가 진행되기 어렵다.
5) 미국은 공동체 내의 중요한 쟁점들을 숙고하기 위해 공회당 미팅을 활용하는 확고한 전통을 가지고 있다.

Daily Test

Ⓐ
| 1 ① | 2 ⑧ | 3 ④ | 4 ③ |
| 5 ⑥ | 6 ② | 7 ⑦ | 8 ⑤ |

Ⓑ
1 ①	2 ⑦	3 ③	4 ⑧
5 ⑤	6 ②	7 ⑥	8 ④
9 ⑨	10 ⑪	11 ⑯	12 ⑫
13 ⑮	14 ⑩	15 ⑬	16 ⑭

Ⓒ
1 대담한, 선명한	2 윤리적인
3 반복적인, 반복되는	4 중립의, 중립적인
5 결과의, 결과로서 일어나는	6 의도적인, 신중한; 숙고하다
7 철저한, 완전한	8 변함없는, 끊임없는
9 독특한, 뚜렷이 구별되는	10 자발적인, 즉흥적인

Ⓓ
1 deliberate	2 through
3 concise	4 transparent
5 subsequent	6 aboard
7 confident	8 consistent

Ⓔ
| 1 ① | 2 ② | 3 ⑤ | 4 ④ | 5 ③ |

1 우리는 얼굴 근육을 조종하는 두 가지 다른 신경 체계를 가지고 있다.

2 신생 기업이 실패할 때, 우리는 흔히 그 기업이 경쟁적인 생태계에서 경쟁 관계에 있는 포식자에게 굴복했다고 생각한다.

3 교육적이려고 애쓰면서, 아버지는 아들에게 1886년경에 Karl Benz가 자동차를 발명했다고 말했다.

4 언어는 어떤 사람의 정신 속에 정확한 의미가 형성되도록 하는 데 항상 신뢰할 만하지는 않다.

5 다른 사람들이 수강하는 전통적이고 관례적인 과목들을 택하면서 학창 시절을 빈둥거리며 보내기가 너무나 쉽다.

* drift 되는대로 지내다[살다]

Ⅲ Part Test (1)

Ⓐ
| 1 (a)dopt | 2 (r)esist |
| 3 (a)ddiction | 4 (a)spect |

Ⓑ
| 1 principle | 2 award | 3 overtake |
| 4 vocation | 5 confidence | |

1 기초적인 진실 또는 이론
2 누군가에게 보상이나 상을 주다
3 더 빨리 움직여 위로 이동하고 지나치다
4 어떤 사람이 하거나 하고 있어야만 하는 일
5 당신이 어떤 것을 잘 할 수 있다는 느낌이나 믿음

Ⓒ
| 1 ① | 2 ② | 3 ① | 4 ② | 5 ② |

1 구독은 전체 잡지 유통의 거의 90퍼센트를 차지한다.

2 갈라진 털들은 분명히 그들의 진화의 가장 초기 단계부터 벌의 꽃가루에 대한 선호를 보완했다.

3 연습을 계속해서 자꾸 하면 오디션 동안 여러분이 자신감을 느끼도록 도와줄 것이다.

4 대부분의 사람들에게, 기념품을 사는 것은 진품으로 인식되는 물건을 획득하는 행동이다.

5 여러분이 친구나 가족으로부터 저항이나 무관심의 벽에 부딪쳤을 때, "내가 어떻게 하면 그들로 하여금 내 꿈의 팬이 되도록 할 수 있을까?"라고 묻기를 멈추어라.

Ⓓ
| 1 ③ | 2 ① | 3 ② | 4 ① | 5 ② |

1 정확한 시간을 기록하는 것이 불가능했다.

2 충분히 발달한 시장에서는, 경쟁적 위치에서의 주요 변화와 시장의 성장을 가져오는 획기적인 발전이 드물다.

3 그러한 가르침은 모든 살아있는 것에 대한 강한 사랑과 존경심을 심어주는 데 도움이 된다.

4 어른이 되어, 만약 우리가 유연성을 유지하기 위한 의식적인 노력을 하지 않으면, 우리는 상당히 빠르게 유연성을 잃을 수 있다.

5 긍정적인 기분이 된 의사들은 중립적인 상태의 의사들에 비해 거

의 세 배 더 높은 사고력과 창의력을 보여준다.

E **1** wander ⇒ wonder

2 priority ⇒ property

3 attend ⇒ intend

4 insisted ⇒ consisted

1 각각의 아이들은 아름다움, 기쁨, 그리고 경이에 대한 개인적인 선택권을 가지고 있다.

2 호텔 방에는 욕실이 하나도 없지만, 손님들은 호텔 건물 안에 있는 두 개의 공동 목욕탕을 이용할 수 있다.

3 우리가 운동을 시작하려고 작정할 수 있지만, 그것이 항상 실질적인 행동으로 이어지는 것은 아니다.

4 Sekhar는 인간 관계의 본질이 그 누구에게도 충격을 주지 않도록 진실을 완화시키는 데 있다고 생각했다.

DAY 26
pp.174~179

Word **T**est

01	1) ③	2) ①	3) ③	4) ③
02	1) ②	2) ①	3) ③	4) ③
03	1) ③	2) ②	3) ③	4) ①
04	1) ①	2) ③	3) ②	4) ③

01
1) 수영과 달리기와 같은 신체 활동들은 혈액 순환을 향상시키고 근육을 강화시키는 데 도움을 준다.
2) 대부분의 사회적 학습은 하이브리드 학습인데, 행위자는 사회적으로 유도된 시행착오와 사회적으로 유도된 연습을 통해 기술을 습득한다.
3) 아리스토텔레스는 모든 인간이 정치 활동에 참여하도록 허용되어야 한다고 생각하지 않았는데, 즉 그의 체계에서 여자, 노예, 그리고 외국인은 자신과 다른 사람들을 다스릴 권리로부터 명백히 배제되었다.
4) 보증 조건에는 만약 제품에 어떤 문제가 있는 경우에 나는 두 달 이내에 전액 환불을 받을 자격이 있다고 명시되어 있다.

02
1) 우리는 아이들이 자신의 방을 치우게 하려고 시도한다. 그리고 우리는 또한 우리의 이웃이 동네 파티를 돕게 유도하려고 노력한다.
2) 코끼리는 그들의 긴 코를 사용함으로써 정교한 인사 행동을 진화시켜왔다.
3) 그는 수 조의 새로운 Zimbabwe 달러를 만들어 유통시킬 수 있었는데, 이는 그것들이 결국 통화보다 휴지로서 더 가치가 있게 된 이유였다.
4) 구독 제안을 담은 그 모든 삽입형 카드는 여러분이 구독하도록 독려하기 위해 잡지 안에 들어가 있다.

03
1) 이 가격들은 더 광범위한 감자 시장에서의 수요와 공급의 상호 작용

을 정말로 반영한다.
2) 문제의 존재를 확인한 후에 우리는 그 문제의 범위와 목적들을 정의해야 한다.
   * scope 범위, 시야
3) 운동 프로그램 도중에 어지러움, 메스꺼움 또는 가슴 통증이 나타나면, 그 활동을 멈추어야 하고, 아이가 활동을 재개하기 전에 의사가 진찰을 해야 한다.
4) 그 지역 부근에 살던 사람들은 이주를 해야만 해서, 왕은 그들을 위해 새 마을이 지어지도록 명령을 내렸는데 그것이 수원이었다.

04
1) 그 살아있는 예술을 보존하고 홍보하기 위한 목적으로, 부탄 왕립 직물 학교가 2005년에 설립되었다.
2) 전에 분리되었던 사람들이 퍼져 나가다가 언어의 경계지역에서 서로 다시 만나게 될 때, 그 분화된 언어들이 왜 다시 통합되지 않는가라는 의문이 남는다.
3) 만약 여러분이 잠자리에 있는 동안에 수탉이 우는 소리를 듣는다면 여러분은 울고 있는 수탉이라는 그 증거와 일출에 대한 여러분의 지식을 결합하여 해가 뜨고 있다고 추론할 것이다.
   * crow (수탉이 이른 새벽에) '꼬끼오'하고 울다
4) 나는 그곳이 별과 행성을 관찰할 수 있는 최고의 장소 중 하나라고 들었다.

Daily Test

A
| **1** ⑧ | **2** ① | **3** ⑥ | **4** ③ |
| **5** ⑤ | **6** ② | **7** ⑦ | **8** ④ |

B
1 ①	**2** ⑥	**3** ⑦	**4** ④
5 ⑤	**6** ⑧	**7** ③	**8** ②
9 ⑩	**10** ⑭	**11** ⑮	**12** ⑫
13 ⑨	**14** ⑪	**15** ⑬	**16** ⑯

C
1 상상하다, 마음에 그리다	**2** 비추다, 반사[반영]하다
3 줄이다, 낮추다, 감소하다	**4** 구독하다, 가입하다
5 포함하다, 관련시키다	**6** 기여하다, 기부하다
7 가정하다, 떠맡다, ~인 체하다	**8** 선출하다, 선택하다
9 정제하다, 개선[개량]하다	**10** 분배하다, 유통하다

D
1 recommend	**2** exclude	**3** acquire
4 revolve	**5** deduce	**6** confine
7 deserve	**8** presume	

E
| **1** ① | **2** ⑤ | **3** ② | **4** ④ | **5** ③ |

1 자아의 고유한 조각들에는 취미, 정신적 경향, 그리고 교육이 포함될 수 있다.

2 기술자들은 그 끝부분이 공기의 흐름을 원활하게 하여, 그것이 비행할 때 에너지를 잃지 않고 보존하도록 돕는다는 것을 발견했다.

3 만약 수습 직원이 관리자에게 같은 명령을 내린다고 상상해 본다면 당신은 이것을 가장 명확하게 이해할 수 있다.

4 학생들이 원하는 점수를 받기 위해서 돈을 지불하는 사회 체제와는 '협상할' 수 없다는 것을 교수들은 알고 있다.

5 불행하게도 환경적, 사회적 상황들을 향상시키기 위해 일하는 많은 조직들과 정치 지도자들은 의심할 나위 없이 그 패러다임 안에서부터 움직인다.

DAY 27   pp.180~185

Word Test

01 1) ②   2) ②   3) ①   4) ③

02 1) ①   2) ③   3) ③   4) ②

03 1) ①   2) ②   3) ①   4) ③

04 1) ②   2) ③   3) ③   4) ③

01 1) 음식 쓰레기의 약 30퍼센트가 사람들이 구매했다가 (기간이) 만료되기 전에 먹는 것을 잊어버린 음식이다.

  2) 객관성에 대한 개념이 처음 발전하게 되었을 때, 그것이 저널리스트들이 편견이 없음을 의미하지는 않았다.

  3) 경향을 찾는 데 있어서, 가끔 하는 행동이나 기분을 보다 영속적인 인격적 특성이나 자질과 혼동하지 않는 것이 중요하다.

  4) 때때로 어려운 목표를 완수하는 최선의 방법은 그것이 가능하다는 생각을 멈추고, 그저 한 번에 한 단계씩 해 나가는 것이다.

02 1) 달을 향해 가던 중에 Apollo 13 우주선의 산소 탱크가 폭발하였을 때에도, 탑승 대원 전원이 구조되었다.

  2) 업계는 이러한 사실을 거부하고 높은 실행 비용에 대해 불평할지도 모르지만, 역사가 그런 기록을 바로잡는다.

  3) 몇몇 그룹의 사람들은 가능한 한 오랫동안 얼음이 든 통 속에 손을 담그고 있도록 요구받았다.

  4) 동기부여는 목표를 더 가까이 가져오는 최종 행동을 이끌 뿐만 아니라, 준비 행동에 시간과 에너지를 소비할 의지를 만들기도 한다.

03 1) 나는 지역 서비스 센터에 그것을 고치러 갔지만, 거기에서 내가 받은 형편없는 서비스가 그 문제를 더 복잡하게 만들 뿐이었다.

  2) 청소년들은 그들이 행동하고, 문제를 해결하고, 의사를 결정하는 방식에서 어른과 다르다.

  3) 학생들이 제출한 회화, 도예품, 그리고 사진이 오전 10시부터 오후 5시까지 전시될 예정이다.

  4) 블루라이트 노출은 수면을 조절하는 호르몬인 멜라토닌을 억제하는 것으로 밝혀졌다.

04 1) 귀를 통해서 우리는 우리 주변에 있는 모든 것의 근저에 있는(밑에 있는) 진동에 접근하게 된다.

  2) 시간표를 작성하는 것은 도움이 될 것이고, 당신은 필요할 때 그것을 수정해야 한다.

---

  3) 더 강력한 전기 모터는 그 일을 더 빠르게 할 수 있을 것이고, 훨씬 더 강력한 로켓 엔진은 동일한 무게의 탑재 화물을 불과 몇 초 만에 산꼭대기로 빠르게 나아가게 할 수 있다.

  * payload 탑재 화물

  4) 발표회에서 학생들은 우리 지역에 있는 청년들을 위한 고용 기회를 만들어 내기 위한 다양한 의견을 제안할 것이다.

Daily Test
DAY 27

A **1** ⑥   **2** ②   **3** ⑤   **4** ⑧
   5 ①   **6** ⑦   **7** ③   **8** ④

B **1** ③   **2** ⑥   **3** ④   **4** ①
   5 ⑤   **6** ⑧   **7** ⑦   **8** ②
   9 ⑭   **10** ⑪   **11** ⑯   **12** ⑫
   13 ⑨   **14** ⑬   **15** ⑩   **16** ⑮

C **1** 조언하다, 충고하다   **2** 나아가게 하다, 추진하다
   3 보이다, 전시하다; 전시(회)   **4** 만료되다, 끝나다
   5 불어넣다, 주입하다   **6** 대답하다, 응하다; 답장
   7 부과하다, 도입[시행]하다   **8** 폭발하다, 폭발시키다
   9 창안하다, 고안하다   **10** ~의 기초가 되다

D **1** accommodate   **2** diffuse
   3 differ   **4** undermine
   5 inject   **6** suppress
   7 propose   **8** revise

E **1** ④   **2** ①   **3** ⑤   **4** ②   **5** ③

  1 한국 사람들은 매년 150억 개가 넘는 일회용 수저를 처리하고(사용해서 없애고), 매년 미국 사람들은 1천억 개의 일회용 컵을 사용한다.

  2 결국, 당신은 낯선 사람들을 만남으로써 당신의 친구의 범위를 확장하고 잠재적인 사업 파트너를 만든다.

  3 시나 소설의 구절은 음악가나 화가가 이야기에 생기를 불어넣는 청각적 또는 시각적 예술을 창조하도록 영감을 줄 수 있다.

  4 Don은 다음 날 아침 외과 수술을 받을 예정인, 병원에 입원한 열세 살 소년을 방문하는 데 자신과 동행하자고 Tom을 초대했다.

  5 이것은 반드시 환자들이 더 많은 의료 서비스를 요구하리라는 것을 의미한다기보다, 오히려 증거가 확실하지 않은 경우에 그들이 중재(치료)를 거부할 가능성이 더 많음을 의미한다.

WordTest

01 1) ③ 2) ③ 3) ① 4) ③

02 1) ③ 2) ② 3) ② 4) ③

03 1) ③ 2) ② 3) ③ 4) ②

04 1) ② 2) ① 3) ② 4) ②

01 1) 집중을 방해하는 것들이 여러분이 화자의 말을 듣는 것을 방해하게 두지 마라.

2) LnT-Bot의 이마 투입구에 칩을 끼우면 LCD 화면에 그림이 나타날 것이다.

3) 대부분의 과학 연구들은 자금 지원을 받는데, 그 누군가는 그것들이 몇몇 정치적, 경제적, 또는 종교적인 목표를 달성하는 데 도움을 줄 수 있다고 믿기 때문이다.

4) 벽돌 담은 심한 타격을 견디는 장점이 있어서, 그 성은 벽돌과 돌 둘 다로 만들어졌다.

02 1) 흰색 드레스를 입고 있는 여성은 곧 결혼할 것이고 사회에서 그녀의 지위와 역할을 변화시킬 것이다.

2) 어떤 사람은 신발에 바느질만 하고, 다른 사람은 그것들을 재단하는 것으로, 또 다른 사람은 윗부분을 꿰매 붙이는 것으로 생계를 꾸리는 곳들도 있다.

3) 스마트 화재 경보기는 화재가 일어날 경우 당신에게 알릴 뿐만 아니라 지역 소방서에도 통보할 것이다.

4) Conner는 자신의 경쟁력 수준을 되찾기 위해 집중적인 훈련을 받았다.

03 1) 철학에서 논증의 개념을 이해하는 가장 좋은 방법은 그것을 의견과 대조하는 것이다.

2) 학생들은 그런 일정을 따르는 것을 내키지 않아 할 뿐만 아니라, 인간이 그렇게 엄격한 계획을 시도하는 것은 바람직하지 않다.

3) 더 진한 색깔이 나는 것이 단순히 더 많은 식용 색소의 첨가 때문일지라도, 더 진한 색깔은 제품에서의 더 진한 맛의 인지를 유발할 수도 있다.

4) 항공기 조종석 안에는 고도, 대기 속도, 엔진 온도, 기타 등등을 위한 개별적인 디스플레이가 제공되었다.
   * cockpit 조종석

04 1) 이 환경 문제를 최소화하기 위해서 그러한 오염원들에 대한 엄격하게 통제된 배출 기준이 요구된다.

2) 나는 동아리 활동을 통해 그녀가 자신의 재능과 적성을 찾을 수 있을 거라고 생각한다.

3) 국가의 문화 유산의 보호와 복원은 헌법에 의해 보장된다.

4) 지질학은 탄자니아에 있는 Ngorongoro 분화구의 형성을 설명할 수 있지만, 동틀 녘에 그것의 가슴 아프고 숨 막히는 아름다움을 설명할 수는 없다.

Daily Test

A 1 ③ 2 ① 3 ⑦ 4 ②
       5 ⑥ 6 ⑧ 7 ⑤ 8 ④

B 1 ① 2 ⑦ 3 ② 4 ⑥
       5 ⑤ 6 ③ 7 ④ 8 ⑧
       9 ⑯ 10 ⑭ 11 ⑩ 12 ⑨
       13 ⑫ 14 ⑬ 15 ⑪ 16 ⑮

C 1 지리(학), 지형 2 유지하다, 간직하다
       3 상태, 국가; 진술하다 4 복원, 복구, 부활
       5 칭송하다; 찬사, 환호 6 알리다, 통지하다
       7 태도, 사고방식 8 위도
       9 (능력을) 발휘하다, 행사하다
       10 시도하다; 시도

D 1 withstand 2 perception 3 insert
       4 sew 5 emission 6 gratitude
       7 conception 8 interrupt

E 1 ② 2 ④ 3 ⑤ 4 ③ 5 ①
       1 그들은 경쟁이 협력과 존중 같은 더 친사회적인 행동들을 몰살시킨다고 주장한다.
       2 나는 우리가 기대했던 것보다 더 좋은 조건으로 그 회사와 계약을 할 수 있었다.
       3 몇 년 동안 조각을 한 후, 그는 '모세'를 완성했는데, 그것은 그 무덤에서 가장 유명한 조각상 중의 하나이다.
       4 규제는 장소마다 다르므로, 그 지방의 지침이나 규제를 확인해야 한다.
       5 다른 사람의 개인적인 일에 대해 아는 것은 이 정보를 가진 사람이 그것을 뒷공론으로 반복하도록 부추길 수 있는데, 왜냐하면 숨겨진 정보로서는 그것이 사회적으로 비활동적인 상태로 남기 때문이다.

WordTest

01 1) ① 2) ② 3) ① 4) ③ 5) ②

02 1) ② 2) ② 3) ① 4) ① 5) ②

03 1) ③ 2) ② 3) ① 4) ② 5) ③

04 1) ① 2) ③ 3) ③ 4) ③ 5) ①

01 1) 특별한 훈련을 받은 음악가들이 연주하였고 청중은 음악을 들으면서 음악의 <u>미적 특질</u>을 곰곰이 생각해 보도록 기대되었다.

2) 방문객들은 <u>다양한</u> 꽃 모음과 장식들을 즐길 수 있다.

3) 사과는 매우 작고 큰 질량을 가지고 있지 않아서 그것이 태양에 작용하는 인력은 절대적으로 <u>아주 작은데</u>, 확실히 모든 행성의 인력보다 훨씬 작다.

　* pull 끄는 힘, 인력

4) 진흙탕에 빠진 차를 <u>후진시킬</u> 수 없어서 그는 도움을 받기 위해 가까운 농가로 향했다.

5) <u>깔끔한</u> 사람이 되려고 하나요? 정돈하는 것은 정말로 어렵습니다.

02 1) 슈퍼마켓에서 <u>유제품</u>은 흔히 뒤쪽에 위치하는데, 사람들이 자주 우유만 사러 오기 때문이다.

2) 종교인이었던 José Henríquez는 광부들을 하나의 집단으로 결합시키기 위해 그들의 <u>사기</u>를 북돋우려 노력했다.

3) 두 가지 일 모두 가능하지만, 오직 하나만이 <u>효율적</u>이고 생산적인 자원 활용이다.

4) 무언가가 옳은지 또는 그른지를 판단하는 것은 개별 사회의 신념에 근거하며, 어떤 <u>도덕적</u> 또는 윤리적 견해는 개인의 문화적 관점에 의해 영향을 받는다.

5) 단 한 가지의 음식만으로는 인간의 생존에 필요한 영양분을 제공하지 못한다. 인간은 신체적 성장과 유지에 <u>충분한</u> 다양한 것들을 먹어야 한다.

03 1) 그들이 요리하는 모든 식사는 순수한 발명이자 순수한 <u>본능</u>이다. 요리하는 것은 하나의 예술이고 숫자로 격하될 수 없다.

2) 이 교사의 확신에 찬 기대는 그녀로 하여금 모든 학생 안에 있는, <u>임박한</u> 성공을 적극적으로 키우고 지지하게 했다.

3) 지금까지 여러 해 동안 TV와 영화와 같은 매체에 의한 오락은 볼거리와 소리로 우리의 <u>시각</u>과 청각을 자극할 수 있었다.

4) 산림 벌채 때문에, 25년 후에 오랑우탄은 <u>멸종</u>될 수도 있다.

5) <u>선택</u> 관광을 포함하여 내일까지 120달러를 보내야 한다.

04 1) 과거에는 <u>익명</u>의 화가들이 민화를 그리기 시작했고, 자신의 작품을 대중에게 팔았다.

2) 15년 동안 매일 정확히 6시에 귀가하는, 극도로 <u>시간을 지키는</u> 사람을 상상해 보라.

3) 연구는 우리가 스스로를 우리 삶의 한 부분에서 도덕적으로 <u>부족하</u>다고 여길 때, 저울의 균형을 맞출 도덕적 행동을 탐색한다는 것을 시사한다.

4) 심사위원들은 White 씨에게 상을 주자는 결정에서 <u>만장일치</u>였다.

5) 이미지의 세계는 우리의 <u>인식</u>의 틀에 의해 걸러지지 않는다.

Daily Test
DAY 29

Ⓐ
| 1 ③ | 2 ② | 3 ① | 4 ⑧ |
| 5 ⑤ | 6 ④ | 7 ⑦ | 8 ⑥ |

Ⓑ
1 ①	2 ②	3 ⑦	4 ⑧
5 ⑤	6 ③	7 ④	8 ⑥
9 ⑨	10 ⑭	11 ⑪	12 ⑯

| 13 ⑬ | 14 ⑮ | 15 ⑩ | 16 ⑫ |

Ⓒ
1 죽을 운명의, 치명적인	2 확정적인, 결정적인
3 효율적인, 유능한	4 지각의, 지각이 있는
5 운동의, 운동 경기의	6 시간을 지키는
7 선택의, 선택 가능한	8 만장일치의
9 저명한, 탁월한	10 명확한, 확실한

Ⓓ
1 eminent	2 instinct	3 optimal
4 morale	5 punctual	6 aesthetic
7 unanimous	8 tidy	

Ⓔ
| 1 ⑤ | 2 ③ | 3 ④ | 4 ① | 5 ② |

1 Sandhill 애완동물 퍼레이드에서는 애완동물 주인들이 의상을 입는 것은 <u>선택적</u>이지만 장려합니다.

2 그러한 조건들이 변하면 전문종은 흔히 <u>멸종</u>하고 위험에 처하게 된다.

3 여러분은 사람들이 경고 신호를 무시해서 <u>불운한</u> 상황이 하룻밤 사이에 나타난 듯한 이야기를 얼마나 많이 들어 봤는가?

4 그들 주변에 있는 <u>지각할 수 있고</u> 느낄 수 있는 이 모든 새로운 정보를 받아들이고 처리하는 엄청난 임무가 주어져서, 그들의 뇌는 끊임없이 방심하지 않고 주의하는 상태가 된다.

5 성인들은 집으로 가서 일주일을 보냈고 일별 <u>일기</u>에 자신들의 생각을 기록했다.

<table><tr><td>Ⅲ</td><td>Part Test (2)</td><td>pp.198~199</td></tr></table>

Ⓐ
| 1 (c)onclude | 2 (i)nquire |
| 3 (e)volve | 4 (i)nvolve |

Ⓑ
| 1 persevere | 2 commend | 3 tidy |
| 4 multitude | 5 refine | |

1 무언가를 계속 하다

2 어떤 사람이나 어떤 것을 칭찬하다

3 물건들을 깨끗하고 정돈된 상태로 두는

4 많은 수의 물건들이나 사람들

5 작은 변화를 주어 (어떤 것을) 개선시키다

Ⓒ
| 1 ① | 2 ① | 3 ① | 4 ② | 5 ② |

1 때때로 누군가는 비교할 만한 근거가 거의 없기 때문에 '가장 위대하다'고 칭송받는다.

2 TV를 <u>제외</u>하고 나머지 네 가지 기기들은 2014년부터 2015년까지 증가된 시청 시간을 보여 주었다.

3 <u>감사</u>는 기대에 관한 것이 아니라, 우리의 기대가 무엇이든지 간에 우리의 상황에 대해 감사하게 여기는 것에 관한 것이다.

4 우리는 누군가에게 인상을 남기고 싶거나 우리에 대해 어떤 특정

한 방식으로 생각하게 하고 싶을 때, 우리가 혼자 있을 때보다 그들의 면전에서 덜 먹는 경향이 있다.

5 같은 시대의 많은 책들이 자세한 지도들을 포함하고 있긴 하지만, '신증동국여지승람'이 가장 포괄적인 지리책이다.

* comprehensive 포괄적인, 종합적인

D 1 ②　　2 ①　　3 ③　　4 ③　　5 ②

1 어떤 잡지는 오로지 구독에 의해서만 유통된다.

2 낙관적인 태도가 여러분이 스스로에 대해 긍정적인 생각을 키워나가도록 도울 수 있다.

3 애완동물을 가진 사람들은 더 사회적으로 매력적이고 더 바람직한 개인 특성을 가지고 있다고 인식되었다.

4 허 지도에 관하여 정말로 불가사의한 것은 매우 쉽게 틀렸음이 입증되는 데도 불구하고 아주 오랫동안 공식적인 사실이었다는 것이다.

5 일반적인 의료 소비자들은 자신들의 의학적 상태를 진단하는 방법을 알지 못하며 서비스를 주문하거나 약물을 처방하는 면허를 가지고 있지 않다.

E 1 resume ⇒ assume　　2 submerge ⇒ emerge

3 defer ⇒ differ　　4 deserve ⇒ conserve

1 플라톤과 톨스토이 둘 다 특정 작품이 특정한 영향을 끼치는 것이 굳건히 확립될 수 있다고 재개한다(→ 추정한다).

2 삶의 주기가 끝날 때 식물이 죽어야만 하는 것과 마찬가지로, 식물이 생산한 씨앗은 봄에 새로운 식물로 물에 잠길(→ 나타날) 것이다.

3 지역은 인구 규모, 언어, 자원, 환경 요소, 산업의 전문화, 지역의 역사, 인간의 활동이라는 면에서 서로 미룬다(→ 다르다).

4 생존에 대한 그것(뇌)의 전략의 일부로, 우리의 뇌는 에너지를 받을 가치가 있길(→ 보존하길) 원한다.

PART IV

다의어

DAY **30**　　pp.202~207

Word Test

	1)	2)	3)	4)	5)	6)
01	⑥	②	①	③	④	⑤
02	③	①	②	④	⑤	
03	⑤	①	③	④	②	
04	④	①	③	②	⑤	
05	②	①	③	④	⑤	
06	①	③	⑤	④	④	
07	④	③	⑤	①	②	
08	③	②	①			
09	④	②	③	①	⑥	⑤
10	③	②	④	①		
11	③	①	⑤	②	④	

01 1) 나는 지금 바로 그만 먹을 거야.

2) 그는 정확한 답을 생각해 낼 수 없었다.

3) 너는 옳은 일을 했다는 것을 깨닫게 될 거야.

4) 그는 오른쪽 팔이 부러졌다.

5) 이것은 여러분의 왼쪽과 오른쪽에 있는 동료에게도 사실이다.

6) 그녀는 시민권, 여성의 권리, 그리고 빈민들을 지지하는 목소리를 냈다.

02 1) 그들은 시합에서 졌고 2등을 했다.

2) 세상은 신비하고 매혹적인 곳이다.

3) 이후에 나는 그것들은 자기 자리에 가져다 놓았다.

4) 실험자는 물건을 하나의 상자 안에 놓기로 했다.

5) 그는 Idaho 신문지에 광고를 냈다.

03 1) 우리가 헤어진 후에도 계속 연락하자.

2) 몇몇 예술가들은 자신의 신체 부위를 예술 창작의 도구로 사용한다.

3) Bendix사는 항공기 부품 제조업체였다.

4) Victoria는 뮤지컬에서의 자신의 배역을 매일 연습하기로 결심했다.

5) 혼자 일하는 게 더 좋으세요, 아니면 팀의 일원으로 일하는 게 더 좋

으세요?

04 1) 메시지를 <u>남기세요</u>.

2) 너는 가고 싶을 때 언제든 <u>떠날</u> 수 있다.

3) 아이를 집에 혼자 <u>두는</u> 것은 위험하다.

4) 어떤 사람은 성취감이 없는 직업을 <u>그만두지</u> 않기로 선택한다.

5) 그녀는 유급 <u>휴가</u>를 다 썼고 무급 휴가를 계획해야 했다.

05 1) 우리 아버지는 항상 돈에 <u>인색하셨다</u>.

2) 부러진 다리는 등산가에게 죽음을 <u>의미할지도</u> 모른다.

3) 여러분 주변 사람들이 너무 공격적이고 약간 <u>심술궂을</u> 수 있다.

4) 그들은 <u>평균</u> 규모가 18명인 25개의 집단으로 나뉘어 있었다.

5) 이 온도값 모두를 가져다가 <u>평균</u>을 계산하세요.

06 1) <u>운동</u>에 중독되는 것은 위험하다.

2) 그녀는 연기에 대한 자신의 재능을 <u>발휘할</u> 기회를 찾았다.

3) 이 선택을 <u>행하는</u> 방법에 대해 사람들에게 가르치는 것은 중요하다.

4) 마을 광장은 군사 <u>훈련</u>과 정치 집회를 위한 장소로 역할을 해 왔다.

5) 어렸을 때 <u>운동</u>을 <u>했는지</u>의 여부가 이후의 삶에서 운동을 하는지 여부에 영향을 끼칠 수 있다.

07 1) 우리는 모두 서로 다른 속도로 생물학적으로 <u>나이가 든다</u>.

2) 유연성은 <u>나이가 든다</u>고 사라져야 하는 것이 아니다.

3) 포도주는 최소한 일 년 동안 숙성하도록 <u>둔다</u>.

4) 25세의 <u>나이</u>에, 그녀는 큰 재산을 물려받았다.

5) 정보화 <u>시대</u>는 집단 지성의 부산물이다.

08 1) 우리는 집에서 안전하고 건강하게 있을 때 행복하게 느낀다.

2) 이는 마치 빛이 의도성을 가지고 있는 것처럼 <u>들리게</u> 한다.

3) 네가 추가한 음향 효과는 이야기를 생생하게 느껴지도록 했다.

09 1) 그녀가 학생회장에 <u>출마하는</u>지 확인해 주세요.

2) 네 동아리는 작년처럼 부스를 <u>운영할</u> 예정이니?

3) 버스는 10분마다 <u>운행한다</u>.

4) 모든 선수들은 더 빨리 <u>달리고</u> 더 높이 뛰어오르려고 노력한다.

5) 그 뮤지컬은 브로드웨이 극장에서 기록적인 <u>장기 공연</u>을 했다.

6) 따라서 분류 순서는 무작위로 행해지는 것이 아니고, 한 가지 유형의 연속적인 항목을 만들어 낸다.

10 1) 이 지원서 <u>양식</u>을 작성해 주세요.

2) 요리 자체가 하나의 예술 <u>형태</u>라고 생각하나요?

3) 한 과업의 여러 가지 일을 결합하여 일관된 전체를 <u>형성</u>할 수 있는 능력이 필요하다.

4) 영화 속 간접 광고는 제품 삽입을 포함한 광고의 한 <u>종류</u>이다.

11 1) 긴장감은 인생에서 우리 흥미의 많은 <u>몫</u>을 차지한다.

2) 나는 방을 다른 사람과 함께 쓰고 싶지 않다.

3) 수입 생과일의 시장 <u>점유율</u>은 하락했다.

4) 너는 내 점심을 <u>나눠</u> 먹고 네 점심 값을 기부할 수 있다.

5) A F Jones & Co의 <u>주식</u>을 매각한 후, 1962년에 그는 자신의 회사를 설립했다.

Daily Test DAY 30

Ⓐ **1** ① **2** ④ **3** ⑥ **4** ⑧

5 ③ **6** ② **7** ⑦ **8** ⑤

Ⓑ **1** ③⑫ **2** ⑤⑪ **3** ②⑭ **4** ④⑧

5 ①⑮ **6** ⑬⑯ **7** ⑨⑩ **8** ⑥⑦

Ⓒ **1** 옳은 **2** ~을 의미하다 **3** 휴가

4 배역, 역할 **5** 훈련

1 너는 <u>옳은</u> 일을 했다는 것을 깨닫게 될 거야.

2 부러진 다리는 등산가들에게 죽음을 <u>의미할지도</u> 모른다.

3 그녀는 유급 <u>휴가</u>를 다 썼고 무급 휴가를 계획해야 했다.

4 Victoria는 뮤지컬에서의 자신의 <u>배역</u>을 매일 연습하기로 결심했다.

5 마을 광장은 군사 <u>훈련</u>이나 정치 집회를 위한 장소로 역할을 해 왔다.

Ⓓ **1** age **2** sound **3** run

4 form **5** place **6** share

7 mean **8** right

Ⓔ **1** ③ **2** ① **3** ② **4** ④ **5** ⑤

1 (1) 그 <u>부분</u>을 바꿔서 새 버전을 네게 보낼게.
(2) 그녀는 그에게 작별인사를 했고, 그들은 기차역에서 <u>헤어졌다</u>.

2 (1) Sarah는 그들이 2<u>등</u>을 한 것을 자랑스럽게 느껴야 한다고 생각한다.
(2) 착륙 중에는 카메라와 같은 개인 물건 모두를 가방 안에 <u>두세요</u>.

3 (1) 나는 빈집에 강아지를 혼자 <u>두고</u> 싶지 않다.
(2) 여러분이 기숙사 방을 <u>나설</u> 때마다 문을 반드시 잠그세요.

4 (1) 이득의 관점에서 손실을 다시 계산해 보는 것은 유용한 <u>활동</u>이다.
(2) 운동은 과잉의 스트레스 호르몬을 연소시키고, 그것들을 여러분을 행복하게 만드는 다른 호르몬들로 대체합니다.

5 (1) 친구들이 많지 않다는 것이 무언가가 잘못되어 가는 것을 <u>의미하지는</u> 않는다.
(2) 그는 306명의 사람들을 두 연령 집단으로 나누었는데, <u>평균</u> 연령 14세의 어린 청소년과 <u>평균</u> 연령 19세의 나이가 더 많은 청소년이다.

Word **T**est

01 1) ③   2) ②   3) ⑥   4) ①   5) ④   6) ⑤

02 1) ②   2) ①   3) ③   4) ④

03 1) ③   2) ①   3) ②

04 1) ④   2) ⑤   3) ②   4) ③   5) ①

05 1) ④   2) ①   3) ③   4) ②

06 1) ②   2) ④   3) ①   4) ③   5) ⑥   6) ⑤

07 1) ③   2) ④   3) ②

08 1) ①   2) ③   3) ②

09 1) ④   2) ①   3) ③   4) ②   5) ⑤

10 1) ②   2) ①   3) ④   4) ③   5) ⑤

11 1) ⑥   2) ③   3) ①   4) ②   5) ④   6) ⑤

12 1) ①   2) ②   3) ③

01 1) A 지점에서 B 지점으로 가는 것은 어려웠다.
　　2) 요점은 네가 늦은 것이 어떻게 Eleanor에게 영향을 미쳤는가이다.
　　3) 그는 길을 걸어가고 있는 한 여자 아이를 가리켰다.
　　4) Columbus는 달걀을 그 끝으로 서게 함으로써 자신의 의견을 명확히 표명했다.
　　5) 전광판에 2점이 올라갔다.
　　6) 나는 칼의 (날카로운) 끝을 어디에도 사용한 적이 없다.

02 1) 군중이 모이면서, 내 머릿속은 하얘졌고 가사를 잊어버렸다.
　　2) 그것들은 여러분의 마음과 몸에서 나오는 메시지이다.
　　3) 세계 최고의 물리학 지성인들 다수가 그 회의에 참석할 예정이다.
　　4) Jesse는 Monica에게 그녀가 비디오를 통해 몇 가지 질문에 대답하는 것을 꺼리는지 물었다.

03 1) 논쟁의 여지가 없었다.
　　2) 잠시 방에 있으렴.
　　3) 극장에는 내가 다리를 펼 충분한 공간이 없어.

04 1) 그는 급회전을 하려고 했다.
　　2) 내 차례가 다가왔을 때, 내 심장이 더 빠르게 뛰었다.
　　3) 로봇이 종이를 아름다운 예술품으로 바꾸어 놓을 수 있어?
　　4) 어린이가 네 살이 되면, 그들은 바뀌기 시작한다.
　　5) 그 대학생은 여자아이 쪽으로 고개를 돌렸다.

05 1) 불이 그것을 폭발하게 할 수도 있다.
　　2) 그 원인은 항상 그 사건에 선행한다.

06 1) 그것들을 저희 가게에서 직접 가져가시거나 배달 주문을 하셔도 됩니다.
　　2) 우리는 법과 질서를 준수해야 한다.
　　3) 당신은 먼저 명령을 하고 강아지가 그것을 따를 때에만 보상을 준다.
　　4) 참석자들은 정해진 순서로만 발언할 수 있다.
　　5) 회사 창립 기념 파티를 위한 케이크를 주문하고 싶어요.
　　6) 그녀는 자신의 경호원들에게 뒤에 남아있으라고 명령했다.

07 1) 많은 단어에는 한 개 이상의 뜻이 있다.
　　2) 우리는 축구를 향한 그녀의 사랑을 느낄 수 있었다.
　　3) 곧 그들의 시간 감각이 고장이 난다.
　　4) 우리는 공동체 의식을 형성할 수 있다.

08 1) 그것은 대학생 선수로서의 내 마지막 축구 경기였다.
　　2) 숲은 야생 사냥감과 버섯 같은 음식의 원천이 되어 왔다.
　　3) 보상이 기다리고 있다는 것을 강아지가 안다면, 그 강아지는 그 경험을 재미있는 놀이로 받아들인다.

09 1) 우리는 사고하기 위해 큰 뇌를 필요로 한다.
　　2) 그것이 나 같은 보통 사람이 그곳에 가고 싶은 이유이다.
　　3) 그는 우주의 본질을 탐구하기 위해 이성을 사용했다.
　　4) 우리는 근거, 사실, 혹은 증거를 바탕으로 결론에 이르러야 한다.
　　5) 나는 우리가 새로운 방식들로 상상할 수 있기 때문에 그것들이 가능하게 되었으리라고 추론한다.

10 1) 이것은 교외에서 살고 있는 사람들에게는 사실이 아니다.
　　2) 그 단서들만으로는 탐정들의 사건이 해결되지 않는다.
　　3) 큰 발견들은 승진을 위한 논거를 만든다.
　　4) 그런 경우에는, 그림이 그리기가 쉽고 재밌으니까 더 나을 거야.
　　5) 그녀는 재판에서 그 소송을 변호하여 남동생의 친구의 목숨을 구했다.

11 1) 수비 연습을 많이 할게요.
　　2) 그는 축구 연습에도 갔다.
　　3) 지식과 실천은 별개의 것이다.
　　4) 금발로 염색을 하는 것은 고대 로마 남성들 사이에서 흔한 관행이었다.
　　5) 다른 형태의 의료 업무(진료)는 정보를 제공하는 것으로 기술될 수 있다.
　　6) 줄다리기는 한국에서 일종의 의식으로 행해져 왔다.

12 1) 당신은 오후 2시에 기술팀과의 회의에 참석해야 합니다.
　　2) 우리는 독특한 광경과 소리에 계속 주의를 기울인다.
　　3) 그는 빈곤한 사람들을 돌보는 데 그의 헌신을 인정받아 상을 받았다.

A
1 ①	**2** ⑧	**3** ⑥	**4** ⑤
5 ⑦	**6** ②	**7** ③	**8** ④

B
1 ⑤⑥	**2** ⑧⑩	**3** ③⑯	**4** ⑨⑪
5 ①⑭	**6** ④⑬	**7** ⑦⑮	**8** ②⑫

C
1 사건	**2** 행하다	**3** 이유
4 사냥감	**5** 명령	

1 그 단서들만으로는 탐정들의 <u>사건</u>이 해결되지 않는다.

2 줄다리기는 한국에서 일종의 의식으로 <u>행해져</u> 왔다.

3 그것이 나 같은 보통 사람이 그곳에 가고 싶은 <u>이유</u>이다.

4 숲은 야생 <u>사냥감</u>과 버섯 같은 음식의 원천이 되어 왔다.

5 당신은 먼저 <u>명령</u>을 하고 강아지가 그것을 따를 때에만 보상을 준다.

D
1 point	**2** turn	**3** order
4 mind	**5** cause	**6** room
7 attend	**8** practice	

E
1 ⑤	**2** ④	**3** ③	**4** ①	**5** ②

1 (1) 지붕의 가장 높은 <u>지점</u>에 이르렀을 때, 그는 자신이 곤경에 처한 것을 알았다.
(2) 그의 아버지는 계속 올라가기에 너무 위험한 바위들이 있다고 <u>지적했다</u>.

2 (1) 여왕은 <u>몸</u>을 돌려 한 여자가 숲에서부터 달려오는 것을 보았다.
(2) 그의 <u>차례</u>가 되자 그는 깊은 숨을 들이쉬고 연설을 시작했다.

3 (1) 그 부자는 경비병들에게 그를 사자 우리에 집어넣으라고 <u>명령했다</u>.
(2) 참가자들은 정해진 <u>순서</u>로만 발언할 수 있다.

4 (1) 감정적인 <u>이유</u>들로 먹는 사람이 반드시 과체중인 것은 아니다.
(2) 아이들은 나이가 들어감에 따라 <u>추론할</u> 수 있는 더 나은 능력을 갖는다.

5 (1) 일반인이 뉴스를 퍼뜨리는 <u>행위</u>를 시민 저널리즘이라고 한다.
(2) 코치는 그가 와서 <u>연습할</u> 수 있도록 그를 장비 관리자로 만들었다.

DAY 32 pp.214~219

Word **T**est

01
1) ②	2) ①	3) ④	4) ③

02
1) ①	2) ③	3) ②

03
1) ③	2) ①	3) ④	4) ②

04
1) ③	2) ②	3) ④	4) ①

05
1) ①	2) ②	3) ④	4) ⑤	5) ③

06
1) ④	2) ①	3) ②	4) ⑤	5) ③

07
1) ②	2) ①	3) ③	4) ③	5) ④

08
1) ⑤	2) ①	3) ③	4) ②	5) ④

09
1) ①	2) ③	3) ④	4) ②

10
1) ①	2) ④	3) ③	4) ⑥	5) ②	6) ⑤

11
1) ②	2) ①	3) ④	4) ⑤	5) ③	6) ⑥

01
1) 위기는 결국 끝이 났다.
2) 그것은 그의 평생 경력을 끝낼 불행한 방법이었다.
3) 막대기의 <u>한쪽</u>을 집어 들면, 다른 쪽도 집어 드는 것이다.
4) 이것은 그 자체로 <u>목적</u>인 장난감, 게임, 그리고 수업에서 전형적인 예를 보여준다.

02
1) 과학은 <u>자연</u>에 대한 연구이다.
2) Hubert Cecil Booth는 이런 종류의 기기를 위해 '진공 청소기'라는 용어를 만들었다.
3) 그러한 종들은 전체 생태계의 속성과 구조를 결정하는 데 매우 중요하다.

03
1) 그녀의 소설은 Oprah Winfrey가 <u>제작한</u> 영화로 만들어졌다.
2) 그것들은 봄철에 수확물을 <u>생산할</u> 것이다.
3) 소비자들은 현지 농부들에게 농산물과 다른 제품을 구입한다.
4) 질병을 <u>초래할</u>지도 모르는 행위는 원시 사회 전체에 주요한 관심사였다.

04
1) 우리는 그날 밤 대화하며 서로 <u>함께</u> 있음을 즐기며 무척 재미있게 놀았다.
2) 극단은 감독을 만나서 리허설을 검토할 예정이다.
3) 저녁에 식사를 함께할 <u>손님</u>이 올 예정이다.
4) JFK 공항은 우리가 방문할 그 <u>회사</u>와 더 가깝다.

05
1) 누가 '세포'라는 <u>용어</u>를 처음 사용했죠?
2) 양질의 음식은 장기적인 건강을 의미한다.
3) 동료 직원들과 좋은 <u>관계</u>를 계속 유지하라.
4) 이런 접근법은 '고수익'이라고 적절하게 일컬어진다.
5) 나는 우리가 예상한 것보다 더 좋은 <u>조건</u>으로 그 회사와 계약했다.

06
1) 여러분은 뇌 안에 있는 뉴런을 <u>상상하기</u>만 하면 됩니다.
2) 나는 침대 위에 있는 우리 가족 <u>사진</u>을 좋아한다.
3) 그 다큐멘터리 영화는 정글에서의 삶에 대한 생생한 <u>기억</u>을 그리고 있다.
4) 세상은 정지해 있는 삶의 사다리로 <u>묘사되어</u> 왔다.

5) 사장은 그녀가 아프리카계 여성의 <u>상황</u>에서 빠져나오게 할 수 있는 방법을 찾고 있었다.

07
1) 그들은 <u>베이스캠프</u>로 되돌아 갔다.
2) 건물의 <u>바닥</u> 근처에 빈 공간들이 있다.
3) 그 책은 세계화가 결국에는 우리를 더 가까워지게 만들 거라는 믿음에 <u>근거하고</u> 있었다.
4) 1978년 이전에는 납을 <u>주성분</u>으로 하는 도료가 가정에서 흔히 사용되었다.
5) 인간은 공격성과 이기적인 사욕과 같은 <u>기본적인</u> 동기들에 의해 움직여진다.

08
1) 습기를 제거하기 위해 그것은 펼쳐져서 <u>건조되었다</u>.
2) 당신은 집안 <u>공기</u>를 깨끗하게 유지하기 위해서 많은 것들을 할 수 있다.
3) 그 방은 매우 중요한 <u>느낌</u>을 주었다.
4) 나는 주먹을 <u>허공</u>에 흔들었다.
5) 첫 회가 3월 9일에 <u>방송될</u> 예정이다.

09
1) 시내의 <u>상점</u>들은 항상 문을 여나요?
2) 곡물 <u>저장고</u> 안과 근처에서의 흡연은 엄격하게 금지되어야 한다.
3) 여러분의 몸은 여러분이 필요로 하는 만큼의 에너지를 <u>저장한다</u>.
4) 그 절취 기생 생물은 숙주가 애써서 얻은 꽃가루 <u>비축물</u>을 먹고 산다.

10
1) 사회는 다양성을 <u>지지한다</u>.
2) 아이에게 진정한 <u>지원</u>과 격려를 제공해 주세요.
3) 이 이론은 약초학의 현대적 연구 결과에 의해 <u>뒷받침된다</u>.
4) 방대한 학술 문헌은 그 이론에 대한 경험적인 <u>증거</u>를 제공한다.
5) A. Y.는 12살 때 그의 형제와 자매를 <u>부양하는</u> 것을 돕기 위해 일을 해야만 했다.
6) 우리는 당신이 무릎 <u>버팀대</u>를 옷 위에 두르지 않기를 권한다.

11
1) 엄마는 분노를 <u>억누를</u> 수가 없었다.
2) 우리는 요리 쇼가 시작되기 전에 모든 것을 <u>점검하는</u> 게 좋다.
3) 이번 안전 <u>점검</u>에 있어서 여러분의 협조에 감사드립니다.
4) 화재는 나무의 수에 대한 자연스러운 <u>억제</u>를 제공한다.
5) Martineau 씨는 자신의 코트와 모자를 내게 <u>맡겼다</u>.
6) 그녀는 그 수표가 그의 진심으로부터 온 것이 아니기 때문에 그것을 돌려줄 것이라고 말했다.

Daily Test

A
| 1 ⑦ | 2 ⑧ | 3 ② | 4 ⑥ |
| 5 ① | 6 ⑤ | 7 ③ | 8 ④ |

B
| 1 ③⑮ | 2 ①⑦ | 3 ④⑯ | 4 ⑥⑧ |
| 5 ⑤⑭ | 6 ⑩⑫ | 7 ②⑨ | 8 ⑪⑬ |

C
1 일컫다　　2 농산물, 농작물　　3 바람에 말리다

4 점검하다　　5 목적

1 이런 접근법은 '고수익'이라고 적절하게 <u>일컬어진다</u>.
2 소비자들은 현지 농부들에게 <u>농산물</u>과 다른 제품을 구입한다.
3 습기를 제거하기 위해 그것은 펼쳐져서 <u>건조되었다</u>.
4 우리는 요리 쇼가 시작되기 전에 모든 것을 <u>점검하는</u> 게 좋다.
5 이것은 그 자체로 목적인 장난감, 게임, 그리고 수업에서 전형적인 예를 보여 준다.

D
1 support	2 air	3 store
4 base	5 picture	6 company
7 end	8 nature	

E
| 1 ② | 2 ③ | 3 ⑤ | 4 ④ | 5 ① |

1 ⑴ 블록체인의 초국가적인 특성이 그 기술을 통제하기 어렵게 만든다.
⑵ 나는 전세계를 여행해왔고, 몇 년 동안 자연의 아름다움에 사로잡혀 있었다.
2 ⑴ 어떤 식물들은 먹히도록 만들어진 일련의 최초의 잎을 만들어 낸다.
⑵ 신선한 농산물을 취급할 때 공기의 관리가 중요하다.
3 ⑴ '멀티태스킹'이라는 용어는 1960년대까지 존재하지 않았다.
⑵ 사후 70년이라는 기준은 1998년의 판권 기간 연장법에 의해 정해졌다.
4 ⑴ 그들은 자신들의 사회적 관계망을 형성하는 데 지지와 도움을 얻는다.
⑵ 활동적이고 조직적인 소수 집단은 자신들의 입장을 일관되게 옹호하고 방어한다.
5 ⑴ 그 광고는 저녁 뉴스 전에 방송될 예정이다.
⑵ 거대한 붉은 먼지 폭풍은 먼지를 40 킬로미터까지 공중으로 치솟게 한다.

DAY 33

pp.220~225

Word Test

01	1) ②	2) ⑥	3) ③	4) ①	5) ⑤	6) ④
02	1) ④	2) ①	3) ⑥	4) ⑤	5) ②	6) ③
03	1) ②	2) ①	3) ③	4) ④	5) ⑤	
04	1) ③	2) ①	3) ②			
05	1) ⑥	2) ⑤	3) ①	4) ②	5) ④	6) ③
06	1) ①	2) ③	3) ④	4) ②		
07	1) ①	2) ②	3) ②			
08	1) ③	2) ①	3) ④	4) ②		

09	1) ①	2) ②	3) ④	4) ③		
10	1) ①	2) ④	3) ②	4) ③		
11	1) ④	2) ②	3) ⑤	4) ⑥	5) ①	6) ③
12	1) ②	2) ①	3) ③			

01
1) 잠깐 기다려!
2) 그는 세부 사항에 대한 <u>세심한</u> 관찰자였다.
3) 그 앨범은 마지막 순간에 구해졌다.
4) 내 생각에 20분의 배터리 수명은 너무 짧다.
5) 전통은 고정적인 것이 아니라 끊임없이 <u>아주 작은</u> 변화를 겪었다.
6) 의장은 지난번 회의의 <u>회의록</u>을 죽 읽었다.

02
1) 나는 축제에서 제과 가판대를 열 예정이다.
2) 너희 둘은 반대편 구석에 <u>서 있어야</u> 한다.
3) 공익 광고는 세상의 불공정에 맞서는 <u>태도</u>를 취하는 것을 장려한다.
4) C <u>스탠드</u> 입장권 2장 살게요.
5) 나는 오랜 세월의 검증을 <u>견디는</u> 화폐를 찾고 있다.
6) 그 페미니즘 주제에 대해 당신은 어떤 <u>입장인가요</u>?

03
1) 그는 1928년에 최초의 빵 자르는 기계를 발명하여 <u>이용</u>했다.
2) 대여 <u>서비스</u>는 우리 회원들이 언제나 이용할 수 있다.
3) <u>정비</u> 센터로 차를 찾으러 오시면 됩니다.
4) 이 동물들은 장애를 가진 사람들을 돕도록 훈련된 장애인 <u>도우미</u> 동물이 아니다.
5) 그 가게는 재봉틀과 구형 타자기를 <u>제공한다</u>.

04
1) 그는 3년 징역형을 <u>선고받았다</u>.
2) Billy가 일어나 그 <u>문장</u>을 읽었다.
3) 당신은 사형 <u>선고</u>를 받을 때까지 왜 기다리나요?

05
1) 가능한 많은 <u>수익</u>을 얻으세요.
2) 도서 반납을 하려면 1층에 있는 투입함을 이용하세요.
3) 목요일 운영 시간은 평상시로 돌아갈 것입니다.
4) 인쇄 오류를 발견하면 그것을 <u>반납해노</u> 되나요?
5) 트레비 분수의 전설에 따르면, 분수에 던지는 첫 번째 동전은 로마로 다시 돌아온다는 것을 의미한다.
6) 그들은 자신들의 이전 환자의 천식 증상이 <u>재발했다</u>는 것을 모를 것이다.

06
1) 그의 미술작품은 일상의 <u>사물</u>에서 나온다.
2) 그의 유일한 삶의 <u>목표</u>는 기자가 되는 것이다.
3) 그는 흑인 헌혈자들의 혈액을 거부하는 그 방침에 <u>반대했다</u>.
4) 우리는 우리 자신의 경험의 주체이자 <u>대상</u>이다.

07
1) 무슨 <u>문제</u>가 있니, Alice?
2) 아이들은 인간으로서 <u>중요하다</u>.
3) 해류는 유기 물질을 만드는 것을 도울 수 있다.

08
1) 연구자인 Tough는 '비형식적 성인 학습의 빙산'이라는 <u>논문</u>을 썼다.
2) <u>종이</u> 조각을 정확히 5센티미터 너비로 잘라라.
3) 그녀는 세종대왕에 대한 역사 <u>과제물</u>을 작업하고 있었다.
4) West는 지역 <u>신문</u>인 Daily News에 단편 소설을 기고해 왔다.

09
1) 극심한 교통량은 대기 오염의 주 <u>원인</u>이다.
2) 건기에 바오바브나무는 아프리카인들에게 중요한 <u>수원(水原)</u>이다.
3) 그들은 자신들의 재료를 반드시 윤리적으로 <u>얻으려고</u> 한다.
4) 작가는 어떤 글의 창의적인 <u>출처</u>로 이해된다.

10
1) 변화의 속도는 때때로 다르다.
2) 연구자들은 아이들의 상상력의 <u>등급을 매겼다</u>.
3) 위 도표는 성인 남녀의 실업률을 보여준다.
4) 어린이용 프로그램의 <u>요금</u>은 어떤가요?

11
1) 그는 <u>피실험자</u>들에게 일련의 사진을 보여주었다.
2) 과학은 통달하기 어려운 <u>과목</u>이다.
3) 그것은 타인의 생각과 경험에 의해 영향을 <u>받기 쉽다</u>.
4) 인도와 중국은 가끔 다른 민족들에게 침략당하고 <u>지배를 받았다</u>.
5) 우리는 어렵고 복잡한 <u>주제</u>에 대해 토론하려 해야 한다.
6) 누군가의 성적표는 칭찬의 <u>대상</u>이 아니었다.

12
1) 그녀는 세관 공무원으로 살아가면서 가수가 되려는 자신의 꿈을 좇았다.
2) Rousseau의 작품들은 관습과 전통을 뛰어넘는다.
3) Lost River Cave는 그 동굴에 있는 야생 동물을 찍은 92장의 사진을 <u>맞춤형</u> 플래시 드라이브에 모았다.

Daily Test

Ⓐ
1 ①	**2** ⑥	**3** ③	**4** ⑧
5 ⑤	**6** ⑦	**7** ②	**8** ④

Ⓑ
1 ⑤⑪	**2** ②④	**3** ③⑭	**4** ⑧⑯
5 ⑩⑮	**6** ⑨⑫	**7** ⑥⑦	**8** ①⑬

Ⓒ
1 속도	**2** 목표	**3** 정비
4 아주 작은	**5** 출처	

1 변화의 속도는 때때로 다르다.
2 그의 유일한 삶의 목표는 기자가 되는 것이다.
3 정비 센터로 차를 찾으러 오시면 됩니다.
4 전통은 고정적인 것이 아니라 끊임없이 아주 작은 변화를 겪었다.
5 작가는 어떤 글의 창의적인 출처로 이해된다.

Ⓓ
1 subject	**2** rate	**3** return
4 matter	**5** custom	**6** paper

7 stand   8 service

E 1 ②   2 ③   3 ①   4 ⑤   5 ④

1 (1) 그는 그 문제를 완전히 끝내기로 결심했다.
(2) 그것이 오른쪽인지 왼쪽인지는 중요하지 않다.

2 (1) 여러분은 이 목표를 한 문장으로 진술할 수 있어야만 한다.
(2) 판사는 그 범죄자에게 2년형을 선고하기로 결심했다.

3 (1) 아름다움은 물체가 알아볼 수 있는 부분들을 가진 경우에만 가능하다.
(2) 몇몇 학교가 학생들이 휴대용 계산기를 들고 다니는 것을 허용하기 시작했을 때, 많은 부모들이 반대했다.

4 (1) 그들은 그들의 재료들을 윤리적으로 얻으려고 노력하며 그들의 환경을 위한 실행들을 광고한다.
(2) 어두운 색의 상품을 선반 맨 위에 두는 것은 일부 구매자들에게 불안감의 원인이 될 수 있다.

5 (1) 취소하면 30달러의 취소 비용이 발생될 수 있습니다.
(2) 성공이라는 주제에 관한 일부 연구는 George and Alec Gallup에 의해 수행되었다.

DAY 34   pp.226~231

Word Test

01	1) ①	2) ⑤	3) ④	4) ②	5) ③	
02	1) ④	2) ①	3) ③	4) ②		
03	1) ⑤	2) ①	3) ③	4) ②	5) ④	
04	1) ②	2) ⑤	3) ④	4) ①	5) ③	
05	1) ①	2) ④	3) ②	4) ③	5) ⑤	
06	1) ②	2) ①	3) ③			
07	1) ③	2) ①	3) ②			
08	1) ①	2) ⑤	3) ④	4) ⑦	5) ②	6) ⑥
	7) ④					
09	1) ②	2) ④	3) ③	4) ①		
10	1) ⑦	2) ⑤	3) ②	4) ①	5) ③	6) ⑥
	7) ④					
11	1) ③	2) ①	3) ⑤	4) ②	5) ④	
12	1) ④	2) ①	3) ②	4) ③		

01 1) 그는 그 메모와 이야기를 자신의 SNS에 올렸다.
2) 애플의 공동설립자인 Steve Jobs는 "창의력은 사물을 서로 연결하는 것일 뿐이다."라고 언급했다.
3) 예약이 필수라는 것에 주의하세요.
4) 나는 나의 베개 밑으로 손을 뻗어 1달러 지폐를 발견했다.
5) 이것을 깨닫기 위해서는 어떤 음악 작품을 음표로 옮기기만 하면 된다.

02 1) 그 운전자는 제때 브레이크에 힘을 가하는 것에 실패했다(브레이크를 밟지 못했다).
2) 저는 그 오디션에 지원하고 싶습니다.
3) 얼굴에 로션이나 크림을 가능한 한 자주 바르세요.
4) 우리는 기본 수학을 실생활에 적용하는 방법을 배울 수 있다.

03 1) 기증자에게는 회원 카드가 발급됩니다.
2) 주민들에게 영향을 미치는 문제가 있다.
3) 몇몇 상원 의원들은 새로운 지침의 공포를 요구하고 있다.
4) 독자들은 낱권의 발행물을 구매함으로써 새로운 잡지를 탐색한다.
5) Pierre de Fermat는 1657년에 일련의 수학적 과제들을 발표했다.

04 1) 좋지 않은 수면 자세는 엎드려 자는 것이다.
2) 타자기 자판의 디자인 전략은 가장 자주 쓰이는 자판을 가능한 한 멀리 떨어지게 배치시키는 것이었다.
3) Turner는 어느 주요 대학에서도 교직이나 연구직을 얻을 수 없었다.
4) 체스 선수에게는 체스 말의 위치를 기억하는 능력이 있다.
5) 그들은 자신들의 입장에 대한 논거를 제시했다.

05 1) 자전거 헬멧을 쓰는 것은 여러분의 생명도 구할 수 있다.
2) 그것은 여러분의 시간과 돈을 줄여줄 것이다.
3) 우리는 미래를 위해 에너지를 절약하기 위해 열심히 노력해야 한다.
4) 우리는 서로 다른 버전의 문서를 하드디스크에 저장한다.
5) 골키퍼가 상대의 득점을 훌륭히 막아냈다.

06 1) 글자 V는 B로 기억되었다.
2) 나는 그 편지를 뜯어 읽기 시작했다.
3) 'Way to Go!'와 같은 글자를 티셔츠에 넣어 주시나요?

07 1) 화요일에는 7교시 수업이 있다.
2) 주어진 기간 동안에, Atlantic 지역은 가장 적은 변화를 보였다.
3) 그가 살던 시대의 대부분의 극작가와 마찬가지로, 셰익스피어는 항상 글을 혼자서 쓰지는 않았다.

08 1) 지역 은행에 있는 예금 계좌에 1,000달러를 예금하라.
2) 여성은 모든 의사의 40퍼센트 이상을 차지한다.
3) 왕은 모든 상황을 고려할 필요가 있다.
4) 이러한 믿음은 전적으로 돈과 관련한 더 위험한 선택의 원인이 되었다.
5) Cairo Trilogy는 카이로에서의 삶에 대한 훌륭하고 현실적인 이야기이다.
6) 그들은 농산물을 포함한 거래를 설명하기 위해 작은 점토 조각을 사용했다.
7) 현실에 대한 비과학적인 접근 방식은 주관적이고 거의 중요하지 않

은 것으로 분류될지도 모른다.

09 1) 귀엽고 아기 같은 <u>생김새</u>는 선천적으로 사람의 마음을 끈다.

2) 이러한 프로그램은 편리한 5일간의 일정을 <u>특징으로 하고 있다</u>.

3) 그녀가 내게 취재하여 <u>특집 기사</u>를 써 보라고 승인을 해 주었다.

4) 이 현상은 의료 산업의 고유한 <u>특징</u>을 반영한다.

10 1) 그 정책은 화재로 인한 손실 <u>보장</u>을 제공한다.

2) 그것은 책 <u>표지</u> 디자인 전시회이다.

3) 열대우림은 지구 표면의 겨우 6퍼센트에 <u>이른다</u>.

4) 그녀에게는 자신의 맨발을 <u>가려</u> 줄 신발이 없었다.

5) 운영비를 <u>충당하기</u> 위해 임대료가 부과되어야 한다.

6) 그것은 다른 다람쥐들이 숨을 곳을 찾아 뛰어 가도록 알리는 경보를 울릴 것이다.

7) 그 잡지는 차와 트럭에 대해 <u>다룬다</u>.

11 1) 월요일마다 도서관을 닫는 것은 비용 절감 <u>조치</u>이다.

2) 환자들의 혈압을 <u>측정해서</u> 기록해 주세요.

3) 우리는 학생의 내용 이해에 대한 <u>측정</u>이 필요하다.

4) 나사뿔영양의 머리와 몸의 길이는 150~170센티미터<u>이다</u>.

5) 체스를 잘하는 것은 '지능'의 <u>척도</u>가 아니다.

12 1) 큰 발견들은 언론에 <u>보도된다</u>.

2) 그들은 버튼을 눌러 그것을 멈추게 할 수 있었다.

3) 버튼을 <u>누름</u>으로써 우리는 차량을 멈출 수 있다.

4) Gutenberg의 생각은 현대 <u>인쇄기</u>의 탄생을 이끌었다.

Daily Test

Ⓐ 1 ⑥ 2 ③ 3 ① 4 ④
5 ⑤ 6 ⑦ 7 ⑧ 8 ②

Ⓑ 1 ⑤⑯ 2 ⑦⑧ 3 ②⑪ 4 ⑬⑭
5 ①⑩ 6 ③⑥ 7 ④⑫ 8 ⑨⑮

Ⓒ 1 특징으로 하다 2 저장하다 3 측정하다
4 기간 5 직위

1 이러한 프로그램은 편리한 5일간의 일정을 <u>특징</u>으로 하고 있다.

2 우리는 서로 다른 버전의 문서를 하드디스크에 <u>저장한다</u>.

3 환자들의 혈압을 <u>측정해서</u> 기록해 주세요.

4 주어진 <u>기간</u> 동안에, Atlantic 지역은 가장 적은 변화를 보였다.

5 Turner는 어느 주요 대학에서도 교직이나 연구직을 얻을 수 없었다.

Ⓓ 1 press 2 cover 3 account
4 measure 5 note 6 letter
7 save 8 issue

Ⓔ 1 ① 2 ② 3 ⑤ 4 ④ 5 ③

1 (1) 판권 법률들은 이중의 목적에 기여한다는 점에 <u>주목하라</u>.
(2) 그저 엽서를 가져가서 선생님께 감사를 표현하는 <u>편지</u>를 쓰세요.

2 (1) 이 <u>자세</u>를 10초간 유지한 다음 처음 <u>문세</u>로 돌아오세요.
(2) 그가 마침내 그 <u>직위</u>를 정말로 떠났을 때, Eliot은 여전히 독립하지 않았다.

* strike out on one's own 독립하다

3 (1) 창의적인 공익 광고는 사람들이 그 <u>문제</u>에 관해 생각하게 만든다.
(2) 타자기에 대한 최초의 영국 특허권이 1714년에 <u>발급되었다</u>.

4 (1) 나는 토요일에 버는 돈을 너를 위해 예금 계좌에 넣어 왔다.
(2) 뇌는 일반적인 체중의 2퍼센트만을 <u>차지한다</u>.

5 (1) 온도계는 기온을 <u>측정하기</u> 위한 것이다.
(2) 건강에 좋은 음식을 먹는 것은 여성들이 자신들의 신체 건강을 유지하기 위해서 하는 두 번째로 가장 흔한 <u>조치</u>였다.

Ⅳ Part Test (1)

pp.232~233

Ⓐ 1 (s)ource 2 (n)ature
3 (l)eave 4 (c)over

Ⓑ 1 produce 2 mind 3 part
4 save 5 sentence

1 신선한 과일과 야채

2 무언가에 대해 반대하거나 싫어하다

3 한 무리의 구성원인 사람

4 누군가 또는 무엇인가를 안전하게 지키다

5 법정에 의해 주어지는 형벌

Ⓒ 1 ② 2 ① 3 ③ 4 ④

1 (1) 우리는 학생의 내용 이해에 대한 <u>측정</u>이 필요하다.
(2) 나사뿔영양의 머리와 몸의 <u>길이</u>는 150~170센티미터<u>이다</u>.

2 (1) 네 동아리는 작년처럼 부스를 <u>운영할</u> 예정이니?
(2) 모든 선수들은 더 빨리 달리고 더 높이 뛰어오르려고 노력한다.

3 (1) 그는 우주의 본질을 탐구하기 위해 <u>이성</u>을 사용했다.
(2) 나는 우리가 새로운 방식들로 상상할 수 있기 때문에 그것들이 가능하게 되었으리라고 <u>추론한다</u>.

4 (1) 그들은 베이스 캠프로 되돌아 갔다.
(2) 그 책은 세계화가 결국에는 우리를 더 가까워지게 만들 거라는 믿음에 <u>근거하고</u> 있었다.

Ⓓ 1 ② 2 ⑤ 3 ⑤ 4 ③

1 Charlotte Bronte는 남성의 필명을 사용하기로 한 자신의 결정 이면에 있는 이유에 관한 자세한 <u>설명</u>을 제공한다.
① 축제는 그 이유로 인해 연기되었다.
② 당신은 당신의 행동에 대해 <u>설명</u>해 달라는 요청을 받을 것이다.
③ 그는 정글에서의 삶에 대한 스릴 만점의 <u>이야기</u>를 우리에게 해 주었다.
④ 나는 그가 Barclay 은행에 새로운 <u>계좌</u>를 개설하는 것을 도왔다.
⑤ 웹은 광고비 지출의 가장 큰 비율을 <u>차지한다</u>.

2 Jack Welch는 조직 문화에서 경영 훈련 매뉴얼을 제거함으로써 낡은 질서를 일소했다.
① 이름들은 알파벳순으로 나열되어 있다.
② 상사는 그 작업을 개시할 것을 지시했다.
③ 그 가게는 오늘 아침에 200송이의 장미를 주문받았다.
④ 이 신발은 제작사에 직접 주문할 수 있습니다.
⑤ 주요 도시의 질서 유지를 위해 군대가 투입되었다.

3 다음 시험은 내가 가장 좋아하는 과목인 과학이었지만 그것에 대한 느낌이 좋지는 않았다.
① 카메라의 초점을 대상에 맞추세요.
② 그 실험을 위해서는 우리에게 50명의 남성 피실험자가 필요하다.
③ 안개 때문에 항공편들이 연착될 수 있다.
④ 그 주제에 대한 이용 가능한 정보가 넘쳐난다.
⑤ 중학교의 몇 과목들은 전자 교과서로 제공되고 있습니다.

4 허용 마케팅은 Seth Godin에 의해 고안된 용어로, 고객이 기관으로부터 온 마케팅 메시지를 받는 데 동의했다는 것을 의미한다.
① 우리는 학기마다 새 시간표를 갖는다.
② 그의 임기는 8월 말로 끝난다.
③ 그것은 아무도 사용하지 않는 구식 용어이다.
④ 그 나이에, 그녀가 젊은 여성이라고 불리기는 힘들다.
⑤ 조기 상환은 우리의 합의 조건 하에서는 허용되지 않는다.

Word **T**est

01	1) ④	2) ②	3) ③	4) ①	
02	1) ③	2) ①	3) ④	4) ②	5) ⑤
03	1) ④	2) ①	3) ④	4) ②	
04	1) ④	2) ②	3) ①	4) ③	5) ⑤
05	1) ③	2) ④	3) ②	4) ①	
06	1) ①	2) ④	3) ①	4) ②	
07	1) ②	2) ①	3) ③		
08	1) ②	2) ③	3) ①		
09	1) ⑤	2) ②	3) ①	4) ⑥	5) ④ 6) ③
10	1) ①	2) ②	3) ④	4) ③	
11	1) ④	2) ②	3) ①	4) ③	
12	1) ②	2) ①	3) ③		

01 1) 연간 60달러의 클럽 회비를 내세요.
2) 나는 서평 제출 기한 날짜를 잊었다.
3) 그 기차는 오후 10시에 런던에 도착할 예정이다.
4) 이것은 부분적으로 많은 종들이 이동해야 한다는 사실 때문이다.

02 1) 식물은 쉬기 위해 암흑을 필요로 한다.
2) 의사는 내게 조금 쉬라고 말했다.
3) 당신의 코트를 여기에 있는 고리에 (걸어) 두실 수 있어요.
4) 그는 스페인으로 돌아가 마드리드에서 여생을 평화롭게 보냈다.
5) 특별한 관계, 역할, 또는 상황에 기초하지 않는 권리는 중요하다.

03 1) 여러분은 친구가 되고 싶은 어떤 사람을 칭찬하기 위해 제3자를 이용할 수 있다.
2) 난 아버지의 은퇴 파티에 참석할 거야.
3) John은 관광객 단체를 박물관으로 데려가고 있었다.
4) 그는 공화당의 상징으로 코끼리를 만들어 냈다.

04 1) 그리스인들은 계산기가 사용 가능하기 훨씬 전에 수학을 이해했다.
2) 이 '황색 언론'은 때때로 공인에 대한 가십의 형태를 취했다.
3) 상위 계층의 수치는 2011년에 1.9퍼센트로 살짝 떨어졌다.
4) 그녀는 점차 형상들을 없앴고 그의 화폭을 점과 선으로 채웠다.
5) 그가 생각하고 있었을 때, 그는 책상에 앉아 있는 게 더 낫겠다고 생각했다.

05 1) 공유는 그 정의상 인간 상호 작용의 양상을 띤다.
2) 그녀는 즉시 결백의 모습을 가장했다.
3) 그 운전사는 수많은 전략적인 결정에 대한 책임을 맡는다.
4) 많은 사람은 그것이 사회를 위해 그들이 선호하는 희망을 증진하는 데 사용될 것이라고 가정한다.

06 1) 농부는 소비자에게 직접적인 접근을 한다.
2) 우리는 직행으로 Los Angeles로 날아갔다.
3) 이것이 컬링 선수들이 스톤의 경로를 신중하게 유도해야 하는 이유이다.
4) *Apocalypse Now*는 Francis Ford Coppola가 제작하고 감독한 영화이다.

07 1) 나는 학위와 좋은 직장을 얻을 것이다.
2) 우리는 3도 정도 상승한 온난화에 대해 걱정할 필요는 없다.
3) 오늘날 가장 긴급한 사회 문제들은 어느 정도 세계화의 작용이다.

08 1) 수돗물은 몇 가지 점에서 실제로 더 건강에 더 좋다.
2) 인간의 기본권은 존중받는다.
3) 종업원은 손님에게 두 손으로 정중하게 음식을 가져다주었다.

09 1) 우리는 용기와 신중함의 균형을 이루어야 한다.
2) 최소 1,000달러의 잔고를 유지해야 한다.
3) 우리는 본능적으로 우리의 삶에서 균형과 조화를 찾는다.
4) 이번 달의 이익이 이전의 손실을 상쇄할 것이다.
5) 그래프는 에너지, 광물, 산림 부문의 무역수지를 보여준다.
6) 전자 저울을 실내의 평평하고 안정된 표면에 놓으세요.

10 1) 그는 말을 사기 위해 자신의 재산을 팔았다.
2) 부동산 소유자는 임대 가능한 공간의 양을 줄일 수 없다.
3) 호기심은 인류의 고유한 속성이었다.
4) 투숙객들은 호텔 건물에 있는 수영장을 이용할 수 있다.

11　1) 한글의 글자는 영어 글자와 구조적으로 다르다.

　　2) 씨앗이 나무로 성장할 때 그것의 내재적인 특성은 변하는가?

　　3) 독서는 여러분의 성격 형성을 돕는다.

　　4) Hannah는 매력적인 등장인물이고, 나는 그녀를 영화에서 생생하게 그리고 싶다.

12　1) 많은 학과목들이 실제로 행함으로써 더 잘 학습된다.

　　2) 코치는 학생들에게 규율을 가르치려고 노력했다.

　　3) 나는 당신이 생각할 수 있는 장소를 찾고 잠시 멈추도록 스스로를 훈련할 것을 강력히 권장합니다.

Daily Test
DAY 35

Ⓐ 1 ① 2 ⑧ 3 ⑦ 4 ④
　　 5 ② 6 ⑤ 7 ⑥ 8 ③

Ⓑ 1 ①⑭ 2 ⑤⑮ 3 ④⑫ 4 ⑦⑯
　　 5 ③⑪ 6 ⑧⑬ 7 ②⑩ 8 ⑥⑨

Ⓒ 1 제출 기한인 2 (특질·양상을) 띠다
　　 3 부동산 4 나머지 5 인물

　　 1 나는 서평 제출 기한 날짜를 잊었다.

　　 2 공유는 그 정의상 인간 상호 작용의 양상을 띤다.

　　 3 부동산 소유는 임대 가능한 공간의 양을 줄일 수 없다.

　　 4 그는 스페인으로 돌아가 Madrid에서 여생을 평화롭게 보냈다.

　　 5 이 '황색 언론'은 때때로 공인에 대한 가십의 형태를 취했다.

Ⓓ 1 balance 2 degree 3 character
　　 4 discipline 5 direct 6 party
　　 7 due 8 figure

Ⓔ 1 ② 2 ⑤ 3 ④ 4 ① 5 ③

　　 1 (1) 경쟁의 정도가 특히 극심하다.
　　 (2) Jemison은 1981년에 Cornell 의과 대학에서 의학 학위를 받았다.

　　 2 (1) 사전은 본성을 내재적인 특성이라고 정의한다.
　　 (2) 프로도는 '반지의 제왕'이란 영화의 주요 등장인물이다.

　　 3 (1) 나는 그의 삶의 방식을 진정으로 존중한다.
　　 (2) 그 물품을 정중하고 조심스럽게 다루어라.

　　 4 (1) 그녀는 발목을 삐어서 3개월 동안 쉬어야 했다.
　　 (2) 나는 남은 생을 가족과 함께 지내고 싶다.

　　 5 (1) 그것을 이해하려 애썼지만, 뭐가 잘못되었는지 발견할 수 없었다.
　　 (2) 언론의 자유 옹호자인 Voltaire는 논란이 많은 인물이었다.

 DAY 36 pp.240~245

Word **T**est

01	1) ①	2) ⑥	3) ②	4) ③	5) ⑤	6) ④
02	1) ④	2) ①	3) ②	4) ③		
03	1) ③	2) ②	3) ①			
04	1) ④	2) ①	3) ⑦	4) ②	5) ③	6) ⑥
	7) ⑤					
05	1) ①	2) ③	3) ②	4) ④		
06	1) ②	2) ①	3) ④	4) ③		
07	1) ①	2) ③	3) ②			
08	1) ②	2) ①	3) ④	4) ③		
09	1) ①	2) ②	3) ⑤	4) ③	5) ④	6) ⑥
10	1) ⑤	2) ①	3) ②	4) ②	5) ④	6) ⑥
11	1) ②	2) ③	3) ②	4) ①		
12	1) ③	2) ②	3) ①	4) ④	5) ⑤	

01 1) 봐, 그녀가 땅바닥에서 자고 있잖아.

　　2) 갈아 놓은 커피콩은 일정 시간 동안 변하지 않았다.

　　3) 알래스카의 얼어붙어 있는 땅 툰드라 아래에는 석유가 매장되어 있다.

　　4) 나는 가끔 외모를 이유로 내 나이에 대해 거짓말을 한다.

　　5) 미안하지만, 나는 못 나가. 외출 금지를 당했어.

　　6) 최고의 직업 선택은 여러분이 잘하는 일에 기초를 두는 경향이 있다.

02 1) 불가산 명사는 자주 정관사와 함께 쓰인다.

　　2) 나는 인터넷에서 AED(자동 심장 충격기)에 관한 기사를 읽고 있다.

　　3) 가정용품은 모든 가정에서 발견되는 매우 흔한 물건들이다.

　　4) 국립 은행 협회는 단체 규약(협회의 조항)을 개정했다.

03 1) 학생들은 진흙으로 작은 형체를 만들었다.

　　2) 우리가 해야 할 모든 일은 조직화된 방식으로 정보를 정리하는 것이다.

　　3) 친환경 패션은 느린 패션 혹은 지속 가능한 의류로 알려져 있다.

04 1) 우리는 쓰레기를 버리는 것에 벌금을 부과한다.

　　2) 그 행사와 주차는 요금이 없다(무료이다).

　　3) 나는 내 휴대전화 배터리를 충전하는 것을 잊어버렸다.

　　4) 그녀는 자신이 무죄라고 말하며 자신의 혐의를 부인했다.

　　5) 그는 뉴욕 지사를 담당할 예정이다.

　　6) 그 위원회에는 지역 경제 발전 임무를 맡고 있다.

7) 사장은 어제 내가 일을 소홀히 한다며 나를 <u>비난했다</u>.

05 1) 전반적인 만족감은 <u>원래의</u> 수준으로 되돌아간다.

2) 왕조 실록의 <u>원본</u>과 함께 3부의 추가 사본이 만들어졌다.

3) Notac 고등학교에서는 현재 여러분의 <u>독창적</u>이고 비판적인 독후감을 접수하고 있다.

4) 마음 속에 존재하는 그림보다 <u>원본</u>을 베끼려고 애쓴다면, 여러분의 그림은 이제 조금 더 나아졌다는 것을 알게 될 것이다.

06 1) John의 이야기와 같은 생존기는 사람들로 하여금 그들이 누리는 것을 <u>감사하게</u> 한다.

2) 섭씨 2천만 도의 온도가 무엇을 <u>의미하는지</u> 이해하기는 어렵다.

3) 도시의 땅값이 꾸준히 <u>상승되어</u> 왔다.

4) 당신이 그 음식점에서 음식을 먹는다면, 멋지게 제시된 음식을 <u>음미하기</u> 위해 속도를 늦추세요.

07 1) 당신의 예산 <u>범위</u>를 알려주시겠어요?

2) 4세에서 8세에 <u>이르는</u> 아이들 대부분이 기다리는 것을 선택했지만, 그들이 사용한 전략은 상당히 달랐다.

3) 그 안에 있는 모든 것이 마치 <u>산맥</u>처럼 원시 시대의 돌로 만들어진 것처럼 보인다.

08 1) 우리는 멀리 있는 물체를 더 작게 <u>표현하라</u>고 배웠다.

2) 서로 다른 8개국을 <u>대표하는</u> 500명의 경쟁자들이 경연대회에 참가했다.

3) 나는 이 상처들이 내 어머니의 사랑을 <u>의미하기</u> 때문에 정말 좋아한다.

4) 인도에서 수련한 의사들은 미국과 영국 모두에서 가장 큰 부분에 <u>해당했다</u>.

09 1) 그들은 <u>시합</u>에서 졌다.

2) 나는 어둠 속에서 <u>성냥</u>을 찾았다.

3) 그 일이 그의 경험이나 능력과 <u>서로 맞지</u> 않으면 어쩌지?

4) 그 사냥꾼들은 성난 매머드의 실제 <u>맞수</u>가 되지 못했다.

5) 그 줄무늬 양탄자는 네 방에 아주 잘 <u>어울린다</u>.

6) John은 그 프로그램의 멘티 중 한 명인 Randy와 <u>연결되었다</u>.

10 1) 그녀는 비행기를 <u>탈</u> 참이었다.

2) 우리는 학급 미화를 위해 게시판을 설계해야 한다.

3) 본질적으로 어떤 승객들은 대기자로서 <u>선내</u>에 들어갈(탑승할) 기회를 구매했다.

4) <u>이사회</u>가 저를 부회장으로 추천하는 것이 적절하다고 봐 주셔서 영광입니다.

5) 판자를 댄 천장이 무너질 가능성은 매우 낮다.

6) Milwaukee에 있는 동안 그는 Kirby House에서 <u>하숙한다</u>.

11 1) 그곳은 낚시하기에 완벽한 <u>장소</u>처럼 보일지도 모른다.

2) 그는 자신의 차를 주차할 빈 공간을 <u>찾지</u> 못한다.

3) 두 팀이 마지막 플레이오프 자리를 위해 싸우고 있다.

4) 잉크병이 그녀의 손수건에 떨어져 크고 흉한 <u>얼룩</u>이 생겨버렸다.

12 1) 이러한 보너스 제의에 Faraday는 <u>한(계)</u> 없이 즐거워했다.

* know no bounds 한계가 없다

2) 중력의 법칙과 게놈(유전자 총체)은 누군가에 의해 반드시 발견될 <u>운명</u>이었다.

3) 아프리카계 미국 여성들은 백인 여성들만큼 성 역할 고정 관념에 의해 <u>구속되어</u> 있지 않다.

4) 상상력은 우리가 기억하는 경험에 <u>제한되어</u> 있다.

5) 그 소년은 갑자기 강둑으로 <u>뛰어</u>올라갔다.

Daily Test DAY 36

Ⓐ 1 ⑥ 2 ① 3 ⑦ 4 ⑧
5 ⑤ 6 ② 7 ④ 8 ③

Ⓑ 1 ⑥⑨ 2 ⑧⑯ 3 ④⑪ 4 ⑦⑮
5 ①⑩ 6 ②⑭ 7 ③⑫ 8 ⑤⑬

Ⓒ 1 땅바닥 2 충전하다 3 찾다
4 표현하다 5 이해하다

1 봐, 그녀가 <u>땅바닥</u>에서 자고 있어.

2 나는 내 휴대전화 배터리를 <u>충전하</u>는 것을 잊어버렸다.

3 그는 자신의 차를 주차할 빈 공간을 <u>찾지</u> 못한다.

4 우리는 멀리 있는 물체를 더 작게 <u>표현하라</u>고 배웠다.

5 섭씨 2천만 도의 온도가 무엇을 <u>의미하는지</u> 이해하기는 어렵다.

Ⓓ 1 range 2 board 3 spot
4 original 5 match 6 bound
7 fashion 8 appreciate

Ⓔ 1 ① 2 ② 3 ④ 4 ⑤ 5 ③

1 (1) 공학자들은 땅 속에서 이 석유를 꺼내는 데 필요한 기술을 가지고 있다.
(2) (갈아서 익힌 스테이크를 먹은) 비단뱀과 관련한 연구들이 이러한 발견들을 확인해 주었다.

2 (1) 어떤 경우에는, 그 서비스들은 직접적인 <u>요금</u> 없이 모두가 이용 가능하다.
(2) 몇몇 소매상들은 그들의 현금 고객들에게 다른 가격을 <u>청구하기</u>를 원했다.

3 (1) 플라멩코는 스페인을 <u>대표하는</u> 문화적 상징들 중 하나이다.
(2) '항아리와 달'과 같은 그림들은 한국의 전통적인 사물들에 대한 그의 애정을 <u>나타낸다</u>.

4 (1) 집으로 가는 길에, 당신은 싱싱한 과일이 있는 디지털 화면을 <u>발견한다</u>.
(2) 만약 여러분이 별을 보기에 좋은 <u>장소</u>를 골랐다면, 별로 가득한 하늘을 보게 될 것이다.

5 (1) 그녀의 눈 주변의 피부에는 작고 가는 선들이 생기는데, 그 선들은 내 것과 <u>일치한다</u>.
(2) 그들은 <u>경기</u>에 졌고 2등을 차지했다.

Word Test

01	1) ①	2) ④	3) ③	4) ②	5) ⑤	
02	1) ④	2) ⑤	3) ①	4) ②	5) ③	
03	1) ③	2) ①	3) ②	4) ⑤	5) ④	
04	1) ③	2) ①	3) ②	4) ④	5) ⑤	
05	1) ①	2) ②	3) ⑤	4) ③	5) ⑥	6) ④
06	1) ③	2) ②	3) ⑤	4) ④	5) ⑥	6) ①
07	1) ①	2) ⑤	3) ④	4) ③	5) ②	
08	1) ②	2) ①	3) ③			
09	1) ①	2) ⑤	3) ②	4) ④	5) ③	
10	1) ④	2) ②	3) ③	4) ①		
11	1) ④	2) ②	3) ①	4) ⑤	5) ③	

01
1) 오늘 수리비 청구서입니다.
2) 따오기는 아래쪽으로 구부러진 부리를 가진 특징이 있다.
3) 그 권리는 권리 장전(권리 보호 법안)에 보장되어 있었다.
4) 가짜 100달러 지폐를 전달하려는 사람들 숫자가 수백 명으로 늘어났다.
5) 제게 그 연필과 공책에 대한 계산서를 보내 주세요.

02
1) 그 편지에 주소는 정확하게 기재되었는데, 다른 집으로 배달되었다.
2) Baker 선생님은 학급에게 말을 하고 있었지만, 아무도 그의 말을 듣지 않았다.
3) 여기에 귀하의 주소를 먼저 적어 주세요.
4) 여러분은 여러분의 목소리를 테이프나 대중 연설 체계를 통해 들을 수 있다.
5) 사회적 어려움을 다루는 일에 있어서 나이는 문제가 되지 않는다.

03
1) 그 비평가들은 대중의 세련된 취향을 확인하려고 노력했다.
2) 이 벌들은 꽃가루 덩어리 근처에 알을 낳는다.
3) 그 집들은 많은 수의 모기들뿐만 아니라, 귀찮은 이웃과 악령들로부터 가족들을 보호한다.
4) 대량 주문 제작은 제조업자나 소매상의 전략이 될 수 있다.
5) 어느 정도 양의 질량이라도 인력을 유발할 것이다.

04
1) 우리는 온천(뜨거운 샘)에서 뜨거운 목욕을 했다.
2) 그것들은 봄에 농작물을 생산할 것이다.
3) 그 매트리스는 오래되고 용수철 일부가 망가졌다.
4) 그들은 그의 시에서 한 개인이 책에서 솟구쳐 나오는 것을 보게 될 것이었다.

5) '지루한'과 '예상 가능한' 같은 단어들이 마음에 떠오른다!

05
1) 그는 아내에게 60까지 세어 보라고 요청했다.
2) 준비와 연습은 행운만큼이나 중요하다.
3) 넷을 셀 때까지 숨을 내 쉬세요.
4) 이런 유형의 회사는 공공단체로 간주된다.
5) 회의 참석자의 최종 총수는 200명이 넘었다.
6) 그들은 자신이 의존하는 사람이 다섯 명이 넘는다고 말했다.

06
1) 모든 음악이 이 음계를 사용하는 것은 아니다.
2) 그것은 화씨 눈금에서 2,500만 도를 넘는다!
3) 축척 정보는 지도에 과학적 정확성을 제공한다.
4) 저울은 이미 수평 상태이다.
5) 상어는 다른 물고기와 같은 비늘이 없다.
6) 교통수단의 개선으로 현대 관광업이 대규모로 발전하게 되었다.

07
1) 그날은 맑고 바람이 잔잔한 날이었다.
2) 어느 날, 그는 큰 군 장터에서 프리즘 한 세트를 구입했다.
3) 우리는 선수들 사이의 공정한 경쟁의 핵심 가치를 장려해야 한다.
4) 캐나다에서 가장 큰 교육 박람회를 놓치지 마라!
5) 그 도전은 성취하기에 상당한 양의 용기가 필요하다.

08
1) 방 안의 공기 중의 어떤 먼지 입자들은 오염 물질을 모아둔다.
2) 지구의 모든 대기를 데우는 데는 막대한 양의 열이 필요하다.
3) Dave의 아빠는 두 소년 사이의 좋지 않은 분위기를 감지했다.

09
1) 그것은 현재 재고가 없네요
2) 이 제품은 재고가 있는 모델이다.
3) 그들의 주식은 뉴욕 주식 거래소와 같은 거래소에 상장될 수 있다.
4) 서점은 노벨상 수상 작가 Naguib Mahfouz의 작품 *Cairo Trilogy* 이상의 것들의 재고를 거의 확보해 두지 않는다.
5) 우리 이모는 농장에서 가축을 키운다.

10
1) 그는 또한 벽장에 있는 박제된 기린(기린 봉제인형)을 본다.
2) 어떤 사람들은 비유를 단지 노래와 시의 달콤한 재료라고 여긴다.
3) Tom은 돈을 자신의 주머니에 쑤셔 넣었다.
4) 아이들을 더 많이 칭찬할수록, 그들은 자신의 물건을 더 잘 관리할 것이다.

11
1) 모두가 이 정의에 만족하는 것처럼 보였다.
2) 가상의 물의 함유량은 제품에 따라 다르다.
3) 우리는 학생의 내용 이해에 대한 측정이 필요하다.
4) 그 장난감들은 적어도 잠시 동안은 아이들을 만족시켰다.
5) 문화 콘텐츠를 포함하는 산업은 '창조 산업'이라고 불릴지도 모른다.

Daily Test
DAY 37

Ⓐ

1 ⑦	2 ②	3 ⑤	4 ④
5 ①	6 ⑧	7 ③	8 ⑥

Ⓑ **1** ③⑯   **2** ①⑥   **3** ④⑪   **4** ②⑩
   5 ⑤⑭   **6** ⑧⑫   **7** ⑦⑮   **8** ⑨⑬

Ⓒ **1** 청구서   **2** 용수철, 스프링   **3** 대중
   4 중요하다   **5** 대기

   1 오늘 수리비 <u>청구서</u>입니다.
   2 그 매트리스는 오래되고 <u>용수철</u> 일부가 망가졌다.
   3 그 비평가들은 <u>대중</u>의 세련된 취향을 확인하려고 노력했다.
   4 준비와 연습은 행운만큼이나 <u>중요하다</u>.
   5 지구의 모든 <u>대기</u>를 데우는 데는 막대한 양의 열이 필요하다.

Ⓓ **1** stuff   **2** mass   **3** address
   4 fair   **5** scale   **6** count
   7 atmosphere   **8** content

Ⓔ **1** ②   **2** ③   **3** ④   **4** ①   **5** ⑤

   1 (1) 약간의 <u>물품</u>을 기부하고 싶어요.
   (2) 그 중 하나에게 <u>박제된</u> 뱀(뱀 봉제인형)을 보여 주었다.
   2 (1) <u>주식</u> 시장에 투자하는 것에는 위험성이 있다.
   (2) 그들은 심지어 세제의 <u>재고</u>가 없을 때 경고를 보낼 수도 있다.
   3 (1) 그들은 봄에 수확물을 생산하고 가을에 또 다른 수확물을 생산할 것입니다.
   (2) 문제가 생겼을 때, 그들은 즉시 물에서 <u>솟구쳐서</u> 공중으로 날아오를 수 있다.
   4 (1) 문제는 그녀에게 병원 <u>청구서</u>를 지불할 돈이 없다는 것이다.
   (2) 나는 지방 고속도로의 차선 추가 자금 마련 <u>법안</u>을 위한 캠페인에 참여했다.
   5 (1) 구전에 의한 생각의 전파는 세계적인 <u>규모</u>의 말 전하기 놀이와 맞먹었다.
   (2) 12<u>음계</u>를 들음으로써 고정된 뇌는 그 음악에 대한 개념을 가지고 있지 않다.

DAY 38

pp.252~257

Word Test

01 1) ①   2) ②   3) ③   4) ④

02 1) ④   2) ⑤   3) ①   4) ⑥   5) ③   6) ②

03 1) ③   2) ④   3) ①   4) ②

04 1) ②   2) ③   3) ④   4) ①

05 1) ①   2) ⑤   3) ③   4) ②   5) ②

06 1) ③   2) ①   3) ④   4) ②

07 1) ②   2) ③   3) ①

08 1) ①   2) ③   3) ⑤   4) ④   5) ②

09 1) ①   2) ③   3) ②

10 1) ⑤   2) ②   3) ④   4) ①   5) ③

11 1) ②   2) ④   3) ③   4) ①

12 1) ①   2) ③   3) ④   4) ②

01 1) 그들은 전류의 강도를 증가시킬 것이다.
   2) 그는 수영해서 되돌아가려 했지만, 해류가 매우 셌다.
   3) 우리는 현재의 등산로의 상태에 대해 이야기했다.
   4) 초기 컴퓨터 디자이너들은 통용되는 키보드 자판 배열을 고수하는 것이 타자기 사용자들이 컴퓨터를 좀 더 편하게 느끼게 할 것이라고 판단했다.

02 1) Stokes는 Cleveland-Marshall 법과대학을 졸업하고 변호사직 시험에 합격했다.
   2) 상당 부분의 노동자 계층이 전문직으로 진입하는 것이 제한되었다.
   3) 동물원에서, 방문객들은 큰 동물이 우리의 창살 뒤에서 걸어 다니는 것을 목격할지도 모른다.
   4) 나는 부엌문을 잠그고 빗장을 걸었다.
   5) 대부분의 사람들은 욕심이 행복에 대한 장애물이라는 것을 모른다.
   6) 스낵바는 저쪽에 있어요.

03 1) 나우루에는 공식적인 수도가 없다.
   2) 국경을 넘나드는 더 자유로운 자본의 흐름을 향한 추세가 있었다.
   3) 자본 시장 세계화는 경제에 불안정성의 씨를 뿌릴 수 있다.
   4) 모든 대문자를 읽으려 하는 것의 진정한 문제는 바로 그것이다.

04 1) 그러한 관행은 부모들이 아이들의 구매 요구에 항복하도록 만든다.
   2) 표시가 있는 건널목에서는 운전자가 보행자에게 양보해야 한다.
   3) 더 많은 겨자씨 수확을 위해서는 꽃가루받이가 필수적이다.
   4) 일반적인 질문을 하는 것은 심지어 잘못된 대답을 만들어낼지도 모른다.

05 1) 너는 내게 아무 때나 부탁해노 돼.
   2) 사하라의 유목민인 투아레그족은 남색을 선호한다.
   3) 거의 모든 사람들은 자신들에게 유리한 사실들을 가지고 있다.
   4) 그들은 성공했고, 행복했으며, 그들의 삶에서 일어난 일들은 그들에게 호의를 보이는 것처럼 보였다.
   5) 선생님은 어느 학생 후보에게도 지지를 보이지 않았다.

06 1) 그 작품은 전통적으로 다빈치의 작품으로 여겨진다.
   2) 모든 주민들이 환경 훼손을 관광산업의 탓으로 돌리지는 않는다.
   3) 사물에 대한 우리의 기억은 다수의 속성에 기초를 둔다.
   4) 컴퓨터가 생명이 없는 것임을 알면서도, 인간은 무의식적으로 인간의 특징이 컴퓨터에 있다고 생각한다.

07 1) 그것은 홀수이다.
   2) 그는 자라면서 가족을 돕기 위해 여러 잡다한 일들을 했다.
   3) 영어가 사용되는 방식에 대해 이상하다고 생각할지도 모를 무언가

가 있다.

08 1) 강아지들은 훈련소에서 '앉아'와 같은 구두 명령을 배운다.

2) 그 메시지는 관리자가 수습 직원에게 지시할 수 있게 해 준다.

3) 내가 묵었던 호텔은 계곡이 잘 내려다보였다.

4) 우리의 아주 비현실적인 공상들이 우리의 현재 노력을 장악할지도 모른다.

5) 모든 비행사들이 훌륭한 영어 능력을 갖춘 것은 아니며 그들은 발음 이 좋지 않을 수도 있다.

09 1) 가장 흔한 척도는 국내총생산(GDP)이다.

2) 소 한 마리는 다른 사육되는 동물보다 매년 더 많은 메탄을 배출 한다.

3) 인공 지능 기술은 온도와 조명 같은 우리의 가정 환경을 자동으로 조정한다.

10 1) 그것은 엄마를 훨씬 더 많이 웃게 만들었다.

2) 모두가 그것의 균등한 몫을 가질 수 있었다.

3) 그 도시에는 심지어 축구 박물관도 있다.

4) 장시간의 등산 후에 우리는 마침내 평지에 도달했다.

5) 짝수의 구성원을 가진 집단은 반으로 나뉠지도 모른다.

11 1) 물웅덩이들은 그 궁전의 정원에 있는 아름다운 꽃들의 모습을 비쳤 다.

2) 나쁜 성적을 받고 심지어 친구들과도 문제가 생기고 나서, 나는 내 자신에 대해 곰곰이 생각해보기 시작했다.

3) 물의 중요성을 나타내도록 포스터나 구호를 만드세요.

4) 우리 모두 하얀색은 햇빛을 반사하고, 검정색은 흡수한다고 학교에 서 배운다.

12 1) 그는 키보드의 키를 몇 개 두드리고 있었다.

2) 수돗물은 하루에 몇 푼의 비용밖에 들지 않는다.

3) 가스 잠금장치가 열려 있는지 확인한 다음 잠그도록 해라.

4) 자유화는 그들이 국제 공동 자금을 이용하도록 허용한다.

Daily Test

DAY 38

A

| 1 ① | 2 ⑦ | 3 ③ | 4 ④ |
| 5 ⑤ | 6 ② | 7 ⑥ | 8 ⑧ |

B

| 1 ③④ | 2 ⑦⑯ | 3 ①⑪ | 4 ⑥⑫ |
| 5 ②⑮ | 6 ⑤⑩ | 7 ⑧⑭ | 8 ⑨⑬ |

C

| 1 나타내다 | 2 탓으로 돌리다 | 3 양보하다 |
| 4 자본 | 5 호의를 보이다 |

1 물의 중요성을 나타내도록 포스터나 구호를 만드세요.

2 모든 주민들이 환경 훼손을 관광산업의 탓으로 돌리지는 않 는다.

3 표시가 있는 건널목에서는 운전자가 보행자에게 양보해야 한다.

4 국경을 넘나드는 더 자유로운 자본의 흐름을 향한 추세가 있

었다.

5 그들은 성공했고, 행복했으며, 그들의 삶에서 일어난 일들은 그 들에게 호의를 보이는 것처럼 보였다.

D

1 bar	2 command	3 even
4 odd	5 tap	6 capital
7 domestic	8 favor	

E

| 1 ③ | 2 ⑤ | 3 ④ | 4 ① | 5 ② |

1 (1) 자동차 공유 서비스는 환경친화적인 결과를 낼 수 있다.

(2) 기온이 상승함에 따라 아프리카와 같은 지역은 농작물 수확량의 감소에 직면할 것이다.

2 (1) 심지어 간단한 명령의 사용도 지위의 차이가 존재한다는 것을 보여 준다.

(2) 메시지 자체가 주의를 장악할 만큼 충분히 강력해야 한다.

3 (1) 검정색은 태양의 복사에너지를 흡수하지만, 하얀색은 그것들 을 반사한다.

(2) 가격은 수요와 공급의 상호작용을 반영한다.

4 (1) 그들의 어떤 단어 사용이 우리에게 이상하다는 인상을 줄 때, 우리는 그들을 고쳐 준다.

(2) 짝수의 구성원을 지닌 집단은 홀수의 구성원을 지닌 집단과 다 르다.

5 (1) Greenland의 수도인 Nuuk는 매우 깨끗해 보였다.

(2) 우리는 미래의 세대들로부터 환경의 자본을 빌린다.

Ⅳ Part Test (2)

pp.258~259

A

| 1 (r)ange | 2 (d)egree |
| 3 (b)alance | 4 (c)harge |

B

| 1 original | 2 mass | 3 match |
| 4 favor | 5 custom | |

1 처음 만들어지거나 생산된

2 어떤 것의 많은 양

3 누군가 또는 무엇과 잘 맞다

4 타인에게 하는 친절하거나 도움이 되는 행동

5 일반적이거나 전통적인 행위 또는 행동의 방식

C

| 1 ④ | 2 ① | 3 ③ | 4 ② |

1 (1) 준비와 연습은 행운만큼이나 중요하다.

(2) 그들은 자신이 의존하는 사람이 다섯 명이 넘는다고 말했다.

2 (1) 나는 가끔 외모를 이유로 내 나이에 대해 거짓말을 한다.

(2) 알래스카의 얼어붙어 있는 땅 툰드라 아래에는 석유가 매장되어 있다.

3 (1) 우리는 온천(뜨거운 샘)에서 뜨거운 목욕을 했다.

(2) '지루한'과 '예상 가능한' 같은 단어들이 마음에 떠오른다!

4 (1) 더 많은 겨자씨 수확을 위해서는 꽃가루받이가 필수적이다.

(2) 일반적인 질문을 하는 것은 잘못된 대답을 만들어낼지도 모른다.

ⓓ   **1** ④   **2** ⑤   **3** ③   **4** ⑤

1   자신이 하층에 속한다고 생각하는 사람들의 <u>숫자</u>는 2011년에 45.3퍼센트로 상승했다.

① 그 그림의 중앙에 있는 <u>인물</u>은 화가의 아들이다.

② 나는 아마도 새로운 것들을 시도하고 <u>이해할</u> 수 있을 거라고 생각했다.

③ 나는 어둠 속에서 개와 함께 있는 한 남자의 <u>모습</u>을 보았다.

④ 통계적 <u>수치</u>와 결부되었을 때 그것은 더 강력해졌다.

⑤ Walt Disney는 역사상 가장 중요한 문화계 <u>인물</u>들 중 한 사람이다.

2   그러한 규정들을 금지하기 위한 <u>법안</u>이 의회에 제출되었을 때, 신용카드 압력 단체는 언어로 주의를 돌렸다.

① 그 책들에 대한 <u>청구서</u>는 제게 <u>보내 주세요.</u>

② 황새의 <u>부리</u>는 쓰임새가 많다.

③ 그녀는 웨이터에게 계산서를 갖다 달라고 신호를 보냈다.

④ 돈이 늘 <u>지폐</u>의 형태로 존재했던 것은 아니다.

⑤ 그 새로운 <u>법안</u>은 특히 아이들을 보호하는 것을 목적으로 한다.

3   그는 스스로에게 Franklin이 나쁜 사람은 아니었다고 말함으로써 <u>호의</u>를 베푼 것을 정당화했고, 자신이 Franklin을 정말 좋아한다고 스스로를 납득시켰다.

① 당신이 제안한 변경 사항들에 찬성합니다.

② 그는 그의 부모님이 자신의 여동생을 편애한다고 주장한다.

③ 그녀는 그 목수에게 개인적인 <u>호의</u>로 집을 하나 지어줄 수 있을지 물었다.

④ 그녀는 늦게까지 일함으로써 사장의 <u>지지</u>를 얻으려고 노력하는 중이다.

⑤ 프랑스 사람들은 밝은 프린트보다는 중성색을 <u>선호하는</u> 경향이 있다.

4   우리가 <u>내용</u>을 무시하고 관찰을 통해 학생의 기술만을 평가하기를 원한다고 잠시 가정해 보자.

① 이것은 원래의 목차 페이지였다.

② Jamie는 수프 한 그릇에 스스로 <u>만족했다.</u>

③ 내 남동생은 3위에 <u>만족</u>해야 했다.

④ 그것은 각 치즈의 지방 <u>함유량</u>을 측정했다.

⑤ 그 교수는 전반적인 <u>내용</u>을 마음에 들어 했고, 한국어로 쓰려는 그녀의 노력을 칭찬했다.

PART V 파생어

Word **T**est

01   1) personalize   2) justice

  3) creature   4) considerable

02   1) objective   2) memorize

  3) receipt   4) sensible

  5) objectivity

03   1) appliance   2) industrial

  3) initial   4) continuous

  5) relevant

04   1) imaginary   2) observatory

  3) excessive   4) imaginative

  5) economics   6) generalization

01   1) 그 포스터를 <u>개인화하려면(개인에 맞추려면)</u> 당신의 가족 사진을 사용하세요.

  2) <u>정의</u>의 윤리적 원칙이 정책에 대한 근본적인 기초를 제공한다.

  3) 파란갯민숭달팽이는 열대 수역에서 발견되는 기이하게 생긴 해양 <u>생물</u>이다.

  4) 필요한 것을 찾기 위해서는 <u>상당한</u> 양의 추가적인 일이 요구된다.

02   1) 상업 광고의 <u>목적</u>은 제품을 파는 것이다.

  2) 더 잘 <u>기억하려면</u>, 적어도 7시간은 잠을 자야 한다.

  3) 우리의 반품과 환불 정책에 따르면, 그 도서는 일주일 내에 <u>영수증</u>과 함께 반품되어야 한다.

  4) 여러분이 필요할 것이라고 생각하는 것 이상을 적는 것이 <u>분별 있는</u> 것이다.

  5) 그녀는 무엇이 잘못되었는지 가장 정확하게 판단하는 데 필수적인 <u>객관성</u>을 잃었다.

03   1) 그것이 요즘 인기 있는 가전 제품이라고 나는 들었다.

  2) 그러한 예술가들은 삶과 노동의 시골 사회와 <u>산업</u> 사회로부터 가져온 주제를 선택했다.

  3) 만족의 지표는 재빠르게 그것의 <u>초기</u> 수준으로 되돌아온다.

  4) 이 작업은 기본적인 시스템을 유지하기 위한 우리의 <u>지속적인</u> 노력의 일부이다.

5) 정신적 활동은 주로 뇌와 관계가 있지만, 그것들은 또한 신체와 관련이 있고, 그것(신체)에 영향을 미친다.

04 1) 상상의 냄새에 코를 킁킁거리는 것은 멍한 상태에서 행해지는 습관이 아니다.

2) Greenwood 산에 있는 천문대 말이죠?

3) 요즘 우리 학교에서 과도한 음식 쓰레기가 문제가 되고 있다.

4) 오늘날 그의 상상력이 풍부하고 창의적인 건축이 바르셀로나에 특징을 부여한다.

5) Wassily Kandinsky는 경제학과 법학을 공부했고, 법조계에서 성공했다.

6) 그는 성급한 일반화를 했다. 그는 일반적인 판단을 위해 자신의 개인적 상황을 단지 이용했다.

Daily Test

DAY 39

Ⓐ 1 ④　　2 ⑤　　3 ③　　4 ⑧
5 ⑦　　6 ②　　7 ⑥　　8 ①

Ⓑ 1 ②　　2 ⑧　　3 ①　　4 ⑦
5 ⑤　　6 ④　　7 ③　　8 ⑥
9 ⑪　　10 ⑨　　11 ⑮　　12 ⑫
13 ⑭　　14 ⑩　　15 ⑬　　16 ⑯

Ⓒ 1 일반화하다　　2 경제학, 경제 상태
3 개인의, 개인적인　　4 처음의, 머리글자(의)
5 사려 깊은, 배려하는　　6 반대, 이의
7 수령, 받아들이기, 환영(회)　　8 분별 있는, 현명한
9 기억하다, 암기하다　　10 과잉, 초과, 여분의, 초과한

Ⓓ 1 imaginary　　2 personnel　　3 general
4 sensitive　　5 memorial　　6 object
7 relation　　8 applicant

Ⓔ 1 ①　　2 ⑤　　3 ③　　4 ④　　5 ②
1 전쟁에 의미와 정당화를 제공하는 것은 바로 적의 존재이다.
2 문제에 직면할 때 우리는 항상 개방적인 마음을 가져야 하고, 관련된 모든 정보를 고려해야 한다.
3 그들은 관찰을 통해 창의적인 생각을 발전시켜서 그것들을 현실이 되게 하려고 노력했다.
4 의류의 탄소발자국(이산화탄소 배출량)을 고려하는 것과 환경에 대한 책임을 지는 것은 많은 쇼핑객들에게 중요한 고려 사항이 되었다.
5 수학과 과학 프로그램을 포함하여, 여러분이 창의력과 문제 해결 기술을 개발하도록 도와주는 다양한 프로그램이 있을 예정이다.

pp.268~273

Word Test

01 1) identity　　2) respectful
3) attentive　　4) dominant

02 1) critical　　2) representative
3) adaptation　　4) variety
5) satisfaction

03 1) intentional　　2) intensity
3) organism　　4) competitive
5) competition

04 1) repetition　　2) literate
3) employment　　4) successful
5) celebration

01 1) 애완동물이 사람들의 사회적 정체성을 더 좋은 쪽으로 변화시켰다.

2) 청중의 피드백은 연사가 청중과 존중하는 관계를 만드는 것을 도와준다.

3) 그녀는 커피를 더 마셨기 때문에 더 주의를 기울이고, 더 잘 기억하고 있다.

4) 나이가 더 많고, 더 지배적인 수컷들은 그들의 오래된 영역을 되찾을 것이다.

02 1) 전통은 무시될 수 없는 중요한 요소이다.

2) John은 학교 대표이고 학교 활동에 참여하느라 항상 바쁘다.

3) 인간 본성의 근본적인 특성은 그것의 놀라운 적응 능력이다.

4) 당신의 원기회복을 위해 다양한 스포츠 음료와 과일 주스가 있는 카페가 있다.
　* a variety of 다양한, 여러가지의

5) 직업에 대한 만족은 생산성을 높이는데, 즐거운 노동자들은 자신들이 더 적은 비용으로 더 많이 생산할 수 있도록 더 열심히 일하기 때문이다.

03 1) 어떤 사람들은 인생에서 의도적인 변화를 거의 만들지 않는다.

2) 색의 강도는 맛의 인식에 영향을 끼친다.

3) 음식 섭취는 모든 생물의 생존을 위해 필수적이다.

4) 그 줄다리기 의식에는 의도적인 경쟁적 요소는 없었다.

5) 우리는 선수들 간의 공정한 경쟁이라는 핵심 가치를 지켜야 한다.

04 1) 연습과 적극적인 반복이 거장을 만든다.

2) 읽고 쓸 줄 알게 되는 것은 교육의 기본 목표이다.

3) 정규 고용으로 이어질 자원봉사 일을 찾아라.

4) 우리는 각각의 학생이 문제를 해결하는 데에 얼마나 성공적일지를

평가한다.

5) 바닷가재 축제는 연안에서 잡힌 바닷가재로 만든 요리를 위한 <u>기념</u> 행사이다.

Daily Test

DAY 40

Ⓐ   **1** ⑥   **2** ③   **3** ①   **4** ⑤
   5 ④   **6** ②   **7** ⑧   **8** ⑦

Ⓑ   **1** ④   **2** ⑥   **3** ⑤   **4** ③
   5 ⑦   **6** ②   **7** ⑧   **8** ①
   9 ⑯   **10** ⑫   **11** ⑬   **12** ⑮
   13 ⑪   **14** ⑨   **15** ⑭   **16** ⑩

Ⓒ
1 성공적인   **2** 지배하다, 우위를 차지하다
3 경쟁하다   **4** 동일한, 같은
5 유능한   **6** 비판, 비평
7 각각의, 각자의   **8** 격렬해지다, 심화시키다
9 주의, 주목, 관심   **10** 대표(자); 대표적인

Ⓓ
1 identification   **2** competitive   **3** variety
4 literal   **5** intention   **6** successive
7 organism   **8** repetitive

Ⓔ   **1** ⑤   **2** ③   **3** ④   **4** ②   **5** ①

1 모든 학생들은 대학 입학과 대인관계에 관한 일련의 세미나에 <u>참석</u>해야 한다.

2 특별 <u>유명</u> 게스트! Grace Kingsley는 'Into the Space'라는 영화 촬영 경험을 이야기하기 위해 참석할 것입니다.

3 우리는 알고 이해하는 것들 속에서 안정감을 누리기 때문에 즐거움 또는 <u>만족감</u>이라는 이런 기분이 존재한다.

4 이 상의 신청은 올해 뛰어난 실적을 보여 주었고 긍정적인 근무 환경 조성에 도움을 준 <u>직원</u> 누구에게나 열려 있습니다.

5 이런 새들은 단순히 노래를 하는 것처럼 보이지만, 다수가 영역을 차지하려는 <u>격렬한</u> 경쟁 중에 있다.

Ⅴ   *Part Test*

pp.274~275

Ⓐ
1 (j)ustification   **2** (c)onsiderate
3 (i)dentity   **4** (i)ntensive

Ⓑ
1 receipt   **2** compete   **3** memorable
4 successive   **5** literature

1 무언가를 살 때 가게에서 받게 되는 한 장의 종이

2 다른 회사나 사람들보다 더 성공적이기 위해 노력하다

3 기억할 만한 가치가 있거나 기억하기 쉬운

4 방해 없이 차례로 일어나거나 존재하는

5 연극, 시, 소설 등과 같이 글로 쓰여진 예술 작품들

Ⓒ   **1** ②   **2** ①   **3** ①   **4** ①   **5** ①

1 <u>객관성</u>은 사진 촬영으로 획득될 수 있고 많은 진정한 예술가들은 왜곡, 과장, 또는 본질적인 요소로의 환원을 사용한다.
* distortion 왜곡
** exaggeration 과장
*** reduction 환원, 축소

2 이 시계는 낡은 배에서 나온 목재로 만들어졌기 때문에, 어떤 두 조각도 <u>동일하지</u> 않다.

3 당신이 우리의 청원을 수용해 주셨기 때문에 버스 회사가 매일 우리 단지 정문으로 오는 서비스를 <u>시작할</u> 것입니다.
* complex 복합 건물, 단지

4 인간은 당장의 목적에 필요한 것보다 더 많이 먹는 것에서 <u>만족</u>을 얻었다.

5 남성이 새로운 장비와 현대적인 농업 방식을 사용하는 데 <u>우위를</u> 차지하기 때문에 생산성의 격차가 늘어나는 경향이 있다.

Ⓓ   **1** ④   **2** ②   **3** ①   **4** ②   **5** ④

1 커브 길은 다양한데, 배우는 동안 경험한 <u>가변성</u>은 당신이 접하게 되는 그 어떤 커브 길에서도 이제는 적시에 적절한 힘으로 브레이크를 밟을 준비가 되게 해 준다.

2 원작 소설의 <u>문학적</u> 구현은 그것의 공상적 창조물을 디지털로 구현(렌더링)하는 것 못지않은 창작이다.

3 어떤 것에서든지 최고가 되기 위해, 여러분은 자신의 가장 가혹한 <u>비평가</u>가 될 필요가 있을 것인데, 높은 자신감이 여러분의 출발점일 때 그것은 거의 불가능하다.

4 칠판은 훈육의 장을 제공했는데, 그 강사들은 많은 학생이 칠판에 문제를 푸는 동안 그들의 결과물을 한꺼번에 또는 <u>연속적으로</u> 검토하고 수정할 수 있었다.
* in succession 잇따라, 연이어

5 Mealshare는 2013년 훌륭한 두 청년에 의해 설립된 캐나다의 비영리 <u>단체</u>이다.

Ⓔ
1 vary ⇒ variety
2 sensory ⇒ sensitive
3 compete ⇒ competitive
4 criticism ⇒ critic

1 cross-training(여러 종목의 운동을 섞어서 하는 것)과 마찬가지로 cross-eating은 당신의 삶에 필요한 <u>여러 가지</u>를 더해 준다.

2 새들은 다른 동물들 보다 그들의 환경의 변화에 더 <u>민감</u>하다.

3 선수들은 <u>경쟁</u>의 사다리를 올라갈수록, 신체 능력의 측면에서 더 동질적이게 된다.

4 그의 그림을 좋아하지 않았던 한 <u>비평가</u>가 신문에 글을 썼다.

전교 1등의
책상 위에는 언제나
블랙라벨

15개정 수학 Ⅰ | 수학 Ⅱ | 확률과 통계 | 미적분 | 기하

22개정 공통수학1 | 공통수학2 | 대수

실력으로 여백을 채우다!

서술형 문항의
원리를 푸는 열쇠
화 이 트 라 벨

전국 자사고·특목고, 강남 8학군 등

주요 상위권 고교 영어 서술형 완전 분석!